EDITION
MASCHKE
«HOHENHEIM»

Régis Debray

»Voltaire verhaftet man nicht!«

Die Intellektuellen und die Macht in Frankreich

EDITION
MASCHKE
«HOHENHEIM»

Titel des französischen Originals: Le pouvoir intellectuel en France
Erstausgabe: Edition Ramsay, Paris 1979
Übersetzung: Friedrich Königsdorfer
Umschlaggestaltung: Agentur Rambow / Lienemeyer / van de Sand, Frankfurt

ISBN 3-8147-0003-1

Satzherstellung: Bauer & Bökeler GmbH, 7306 Denkendorf
Druck und Bindung: May & Co., Darmstadt

Inhalt

Vorbemerkung

Diese hier vorgelegte Arbeit sollte ursprünglich eine umfassender angelegte theoretische Studie ergänzen, die unter dem Titel *Traité de Médiologie* erscheint. Der erste Band soll die Rolle des Symbolischen in den westlichen Gesellschaften herausarbeiten, die Geschichte ihrer Träger nachzeichnen und deren organische Bindung an die Macht des Staates aufhellen. Im zweiten Band soll der Versuch unternommen werden, eine Analyse des Begriffes *Medium* zu leisten und zugleich die der neuen politischen und kulturellen Technologie, die eine Folge der modernen Massenmedien ist. Die hier vorgelegte Studie arbeitet an einer konkreten Situation den begrifflichen Rahmen für die moderne französische Intelligentsia heraus. Da sie vom Gegenstand her eine in sich geschlossene Einheit bildet, haben wir uns entschlossen, sie getrennt zu veröffentlichen. Unsere Methoden und das empirische Vorgehen können erst mit der systematischen Klärung der Begriffe des Intellektuellen, der Medien und, in diesem Zusammenhang, des Staates einsichtig werden. Daher bitte ich den Leser, mir, bis zum Erscheinen der *Medienlehre*, einen begrenzten, aufschiebenden Kredit einzuräumen.

Dennoch ein Wort zu den wichtigsten Ergebnissen, denen es nicht an Aktualität fehlt. Die strategische Rolle, die von der hohen Intelligentsia in den politischen Klassenbeziehungen, auf nationaler wie internationaler Ebene, gespielt wird, läßt sich nicht mehr hinter ihrer verschwindend kleinen Zahl und ihrem vermeintlich marginalen Charakter verbergen. Die hohe Intelligentsia ist mit der neuen *Mediokratie (Media*: Mittel der Massenkommunikation, oder auch Mittel der Meinungsproduktion auf Massenbasis, – und *kratein*: regieren) eine Allianz eingegangen; beide streben eine Fusion an. Diese Allianz verhilft der hohen Intelligentsia zu dem Monopol der Produktion von Ereignissen und Werten, Tatsachen und symbolischen Normen und ermöglicht ihr, diese in immer ausgedehnteren Räumen in Umlauf zu bringen: in Frankreich von oben nach unten und vom Osten in den Westen; weiter: an der Peripherie des Okzidents mit ihren von den oberen Etagen des Zentrums her normalisierten, eingeebneten und homogenisierten Nationen und Kulturen. Diese Integration in die Verbreitungsmedien, mit denen sich die hohe Intelligentsia ihre soziale Vormachtstellung erkauft hat, wurde mit einer beträchtlichen Degradierung der intellektuellen Funktion bezahlt. Selten wurde so wie heute der Kampf um die Kultur derart mit dem Kampf um die Emanzipation gleichgesetzt: denn so wie der Erhalt kultureller Traditionen die Voraussetzung historischer Gestaltungskräfte ist, bilden Schicksal und Unabhängigkeit eines Volkes eine untrennbare Einheit mit dem Schicksal und der Unabhängigkeit seiner intellektuellen »Eliten«. Kaum je zuvor wurden auch – und hier liegt die Erklärung – die Lenkung der Köpfe und die Verwaltung der Geschäfte so miteinander verbunden. »Regieren heißt Glauben schaffen«, sagte schon Machiavelli. Heute sitzen diejenigen, die in Frankreich das Monopol auf die Meinungssteuerung haben – manchmal vielleicht sind sie sich dessen nicht bewußt – in der Regierung der Republik, und diese wiederum stützt sich nur noch auf die »Meinung« ihrer Bürger. Daraus läßt sich folgern, daß die Interessenkoalition, die die Mehrzahl der Bevölkerung plündert und beherrscht, weder in unserem Hexagon (Frankreich, d.Ü.) noch rund um den Erdball zu stürzen sein wird; es sei denn, die soziale Macht, die alltäglich, unter Berufung auf Recht und Freiheit, das Chaos in unseren Köpfen anrichtet, würde gestürzt. Der Möglichkeiten, eine Nation zu besetzen und die Souveränität eines Volkes zu beschneiden, gibt es viele. Die unauffälligste kann auch die wirkungsvollste sein. In Frankreich ist die herrschende Mediokratie heute der Hauptpfeiler der Macht der Bourgeoisie. Die zum nichtssagenden Ritual gewordene begriffliche Scheidung von Staat und bürgerlicher Gesellschaft (einst eine analytische, methodische Unterscheidung, die zur tatsächlichen Entfernung vom Gegenstand geführt hat,) geht nicht mehr nur von einem kollossalen theoretischen Widerspruch über die Natur der politischen Macht aus; sie ist vielmehr zu einem handlichen, zynischen Alibi geworden, das so manchen »Intellektuellen« gestattet, sich als die Helden der bürgerlichen Gesellschaft zu gebärden, wo sie doch selbst die tatsächlichen Machthaber in unserem Beherrschungsapparat sind. In diesem unserem Jahrhundert der Roßtäuscherei hat sich die Elite unserer Intellektuellen-Partei in der Komödie der tausend Masken die beste Rolle vorbehalten: sie gewährt ihnen alle Vorteile der Autorität, ohne daß sie auch nur einen Nachteil, der mit der Ausübung der Macht verbunden ist, in Kauf nehmen müßten.

Diese Feststellung erwächst nicht aus einer Laune, Entrüstung oder einem Ressentiment: sie ist das Ergebnis einer Untersuchung. Eine zur Polemik verleitende Situation ist die Triebfeder des Denkens; dagegen ist das Pamphlet, in unserer Sicht, eine erniedrigende Gattung, der jegliche Erkenntnisethik widerstrebt. Eine rationale Methode wie die Mediologie (sie versteht sich als strenge Disziplin, wofür sie selbst Beweise erbringen will,) kann das Werkzeug zur Verfügung stellen, mit der eine Wirklichkeit faßbar wird, und darüber hinaus das Rüstzeug liefern, mit der sie zu verändern ist; natürlich kann sie aber auch, sofern sie zur Aufrechterhaltung der tatsächlichen Lage beiträgt, denen zugute kommen, die aus ihr Vorteile ziehen. Die Namen, die uns als Anhaltspunkte dienen, sollten dahingehend verstanden werden, daß sie lediglich Beziehungen in der Gattung darstellen sollen; uns interessiert allein die ihnen notwendig innewohnende Logik. Man wundere sich deshalb nicht, wenn selbstkritische Anspielungen aus der eigenen Erfahrung des Autors fehlen. Sollte denn nicht eine objektive, logische Untersuchung vordringlicher sein als noch ein weiteres der zahllosen Reuebekenntnisse? Klar ist, daß der Autor dieser Zeilen weder an der hier objektivierten »Macht der Intellektuellen« beteiligt war noch jemals mit ihr Mißbrauch getrieben hat. Auf dieser Szene der Augenauswischerei hat er, wie jeder andere, lediglich als Darsteller herumgestrampelt. Er hatte keinen Sitz im Verwaltungsrat der nationalen Intelligentsia, doch wenn er hier und da deren Wandelgänge durchstreifte und die Taschen durchsuchte, hat er den Titelträgern manchen Einlaßchip entwendet. So hat er die Erfahrung journalistischer Lobhudelei gemacht, Polemiken mit Gesinnungsgenossen betrieben und sich am Werberummel beteiligt. 1975 hat er sich sogar einmal ins Fernsehen begeben, um dort mit seinen Kollegen für die »Apostrophes«[1] zu schwatzen. Wenn er dahingehend argumentiert, daß er nicht gewußt hätte, daß das Fernsehen eine Ideologie ist, daß er nicht abschätzen konnte, wieviel Selbstverleugnung, Usurpation und Selbstzensur der intellektuelle Arbeiter vornehmen muß, wenn er die Einladung seitens der uns Regierenden annimmt, um mit seiner Wenigkeit den kleinen Bildschirm zu füllen, so gesteht er ein, daß er sich dessen nicht bewußt werden wollte und daß er diesem Bewußtsein sein Interesse als Autor auf Persönlichkeitsfindung vorgezogen hat.

---

[1] »Apostrophes«: eine Art literarischer Talk-Show im französ. Fernsehen, geleitet von dem Kritiker Pivot. (A.d.H.)

Lauter rückgängig zu machende Selbstkompromittierungen zugunsten eines angeblichen Tugendmusters. Unser einziger persönlicher Ehrgeiz ist, auf dem Gebiet der Sitten etwas Unbewußtes erfahrbar zu machen. Wir wollen Augenzeuge sein, wie die Pforten der intellektuellen Legitimität schließen, wir haben die Absicht, die Mechanismen abzubauen, die darüber entscheiden, wem und zu welchen Bedingungen sich diese Pforten öffnen oder nicht. Goethe sagte, man besitze nur, worauf man verzichte. Wissen heißt Verweigern. Aber wie soll man etwas verweigern, in das man zuvor nicht eindrang? Was kann einer, der nie dieser hier beschriebenen »Gesellschaft des Denkens« angehört hat, von den Gesetzen ihres Funktionierens wissen? Der Bericht dieser Durchquerung von Paris, auch wenn sie nur vier oder fünf Jahre gedauert hat (1973–1978), in Ichform würde sicher viel Unterhaltsames liefern. Die Objektivierung einer durchlaufenen Erfahrung ist eine Sache, eine andere, Anekdoten und Vertraulichkeiten aneinanderzureihen. Alles zu seiner Zeit. In einer Zeit und in einem Land, das bis zum Hals mit »auto« vollgestopft ist, wo die Buchhandlungen von Autobiographien, das Fernsehen von Autoportraits, die Tribünen von Autogestion, die Gazetten von Autodafés und die Straßen von Automobilen überquellen, schien ein weiteres »auto« mehr, selbst ein kritisches, warten zu können.

Eine letzte Präzisierung: Eine eindeutige Trennung oder einen Schnitt zu legen in ein und dieselbe Person oder, bei sozialen Gruppen, zwischen Künstlern, Intellektuellen oder Wissenschaftlern, warf zu viele Probleme auf (es sind eigentlich keine Schwierigkeiten, sondern es ist ein kohärenter Komplex aus Begriffen und Tatsachen, der an anderer Stelle angegangen wurde), um in diesem Band Aufnahme finden zu können. Diese Vorgehensweise, die unseren Raster entscheidend verfeinern würde, könnte es ermöglichen – und so dessen wahre Tragweite zu erfassen – das fesselnde Phänomen der Überläufer der hohen Intelligentsia, die es in jeder Epoche gab, faßbar zu machen. Diese gehören zur Kategorie derer, die jene ausschließen, die sich ihnen verschließen. Gegebenenfalls sagt die hohe Stufe nichts über den (intellektuellen) Wert aus, sondern lediglich über die (soziale) Position. Für den Kreativen ist die Zugehörigkeit zu seiner Klasse keine Schicksalsgegebenheit, sondern lediglich etwas Hinzunehmendes, und immer bleibt einem Individuum die Möglichkeit, seinem Schicksal Widerstand zu leisten. Erinnern wir uns nur an Genet, Michaux, Char, Leiris, Beckett, Chris Marker, Rezvani und so viele andere Widerständler, deren Namen beliebig die Seiten anwachsen ließen, würde ihr Gesicht nur auf dem

Fernsehschirm auftauchen. Sie alle kann man als Beispiel dafür anführen, daß man dem Zeitgeist nicht folgen muß. Sie sind »schwarze Löcher« in der fluoreszierenden Redundanz des großen abendländischen Spektakels; aus ihnen wird morgen das Bild der Erfinder der Gegenwart auftauchen.

Ich danke herzlich denen, die ihre Beobachtungen zu diesem Manuskript beigesteuert haben: Claude Durand, Clara Malraux, Christian Baudelot, Daniel Lindenberg und Bernard Cassen, Gérard-Humbert Goury und Erik Orsenna; auch Michel Serres und Pierre Bourdieu, die ihre Zeit geopfert haben, um mir meine wissenschaftlichen Skrupel zu erleichtern. Im Bereich der Wirtschaft waren die Anregungen von Michel Gutelman von höchstem Wert. Gleichfalls danke ich denen, die einem Interviewer geantwortet haben, der gierig nach Präzisierungen drängte: Michel Peynet, über die Arbeit und die Kriterien der AGESSA (Verwaltungsgemeinschaft der sozialen Sicherheit der Autoren); Alain Desrosières, Laurent Thévenot und nicht zuletzt Christian Baudelot, die mir im Bereich der statistischen Daten des INSEE und bei deren Dechiffrierung beistanden; Bernard Pingaud half mir im Bereich der Geschichte der Autorenunion; Marie Cardinal klärte mich über die Existenzberechtigung der Schriftstellergewerkschaft für den französischen Sprachraum auf. Schließlich Colette Ledannois für ihre ständige Hilfe.

Balzac oder die Aktualität seiner Zoologie

Tiere haben keine Geschichte: wozu dient dann eine Geschichte der Intellektuellen? Die Versuchung, Zoologe zu werden, macht schwindeln. Gespött oder Prophetie? Und wie nicht vor dem spöttischen Schatten der drei großen Tiermaler des 19. Jahrhunderts zurückweichen, dem Schatten, der uns hier auflauert? Nicht dies ist das Entmutigendste, daß wir Hegel, Balzac und Nietzsche die genauesten Röntgenbilder dessen verdanken, was sich damals noch nicht »Intellektueller« nannte, sondern daß sie von fast obszöner Aktualität geblieben sind. Die Analyse dieses Wesens ging der Entstehung der Gattung um fast ein Jahrhundert voraus. Es ist nicht gleichgültig, wenn man sich am Anfang eines knappen Essays zur Sozialgeschichte daran erinnert, daß die Geheimnisse des Kulturmenschen sich eher vor dem Hintergrund der Natur als dem der Geschichte erhellen lassen, oder daß die Naturalisten des menschlichen Geistes diese Geheimnisse vor den Sozialhistorikern aufgehellt haben. Lange vor Nietzsche und seinen »Wiederkäuern auf den Lehrstühlen«, seinen »Kulturkamelen«, taucht im Jahre 1807 in der *Phänomenologie des Geistes* mit dem »geistigen Thierreich« die kohärente Gestalt des Intellektuellen in dem Individuum auf, das sich an-und-für-sich wirklich weiß. Und nicht irgendwo: am zentralen Ort der Entwicklung der Idee – zwischen der Welt der Vernunft und der des Geistes, das heißt im Angelpunkt der theoretischen, abstrakten Formen und der konkreten Geschichte, in dem der Geist sich verwirklicht. Diese »Gestalt des Bewußtseins«, eine vorläufige, doch notwendige Station auf dem »Golgatha« des Geistes, ist bekannt unter dem Beinamen »Das geistige Thier«[2]. Balzac hat Hegel nicht gelesen, aber auch er liefert uns ein *Tier* – oder gar eine soziale Gattung – besonderer Art, sorgfältig eingeordnet unter dem Etikett des »gendelettre«, mit einer klassifikatorischen Tafel, in der seine Arten, Unterarten und Abarten aufgeführt

[2] Vgl. *Phänomenologie des Geistes*, Stuttgart 1927, (ed. Glockner), S. 303 ff. Der Kommentar von Jean Hyppolite findet sich in *Genèse et Structure.* (Aubier), der von Roger Establet in *Le conflit des consciences et l'oeuvre commune* (diplôme d'études supérieures, 1964)

werden. Diese zoologische Studie, entnommen der *Histoire naturelle du Bimane en société*, trägt den Titel: *Monographie der Pariser Presse* und stammt aus dem Jahre 1843[3]. Der synoptischen Tafel ist leicht zu entnehmen, daß sich die Taxinomie mehr an Linné als an Cuvier orientiert (die Gattungen, Ordnungen und Klassen als objektive Verwandtschaftsverhältnisse), denn Balzac hat in seinem Werk eine einheitliche Terminologie nicht immer durchgehalten. Konstant dagegen ist seine Verbindung zu Buffon, von dem er die klassische Vorstellung von »der Einheit im Plan der Natur« übernimmt, und seine Treue zu den bereits ökologischen Thesen des Geoffrey Saint-Hilaire (dessen »Einheit in der Zusammensetzung«), der 1854 den Begriff »Ethologie« prägte, um mit ihm das Studium der Sitten bei den Tieren zu bezeichnen. Diese Klassifikationskriterien haben ihre Bedeutung verloren. Doch was bis heute den Verlegern den Blick für die Micrographie Balzacs nimmt, ist ohne Zweifel nicht ihr Anachronismus, sondern gerade ihre bedrückende Modernität. Hier ist kein Exemplar, keine Abart beschrieben, auf die nicht der Leser von heute einen Namen und ein Gesicht heften könnte (der Tenor, der blonde Kritiker, der Prophet, der Guerillero usw.) – es scheint, als hätte sich die Morphologie des Säugetiers ebenso wenig verändert wie seine Physiologie. Wer diese Daguerreotype betrachtet, blättert in unserem eigenen Familienalbum. Müssen wir uns dem Dogma von der Festgelegtheit der Lebschaftsverhältnisse), denn Balzac hat in seinem Werk eine einheitliche Terminologie nicht immer durchgehalten. Konstant dagegen ist seine Verbindung zu Buffon, von dem er die klassische Vorstellung von »der Einheit im Plan der Natur« übernimmt, und seine Treue zu den bereits ökologischen Thesen des Geoffrey Saint-Hilaire (dessen »Einheit in der Zusammensetzung«), der 1854 den Begriff »Ethologie« prägte, um mit ihm das Studium der Sitten bei den Tieren zu bezeichnen. Diese Klassifikationskriterien haben ihre Bedeutung verloren. Doch was bis heute den Verlegern den Blick für die Micrographie Balzacs nimmt, ist ohne Zweifel nicht ihr Anachronismus, sondern gerade ihre bedrückende Modernität. Hier ist kein Exemplar, keine Abart beschrieben, auf die nicht der Leser von heute einen Namen und ein Gesicht heften könnte (der Tenor, der blonde Kritiker, der Prophet, der Guerillero usw.) – es scheint, als hätte sich die Morphologie des Säugetiers ebenso wenig verändert wie seine

[3] Veröffentlicht im Band II von *La grande ville, nouveau tableau de Paris, comique, critique et philosophique*, von Paul de Kock, Balzac, Dumas ... mit Illustrationen von Gavarni, Daumier, Henri Monnier, etc. (Balzac, *Œuvres diverses*, t. I., Librairie Ollendorf, 1907, Tafel S. 227)

Physiologie. Wer diese Daguerreotypen betrachtet, blättert in unserem eigenen Familienalbum. Müssen wir uns dem Dogma von der Festgelegtheit der Lebewesen unterwerfen?
Die Entdeckung der Schrift hat die Immobilität einer natürlichen Gattung in eine menschliche Geschichte gewandelt, und die Ausstopfung der Schreiber, um sie ins Museum für Naturgeschichte zu senden, erscheint unerträglich. Wir revoltieren zu Recht. Die naturalistische Hypothese setzt uns zwei sich symmetrisch zueinander verhaltenden Irrtümern aus: dem der These von der Angeborenheit und dem der Abarten. Im ersten Fall löst man das endlose Spiel der Individuen in der genetisch programmierten Kontinuität der Gattung auf, und die Phylogenese nimmt alle Reichtümer der Sozialgeschichte in sich auf. Im anderen Fall statuiert ein Krimskrams zweitrangiger Eigenschaften die wesensnotwendige Einheit einer Klasse, und eine biographische Rhapsodie von Ontogenesen setzt dem mehr oder weniger exzentrische »Phänomene« entgegen, die aber folgenlos sind, weil sie keinem Prinzip unterliegen. Hier findet eine pathologische Verschwendung statt, in der keine zentralen Normen im Glitzer des lediglich Äußerlichen zu erkennen sind, keine funktionale Notwendigkeit, man denke etwa an die endlosen Verzweigungen. Die Biologie kommt zu dem Schluß: es gibt nichts Neues unter der Sonne; die Lehre von den Mißbildungen: überall finden wir etwas Absonderliches. Beide treffen sich schließlich beruhigt: das war schon immer so, und dann darf der Kirchenmann einmal mehr die Hand von Prudhomme ergreifen. Der falsche Weg, an dessen Ende ein jeder nur sein Ausgangsbild wiederfindet, wie es den Teilnehmern an organisierten Reisen in »exotische« Länder widerfährt: hier ist es der »gendelettre«, die klassische Gestalt im Repertoire eines zeitlosen, mondänen Intrigen-, Sitten- und Charakterspektakels. Rivarol verdrängt dann Hegel, Offenbach Balzac. Das ewig frivole Spiel der »bourgeoisen Intellektuellen«: Warum soll man sich eigentlich immer wieder mit ihrer Feigheit, Eitelkeit, Käuflichkeit usw. befassen? Ein bekannter Refrain. An jedem Tag, den Gott erschafft, führt diesen Refrain jeder Autor, Professor oder Journalist im Munde gegenüber dem Kollegen und Freund, mit dem er eben sprach, und dieser denkt genau dasselbe von ihm. Zu den Sitten der Gattung gehört die Banalität der Satire. Die Botanik der Charaktere kann hier nicht die Soziologie ersetzen, sie ist selbst ein Gegenstand der Soziologie. Aber die Soziologie des intellektuellen Milieus offenbart ihren Sinn nur bei einem ausreichenden philosophischen Ernst. Von Anfang an müssen banale Modeargumente, die Sarkasmen über das »prêt-à-penser« zurückgewiesen werden, die selbst

zur heutigen Mode gehören und nur dazu dienen, den Akteuren die Bedeutung des Stückes, das sie spielen, zu verschleiern, indem sie die grundlegende Frage ausklammern: Was ist denn »das intellektuelle Leben«, wenn es den Phänomenen der Mode unterliegt? Und warum gerade heute diese, und keine andere Mode? Wir müssen das Groteske des »Pariser Lebens« ernst nehmen. Den Ernst ernst nehmen, mit dem Balzac das literarische und journalistische Possenspiel seiner Zeit analysiert und reflektiert. Lucien Chardon de Rubempré[4], das Aushängeschild der Intellektuellen, ist vielleicht die tragischste Figur der *Comédie Humaine* – seine langwierige »Bildung« endet in der Pförtnerloge und dann im Selbstmord. Eine Komödie, vielleicht, doch eine, die böse endet. Die intellektuelle Welt ist eine Zellenwelt, in der Unglück und Einsamkeit hausen: man trennt sich von den Anderen, man trennt sich von der Sache oder dem Ideal. Dies nennt Hegel *die Sache selbst*, in jenem Kapitel der *Phänomenologie*, das von den verlorenen Illusionen des Selbstbewußtseins erzählt. Das denkende Wesen – die Gestalt des absoluten Individualismus – läuft auf das Scheitern »der individuellsten Lösung« hinaus. Es wollte seine Person zu seinem wahren Werk machen, indem es das, was wesentlich ist, nicht seinen literarischen oder wissenschaftlichen Werken zuschreibt, sondern seiner subjektiven Kreativität, also seinem persönlichen Talent oder Genie. Es behauptete seine »Operationen« in den Dienst einer objektiven Sache zu stellen, über die es sich im Grunde lustig macht und die es systematisch verfehlt. Somit ist der Intellektuelle derjenige, der, indem er die Anderen täuscht, sich selber täuscht. Er hat kein Werk und sein »werken« ist leer. Kurz, nach dieser verfehlten Ausfahrt muß das unglückliche Bewußtsein auf sich selbst zurückfallen. Noch eine gescheiterte Odyssee. Das intellektuelle Tier leidet und schuftet, um in sich heimzukehren, und bei sich zu Hause ist es dann nirgends. Der Intellektuelle ist für Hegel und Balzac ein individuelles Nichts, das anfängt sich für etwas zu halten, bevor es sich dann schließlich als Nichts entdeckt. Dadurch, daß Balzac seine Romanfiguren in einem gewissen Organisationsgesetz, das er von Geoffroy Saint-Hilaire entlehnte, verankert hatte, konnte er der naturalistischen Trivialität entgehen. Er hat die im Vorwort zur *Comédie Humaine* dargelegten Regeln und Methoden wörtlich genommen: »Das Lebewesen ist ein Prinzip, das seine äußere Form, genauer seine unterschiedlichen Formen, in dem Milieu erwirbt, in das es gestellt wurde.

---

[4] Lucien Chardon de Rubempré: Figur in Balzacs Romanen *Verlorene Illusionen* und *Glanz und Elend der Kurtisanen* (A. d. H.)

Die zoologischen Arten sind ein Resultat dieser Unterschiede.« Dieses Prinzip kann uns erklären, warum wir uns noch immer als Zeitgenossen eines so schönen Tieres wie des Rubempré und seiner Horde empfinden, die Balzac im »Hauptwerk des Werkes«, wie er es selbst nannte, in *Verlorene Illusionen oder ein großer Mann aus der Provinz in Paris* darstellte. Oder: wie ein obskurer, gescheiterter Poet sich von Angoulême nach Paris begibt, in die »Große Arena«, und dort zum größten Erfolg als Journalist à la mode aufsteigt. Scheinbar ist dies der erste Akt eines Melodrams der Epoche. Tatsächlich ist es aber eine erste Abhandlung über die Zersetzung des Räderwerks der Hegemonie. Seine Zeitgenossen ordneten Balzac in dieselbe Kategorie wie Eugène Sue ein. Das Genre *Geheimnisse von Paris*[5] enthüllt die im sozialen Verhalten versteckt geknüpften Geheimnisse des Denkens (hundert Jahre vor Brecht) und die Politik als Schicksal (hundert Jahre vor Gramsci). Das ewige Spiel um Liebe und Ruhm? Wenn die Macht keine Geschichte hat, nicht mehr als die Liebe, bleibt uns doch der Intellektuelle als Machttier so gegenwärtig wie die großen politischen Tiere der Antike: der alte Zug der Zeit – der den alten Chateaubriand entmutigte – ist nicht bereit zu altern. Wieviel Tausende von Rubemprés mögen es seit dem Original sein? Diese ziehen nicht von Angoulême aus; der »fashionable« Herausgeber heißt nicht mehr Dauriat[6], der Chefredakteur, den man sich verpflichten muß, ist nicht mehr der vom *Journal des Débats*, die bedeutende Feder, die es ausfindig zu machen gilt – die dem »accroche à la une« (wie man in der *Monde* sagt) entspricht oder der »ouverture du culturel« (wie beim *Observateur*) – ist nicht mehr die von Janin; der immer enttäuschende, verdrießliche, düstere Weg des Militantentums – von dem man sich fernhalten sollte, um so schnell wie möglich der Anonymität zu entkommen – führt nicht mehr in Saint-simonistische Cliquen; und das »Rocher de Cancale« ist nicht mehr das »bistrot marrant«, wo man neben Ministern und Vedetten sitzt. Doch die Promotions-/Korruptionsmechanismen, mit denen die Klasse, die an der Macht ist, die noch »guten Naturen« umkehrt, hat sich nicht wesentlich geändert. Hinsichtlich seiner Funktionslogik ist das Milieu dasselbe ge-

[5] *Die Geheimnisse von Paris*, 1843/1844 im *Journal des Débats* erscheinender Fortsetzungsroman von Eugène Sue (geb. 1804). Der Roman hatte nicht nur in Frankreich, sondern in ganz Europa einen ungeheuren Erfolg. Bedeutender Einfluß auf Alexandre Dumas und den jungen Zola. In Deutschland befaßten sich besonders Friedrich Theodor Vischer, Karl Gutzkow und Karl Marx mit diesem Trivial- und Kolportage-Roman über das kriminelle, geschäftliche, intellektuelle und politische Großstadtleben. Letzte deutsche Ausgabe: München 1970 (Hanser). (A.d.H.)

[6] *Dauriat:* Verleger in Balzacs Roman *Verlorene Illusionen.* (A.d.H.)

blieben, und deswegen können wir uns im Labyrinth der Intrigen und in der Balzac'schen Portraitgalerie nicht verirren. Alles findet man dort, bis zum abgefeimten Rezept für den Verkaufserfolg, die Listen im Umgang mit den PR-Leuten, das Geplänkel um ihre Schützlinge, unsere Freunde: Die Notwendigkeit eine Polemik um »das« Buch zu entfachen, eine große intellektuelle »Debatte« in Gang zu setzen als absolutes Gebot des Kommerzes; den Kampf gegen die Uhr, um rechtzeitig eine »Reaktion der Presse« zu erreichen (wegen der beschleunigten Rotation in den Lagern der Buchhandlungen); die Unumgänglichkeit, kurz vor dem Erscheinen den drei oder vier Journalisten, die »das Sagen haben«, den Hof zu machen; die enormen Kosten der »Ankündigungen«, die lediglich durch die Hoffnung auf eine redaktionelle, kostenlose Reklame, einzudämmen sind, die immer noch, wie jeder weiß, die wirkungsvollste ist. Und über diese Einzelheiten hinaus, die Symptome eines tiefsitzenden Übels sind, verweisen diese Neuheiten auf die langfristigen Folgen: den aufkommenden Supremat der Presse über die Literatur, der »Journalisten« über die »Autoren«, den schon deutlich vorgezeichneten Scheideweg, auf den das junge unbekannte Talent früher oder später treffen wird, der links die langsame Karriere des militanten Intellektuellen und des Forschers eröffnet und rechts die ultrakurze Karriere, die ihm mit den Machenschaften des Journalismus und dem sozialen Aufstiegsstreben die Klasse bietet, die über die objektiven materiellen Möglichkeiten der Selbstverwirklichung verfügt, als Schlüsselhalterin zu Ruhm und Geld. Soll und Haben im Beruf eines Intellektuellen (Vor- und Nachteile im Vergleich) hat sich in den Indexzahlen und im Maßstab verändert, aber das Bild von 1839 deckt sich mit dem des Paris von 1979. Es gibt keine Geschichte ohne vorgegebene Natur, aber diese Natur hat selbst eine Geschichte. Und Balzac befand sich am Anfang der Gestade der französischen Kulturgeschichte, an denen wir noch immer, wenngleich auch das Ende abzusehen ist, entlangkeuchen. Daher die Vertrautheit.

Vor jener Zeit gab es ein Literatentum, aber den »gendelettre« gab es noch nicht. Balzac war als Historiker Augenzeuge, wie eine Gattung ausschlüpfte, deren Verschwinden nicht morgen zu erwarten ist und die gerade in unserer Zeit voll zur Reife gediehen ist. Auch wenn es nicht den Anschein hat, sind deren Existenzbedingungen eng an die industrielle Revolution gebunden, die dieser Gattung nicht nur das Adelsprädikat verliehen hat, sondern sie voll in ihre politische Funktion eingesetzt und ihre soziale Grundlage geschaffen hat. Es werden andere, wissenschaftliche und technische Revolutionen nachfolgen, und jede hat bislang zugleich eine interne Umstrukturierung und eine Machtzunahme der politisch-literarischen Intelligentsia bewirkt (und nicht nur einer wissenschaftlichen, wie es im allgemeinen gesehen wird). Mit Beginn des industriellen Zeitalters im Westen setzt auch der literarische Massenkonsum ein, parallel zu den Konzentrationsbestrebungen in Richtung auf eine Monopolisierung der Produktionsmittel. Die Popularisierung des Gedruckten, die Ausweitung des Publikums durch die Expansion des Schulwesens und die Unterordnung der Schriftsteller unter die herrschende Bourgeoisie gehen Hand in Hand – und gemeinsam werden sie zum Schneeballsystem. Die Eisenbahn, die die materiellen Voraussetzungen der Kolportage vernichtet, liquidiert die »Regenbogenliteratur« und hebt die Grenzen auf, die bis dahin die Kultur des Volkes und die Kultur der Eliten schroff abgrenzte; ein zu damaligen Zeiten fast offizieller Gegensatz, wie er in dem Roman für das Zimmermädchen und dem Roman für den Salon seinen Ausdruck fand – ein Gegensatz, den Stendhal so heftig beklagte und mit *Rot und Schwarz* überwinden wollte[7]. Die Eisenbahn bringt den Pariser Zeitungen die Möglichkeit einer nationalen Verbreitung. Die Werbung wird zur »Amme« des Pressewesens. 1836 führt Emile de Girardin (der Stammvater einer langen Ahnenreihe, die ein Jahrhundert später die Prouvost, Lazareff oder Hersant hervorbringen wird,) das Anzeigenrezept in die Geschäftspolitik einer Zeitung ein und gründet *La Presse* mit einem Kapital, das von der Werbung gezeichnet wurde. Das führte zu einer Senkung des Verkaufspreises und zu einem stürmischen Erfolg.

Zur Zeit der Restauration erschienen die Zeitungen, wie das *Journal des Débats*, in 13000, *le Constitutionnel*, in 16000 Exemplaren. *La Presse* hatte sofort 40000 Abonnenten und steht damit am Anfang einer Kurve, die im Jahre 1885 mit dem *Petit Journal* zu einem Sous bei einer Million Exemplaren anlangt. Die Literatur koppelt sich mit dem Feuilletonroman an die Lokomotive des Journalismus (Balzac war der erste Feuilletonist von Girardin), die Kritik wird professionell, und so macht die Literatur einen Sprung nach oben, zu Auflagenhöhen weit über die damals noch als ausgezeichnet geltenden 1000 bis 2000 Exemplare hinaus; bis zu den von Zola mit *Nana* erzielten hunderttausend[8]. Was die

[7] Vgl. *Projet d'article sur Le Rouge et le Noir*, envoyé par Stendhal au comte Salvagnoli le 18 octobre 1832 (Pléiade I, S. 700)

[8] In England, wo die industrielle Revolution Frankreich um ein halbes Jahrhundert voraus ist, wurden die hunderttausend schon von Byron und Walter Scott erreicht. Vgl. Robert Escarpit, *Sociologie de la littérature* (Que sais-je?). Auch seine Arbeit *Lord Byron, un tempérament littéraire* (Le Cercle du Livre, 1955).

Nähe unserer Epoche zur Julimonarchie (auch zum zweiten Empire) ausmacht, ist diese zweifache Bewegung eines beschleunigten wirtschaftlichen Wandels und eines eindeutigen Niederganges des Symbolischen. Im Sog dieses Niederganges drängt die Intelligentsia mit Macht auf die politische Szene und dringt das Finanzkapital, auf dem Umweg über die Verlage und Druckereien, direkt in die intellektuelle Produktion ein. Mit der orleanistischen Bourgeoisie der Geschäftswelt wird die Presse zum Hauptregulator des intellektuellen Güterumschlags: die Verteilungsbedingungen sind somit für die intellektuelle Produktion völlig umgekehrt. Heute wie gestern kann die Macht der Großbank auf moralische Werte verzichten, aber sie kann nicht, aus der eigenen Logik heraus, darauf verzichten, den Kurs symbolischer Werte auf ihrer ökonomischen Wertskala zu indexieren. Zeitungen wie *La Presse* und *Le Siècle* eröffnen dem Romancier die Aussicht nicht nur auf neue beträchtliche Verdienstmöglichkeiten, sondern noch mehr auf eine ideologische und moralische Einflußnahme von bislang unbekanntem Ausmaß. (Vgl. hierzu den exemplarischen Fall Eugène Sue). Davor verkauften die Schriftsteller ihre Bücher, oder sie verkauften sie nicht. Von jetzt an betreiben die Zeitungen den Verkauf der Bücher und steigern damit zugleich ihre eigenen Auflagen. Mit anderen Worten: die Schriftsteller verkaufen in dem Maße und zu der Bedingung, wie sie sich von den Zeitungen kaufen lassen. Nur, wer besitzt die Zeitungen, und zu welchem Zweck »macht« man eine Zeitung? Von 1836 an enthüllt Balzac pointillistisch *in nuce*, aber *in vivo* diesen Syllogismus, den die nachfolgenden Zeiten schwarz auf weiß ausfüllen werden: Die Literatur begibt sich in die Abhängigkeit von der Presse; die Presse begibt sich in die Abhängigkeit von den großen Kapitalbesitzern. Daraus folgt, daß der Literat, mehr oder weniger mit oder ohne Maske, zum Domestiken des Kapitals wird.

Balzac ist ein Künstler, und es ist nicht die Aufgabe eines Künstlers, Antworten vorzulegen, sondern Fragen zu stellen. Was am meisten erstaunt, ist, daß er Fragen so gut stellt, zur rechten Zeit, das heißt vor der Zeit und gegen den Strom. Wahrscheinlich deshalb, weil Balzac sich nicht für das hielt, was er war, sondern für einen Notar oder Zoographen. Die Ästheten, die in der gleichen Epoche ihre Stimme tönen ließen und ihre Fähnchen schwenkten, haben nichts weiter als Ideologie produziert. Einen Mythos, der den Künstler mystifizierte, ihn zum schwindsüchtigen und unverstandenen Paria stilisierte: vom *Chatterton* von Alfred de Vigny bis zu den Helden von Henri Murger. Vertraut waren auch die traditionellen Satiren über Künstlercliquen und die malerische Literatenbohème: erwähnt seien Théophile Gautier (das Vorwort zu *Mlle. de Maupin*, 1835), Scribe (*La Camaraderie ou la Courte Echelle*, 1837). Balzac schlägt die Schlacken ab und geht an den harten Kern: die »schrecklich komischen Sitten der Presse, die einzigen Originale unseres Jahrhunderts«. Es ist kein Zufall, daß sein Werk nicht veraltet ist, alles hat sich gewandelt im Pressewesen, wie im Kapitalismus, nur nicht die innere Logik. Dieser bewundernswerte Journalist war der erste klarsichtige Feind der »großen Presse«. Die herablassenden Auslassungen eines Rousseau gegen die Zeitung betreffen die Vergangenheit, weil sie von einem Versehen ausgehen[9]. Hellsichtig, legitimistisch und »reakionär« waren die Analysen von Balzac, nahmen unsere Zukunft vorweg, in die er nicht von hinten eintrat. Man versteht nur, was man verweigert. Er hatte von den Journalisten seiner Zeit nichts zu erwarten, noch weniger war er ihnen zu Dank verpflichtet, er hatte aber die Chance, jene persönlich behandelt zu haben, die ihn unablässig mißhandelten; er ging sogar so weit, zu seiner eigenen Zeit eine ausreichende Distanz zu nehmen, als er sich, wie Cuvier, über die Bruchstükke eines Fossils beugte, um die Zuordnung der Organe und den Zusammenhang seiner wesentlichen Formen zu rekonstruieren. So gelang es ihm, das zu entdecken, was die Wirbelsäule des Säugetiers »gendelettre« werden sollte, der Gattung von nationaler Bedeutung, die noch im Wachsen ist: »Die große Geißel des Jahrhunderts, der Krebs, der aller Voraussicht nach das Land verschlingen wird«. Dies sagte er 1839 von dem gutartigen Tumor, der damals noch der Journalismus war. Tatsache ist, daß er, hundertfünfzig Jahre danach, das Land nicht nur verschlungen hat, indem er sein Volk domestizierte: er hat auch der herrschenden Klasse erlaubt, seine Intelligentsia nach langem Garkochen zu verschlingen.

Diese einleitende, aber keineswegs literatische Huldigung drängte sich auf, damit wir zum Kern unseres Gegenstandes kommen: zum Medium, dem Zwischenglied von Geld und Macht. Das Kartengeben hat sich geändert, nicht aber die Spielregel. Wahrscheinlich hat es der Kampf um die *Enzyklopädie*, der 25 Jahre andauerte, Diderot gestattet, empirisch ein fundamentales Dreieck der Mediologie auszumachen, in einer Epoche, in der es seine wahre soziale Dimension noch nicht angenommen hatte. Es ist kein Zufall, wenn das dreiseitige Genie Diderot –

[9] »Was ist ein periodisch erscheinendes Buch? Ein nebensächliches Werk ohne Verdienst oder Nutzen, dessen Lektüre die Literaten vernachlässigen und verachten und das nur Frauen und Dummköpfen zur Eitelkeit, aber nicht zur Bildung dient.« (1775, Rousseau)

dieses Abbild Balzacs als Demokrat, sein alter ego von links – seine Gipfelpunkte darin erreicht hat, was man anachronistisch 1. Einordnung der »politischen Macht« (*Essai sur les règnes de Claude et de Néron*), 2. Inszenierung des »Intellektuellen« (*Le Neveu de Rameau*) und 3. Aufklärung über die Frage der »Medien« (*Lettre sur le Commerce de la Librairie*[10]) nennen würde.

Es bleibt also, daß der Romancier uns als der erste Beobachter der modernen Welt erscheint, dem es gelungen ist, seine Optik auf die drei Seiten unseres Problems zu richten: 1. Die materiellen Voraussetzungen des Denkens (Papier, Gießerei, Typographie und Druckerei). 2. Das Produkt der intellektuellen Arbeit als Ware, das den Zwängen des Marktes unterworfen ist. 3. Die organische Beziehung des intellektuellen Produzenten zum politischen Machtbereich – dieser letzte Aspekt machte aus dem Schriftsteller einen wahren militärischen Experten des Kulturlebens, woher die ständigen Metaphern wie: die *Pressearmee*, der *Literaturkrieg* und die *Arena Paris* usw. rühren. *Verlorene Illusionen*, oder wie man ein Buch herstellt; wie es sich verkauft; wie es sich schlägt. Duckerei, Journalismus, Politik. Drei Kettenglieder der Kultur, drei aufeinanderfolgende Romane in einem, drei Stufen der Initiierung des Lucien ins Nichts. Ihre Addition zeigt die »kulturelle Sphäre« in ihren Einzelheiten als Machtpyramide mit materieller Basis, die konkret ihre Ausprägung findet im System der hierarchischen Beziehungen, die die innere Einheit der herrschenden Intelligentsia bilden, und im Aufstieg des Einzelnen zum Gipfel dieser Hierarchie – womit sich der Zugang zur Macht im Staat bietet. Der Analytiker vollzieht einen »synchronischen« Schnitt (er untersucht den Zustand), der Romancier begibt sich auf den »diachronischen« Parcours (er beschreibt die Entwicklung); und das »Hauptwerk« verbindet das erste mit dem zweiten.

Eine prophetische Ausrichtung der Optik. Balzac hat all das beobachtet, was Marx nicht gesehen hat. Man begreift, daß letzterer davon träumte, seinen Lebensabend dem Studium des ersteren zu widmen. Die Zoologie der Macht der Intellektuellen widerspricht nicht der Analyse der kapitalistischen Produktionsweise, sondern vervollständigt sie (oder geht bei ihrem Unternehmen sogar noch darüber hinaus).

---

[10] Bei Balzac finden wir vielleicht ohne sein Wissen ein Echo darauf im *Etat actuel de la Librairie* (3–10 mars 1830) und in dem *Lettre aux écrivains français* (1834). Eine Société des gens de lettres war mit dem Zweck gegründet worden, die verlegerischen Anstrengungen von Diderot zu unterstützen. Die beruflichen und juristischen Aktivitäten Balzacs führten zu der aktuellen »Société des gens de lettres.«

Wenn Denis Diderot der Großonkel der Mediologie ist, dann ist Honoré de Balzac ihr Gründervater. Ihr Eingangsportal hat als Säulen das *tutti* des Abends bei Florine und Lousteaus Monolog im Luxembourg[11].

Hier findet man keinen Zutritt, wenn man nicht Balzacianer ist.

[11] Florine, eigentlich Sophie Grignoult: Figur in mehreren Romanen Balzacs. Intrigant und witzig, betreibt sie einen wichtigen Salon. Lousteau: »Journalist für alles«, Theaterkritiker. Figur in *Verlorene Illusionen, Tante Lisbeth, Glanz und Elend der Kurtisanen, Die Kleinbürger.* u.ö. (A.d.H.)

1. Kapitel

Feststellungen

1. Paradoxe

2. Definitionen

A) Einordnungen
B) Eine erste Definition
C) Die Geschichte einer Kategorie

3. Zählungen

A) Die Intelligentsia: 1. Auszählung
B) Die Intelligentsia: 2. Auszählung
C) Schätzung

4. Alarmglocken

A) Der reale Sozialismus
B) Der Klerus

1. Paradoxe

Erste Enttäuschung: »Die Intelligentsia gibt es nicht«. Am Ende seines langen Marsches durch das Milieu der Intellektuellen stößt der Forscher unvermeidlich auf dieses Glaubensbekenntnis, das als Tatsachenbehauptung ausgegeben wird. Je höher die Stellung des Gesprächspartners, um so heftiger das Leugnen. Dieses Leitmotiv dient in der Intelligentsia als Parole und Mitgliedsabzeichen. Als ob der Satz: »Wir gehören nicht zur gleichen Familie« als Devise für die Clanzugehörigkeit diente. Nach einigen Wochen neigt der Interviewer dazu, diese Ablehnung einer Definition zu einem der sichersten Kriterien für die Eingrenzung der Kategorie zu zählen.

Zweite Überraschung: der Begriff, den man am meisten in diesem Milieu hört, ist der der »Macht«. Mit Hartnäckigkeit verbindet die französische Intelligentsia diesen Begriff mit Berufsständen, Institutionen und unterschiedlichsten anderen Substantiven, nur nicht mit sich selbst. Die Intelligentsia, ständig mit neuen Zielen, Bereichen und Diagrammen des Gestern und des Anderswo beschäftigt, kommt uns so vor, als ob sie scheu und stumm über ihre eigenen Selektions-Zensurmechanismen bleiben wollte, wie auch über die Beförderungs- und Ausschlußmechanismen, wie sie heute – *hic et nunc* – in den Universitäten, im Verlagswesen und den Medien funktionieren. Sollte, in den Augen der Intellektuellen, die Macht der Intellektuellen gar nicht existieren? Diesen eigenartigen Sachverhalt stellen nur wenige fest. Die Macht ist offenbar immer nur die der Anderen, nie die, die ich selbst über die anderen ausübe.

Wozu hat der Pilgerstab dem Forscher also sonst gedient, als ihn zu entmutigen? Erscheinungen und Neigungen können die Analyse nicht ersetzen. Aber wofür sind die auf dem Weg angetroffenen Paradoxe ein Symptom? Vielleicht für den Umstand, daß man nicht beides zugleich kann, sein und sich selbst sehen, oder gar, daß niemand er selbst sein kann, ohne sich für einen anderen zu halten, – dieses »Drehkreuz«

taugt für Individuen ebenso wie für soziale Gruppen. Daß die Ideologen aus sich selbst ein ideologisches Bewußtsein entwickeln, wird höchstens die Spontanität und Universalität, mit der sie verwünscht werden, einräumen. Aber die Tatsache, daß die Soziologie der Soziologen so wenig entwickelt ist, stellt einen Einzelfall dar. Dieses Schweigen der Intellektuellen über die Intelligentsia muß befragt werden. Genauso wie das Schweigen der Schriftsteller über die Schriftsteller als Berufsstand – die von sich, beruflich, als Individuen sprechen – in erster Linie den Literatursoziologen interessiert, muß das geringe Interesse der Inhaber der Macht über die Symbole an den Ursachen, der Natur und der Reichweite ihrer Macht das Interesse der Theoretiker der Macht wekken – wenn es denn stimmt, daß »die Wahrheit sich daran messen läßt, wieviel Sorgfalt sie darauf verwendet, sich zu verbergen«. Lassen wir die leichten Einwände beiseite, und nicht nur, weil man einen »gentleman« an seiner Diskretion über die Grundlagen des *agreement* erkennt: diese Eleganz werden wir uns nicht zu eigen machen. Man sagt, alles sei in der Mafia erlaubt, nur nicht, sie beim Namen zu nennen. Sicher ist, daß das Gesetz des Schweigens den Zusammenhalt der Träger des Gesetzes sichert, doch das Schweigen, mit dem sich das intellektuelle Räderwerk schützt, sollte nicht die *omertà* beschwören; denn es wäre ein schwerer Fehler, weniger ein Mangel an Geschmack als mangelndes Urteilsvermögen, die hohe Intelligentsia der Mafia gleichzusetzen, trotz ihrer Berührungspunkte. Das intellektuelle Milieu hat seinen Verhaltenscodex, aber das *métier* hat als technische Voraussetzung seiner Ausübung eine gewisse Undurchsichtigkeit sich selbst gegenüber: man kann den Scheinwerferkegel leichter streuen lassen, wenn man selbst im Schatten bleibt. So ist es zu verstehen, daß die Intelligentsia dann ihre eigentliche politische Funktion besser ausüben kann, wenn sie sich nicht als sozial streng strukturiertes Subjekt zu erkennen geben muß.

Eine soziologische Aporie: der Begriff der »Intelligentsia« scheint also auf den ersten Blick auf einer rein ideologischen, ja sogar polemischen Klassifizierung zu beruhen; aber es gibt keine wirkliche Identität, keinen wirklichen Inhalt. Es ist doch eine Tatsache, daß wenn ein Intellektueller die »Intellektuellen« zum Gegenstand seiner Überlegungen macht, dann im allgemeinen als Material für Glaubensbekenntnisse, Verwünschungen oder Predigten – und nicht zum Zweck einer Studie. Die normative Leidenschaft unterdrückt von vornherein die deskriptive Sorgfalt, und die Wertdiskussion – gleichgültig ob es sich um Wertung oder Abwertung handelt – unterwirft den Autor *de jure* den elementaren Forderungen der Demonstration und Logik. Es ist genauso schwierig, mit einem Bürger von den Intellektuellen in der Cité zu sprechen, wie mit einem Historiker von den Juden in der Geschichte, ohne zwischen Zionismus und Antisemitismus in die Enge zu geraten.

Den Intellektuellen beschreibt man nicht, man verteidigt ihn oder greift ihn an. Wie einst die Jesuiten oder Freimaurer. Eine schon klassische Unmöglichkeit: Berth und Peguy übernehmen die Anklage, Herr und Zola die Verteidigung – in der Mitte ist niemand. Benda klagt den »Verrat der Intellektuellen« an, um der Intelligentsia den Hof zu machen, Nizan denunziert ihre Ehrlosigkeit, ohne sich um ihre Existenzbedingungen zu kümmern. Raymond Aron schreibt das *Opium für Intellektuelle* und Sartre ein *Plädoyer für die Intellektuellen*[1]. Wenn man einmal Inventur der Werke macht, in denen Franzosen sich der Intellektuellen annehmen, in der Zeit unserer Phase B, in der Periode, in der sie sich hauptsächlich konzentrieren, kann man nur erstaunt sein über ihre dokumentarische Inkonsistenz[2]. Raymond Aron – ein positivistischer Geist, wie man annehmen sollte – bringt es fertig, 400 Seiten über den Gegenstand zu produzieren, ohne auch nur eine *Begriffsdefinition* zu liefern, geschweige denn eine *Statistik*, eine *historische* Einordnung der Kategorie oder einen *Hinweis* auf die Existenzbedingungen. Das einzige zu seiner Zeit stichhaltige Werk ist aus den Katalogen verschwunden, vergriffen und nicht mehr aufgelegt worden: es stammte nicht aus einer »bedeutenden Feder«[3]. Frankreich, das zu Recht für das politische Paradies der Intellektuellen gehalten wird, kommt uns vor wie das Fegefeuer ihrer Soziologie; das eine erklärt das andere. Die Deutschen hatten Mannheim, Weber, Schumpeter, Michels. Die Ame-

---

[1] Edouard Berth, *Les méfaits des intellectuels*, Paris, Rivière, 1914 (préface de Georges Sorel). Péguy, *Notre Jeunesse* (1916) und passim. Lucien Herr, *Choix d'écrits*, Paris, Rieder (1932), und D. Lindenberg und P.-A. Meyer, *Herr, le socialisme und son destin*, Calmann-Lévy (1977). Emile Zola, *La vérité en marche* (vor allem mit dem berühmten Brief an den Präsidenten der Republik vom 13. Januar 1898), die *Nouvelle Campagne* (Fasquelle, 1897), eine Sammlung; mit La Vertu de la République, L'Elite et la Politique, Lettre à la Jeunesse. Julien Benda, *La trahison des clercs*, Grasset (1927). (Deutsch: *Der Verrat der Intellektuellen*, München 1978). Ferner: *La jeunesse d'un clerc* (1937) und *Un régulier dans le siècle* (1938). Nizan, *Les chiens de garde* (1932). Deutsch: *Die Wachhunde*, in Nizan, *Aden Arabien/Die Wachhunde* (Reinbek b. Hamburg, 1969). Raymond Aron, *Opium für Intellektuelle oder die Sucht nach Weltanschauung*, (Köln 1957) – Im übrigen spielt Debray hier auf die Dreyfus-Affäre an, die für die Herausbildung des Begriffes »Intellektueller« eine kaum abzuschätzende Bedeutung besaß. Vgl. die Darstellungen von Maurice Paléologue, *Tagebuch der Affäre Dreyfus*, Stuttgart 1957 und von C. Leusser, *Die Affäre Dreyfus*, München 1948. Das Problem des Intellektuellen behandelt: G. Idt, *»L'intellectuel« avant l'Affaire Dreyfus*, in: Cahiers de Lexicologie 15, (1969), H. 2, S. 35 ff. (A. d. H.)

[2] Phase B nennen wir die Phasen der Trennung zwischen der auf Zwang beruhenden und der symbolischen Macht innerhalb des Machtapparates. Hierfür bietet die IV. Republik ein Beispiel. Eine umfassende Bibliographie geben wir im 1. Band der Medienlehre.

[3] *Les intellectuels*, Louis Bodin (Que sais-je?; 1964)

rikaner S.M. Lipset, Wright Mills. Die Italiener Gramsci und seine Schule. Frankreich hatte seine Dreyfusaffaire und ruht sich seitdem auf seinen Lorbeeren aus. Wenn man diesem schon alten Handicap – das dem französischen Intellektuellen gestattet, eine gelehrte Abhandlung über die Rolle des »café-crème« in den kulturellen Bräuchen des Abendlandes abzufassen, ohne die Rolle zu erwähnen, die dabei das heiße Wasser spielt – wenn man ihm die Besessenheit, die sich aus der aktuellen ideologischen Konjunktur ergibt, hinzufügt, wird man großzügig diese angestrengte Stummheit der Zunft entschuldigen. Von den Hauptanklägern ist zu hören: »Vulgärsoziologien«, »naiver Empirismus«, »gröbster Positivismus«. Viele wissen es und hüllen sich in Schweigen. Andere beschwören damit die Gefahr, daß sie schon vor dem Lauf den Wettkämpfer beschuldigen, und somit ist dieser disqualifiziert, bevor er sich in das Rennen begeben hat. Die meisten vermeiden die Sarkasmen, indem sie ihre eigenen Arbeiten mit überdeutlicher Betonung des Gegensatzes diesen Abwegen, die einen krank machen, entgegenstellen. Im »französischen ideologischen Club«, dieser Saug- und Druckpumpe, wo niemand Aufnahme findet, ohne daß ein anderer ausgeschlossen wird, dienen derartige Beschwörungen einer Strategie der gegenseitigen Abschreckung wie der persönlichen Aufwertung. Der hohen Intelligentsia ist es gelungen, ein savoir-dire zu kultivieren, das die Denkarbeit aufs höchste erleichtert: die Grobschlächtigkeit eines Geistes ist an seiner Präzision zu erkennen und der Scharfsinn eines Diskurses an seiner Ungenauigkeit. Das Wegzaubern des Realen hinter seiner Symbolik – dieser sichtbaren Heimstatt der nationalen Ideen in den letzten zwanzig Jahren (die Psychoanalyse Lacans, die strukturalen Anthropologien, die wissenschaftlichen Marxismen, Semiologie und Linguistik) – hatte für die, die ihr Brot im Kielwasser der Schulwissenschaft verdienen müssen, oft den Vorteil, hohen Anspruch mit Denkfaulheit verbinden zu können. Diese Tugend teilen sich die *theoretischen Problematisierungen* und *konzeptuellen Apparate* einerseits und der Anspruch andererseits, der da sagt, aus welchem Anlaß ich auch rede und nach welchem Statut meine Rede sich richtet, sie wird umso aufmerksamer gehört werden, je weniger einer mitbekommt, *wovon* und *von wem* die Rede ist; erst recht, wenn niemand weiß, von wievielen und welchen Personen, von welcher historischen Periode und von welchem Land. Die empirischen Überprüfungen und kompilatorischen Zuarbeiten zu dem, woran man die Intellektuellen von Rang erkennt, haben, nimmt man wohlwollend einige Schüler von Foucault und Bourdieu aus, die Proletarier der unteren Intelligentsia zu leisten, wie Historiker,

Soziologen und Forscher des »Mittelbaus«, die immer noch die Betrogenen der alten Ideologie des Wohltätertums sind. Die Demarkationslinie zwischen Erben und Stipendiaten, die sich von unten nach oben verflüchtigt, von den Schulbänken hinauf zu den Podien, findet hier ihre Fortsetzung.

Also, haben wir keine Angst, »Scholaren« zu sein: in den alten Diskussionen sind die neuen Fragen zu finden. Eine gewisse marxistische Scholastik hat sich mit dem Thema der Intellektuellen im Verlauf von jahrelangen Sühneopfern abrackern müssen, um einen Standpunkt zu finden. Sind Klasse, Gruppe, Kaste, Kategorie treffende Begriffe? Die empirische Soziologie ist für die Untersuchung der Intelligentsia vielleicht eine Sackgasse. Aber um dies herauszubekommen, ist es besser, sich ohne Furcht an die Arbeit zu machen. Und da wir nichts mehr zu verlieren haben, außer Zeit, hier unsere Zweifel, Daten und Fakten.

2. Definitionen

A) Einordnung

Die Intelligentsia läßt sich nicht von ihrem Ort im materiellen Produktionsprozeß her definieren, obwohl sie in den Modus der Produktion eingebunden und von ihm abhängig ist, und sie kann keiner eindeutigen ökonomischen Kategorie (wie dem Bodenzins, der Lohnabhängigkeit, dem Profit) als ihrer Existenzbedingung zugeordnet werden: sie ist keine *Klasse*. Sie bildet eine Gemeinschaft von Menschen mit einer Kommunikation, und diese Beziehungen ordnen sich zu einem Netz aus Institutionen und Verhaltensweisen: Die Intelligentsia ist mehr als eine formlose *Gruppe*. Die Zugehörigkeit zu ihr ist nicht erblich, man kann ein- und austreten: sie ist keine *Kaste*. Sie hat keine Kammerordnung, keine interne Reglementierung, noch stricto sensu ein Reproduktionsmonopol: sie ist keine *Körperschaft*. Daher empfiehlt es sich, klug zu sein und sich auf die Bezeichnung *soziale Kategorie* zu beschränken. Dies hat den Vorteil, daß man sich zu nichts verpflichtet. Tatsächlich ist das, wie wir sehen werden, zugleich weniger und sehr viel mehr. Weniger, weil der persönliche Status ihrer Mitglieder so unterschiedlich ist wie ihre ursprüngliche Klassenzugehörigkeit. Mehr, weil sie nach einem institutionellen Modus fuktioniert, ohne die rechtlichen Schranken einer Körperschaft.

B) Eine erste Definition

Ihre Funktion als Mittlerin oder Vermittlerin kennzeichnet die Intelligentsia als eine Grenzkategorie, die auf mehreren Gebieten »im Sattel sitzt«: in den »freien Berufen« auf der einen Seite, in der »höheren Verwaltung« auf der anderen; und auch als Künstler auf eigene Rechnung und Angestellte im öffentlichen Dienst. Wenn es ein Kriterium für die Homogenität einer sozio-professionellen Schicht ist, daß die Personen, die sie erfaßt, sich selbst als ihr zugehörig betrachten, dann ist die Intelligentsia eine eindeutig heterogene Schicht. Dies steht sozusagen in ihren *Statuten.* Wenn man nur Homogenes sammelt, ergibt dies keine intellektuelle Gruppe. Die Mitglieder einer solchen Gruppe sind unverwechselbar; diese Originalität ist das Kennzeichen des Intellektuellen. Den Intellektuellen fehlt es nicht an Ausreden, um sich als Kategorie zu verleugnen, an deren Stelle sie einfach ein Aggregat komplexer Individualitäten setzen. Als »Hüter der Qualität« stehen sie logischerweise auf gespanntem Fuß mit bescheidenen Maßstäben und sind an zensorische Wertungen gewohnt: Individuen werden gewogen, aber nicht gezählt. Deswegen läßt sich diese Kategorie leichter von außen als von innen her in den Griff bekommen; und von oben nach unten. Die Behörden brauchen nun einmal ein einheitliches Maß- und Gewichtssystem, damit jeder bekommt, was ihm zusteht, so wie die Justiz eine Definition der Rechte braucht, um Rechtsabweichungen sanktionieren zu können. Denn die große »Feindin« des Staates erhält Unterstützung von besagtem Staate, und natürlich mußte der sich damit befassen, wem und nach welchen Kriterien diese zukommen soll. Die Juristen waren schon aufgefordert, damals als es um Schutz und Garantie der Urheberrechte ging, in ihrem bewundernswerten Stil zu definieren, was ein *Autor*, ein *Schriftsteller*, ein *Werk*, eine *Reproduktion* usw. ist. Im Gesetz vom 11. März 1957, das überholt, aber noch in Anwendung ist, heißt es: »Als Schriftsteller gilt jede Person, deren Druckwerke auf dem Buchweg in den Handel kommen«. Die technische Entwicklung hat diesen engen Rahmen gesprengt, und unter die Kategorie Literatur fallen inzwischen Drehbuchautoren, Film- und Theaterdialogschreiber, Verfasser von Funkfeatures usw. Deshalb hat 1970 die Gruppe »Literatur« in ihrem Bericht an das Generalplanungskommissariat folgende neue Definitionen vorgeschlagen: »*Autor* ist jemand, der mittels eines Originaltextes etwas Neues in die Welt gesetzt hat«, oder auch: »Autor ist derjenige, der einen Originaltext produziert, sei es in der klassischen Form des Gedruckten, oder aber auch auf eine vom Papier unabhängige Weise«. Das Gesetz von 1975, mit dem die Sozialversicherung für »Künstler und Autoren literarischer, dramatischer, musikalischer, choreographischer, audiovisueller, cinematographischer, graphischer und plastischer Werke« eingeführt wurde, mußte durch eine ganze Reihe von Verordnungen und Erlassen in seinen verschiedenen Anwendungsbereichen eingegrenzt werden.

Wir gewinnen mit den Begriffen *Produktion* oder *Schöpfung*, mit denen sich die Vorstellungen von Neuheit und Originalität einstellen, eine erste Möglichkeit, eine Trennungslinie zwischen sogenannten *intellektuellen Berufen* (Ärzte, Anwälte, Ingenieure, hohe Beamte, Führungskräfte in der Armee, Klerus) und *professionellen Intellektuellen* zu ziehen. In Frankreich gibt es eine Vereinigung der intellektuellen Arbeiter (CTI). Ihr gehören etwa hundert Organisationen an, die sich in vier Gruppen gliedern: Künste, Literatur und Wissenschaften; die freien Berufe; lohnabhängige intellektuelle Arbeiter; Studenten. 1952 hat die CTI eine Definition verabschiedet, die einen viel weiteren und unbestimmteren Kreis umschreibt als den der »Intellektuellen im eigentlichen Sinne«: »Ein intellektueller Arbeiter ist derjenige, dessen Handeln mehr geistige als physische Anstrengung erfordert, mit all dem, was dies an Initiativgeist und Persönlichkeit voraussetzt«. Was der deutsch-russische Begriff Intelligentsia meint, heißt auf gut französisch: die Aristokratie der intellektuellen Arbeiter. Die schöpferisch Tätigen stehen in Gegensatz zu den Verwaltern, Verteilern oder Organisatoren, die Erfinder zu den Anwendern (die Professoren sind im Verhältnis zu den Lehrern das, was der Facharbeiter im Verhältnis zum Fließbandarbeiter ist). Wieviele »direkte Produzenten der ideologischen und kulturellen Sphäre« (Michel Loewy) gibt es, und wie soll man sie in der heutigen französischen Bevölkerung identifizieren? Diese zwei statistischen Fragestellungen sind nur eine: Die Trennung ist eine von der Zählung abhängige Funktion und umgekehrt. Aber die Zahlenwerke zur modernen Geschichte sind von den jeweiligen Etikettierungen abhängig. Deswegen müssen wir mit der Taxinomie beginnen.

C) Die Geschichte einer Kategorie

Geht man einmal die Einstufung der Bevölkerung durch, wie sie für die Erhebung und Verteilung der direkten Steuern unter dem Ancien Régime erfolgte, bis zu den aktuellen Schlüsseln des INSEE, was entdeckt man da? Die heimliche Geburt und das durch »Überproduktion« bewirkte Verschwinden einer Berufsgruppe, die man »Intellektuelle« nennt[1]. In der »Capitation« (Erhebung zur Kopfsteuer, d.Ü.) von 1695, die die Bevölkerung des Königreiches in 22 Klassen aufteilt und vom »Dauphin und Prinzen« (1. Klasse) bis zum »Soldaten, Hilfsarbeiter und Tagelöhner« (22. Klasse) reicht, tauchen die »Rechtsprofessoren, Rektoren und Prinzipale der Kollegien« an 16. Stelle auf, im gleichen Range wie die »Beamten der Vogteien, der Steuerverwaltung, der Salz-

[1] Die folgenden Angaben sind entnommen: Alain Destrosières, *Elèments pour l'histoire des nomenclatures socioprofessionnelles* (INSEE, ronéoté, 1976). Eine unerläßliche Lektüre.

magazine, der Gewässer- und Forstverwaltung, der Ämter des Konnetabel und der Admiralität, die Gerichtsdiener am Châtelet, Weizen-, Wein- und Holzhändler, Speisewirte, ein Teil der Landwirte und Bauern«[2]. Eine Studie, die ein Schema für die Einordnung der Berufe für das 18. Jahrhundert entsprechend dem Maßstab, den das INSEE anwendet (0–Bauern bis 9–Diverse), zu heuristischen Zwecken erbringen sollte und von einer Historikerin durchgeführt wurde[3], räumt einer – wie auch immer gearteten – intellektuellen Schicht, die sich gerade erst zaghaft herausbildet, keine spezielle Kategorie ein. Sie hätte allerdings in Klasse 7 aufgenommen werden können; diese Klasse umfaßt die auf den *freien Künsten* beruhenden Berufe (Notare, Advokaten, Gerichtsvollzieher); sie ist selbst zwischen den *Bediensteten des Königs* und den *Weltgeistlichen* eingeordnet. Die gleiche Klassifizierung, auf das 19. Jahrhundert übertragen, ordnet »bestallte Professoren« in eine niedrigere Kategorie ein als die *freien Berufe*, nämlich zwischen dem *öffentlichen Dienst* und *Diversen*. Die erste Zählung im Jahre 1872 führt unter der Gruppe der *freien Berufe* drei berufliche Kategorien auf, die der Vorstellung von der Intelligentsia entsprechen oder sie tangieren: der Beruf 50/51, »Professoren und Lehrer«: 48 362 Männer und 24 491 Frauen. Die Gruppe 52, »Wissenschaftler und Schriftsteller«: 3 676 Männer und 150 Frauen. Die Gruppe 53, »Künstler«: 18 277 Männer und 4 338 Frauen. Die Nomenklatur und die Größenverhältnisse ändern sich weder 1876 noch 1896. In der Zählung von 1911 taucht das öffentliche und private Erziehungswesen als gesonderte Berufsgruppe auf, die vom Klerus und den freien Berufen getrennt wurde. Das Wort *Intellektuelle* taucht zum ersten Mal in der Gruppe »Beschäftigte in der Verwaltung und intellektuelle Berufe« (89 bis 96) in der Nomenklatur von 1946 auf. Mit der Ausarbeitung des ersten Schlüssels der C.S.P. wird 1951 unter der Schlüsselnummer 30 eine Gruppe der »intellektuellen Berufe« gegen die Gruppe der »freien Berufe und des Klerus« abgehoben. Diese Gruppe umfaßt zwei Kategorien: die *intellektuellen Führungskräfte* (geschätzt auf 100 000) und die *untergeordneten Intellektuellen* (410 000). So war kurz nach dem Krieg die Zahl der »intellektuellen Führungskräfte« schon größer als die des Klerus (80 000) und der Ingenieure (80 000). 1954 verlieren die Intellektuellen – als Folge ihrer zahlenmäßigen Zunahme? – ihre statistische Identität und bekommen ihre definitive Schlüsselnummer 32, die die *literarischen* und *wissenschaftlichen Beru-*

[2] Marion, *Les impôts directs sous l'Ancien Régime*, Paris, 1910.
[3] Adeline Daumard, »Revue d'histoire moderne et contemporaine«, (Juli–September 1963)

fe umfaßt, eine Kategorie, die der großen Klasse der *freien Berufe* und der *Führungskräfte* zugeordnet wird, die heute die vierte der neun CSP ausmacht, in die das INSEE die arbeitende Bevölkerung aufgliedert. Die »*Künstler*« werden der neunten CSP, zusammen mit dem *Klerus* und der *Armee/Polizei*, zugeordnet; ein sehr grobschlächtiges Amalgam, dem aber nicht eine gewisse Subtilität abgesprochen werden kann. Als letzte und sehr beziehungsreiche Änderung in der soziologischen Taxonomie kann man die Fusion der »literarischen Berufe und der *Information*« in der Nomenklatur des sechsten Plans ansehen, die nunmehr zu den *Führungskräften des dritten Ranges* gezählt werden (1976).

3. Zählungen

A) Die Intelligentsia: Erste Auszählung

Wir verwenden hier die zwei Kategorien 32 und 80 in den letzten vier Zählungen.

Die Kategorie 32 (»Professoren, literarische und wissenschaftliche Berufe«) nennt als typische Fälle: »den Hochschullehrer, den Sekundarlehrer, Astronomen, Schriftsteller, aber auch den Kunstkritiker, Geologen, Schulrat, die Krankenhausärzte, Apotheker, Veterinäre, Zeichenlehrer«. Sie erfaßt demnach sowohl Funktionäre des öffentlichen Dienstes als auch Selbstständige.

Die Kategorie 80 (»Künstler«) erfaßt in erster Linie folgene Berufe: »den Maler, Sänger, Musiker, Rundfunksprecher, Schauspieler, das ›girl‹, den Zirkusartisten, Fakir, Astrologen, Berufssportler, Bergführer, Fechtmeister, das Covergirl, Mannequin«[1].

	1954	1962	1968	1975
32	80380	125126	213420	377215
80	45089	42184	50196	59075

Stabilität bei den »Künstlern« (seit 1872, als Frankreich 36102921 Einwohner zählte, von denen 47995 Personen direkt oder indirekt von künstlerischen Tätigkeiten lebten). Galoppierende Zunahme der »literarischen und wissenschaftlichen Berufe«, die der schwindelerregenden Entwicklung des Personalstandes im Erziehungsbereich zuzuschreiben

[1] Es ist bemerkenswert, daß Keramiker in der Kategorie der *Handwerker* (CSP Nr. 2) und Gesangslehrer zusammen mit Volksschullehrern in der der *mittleren Führungskräfte* (CSP Nr. 4) eingeordnet sind. Künstler rangieren am Ende dieser Liste zusammen mit Pfarrern und Polizisten. Schriftsteller, Angehörige freier Berufe, Ingenieure und höhere Führungskräfte der Verwaltung bilden die Kategorie *freie Berufe und höhere Führungskräfte* (CSP Nr. 3).

ist. Dies hat zur Folge, daß die Lehrberufe mit Macht in den Bereich des Schriftstellertums eindringen. Vergessen wir nicht, daß die Zahl der Lehrer im öffentlichen Erziehungswesen der Sekundarstufe von 66387 im Jahre 1958, auf 223792 im Jahre 1974 angewachsen ist

B) Die Intelligentsia; Zweite Auszählung

Wir halten uns immer noch an das INSEE und die Volkszählung von 1975. Doch diesmal wurden die Zahlen nach der Berufsordnung erstellt und nach Angaben der Beteiligten, die hier selbst, mit ihrer Erklärung, aus welcher Tätigkeit sie ihr Einkommen beziehen, die Berufsbezeichnung gewählt haben:

	Männer	Frauen	Summe
Verleger (und Verlagsbuchhändler)	1100	500	1600
Literaten (Hommes de Lettres) (Musikkontrolleur, Literatur-, Kunstkritiker, Musikkritiker, Filmdialogschreiber, Schriftsteller, Schriftsachverständiger, Kunstsachverständiger, Literat, Philosoph, Dichter, Romancier, Drehbuchautor)	2760	800	3560
Intellektuelle Berufe (Archäologe, Lehr- und Forschungsbeauftragter, Volkswirt, Ethnograph, Marktstudienleiter, Geograph, Historiker, Linguist, Marketingleiter, Paläontologe, Psychologe)	7040	4840	11880
Wissenschaftler	5320	1760	7080
Werbefachleute (»Spécialistes de la Publicité«) (Medienforscher, Anzeigenleiter, Aufnahmeleiter, Publizist, Werbeleiter)	8160	4800	12960
Journalisten, Reporter (Presseattaché, PR.-Leiter, Sonderreporter, Journalist, Lektor, Editionsredakteur, Chefredakteur, Redakteur, Reporter, Redaktionssekretär(in) . . .)	15820	6600	22420

Hier haben wir es mit besagten Ideologieproduzenten zu tun, wenn man die 7080 Männer und Frauen aus der Wissenschaft ausnimmt, da sie von ihrem Beruf her in den Rahmen der Ideologen nicht eingeordnet werden können (wenngleich sie durchaus von der Disziplin her, die sie vertreten, und aus manch anderen Gründen ideologische Aktivitäten entfalten können). Die Lehramtsinhaber, Anwälte und Ärzte wurden nicht einbezogen, weil sie ihre Einkommen vorwiegend aus ihrer Hauptbeschäftigung beziehen: doch hindert dies so manche unter ihnen nicht zu publizieren, Bücher mit ihrem Namen zu versehen, Artikel, Kommentare, Petitionen, Manifeste usw. zu verfassen, und man kann sie völlig zu Recht der hohen Intelligentsia zurechnen.

Die Zahlen der Künstler, die ihr Einkommen aus ihrer künstlerischen Tätigkeit beziehen, seien zur Unterrichtung noch hinzugefügt:

	Männer	Frauen	Summe
Kunstmaler, Bildhauer (Trickfilmzeichner, Restauratoren von Kunstgegenständen und Bildern, Glaskünstler)	9020	3180	12200
Musiker, Komponisten, Sänger	9260	2040	11300
Theater (Bühne, Tanz, Kino, Radio, Fernsehen) (Schauspieler, Rundfunk- u. Fernsehunterhalter, Choreograph, Kommentator, Tänzer, Statist, Zauberkünstler, Ballettmeister, Spielleiter, Showmaster, Sprecher ...)	3840	4020	7860
Zirkusartisten, Variétékünstler	1400	800	2200
Regisseure, Produzenten, (Film, Funk und Fernsehen)	3660	1240	4900
Produktionsleiter	760	100	860
Filmcutter (Film und Fernsehen)	940	940	1880

C) Schätzung

Jede Zahl des INSEE bedarf einer näheren Betrachtung, die häufig zu einer Korrektur nach unten führt. Ein Beispiel: die 1600 erfaßten Verleger schließen die Verleger von Broschüren und Postkarten mit ein und eine große Zahl andere Verleger mit völlig unbedeutenden Umsätzen. Die Zahl der Verleger, die die nationale Vereinigung der Verleger (S.N.E.) für das Jahr 1976 nennt, beläuft sich auf 386.

Umgekehrt zwingen genaue Ermittlungen dazu, andere Angaben nach oben zu korrigieren, wie zum Beispiel die in mehreren offiziellen Dokumenten verbreitete Zahl von etwa 400–500 »Berufsautoren«, die von ihrem Schreiben leben. 1978 hat die Verwaltungsgemeinschaft der Sozialversicherung für Autoren (AGESSA) ungefähr 4000 Schriftsteller gezählt, die von ihrer Feder leben: – der Begriff des *Schriftstellers* umfaßt hier auch die Verfasser von Kriminalromanen, Pornographie und technischen Abhandlungen usw. Das sind ein Zehntel der 40000 bis 45000 Produzenten von Schriften in Frankreich. Zählt man noch die anderen Branchen hinzu, so gibt es in Frankreich ungefähr 80000 Personen, die Geld aus Autorenrechten beziehen; ob zu Recht oder Unrecht, und wie hoch auch die Beträge sein mögen. 90% dieser Personen sind sozial anderweitig abgesichert – meistens im öffentlichen Dienst (Professoren und Universitätsangestellte). Die AGESSA sagt voraus, daß in einigen Jahren, wenn einmal die Zählungen und Beitritte abgeschlossen sind, etwa 7000 bis 8000 Personen unter ihrem Dach vereinigt sein werden. Das ist genau die Zahl derer, die ihr Haupteinkommen aus ihren Autorenrechten beziehen. Darüber hinaus zählt das »Maison des Artistes« (Maler, Bildhauer, Graphiker) 4500 Mitglieder – von etwa 40000 Künstlern und Bildhauern. Die SACEM zählt mehr als 15000 Mitglieder: 15000 Journalisten haben ihren Presseausweis (Commission de la carte). Die Zahl der Schauspieler und Darsteller kann auf 8000 bis 10000 geschätzt werden, von denen 5% tatsächlich auch von ihrem Beruf leben. Zusammengefaßt: wenn man sich darauf einigt, nur die Hochschullehrer (50000) einzubeziehen, den großen Teil der Lehrer der Sekundarstufe nicht mitzuzählen (nur die zu berücksichtigen, die in den »Kollegstufen« unterrichten, und zwar wegen der Art des Unterrichts und der von ihnen erworbenen besonderen Qualifikationen,) dann zählen zu dem, was wir unter der *französischen Intelligentsia* verstehen, 120000 bis 140000 Personen (1978). Die Volkszählung von 1975 weist in Frankreich 21775000 Erwerbstätige aus. Wenn man da nur von den Zahlen ausgeht, sind die Intellektuellen keinen Pfifferling wert, und die Indifferenz der Fachleute scheint völlig gerechtfertigt.

4. Alarmglocken

Es wäre wirklich nicht mehr wieder gutzumachen, wenn zwei Alarmglocken, eine im Raum und die andere in der Zeit, die Dogmatiker nicht zu wecken vermöchten. Die folgenden Vergleiche können vielleicht die Gleichgültigen auf den Weg der Vernunft bringen. Der erste – mit den sozialistischen Regimen. Der zweite – mit dem Ancien Régime.

A) Der reale Sozialismus

Jeder weiß, daß es in einer Sozialstruktur keine einfache Beziehung zwischen dem Ort und der Funktion eines Elements gibt. Zu dieser allgemeinen methodologischen Mahnung zur Vorsicht läßt sich aus der Beobachtung der kapitalistischen (Herrschafts-) Systeme eine ganz besondere Warnung hinzufügen, denn sie haben die Eigenheit, oft eine umgekehrte Beziehung zwischen den formalen Indikatoren für die Existenz eines Faktors und seiner wirklichen Gravitationskraft herzustellen. Daher dieses Paradox: In den sozialistischen (Herrschafts-) Systemen taucht die Intelligentsia unter dem ihr eigenen Namen auf, wird unter diesem Namen im Zensus aufgeführt, als eine spezielle sozioprofessionelle Schicht klassifiziert und auch mit einer eigenen politischen Vertretung ausgestattet. Aber dort existiert sie auch am wenigsten als Subjekt einer historischen Gestaltungskraft. In den kapitalistischen Ländern jedoch taucht die Intelligentsia als solche auf der gesellschaftlichen Szene nicht auf; es sei denn als informelle Vereinigung persönlicher Positionen. Hier aber spielt sie eine entscheidende Rolle. Geringe Profilierung, umso stärkere Funktionalität und vice versa. Die Soziologie im realen Sozialismus integriert die Intelligentsia in ihre offiziellen Kader, um sie als politische Kraft zu neutralisieren, während die Soziologie im wirklichen Kapitalismus sie vernachlässigt (oder marginalisiert), indem sie die Illusion ihrer Nichtexistenz verewigt.

In jedem sozialistischen Land gibt es einen Schriftstellerverband und einen Journalistenverband, jeder mit seinen Statuten, Lenkungsorganen,

Kongressen und Öffentlichkeitsorganen. Aber die statistischen Tafeln und sozioökonomischen Analysen klassifizieren die Journalisten und Schriftsteller gemeinsam, und zu diesen kommen noch die Künstler, Wissenschaftler und in gewissem Maße die Studenten, alle unter der Rubrik »Intellektuelle« als Kern der weit ausgedehnten Sphäre der »Intelligensia«[1]. Die beiden Kriterien der Zugehörigkeit zur »schöpferischen Intelligentsia« in einem sozialistischen Land sind Universitätsbildung und Zugang zu den Massenmedien. In Polen zum Beispiel arbeitet über die Hälfte der Mitglieder des Schriftstellerverbandes in der Presse, beim Rundfunk und Fernsehen, in Verlagen und beim Film. In der Sowjetunion stellt die »schöpferische Intelligentsia« eine gesonderte soziale Schicht dar, die regelmäßig im Obersten Sowjet vertreten ist; dort aber proportional zahlreicher als im Zentralkomitee der Partei. Dies ist ein letzter Hinweis auf die untergeordnete Position in den politischen Pressionsgruppen trotz der offensichtlichen Integration in die Mechanismen des Staates. Nach den offiziellen Angaben gab es 1970 in allen Sowjetrepubliken zusammen 100 000 offiziell katalogisierte Schriftsteller und Journalisten. Die Zahl der politischen Repräsentanten in den jeweiligen Sowjets übersteigt ohne jeden Zweifel ihre zahlenmäßige Bedeutung; aber wenn ihre Repräsentativität einen gewissen Prestige-Mehrwert bedeutet, bezieht sie daraus dennoch keinen zusätzlichen *politischen* Wert. Da es in einem sozialistischen Land keine von der Obrigkeit anerkannte öffentliche Meinung geben kann (wegen der systemimmanenten Unmöglichkeit, eine bürgerliche Gesellschaft vom Staat zu unterscheiden,) und da die Presse sich auf die Rolle des »Treibriemens« zu beschränken hat, ist es grundsätzlich ausgeschlossen, daß der Schriftsteller oder Journalist, oder gar der Künstler oder Wissenschaftler, auf der politischen Szene als wichtiger Gesprächspartner auftreten könnte. Dort, wo es mangels einer Autonomie des Wortes keinen Einspruch gibt, gibt es auch keinen Gesprächspartner. Es sei denn in den kanonisierten und programmierten Formen des »offenen Briefes«, der öffentlichen Intervention anläßlich einer Berufsversammlung oder in Kollektivpetitionen; wirkungslose Interventionen, da sie

---

[1] *La presse, les intellectuels et le pouvoir en URSS.* Documentation française, avril 1970. – Die Sowjetunion versteht in weitestem Sinne unter *Intelligentsia* – wobei eine *schöpferische Intelligentsia* unterschieden wird – das, was wir unter den »intellektuellen Berufen« verstehen. So erklärt sich die Definition im philosophischen Wörterbuch (Moskau): »Die Intellektuellen bilden eine Zwischenschicht, die sich aus Menschen zusammensetzt, die sich der intellektuellen Arbeit widmen. Sie umfaßt die Ingenieure, die Techniker, Anwälte, Künstler, das Lehrpersonal und die wissenschaftlichen Arbeiter.« 1926 werden sie auf 2750000 geschätzt; 1956 umfaßte die sowjetische Intelligentsia 15460000 Personen, und 1970 über 30000000.

höchst selten in den zentralen Presseorganen wiedergegeben und (im Fall der sowjetischen Gesellschaft) durch die Kompaktheit des kollektiven Konsensus abgeschwächt werden. Die Vorstellung, »der Sozialismus begünstige die Intellektuellen, wie der Kapitalismus die Besitzenden« (Jacques Juleiard, Paris, 1977), ist ein Ideologismus aus dem 19. Jahrhundert, den der reale Sozialismus des 20. Jahrhunderts widerlegt. Man kann soweit gehen zu sagen, daß die Intellektuellen im System des realen Sozialismus durch die Beschränkung auf ihre funktionale Logik zu nichts gut sind, obwohl sie über eine institutionelle Konsistenz verfügen. Der liberale Kapitalismus hingegen könnte als System ohne die »Intellektuellen« sich nicht reproduzieren: auch wenn sie unsichtbar sind, im Sozialen aufgelöst wie in einer kolloiden Lösung. Und wenn sie hier und da um gewisse Kommunikationsknoten herum auskristallisieren, so erscheint diese Verteilung mehr als zufällig und somit harmlos: Radio, Fernsehen, Universitäten, Forschungszentren, Zeitungen und Zeitschriften, Verlage, Theater und Kulturzentren usw.

B) Der Klerus

So wie es nicht immer notwendig ist, eine *Grenze* festzulegen, um ein *Feld* zu markieren (und das Feld wäre hier nicht grundsätzlich verändert, entschlösse man sich, in ihm das Personal der Gymnasialstufe zusammenzufassen), ist es auch nicht immer notwendig, die *Organe* zu isolieren, um eine *Funktion* zu identifizieren.

In diesem Sinne sind soziologische Angaben wertvoll (und kostspielig). Doch die Erforschung der Mitgliedsbestände und der Konturen der Berufe sollte einer Identifizierung der Funktion folgen, statt ihr vorauszugehen. Ernest Labrousse wies darauf hin, daß von den drei Faktoren, die durch die sozialen Hierarchien ins Spiel kommen – Reichtum, Herkunft und Amt –, das Ancien Régime die Herkunft, die Bourgeoisie des 19. Jahrhunderts den Reichtum und die Staatsapparate des 20. Jahrhunderts das Amt (Funktion) privilegierten. Mehr als einmal wurde der Beweis dafür erbracht, daß sogar heute noch Funktion sich mit Herkunft und Reichtum decken; dies gilt besonders in den Schul- und Verwaltungsapparaten. Auch die Monarchie schloß bei der Verteilung institutioneller Chancen die Funktionskriterien nicht aus, und es gibt diesbezüglich keinen Bruch in der Kontinuität zwischen der modernen bourgeoisen Intelligentsia und dem Klerus des Ancien Régime. Die Ähnlichkeit der Zahlen ist kein Argument, sondern ein Indiz. Die Intelligenz übt als Gruppe, die sich kollektiv der Hegemonie – Führung, Kader,

Vollzug – verschrieben hat, die gleiche soziale Funktion aus. Als »go-between« zwischen Herrschenden und Beherrschten nimmt sie einen vergleichbaren, zugleich autonomen und ambivalenten, Platz ein. Als Korps mit hierarchischer Ordnung horizontal und vertikal streng gegliedert und abgegrenzt, hat sie die ganze hierarchische Komplexität des Klerus. Der kleinste Orden unter dem Ancien Régime – 130 000 Mitglieder vor der Revolution – war dem Rang und den Vorrechten nach der bedeutendste. Die französische Intelligentsia verfügt nicht über den juristischen Status der alten Orden; als Ersatz für Vorschriften und Regeln hat sie die Tolerierung, das Einverständnis, die Mauschelei. Aber sie wird von der gleichen Spaltung durchzogen[2]. Welche Beziehung besteht zwischen einem Pfarrer, der mit bescheidenem Einkommen das Leben seiner ländlichen Herde teilt, und dem Fürstbischof, der durch Pfründen oder Verwandtschaft mit dem Hochadel verbunden ist? Welche Beziehung zwischen dem Fachschullehrer und dem Professor am Collège de France? Die intitutionelle Position stiftet (wenn auch hierarchisch) die Solidarität, die soziale Situation verursacht den (sich politisch artikulierenden) Antagonismus. In der Versammlung der Generalstände zu Versailles bildet der Adel einen Block, ebenso der dritte Stand – jeweils nach dem eigenen Interesse. Der Klerus ist der einzige Stand, der sich von innen her spaltet. Der Orden der Intellektuellen wird von einer Vielfalt von Hierarchien durchdrungen, die sich gegenseitig schwächen oder verstärken. Heute scheint die am wenigsten sichtbare Spaltung auch die entscheidendste zu sein. Die Grenze, die erlaubt, zwischen einer hohen und niederen Intelligentsia innerhalb des Ordens zu unterscheiden, besteht in dem *Recht, das ein Mitglied hat oder nicht hat, sich der Massenkommunikationsmittel zu bedienen.* Dieses Recht ist nicht an individuelle Fähigkeiten geknüpft, sondern es ist gesellschaftlich festgelegt. Es ist nicht vom Zufall abhängig, denn es setzt die Befolgung strikter Regeln voraus. Es ist weder ein Nebenrecht noch ein ergänzendes Recht: es bringt die intellektuelle Aktivität selbst ins Spiel, die Verwirklichung oder Nicht-Verwirklichung ihres Konzeptes der Einwirkung des Menschen auf den Menschen durch Vermittlung von Symbolen, das heißt durch geplante Beeinflussung. Deswegen durchzieht die Frage der Medien lang und breit die Intelligentsia – ihre Gruppen, Disziplinen, politischen Herkünfte und Zugehörigkeiten – sie

---

[2] Die Religion untersteht nicht mehr dem Staate, wohl aber die Erziehung. Es gab einen Klerus des »ersten Ordens«, so wie es eine Erziehung ersten und zweiten Grades gibt, wie es Lehrer und Präfekten erster und zweiter Klasse gibt. Beharren auf der Rangordnung? Von der des Klerus zu der des Staates?

wirkt wie eine Wasserscheide. Dieser Unterscheidung entgeht keiner, ob sie ihm bewußt oder unbewußt ist. Ob er Forscher, Maler, Schriftsteller oder Professor ist; Kommunist, Monarchist, Anarchist oder gar nichts von alledem.

Im Unterschied zu den einfachen *intellektuellen Berufen* nennen wir *hohe Intelligentsia* die Gesamtheit derer, die auf Grund ihrer gesellschaftlichen Stellung berechtigt sind, eine individuelle Meinung zu den öffentlichen Angelegenheiten zu publizieren, unabhängig von den normalen staatsbürgerlichen Prozeduren, denen der Normalbürger unterworfen ist. Diese *Redeberechtigten* gehören gewöhnlich den freien und intellektuellen Berufen an (was eine höhere Bildung voraussetzt), aber ihre Zugehörigkeit zur hohen Intelligentsia hängt nicht von ihrem Beruf ab. Ein Wissenschaftler oder ein Professor gehören, falls sie ihren beruflichen Horizont nicht verlassen, nicht dazu; ein Anwalt oder Arzt, ein Schauspieler oder Forschungsreisender jedoch gehören dazu, falls sie, außerhalb dieses Horizontes, aber auf Grund ihrer beruflichen Tätigkeit, eine öffentliche Person wurden, die imstande ist, Autorität auszuüben. Selbstverständlich rekrutieren sich die individuellen Autoren öffentlich legitimierter Meinungen, welchen Inhalt diese Meinungen auch haben mögen, aus den herrschenden Klassen, aber weder ihre Herkunftsklasse noch ihre berufliche Tätigkeit sind hierfür ein Kriterium. Es sei daran erinnert, daß der hohe Klerus unter dem Ancien Régime (Äbte, Bischöfe, Domkapitulare) weniger als 4000 Personen zählte. Der niedere Klerus, jeweils zur Hälfte Welt- und Ordensgeistliche, zählte 125000. Die niedere Intelligentsia hat höhere Mitgliederzahlen, aber die Zahl von 4000 scheint eine durchaus akzeptable Obergrenze für die hohe Intelligentsia zu sein.

Es scheint, als hätten die Historiker des Ancien Régime dem Klerus relativ wenig Aufmerksamkeit gewidmet, vergleicht man damit die Studien, die dem Adel und dem dritten Stand gewidmet wurden. Hier ergibt sich eine eigenartige Parallele, denn die Soziologen im heutigen Frankreich scheinen genauso wenig Interesse für die französische Intelligentsia unserer Zeit zu haben. Wir besitzen Monographien über das Großunternehmertum und das hohe Staatsbeamtentum. Aber wo sind die über die einflußreichen Intellektuellen und die moderne Intelligentsia? Vielleicht ließ man sich von der konkreten Erforschung des hohen hegemonialen Personals durch zwei Eindrücke abschrecken: durch eine Unterschätzung und durch eine Schwierigkeit, welche es auch immer gewesen sein mag.

a) Der Eindruck ihrer Heterogenität: was haben ein Nobelpreisträger der Physik, ein Schauspieler, ein Auktionator, ein Professor am Collège de France, ein hoher Geistlicher, ein Arzt, ein alter linksextremer Aktivist, ein Ideologe der freien Marktwirtschaft und ein Filmregisseur gemein? Offensichtlich nicht die sozioprofessionelle Abkunft.

b) Der Eindruck der Nichtorganhaftigkeit und Ungeschlossenheit. Es gibt ein diplomatisches Korps und eine Ärzteschaft. Es gab eine Lehrerschaft, und die staatlichen Organe mit besonderen Aufgaben sind mit bloßem Auge zu sehen; sie machen das höhere Personal des politischen Apparates oder der zentralen Verwaltung aus. Gibt es jedoch eine Intellektuellenschaft, und worin bestünde ihr Knochengerüst? Wie kann man sie eingrenzen und mittels welcher Begriffe identifizieren? Die führenden Kreise des öffentlichen und privaten Sektors sind fast vollständig im »Who's who« aufgezählt, in Clubs oder ganz bestimmten Zirkeln (Jockey-Club, Automobil-Club, Rotary, Golf de Saint-Cloud usw.). Wo finden wir die führenden intellektuellen und moralischen Kreise des Landes? Fehlt uns noch der Who's who der Intelligentsia?

c) Die Unterschätzung: Pierre Birnbaum berücksichtigt in seinen beachtenswerten Arbeiten *Essai sur l'élite du pouvoir en France* und *La classe dirigeante en France* die »großen Intellektuellen« nicht, die demnach nicht zur herrschenden französischen Klasse oder zum Staatsapparat gehören würden und die so, um es anders zu sagen, dem Beiwerk der ersteren und den »Nebenkosten« des letzteren zuzuschlagen wären. Dieses Beiseitelassen ist eine Hypothese und geschieht nicht explizite, sondern wird von Anfang an als schlüssig, fast als Petitio principii angenommen. »Wenn man«, so schreibt er in der Einleitung, »bedenkt, daß die berufssoziologischen Kategorien, die die herrschende Klasse ausmachen, sich in leitende (zivile und militärische Staatsverwaltung, Industrie und Banken) und nichtleitende (bedeutende Intellektuelle, freie Berufe) Gruppierungen aufteilen lassen und *daß letztere nur eine symbolische Macht haben*, die von großer Bedeutung hinsichtlich der Sozialisation der Individuen und der Ausbildung einer gemeinsamen Kultur ist, die die Macht der führenden Guppierungen legitimiert . . .«. Ein äußerstes Zugeständnis, aber doch auch eine Unterschlagung. Mit Blick auf den Staat ist das, was ernsthaft zählt, das Solide und Meßbare: führende öffentliche Funktion, Großbank, Großindustrie usw. Sie bieten Ansatzpunkte für die Studie. Die Macht im Symbolbereich, labil oder nebensächlich, kann nur sekundäre Auswirkungen haben. Die moderne Soziologie käme also, nach einem Umweg über Weber oder Parsons, in der Intellektuellenfrage wieder auf das ursprüngliche marxistische Prinzip der Verachtung zurück: nicht ernst nehmen, sich raushalten. »Die bourgeoise Intelligentsia ist die Crème vom Kuchen, halten wir uns an den Teig«. Aber in der heutigen Küche ist die Crème keine bloße Verzierung mehr. Der Kuchen läßt sich gerade dank der Crème essen. Lassen wir die Gastronomie beiseite: wenn das Symbolische nicht das Öl wäre, das das Räderwerk schmiert und Reibungen verhindert, sondern der Treibstoff für die Staatsmotoren der »fortgeschrittenen« Länder, sollte da nicht das Diminutiv zum Substantiv werden? Die Macht, die nur symbolisch ist, – ist sie als solche nicht schon politisch? Kann die Herrschaftssoziologie die traditionelle Aufteilung des politischen Feldes hinnehmen: auf der einen Seite der Symbolbereich, auf der anderen Seite der politisch-administrative?

Jeder wird da mit uns übereinstimmen. Sicher ist eine empirische Soziologie schlechter ausgestattet als die historische Forschung (und die mediologische Methode), das zu erkennen, was so viele verstreute Individualitäten gemein haben können und welche Infrastruktur ihre Organisation gewährleistet. Zum mindesten ist diesen Individuen gemein, daß sie »Persönlichkeiten« sind, die »Autorität« schaffen, und jede Woche im Kollektiv Manifeste, Appelle, Petitionen produzieren oder Pressekonferenzen abhalten, die »Nachwirkungen« zeitigen. Der Begriff der »Persönlichkeit« setzt die soziale *Geschichte* voraus; der der »Nachwirkung« eine gewisse *Medientechnologie.* Der der »Autorität« eine Wissenschaft von der konkreten Bedingungen der Hegemonie.

Es bleibt eine letzte Schwierigkeit: Was geschähe, wenn die, die das Instrumentarium oder das Konzept dieser Untersuchung besitzen, selbst Teil der hohen Intelligentsia wären – oder danach streben, es zu werden? Wir könnten mit der traditionellen Blindheit dem eigenen Sein gegenüber, die den sozialen Akteuren eigen ist, rechnen; könnten uns damit abspeisen lassen, daß die Zugehörigkeit geleugnet wird, wie es wiederum für die hohe Intelligentsia typisch ist. Eine bloße Hypothese, die wir dezent beiseite schieben. – Soweit wir wissen, sind die Untersuchungen der Forscher des *Centre de sociologie européenne,* und besonders die theoretischen Arbeiten dessen Direktors Pierre Bourdieu, die einzigen, die sich nicht durch die Gleichgültigkeit der Intellektuellen gegenüber der Intelligentsia auszeichnen. Diese Gleichgültigkeit findet übrigens kaum Beachtung bei den Soziologen, was wiederum besondere Überlegungen verdiente. Wahr ist, daß diese Art der Reflexion bei dem Beruf schlecht aufgenommen wird, den Cocteau im Sinn hatte, als er meinte, daß die Spiegel etwas mehr Obacht geben sollten, ehe sie reflektieren. Doch wenn die Forscher in den Sozialwissenschaften, deren Beruf es ist, die Anderen zu reflektieren, sich selbst nicht im Spiegel betrachten, wenn die Literaten, die die Berufung haben, sich im Spiegel zu betrachten, sich nicht einer kollektiven Röntgenaufnahme unterziehen, mit welchem Recht kritisieren sie jene, die es an ihrer Stelle versuchen?

2. Kapitel

Die drei Epochen

Einleitung

»Von der Situation der Intellektuellen Partei angesichts der Zufälle des irdischen Ruhmes.«

1. Der Universitätszyklus (1880–1930)

2. Der Zyklus des Verlagswesens (1920–1960)

3. Der Medienzyklus (1968–?)

Von der Situation der intellektuellen Partei angesichts der Zufälle des irdischen Ruhmes.

(Charles Péguy)

Eine Geschichte wie eine Gesellschaft ist ein zwangsläufig von den Historikern und Soziologen verletztes *Kontinuum*, das sie in *Perioden* und *Kategorien* zerreißen. Dieses Kontinuum wäre ohne diese Zerlegung unverständlich. Will man die zeitgenössische französische Intelligentsia verstehen, muß man drei Epochen oder Zyklen durch ihre moderne Geschichte hindurch unterscheiden. Trotz dem Risiko, daß man diese Unterscheidung willkürlich vornimmt, ist sie umso nötiger, weil diese Zyklen sich *ganz natürlich* überschneiden und durchkreuzen. Wer Partei für die Natur ergreift, verwandelt, wie wir schon feststellten, Geschichte in Natur und Praxis in Mystik. Also scheint es sinnvoller, eine approximative Geschichte der Intellektuellenschaft zu produzieren, als in einer tausendsten Version die unbewegliche Mythologie der »klerikalen« Seele zu reproduzieren. Unzertrennlich verbunden scheint mit dem »Geist, der stets verneint«, die Neigung zu sein, sich durch das Leugnen der Wechselfälle, deren Produkt er ist, zu bestätigen. Die Intellektuellenschaft eines Landes könnte man die Seele seiner Zivilisation nennen, aber nur, wenn man hinzufügt, daß sie wächst und daß diese Seele altert und schließlich stirbt wie die physischen Organe dieser Zivilisation. In Frankreich, wie in Italien oder England, kommt zuerst die Universität, dann das Buch, danach die Zeitung, und die Zeitung vor den audiovisuellen Kommunikationstechniken. So viele Körper, so viele Seelen. Diese Veränderungen ziehen sich über sieben Jahrhunderte hin und über das ganze Abendland. Doch, Staatsmänner und Mitglieder der »intellektuellen Partei«: wir sind dazu verurteilt, daß sich diese Veränderungen jetzt in einem Jahrhundert konzentrieren. Dieser andauernde Prozeß hat nichts Leichtes und Liebenswürdiges: er ist eine Sequenz von eng verbundenen Entwicklungen, eine Verkettung von Innovationen, Absetzungen, Metamorphosen.

»Die Situation der intellektuellen Partei angesichts der Zufälle des irdischen Ruhmes« ändert sich also so schnell, wie die, die den Ruhm verteilen und die auch die Macht destillieren, sich ablösen. Charles Péguy nannte die Universität seiner Zeit »den großen Unterscheidungsapparat«. Einen Apparat, den die Republik ehrte und fürchtete, den er selbst verehrens- und fürchtenswert machte: »Ein Glück für die Festigkeit des

Regimes ist, daß Männer wie Andler und Lanson feste Republikaner sind«. Die universitäre Sortiermaschine ist ersetzt worden, doch erreichen neue Selektionsorgane die gleichen Wirkungen. »Männer«, fuhr Péguy 1906 fort, »die in Frankreich französische Kandidaten zum Abitur, zum Diplom, Doktorat, an die Ecole normale, zu den Stipendien zulassen oder nicht; Männer, die die Lizenz haben, Doktoren und »normaliens« (Absolventen der Ecole Normale – d.Ü.) zu machen, werden in Frankreich immer eine unbegrenzte Macht ausüben. Und viele werden von ihnen abhängig sein.«[1] Ein Wort zuviel: »immer«. Denn die Männer, die heute noch die Lizenz haben, Doktoren und »normaliens« zu machen, werden bald den Tiefpunkt ihrer Ohnmacht erreicht haben. Die Macht der »Partei« hat sich einfach verlagert. Für einen Augenblick, kurz nach dem Tod von Péguy, lag sie bei den Männern, die die Lizenz hatten, *Autoren* zu machen. Im Augenblick ist sie bei denen, die die Lizenz haben, *Journalisten* zu machen. Und jedesmal – wundersame Übereinstimmung? – kann sich »die Festigkeit des Régimes« nur zu den Parteivorständen gratulieren, wie sie der jeweils konformste Mühlentrichtereinsatz aussiebt. Als wäre der Unterscheidungsapparat für den Staat geschaffen, oder der Staat durch ihn, oder auch beides zugleich. Der chronologische Film der Filter – Universität, Edition, Medien – entspricht ziemlich genau dem Vorbeizug der letzten drei Republiken, eine jede mit ihrer bevorzugten Bourgeoisie, ihrer industriellen Revolution, ihren bevorzugten Wissenschaften, ihrem Jargon und ihren Transportmitteln. Der Rekrutierungsmodus derer, »die Parteigänger haben wollen«, der Art von Menschen, »die Ruhm durch die Beherrschung von Menschen erlangen wollen« (Péguy), ist vielen Veränderungen unterworfen gewesen. Was bleibt, ist die intellektuelle Partei; Phönix in immer neuer Gestalt. Von ihm allein wird die Rede sein, von dem Ruhm und der Asche auf seinem Weg.

[1] Péguy, *Œuvres complètes*, Slatkine Reprints, Genève, 1974, III–IV.

1. Der Universitätszyklus
(1880–1930)

Antiklerikaler Klerus. Laienpriesertum. Staatskongregation. Diese Spitznamen verdankte das Intellektuellenkorps seiner universitären Herkunft, denn in der Substanz wurde diese zur Geschichte der Universität in Frankreich, die selbst die langsame Säkularisierung des Staates im 19. Jahrhundert mitvollzog. Wir sind selbst nicht kompetent genug, um eine detailgerechte Nachzeichnung zu erbringen. In der ausgezeichneten Synthese von Antoine Prost wurden die Hauptlinien dargestellt, doch wir wollen uns die Charakteristika einer Geburt ins Gedächtnis rufen, die den erwachsenen Körper prägen sollten[1]. Beginnen wir bei dem Wort *Körper*, nach dem Vorbild der großen Staatskörperschaften, die zum erstenmal im kaiserlichen Gesetz von 1806 auftauchen[2]. Das erste Empire ersetzte mit dem »Lehrkörper« die unter der Revolution dezimierten Lehrerkongregationen, deren spirituelle Einheit mit der der religiösen Institutionen rivalisieren mußte. Dies zeigt einmal mehr, daß man nur zerstört, was sich ersetzen läßt, und daß man nur durch Reproduktion etwas ersetzen kann. Die Nachahmung durch die Universität war dennoch keine Maskerade. »Ich ernenne Sie zum Ordenschef«, rief Napoléon Fontanes entgegen, als er ihn zum Großmeister ernannte, »wählen Sie Ihre Männer aus, das ist Ihre Angelegenheit.« Ohne eine Wiedergeburt in militärisch-klösterlichem Habit zu erleben, waren die Mitglieder der Universität trotzdem zu einem totalen Engagement angehalten (»die Verpflichtungen«), zum Zölibat und zum Gemeinschaftsleben; sie waren dem Großmeister unterworfen und erhielten dafür interne Autonomie (Universitätsrat, akademische Rektorate usw.). Nachdem sie unter der Restauration wieder unter die kirchliche Vormundschaft gekommen war (1824: Errichtung des »Ministeriums für die kirchlichen Angelegenheiten und das öffentliche Erziehungswesen«), gelang es der Universitätskörperschaft doch, das Mo-

---

[1] Antoine Prost, *Histoire de l'enseignement en France 1800–1967*, Armand Colin.

[2] Gesetz vom 10. Mai 1806, das »unter dem Namen der imperialen Universität ein Korps begründete; eigens beauftragt mit der Unterrichtung und der öffentlichen Erziehung im ganzen Empire«.

nopol zur Verteilung von akademischen Graden zu behalten, und sie erlebte einen ersten Höhepunkt unter der Julimonarchie, die ihr Monopol bis auf die Grade im Sekundarbereich ausdehnte. Nach 1848 bringt die konterrevolutionäre Welle das Falloux-Gesetz (1850), das die Privatschulfreiheit wieder einführt (oder genauer: ihren Aufschwung sanktioniert). Da das zweite Empire der Kirche wieder die Führung der Geister zurückgibt, muß es konsequenterweise die Universität schwächen und ihre Autonomie einschränken. Es gibt kein verdächtigeres Kriterium, um den Grad an Virulenz einer reaktionären Epoche zu ermessen, als die Haltung, die die politische Macht gegenüber der Universität und der Gesamtheit des Lehrkörpers einnimmt. Das Kriterium schlechthin ist seit hundert Jahren die Situation der Philosophieklassen und deren Prüfungsordnungen.

Nach dem zweiten Empire muß man auf Vichy warten und dann wiederum auf unser heutiges Regime, um das gleiche Maß an Feindseligkeit gegenüber der Agrégation in Philosophie zu finden (denn wenn man hohen Ortes die Philosophen, die »den Markt beherrschen«, kultiviert, so werden die, die »nicht-marktfähige« Philosophie lehren, erneut dezimiert – das eine erklärt das andere). Diese Agrégation, die 1828 eingeführt wurde, und zwar als Abgrenzung von der Sprach- und Literaturwissenschaft (die selbst 1808 neu eingeführt wurde und 1821 ihre Organisationsform fand), wird 1853 abgeschafft, zur gleichen Zeit wie die Agrégation in Geschichte – eine weniger subtile Prozedur als die Haby-Reform. Aber als sie zehn Jahre später wieder eingeführt wurde, erweist sich die Arznei gefährlicher als die Krankheit; sie hatte eine desorientierte Jugend dem »Materialismus« ausgeliefert[3]. Mag dieses Mißgeschick unseren Ministern als Beispiel dienen!

Tatsächlich setzte die wahre Geburt der französischen Universität die Niederlage des Bonapartismus und der Kirche voraus. Zwischen 1871 und 1885 hat die Dritte Republik (hierin paradoxerweise an das erste Empire der Jakobiner anknüpfend) die institutionellen Grundlagen vorgezeichnet und die Umrisse für ein *universitäres Milieu* gesetzt.

Ohne Zweifel hat das liberale Empire 1868 die *Ecole pratique des hautes Etudes* gegründet. So konnte auch die *Ecole normale* (eine Schöpfung,

---

[3] Victor Duruy: »Die wahre Ursache für den Fortschritt negativer Doktrinen unter einem Teil der Jugend liegt in der Reduzierung des Philosophieunterrichts an unseren Gymnasien ... Der Philosophieunterricht an unseren Gymnasien ist das beste Heilmittel gegen den Materialismus.« Zitiert von Jacques Derrida, »La philosophie et ses classes« (in *Qui a peur de la philosophie*? Greph, Flammarion, S. 447).

wie die *Ecole polytechnique* und das *Conservatoire des Arts et Métiers*, des thermidorischen Konventes) unter dem zweiten Empire sich recht und schlecht halten, weil sie von der Universität unabhängig war (sie wird erst 1903 angegliedert) und unter der strengen Aufsicht des Erziehungsministeriums stand. Aber erst in den Jahren um 1880 nimmt dann das höhere Bildungswesen sein heutiges Gesicht an, das jetzt vor unseren Augen zu verschwimmen beginnt. Einige Daten dieses Unternehmens, das es erlaubte, »den Jesuiten die Seele der französischen Jugend zu entreißen«: 1877: Einrichtung der Lizenziaten-Stipendien, Aufkommen der »Dozenten«. 1880: Auflösung der Gesellschaft Jesu und Wiedererrichtung des Staatsmonopols für die Verleihung der Grade (das bis dahin die freien Universitäten genossen). Einrichtung der Agrégations-Stipendien. 1882: Einrichtung der »geschlossenen Vorlesungen« an der Sorbonne (bis dahin herrschte die öffentliche Vorlesung), und hiermit das Aufkommen des »Studenten« der Geisteswissenschaften (denn der Begriff »Student« meinte bis dahin nur den Studenten der Medizin und der Rechte[4]). 1885: definitives Statut für die Agrégation in Literaturwissenschaft. 1886: Schaffung des Diploms für das höhere Lehrfach. 1889: Vollendung des Gebäudes der Sorbonne in Paris. Kurz, die institutionelle Organisation (Festlegung der Grade, Diplome, Rituale usw.) ist ideologisch nicht neutral. Wie der Staat, so der Beamte. Annektierung des Intellektuellen durch den Staat? Die Frage, die sich damals dem Intellektuellen stellte, war nicht: Freiheit oder Zwang – sondern Staat oder Kirche. Öffentliches Amt oder Kongregation. Das heißt kurz und bündig: Bourgeoisie oder Adel – Republik oder Monarchie – Positivismus oder Spiritualismus – Littré oder Ollé-Laprune. Das Universitätsmilieu hat seine Wahl getroffen, vielleicht deswegen, weil davon seine Existenz abhing.

Ein enges Milieu, zurückgezogen und über sich selbst gebeugt. Was wiegen die 650 französischen Universitätsprofessoren von 1890 neben den 6500 hohen Verwaltungs- und Justizbeamten in der gleichen Epoche? Die 9751 Beamten des Gymnasialbereiches, die 1887 gezählt wurden, – was wiegen sie neben den 31000 Offizieren und 80000 Finanzbeamten? Viel mehr als ihre Zahl vermuten läßt. Die Offiziere und hohen Beamten stehen in der Mehrheit, genauso wie der Klerus, der Republik schmollend gegenüber – wenn sie nicht sogar Komplotte schmieden. Die Professoren dagegen sind ihre Generäle und Bischöfe zu-

[4] Wir erinnern uns, daß die Universität ursprünglich nur die Vereinigung oder Korporation dreier Fakultäten bezeichnete: Medizin, Jura und Theologie.

gleich, wie die Lehrer ihre Husaren und Landpfarrer sind. Verbreitung des Wissens und politischer Kreuzzug bilden also eine Einheit. Man ist Wissenschaftler und Kämpfer, das eine bedingt das andere. In Frankreich werden die Intellektuellen als »Progressive« geboren, weil die Universität die Frucht der vollzogenen Ehe des Staates mit der Aufklärung ist – genauer: der Ehe der bürgerlichen Republik mit dem liberalen Rationalismus. Eine »bürgerliche« Ehe, doch für die Epoche skandalös. Damit wurde seitens eines Staates mit katholischer Bevölkerung ordnungsgemäß ein Scheidungsverfahren eingeleitet gegenüber der französischen Kirche, Rom und dem offiziellen Obskurantismus. Die offizielle Familie ist gealtert, aber diejenigen, die diese Ehe nie hingenommen haben, haben nichts von ihrer Giftigkeit verloren.

Hundert Jahre danach. Hat die Republik gewonnen? Vorsicht! Denn inzwischen hat sich ein anderes Dilemma ergeben: Staat oder Markt? Öffentliche Einrichtung oder private Stiftung? Kompetenz oder Volkstümlichkeit? Dieser dritte, nicht vorhergesehene, Begriff überrascht die Akteure von hinten. In der Geschichte streicht immer der die Einsätze ein, von dem man es nicht erwartet hatte. Der Staat hat die Partie nicht gewonnen, der Kapitalismus hat den Staat vereinnahmt, indem er ihn seiner eigenen ökonomischen Logik unterordnete; und der Hochschullehrer, inzwischen industrialisiert, muß sich unerbittlich den Leistungsnormen der Rentabilität unterordnen. Genauso wie ein öffentliches Unternehmen sich den Prozeduren und Normen des Privatkapitals unterwerfen muß, bevor es ganz unter seine Kontrolle gerät. Der Markt der Diplome hat sich auf den Arbeitsmarkt hin orientiert. Wir werden hier nicht die Agonie der französischen Universität beschreiben – der Takt stützt dabei die Inkompetenz –, obgleich die Arbeit an einem historischen Zyklus auf eine Gesamtansicht hinzielt. Mehr als dieser Niedergang an sich interessiert uns die Umverteilung der Kräfte, die er im Innern des Intellektuellenordens herbeiführt, und ganz allgemein, die Modifizierung der Bemessungsgrundlagen der Hegemonie in Frankreich.

Der Niedergang beginnt selbstverständlich nicht 1930. Dieses Datum ist lediglich eine Pause, kein Ende. Höchstens der erste Wendepunkt einer langen Epoche großen Einflusses und eines stillen Glückes. Die Proportionen an den Universitäten blieben zwischen den achtziger und dreißiger Jahren stabil, wie die im höheren Schulwesen. Ein halbes Jahrhundert ist notwendig, um die Zahl der Professoren an den Universitäten zu verdoppeln, die im Jahre 1880 sich auf 503 beläuft (unter Einschluß der Dozenten) und 1890 auf 650, 1909 auf 1048 und 1930 auf 1145. Ein weiteres halbes Jahrhundert später sind es – Assistenten inbegriffen – nahezu 43000! Auch die Studentenzahl erfährt bis 1930 keine bedeutende Erhöhung. Ursache dafür ist, daß sich die Zahl der Gymnasiasten, wie die der Professoren, in einem halben Jahrhundert kaum verdoppelt (1881: 73000; 1930: 110000). Demographische Stagnation, Klassentrennung, Selektion der »Stipendiaten«, Malthusianismus der »Erben«: die knappe Durchlässigkeit der universitären Rekrutierung macht sie zum Auslesezentrum der Intelligentsia, gewährleistet somit die Hegemonie des Klubs zugleich außen, über das öffentliche Leben, und über die Gesamtheit der Intellektuellen. Die Universität verliert ihre hegemoniale Kraft in dem Augenblick, da sie sich plötzlich aufbläht. Die Macht einer Elite steht im umgekehrten Verhältnis zu ihrer Zahl. Da sie nicht mehr ein privilegierter Ort der Selektion ist, weder von oben her (beträchtliches Anwachsen der Stellen für das Lehrpersonal) noch von unten her (pfeilartiges Hochschnellen der Studentenzahlen), kann die Universität, obwohl sie fortfährt, die Ungleichheit der Klassen in der Gesellschaft zu reproduzieren, nicht mehr die Erneuerung in der herrschenden Klasse selbst gewährleisten; und noch weniger in der intellektuellen Aristokratie dieser Klasse. Die französische Bevölkerung ist seit 1880 nur um ein Drittel angewachsen, aber die Zahl der Studenten in den Geisteswissenschaften ist von 1000 im Jahre 1882 auf 7000 im Jahre 1914 ... und auf 191699 im Jahre 1976 gestiegen. Zu viel Fülle führt zu einem Qualitätsverlust. Die gleiche explosive Entwicklung, im Gegenzug, im akademischen Lehrkörper, der sich ipso facto »proletarisiert« hat. Diese »Facharbeiter« des Hochschulbereiches werden an die Kette des Assistentendaseins gelegt, zum »Stücklohn« oder vertraglich »untergebracht«. Preisgabe der Forschung. Und da haben wir sie, die professorale Elite, die sich langsam zu den weißen Kragen gesellt, eingetaucht in den Hintergrundlärm der Fließbandarbeit (die praktischen Übungen), abgesunken in die Anonymität der »Dienste«. Worauf diese Staatsdiplomierten in den Fakultäten der Geisteswissenschaften, der Rechte und der Humanwissenschaften einzig und allein warten, das ist die Arbeitslosigkeit: Der Markt ist verstopft. So wird das letzte Attribut der Universität, das man ihr noch nicht genommen hat – ihr korporatives Reproduktionsmonopol, das sich auf das Alleinrecht gründete, Grade zu verleihen, – zur Ursache für ihren umso schnelleren Ruin.

Sicherlich hat die wissenschaftliche und literarische Intelligentsia, wie jede Klasse, die von Enteignung bedroht ist, ihre eigene Industrialisierung zu parieren versucht. Je mehr die Chancen für die unteren Volksschichten stiegen, Zugang zu den Hochschulen zu finden (1946 Einrichtung der ENSI = Hochschule zur Ausbildung von Lehrern an höheren Schulen, 1966 des IUT = Technisches Hochschulinstitut zur Ausbildung von Ingenieuren und Betriebswirten usw.), umso mehr hat sich die Elite neue Tore geöffnet. Sie hat den Weg gefunden zum CNRS (Nationales Forschungszentrum), ans *Collège de France*, an die *Ecole pratique* oder in die privaten Stiftungen (das heißt befristet in die Vereinigten Staaten). Malthus ist nicht tot: man kann ihn im Prinzip verurteilen, aber in der Praxis ist er sehr nützlich. Das institutionelle Sich-Aufblähen der Universitäten – das das symbolische Gewicht der Namen (Sorbonne) zu Zahlen degradiert (Paris I) und darauf abzielt, es durch massenweise Vermehrung von Titeln und Positionen zu ersetzen – findet seinen Ausgleich im »Abrahmen« des Universitätspersonals. An diesen Orten der Ausdünnung reproduziert sich die intellektuelle Elite, am Ende langer Probezeiten, durch Kooptation. Die Auswahl aus der Mehrzahl durch die Minderheit in einem Stockwerk höher erneuert die Asymmetrie und kennzeichnet die Verlagerungen, die jeder Herrschaftsbeziehung inhärent sind. Es ist ein allgemeines, der Ökonomie der Institutionen eigenes Gesetz (der internationalen wie der nationalen Institutionen), daß jede Stufe der Gleichheit, die durch eine Verschiebung von unten nach oben erreicht wird, automatisch die Ungleichheit auf die nächst höhere Ebene verlagert, die damit zur neuen Entscheidungsebene wird. Eine Störung des Gleichgewichts also, die das anfängliche Gleichgewicht wiederherstellt, das heißt eigentlich das frühere Ungleichgewicht. Es gibt eine Hydrostatik der menschlichen Ungleichheit: sie hat im vergangenen Jahrhundert die Entwicklung des allgemeinen Wahlrechtes in den politischen Gesellschaften des Westen gekennzeichnet, und man sieht sie heute noch in den internationalen Foren am Werk – zum Beispiel in der UNO.[5] Natürlich, weil das nächste Stockwerk *schon* eingerichtet ist (aber sehr diskret), kann man unten dem Volk die Pforten öffnen. Auch die französische Intelligentsia als hierarchisches System entgeht dieser Gesetzmäßigkeit nicht.

[5] Wo die ernsten (anwendbaren) Entscheidungen nicht mehr in der Vollversammlung getroffen werden, seitdem – da ja ein souveräner Staat soviel wiegt wie der andere – die Entkolonialisierung den Westen in die Minderheit gedrängt hat, sondern in den speziellen Organisationen, wo die Abstimmung »gewichtet« erfolgt (Internationaler Währungsfonds, Organisation für Ernährung und Landwirtschaft, Weltbank usw.). Deshalb sprechen die reichen Länder und ihre Nachrichtenagenturen verächtlich von »automatischen Mehrheiten« in den Vereinten Nationen (in denen in der Tat die »dritte Welt« und die »sozialistischen Länder« die Mehrheit haben). Genauso »automatisch« war die Mehrheit 1950, nur zugunsten des Westens. Damals nannte sich das »Konsensus der Gemeinschaft der freien Nationen«. Der Automatismus gilt nur für die Armen – »die Barbaren«, die keine Seele haben, sind von der Automatik abhängig.

Die Auflösung des Universitätskörpers weist sehr deutlich auf den organischen Verfall der französischen Gesellschaft hin: sie ist zugleich Symptom und Faktor, Ursache und Wirkung. Zunächst entspricht sie einer Übertragung der Macht. Das ideologische Feld hat die Eigenschaften eines Magnetfeldes: Läßt eine Anziehungskraft nach, verstärkt sich eine andere – aber die Feilspäne bleiben nicht amorph. Und da die »Intellektuellen« sich irgendwo eingliedern müssen, werden sie dorthin gehen, wo die Organisations- und Promotionskapazitäten höher sind: der »Ehrgeizigere« wendet sich den Medien und dem Privatkapital zu; der »Ängstlichere« den Staatsverwaltungen. Die Desorganisation der Universität ist die historische Desorganisation der Intelligentsia – das heißt: ihre Reorganisation unter der Ägide rivalisierender hegemonialer Interessen. Öffentliches Raunen und privates Murmeln signalisieren, im Innern des Universitätsbereiches selbst, das Aufkommen ungewöhnlicher Kriterien für den Zuschlag von Mitteln an das eine oder andere Laboratorium oder Institut, für die Vergabe von Posten und Titeln in den Forschungszentren oder Hochschulen selbst: sie singnalisieren das höhere oder geringere Ansehen eines Forschers, seinen Kredit in den Medien, die Resonanz eines Forschungssystems in der »öffentlichen Meinung«, die Position eines Bewerbers in den Massenmedien. Wir wohnen einer viel ernsteren Angelegenheit bei als nur der Verdrängung einer institutionellen Hierarchie (in der Universität: Assistent, Rat, Dozent, Ordinarius) durch eine andere, äußere (in den Medien: Schreiber auf Zeilenhonorarbasis, Berichterstatter, Verantwortlicher für ein Ressort, Redakteur, Leitartikler, Chefredakteur). Wir sehen, wie der Universitätskörper – und ganz allgemein das Korps der Intellektuellen – sich *seiner eigenen Organisations-, Selektions- und Reproduktionslogik* entäußert, um dafür die Händlerlogik zu übernehmen, die dem Funktionieren der Medien inhärent ist (die auf dem alten Markt des Verlagswesens schon vorhanden war, aber noch nicht den kritischen Punkt überschritten hatte). Die rigorose Inkompatibilität dieser Logik könnte man nachweisen, sie ist aber eher ein *Widerspruch.* Die Aussöhnung mit der »bürgerlichen Gesellschaft« (was für eine erlesene Schamhaftigkeit), das heißt mit den Gesetzen des Marktes (Angebot und Nachfrage), hat als Perspektive die *publizitäre Normalisierung*, die schon auf die Träger und auf den Inhalt der Masseninformation Anwendung findet (Presse, Radio, Fernsehen). Sie kann morgen auch Anwendung finden auf die institutionellen Träger der Intelligentsia (soweit sie sich noch von ersteren unterscheiden). Für den Gelehrten war die Abhängigkeit vom Staat nie ein Ideal; vom Meinungsmarkt abhängig zu sein, also vom Plebiszit des Kommerzes als moralischer und intellektueller Wertrealisierung, droht ein Alptraum zu werden. In Begriffen wie Kosten – Nutzen ausgedrückt, droht angesichts der historischen Ursprünge dieses Staates und dessen, was aus ihm seit einem Jahrhundert die Kämpfe der Kleinbürger und Arbeiter gemacht haben, die Domestizierung durch das Kapital noch beengender und demütigender zu werden als die Domestizierung durch eine Gattung, die auch schließlich nicht so kleinlich verfährt. Man vergesse nicht, daß der Status der öffentlichen Funktion Althusser niemals hätte daran hindern können, den Hörern an der Ecole normale Spinoza, Machiavelli und Marx sowie Derrida, Malebranche oder Nietzsche zu lehren. Aber die bürgerliche französische Gesellschaft, so wie sie sich heute darstellt (eine der undemokratischsten in der Welt): wer könnte garantieren, daß in ihr die Lehrenden nicht morgen, auf welchem Umweg auch immer, abhängig würden von Bleustein-Blanchet, Jacqueline Baudrier oder der Peugeot-Stiftung und daß sie mit der Empfehlung konfrontiert würden, entweder das Thema zu wechseln oder sich eine andere Stelle zu suchen? Die Philosophie (besonders die materialistische) läßt nicht nur die Einschaltquoten, Auflagen und Werbebudgets der Inserenten sinken, weil sie ihrem Wesen nach ungefällig ist, sondern erregt darüber hinaus spontane Proteste der ungeheuren *Mehrheit* der Hörer/Leser/Kunden, denn wie jeder weiß, wird mit ihr jeder kleine zum großen Despoten. (Das ist *wahr*, weil man es »*überall*« sagt, im Radio, in der Zeitung und in den Kneipen in der Stadt). »Lieber Freund, Sie werden doch sicher nicht wollen, daß unsere Leser das Abonnement abbestellen, unsere Hörer den Apparat ausschalten und unsere Inserenten ihren Vertrag kündigen? Was würde aus unserer »Stiftung für die Freiheit des Geistes« – ohne Bankkonto?«

Neue produktive Ideologiekräfte sind entstanden, stromabwärts, aber paradoxerweise oberhalb der alten. Die große französische Bourgeoisie wird sich also dieser irritierenden Rechnung entledigen können, die sich im Laufe der Jahre um das Studium der Geisteswissenschaften gebildet hatte (Soziologie, Philosophie und Geschichte inbegriffen), diesen Kern der klassischen Intelligentsia. Das zweite Empire hatte sich für die brutale Ausrottung mittels eines chirurgischen Eingriffs entschieden. Die V. Republik behilft sich seit 1968 mit der Reorganisation des Wissens und der sich daraus ergebenden Notwendigkeit des Niedergangs der »humanités« (Studium der klassischen Sprachen und Literatur, A. d. Ü.) und schickt lieber diesen Sonderling auf die Straße, wo er eines

Tages mittellos in der Gosse enden wird. Auf zu anderen vorhersehbaren und risikolosen Gravitationsfeldern! So wird durch Homogenisierung und Auflösung der letzte Hort der Unabhängigkeit, der im Herzen der Superstrukturen untergebracht war, verschwinden. Dieser Hort verdankte seiner organischen und administrativen Kohäsion die unleugbare moralische und intellektuelle Widerstandsfähigkeit (wie auch die Kraft zur Gegenoffensive). Armee, Klerus und hohe Staatsbürokratie werden trotz der Anpassungen und aggiornamenti eine im Vergleich dazu ganz ungewöhnliche Widerstandskraft und Selbstbehauptung entfalten; sie lassen sich ihre Geschlossenheit und institutionelle Autonomie nicht nehmen. Wohltuendes Gegengewicht für die herrschende Klasse, die mit Befriedigung die etwas veralteten Festungen am fernen Horizont auftauchen sieht; eine unerwartete Verstärkung. Sofern der Tod der Universität durch einen Mord zustandegekommen ist, wird es kaum jemals ein willfährigeres, den Mord genießendes Opfer gegeben haben. Die Tragödie der Dekadenz ist, daß die sozialen Akteure, wie die Helden der griechischen Tragödien, mit denen zusammenarbeiten, die sie töten. Doch im französischen Falle steht zu fürchten, daß die traditionellen *circuli vitiosi* einen Zug ins Schlaffe, Matte bekommen. Man will originell sein.

Tatsächlich droht hier, mit dem Kern der Universität, *eine* Moral in Staub zu zerfallen, eine Pflichtenlehre, die das Vorzimmer *jeder* möglichen Moral war. Der pädagogische Kanon fordert mit seiner Unterwerfung eines jeden, ohne Ansehen der Personen, unter die allgemeine Verbindlichkeit des Diskurses die formale Gleichheit der Meister und der Schüler. Das eine ist es, das Mystifizierende dieses Formalismus zu kritisieren; etwas anderes aber, die Gleichheit selbst abzulehnen und mit beißendem Spott über den Rationalismus der Professoren zu sticheln, die von Genetik keine Ahnung haben. Das Lästern über die Direktoren der Kollegien und die Studienpräfekte – der Gemeinplatz der Literaten – ist ein wissentliches Verwechseln der *Regeln* eines kritischen Diskurses mit einem *Dogma* der Vernunft; es ist die Art und Weise, sich unter dem Vorwand, den mittelmäßigen Vorurteilen der Pauker zu entgehen, den *elementaren Verpflichtungen der Wahrheit* zu entziehen. »Ehre den alten Meistern der Universität: sie waren ganz Ehre und Redlichkeit, ganz Herz und Rechtschaffenheit«. Die alte Leier des jungen Péguy, die seiner Jugend Ehre machte, bevor er Jeanne d'Arc, die Scholle und die Seelen unter einen Hut brachte, klingt uns noch in den Ohren. »Aus ihrem ganzen Vorbild, ihrem ganzen Herzen und ihrer ganzen Seele ging ständig diese Tugend des *credo colendam esse virtutem* hervor, die die einzig wahre Kraft der Republiken ist.« Diese »Albernheit« macht auch die Kraft der Sozialismen aus, und zwar aus dem gleichen Grund; und wenn auch die Namen der alten Meister seit 1904 gewechselt haben; die Synonymie von Erziehung und Selbstverleugnung hatte sich bis gestern nicht wesentlich geändert. Rechtschaffenheit, ein Leben im Verborgenen, Selbstlosigkeit: Worte, bei denen uns ein Lächeln kommt; die Ungebräuchlichkeit dieser Begriffe verweist eher auf eine Entwertung der Praktiken des Bildungswesens als umgekehrt. Die noch die Chance hatten, in den fünfziger Jahren auf den Bänken einer Philosophieklasse das Denken zu lernen, haben vielleicht die letzten Vertreter der Spezies Sokrates erlebt. Zumindest werden sie ihren Enkeln die »Geistersonate« vorspielen können, wenn sie ihnen erzählen, was die Moral der Intelligentsia war in einer Zeit, in der die Philosophen noch ein wenig von Philosophie verstanden und noch nicht für *Paris-Match* posierten. Sie werden ihrerseits murmeln: »Ehre dem Bachelard, Canguilhem oder Hyppolite! Ehre für Jean Wahl, Merleau-Ponty und Althusser!« und sie werden insgeheim diesen unbewußten Staffellauf der Generationen bewundern, der die Entropie der Zeit verkürzte und ihre Abhänge erklomm. Nichts vergißt sich leichter als das Unvergeßliche, und die »unsterblichen Prinzipien« sterben eher als alle anderen! Dank der institutionellen Stabilität konnte das Unterrichtswesen eine Ausnahme von der Regel machen und sich wenigstens eine Gedächtnistasche reservieren, ein Indianerreservat für die Ethik der Wahrheit. Die Eingeborenen reproduzierten sich ziemlich gut, alterten weniger schnell als die Kolonisten. Verjüngung des Meisters durch den Schüler und der Schüler durch den Meister. So kam ein Unterricht zustande, der noch in den sechziger Jahren selbst den Knilchen von der letzten Bank den Schlagschatten eines weltlichen Heiligen vor Augen führte, der, am Tag nach 1848 geboren, »das, was er lehrte, auch zu leben vermochte, bis er daran starb« – und dies alles dank einem Professor des Gymnasiums Louis-le Grand (Maurice Savin), der ein ehemaliger Schüler eines Professors am Gymnasium Henry IV (Emile Chartier, genannt Alain) war, welcher selbst wiederum ehemaliger Schüler eines Professors am Gymnasium Michelet (Jules Lagneau) war. Es ist so gut wie sicher, daß man heute unter den Preisträgern des *concours général* nicht mehr die »berühmten Lektionen und Fragmente« des Gründers der *Union pour l'Action Morale* verteilt, in deren Charta (in der *Revue bleue*, 1892) es heißt: »Wir versagen uns *jegliches Bemühen um Popularität*, jeglichen Ehrgeiz, etwas darzustellen«. Oder auch:

»Die neue Gesellschaft wird nur ihres rigorosen Grundsatzes wegen etwas taugen: wir streben danach, Einmütigkeit zu verwirklichen, wir behaupten nicht, von ihr auszugehen. Dies wird uns nicht hindern, aktiv mit all dem zu sympathisieren, was in jeder Partei, in jeder Kirche in diesem reinen Geist zuwege gebracht wird; und dabei kennen wir keine Konkurrenzangst. Ob das jeweils Beste von uns oder durch andere verwirklicht wird, ist ohne Bedeutung. Was zu sein *verdient*, wird sein.« Die *Action Morale* verstand sich als »militanter Laienorden der privaten und sozialen Pflicht.« Lächeln wir nicht zu schnell über den Appell der Professoren »an alle Menschen, die darin übereinstimmen, daß die unmittelbaren eigenen Interessen dem unterzuordnen seien, was als gut, richtig und wahr von ihnen erkannt und durchgeführt werden soll«. Das ist schon, allerdings fünf Jahre vor ihrer Veröffentlichung, die Charta der Dreyfusards. Dieser Idealismus ist religiöser Natur, und er zeitigte Kämpfernaturen. Es waren hartnäckige Ultraminderheiten; sie waren die ersten und jahrelang die einzigen, die sich gegen die immer und ewige Trilogie auflehnten, die Thibaudet 1927 in der *Republik der Professoren* aufs Korn nahm: »Die Interessen, die Presse, Paris«. Man muß ein wenig Pfarrer sein, das heißt ein kleiner Soldat, um diesen drei Mächten, die seit der »Affäre« eine Liga sind und heute mächtiger denn je, zu widerstehen. Pfarrer, oder besser Pastor. Denn der »Klerus« der Universität, dessen Elite die Professoren der Philosophie bildeten, immer noch nach Thibaudet, ähnelt eher der reformierten Kirche denn der römisch-katholischen[6]. Protestanten waren es, die unter der III. Republik die Organisation des Unterrichtswesens geleitet haben (Buisson, Rabier, Steeg, Pécaut); es sind Protestanten, die vor allen anderen die revisionistische Aktion in Gang bringen (Scheurer-Kestner, Pressensé, Gabriel Monod).

Wenn der *Professor* im Abstieg ist, ist der *Autor* im Aufstieg. Alte Balance der Werte: der Niedergang der Vorlesungen steigert die Zahl der Veröffentlichungen. Der öffentliche Kontrapunkt zur Dämmerung der Universität ist die Wiederkehr der *Académie*; das heißt: die umgekehrte Dreyfusaffaire. Die Dreyfus von heute – die eher Kollektive als Indivi-

[6] Im Philosophenberuf gibt es ein Prinzip, das dem des Priesterberufes analog ist. Wer sich je auf die Agrégation in Philosophie vorbereitet hat, selbst wenn er dann parlamentarischer Roßtäuscher oder Direktor einer zweifelhaften Bank geworden ist, der ist, wie der Seminarist, in einem bestimmten Augenblick von der Idee berührt worden, daß der höchste menschliche Wert ein dem Dienst am Geist geweihtes Leben ist und daß die Universität die Stellen vergibt, die diesen Dienst ermöglichen.« (Albert Thibaudet)

duen sind – bleiben auf der Teufelsinsel. Dies ist keine Voraussage, sondern eine Feststellung. Erklären wir sie.

Die Konkurrenz zwischen der Sorbonne und dem Quai Conti (Sitz der Académie française-d. Ü.) geht auf eine jahrhundertealte Bruchlinie zurück. Erinnern wir uns daran, daß die Heimat der französischen Intellektuellen die Universität war, trotz des Widerstandes, den die *Académie* gegen diese Verankerung leistete. Wir haben hier zwei materielle Grundlagen, zwei geistige Familien, zwei politische Lager. Viele machen es sich leicht und reden sich ein, daß die Dreyfusaffaire den Triumph der »Intellektuellen« markiere, wobei sie vergessen, daß die Voraussetzung für diesen Triumph die Niederlage der »Schriftsteller« war. Die »Liga der Menschenrechte« gegen die »Liga des französischen Vaterlandes«, die Provinz gegen Paris, die Gymnasien gegen die Salons, die Stipendiaten gegen die Erben (nach der Terminologie von Thibaudet). Die »deutsche« Universität gegen die »französische« Literatur. Die »rue d'Ulm gegen die rue Saint-Guillaume, die *Revue historique* gegen die *Revue des deux mondes«* (René Remond). Rive gauche gegen rive droite (die Seite der Salons). Die Universitätskörperschaft mit ihren gelehrten Zeitschriften und Seminaren, der *Aurore*, dem räudigen Schaf unter der großen Presse (die natürlich völlig der »Meinung« angepaßt, das heißt Gegner der Dreyfusards war) gegen die Akademie als Körperschaft, die von fast allen Pariser Zeitungen eskortiert wird und von der Gesamtheit der literarischen Salons (den »Akademikerfabriken«, wie Daudet sie nannte). Dies war die tiefere Logik eines Dramas, dessen Akteure auf der einen Seite Barrès, Bourget, Lemaitre, Coppée und auf der anderen Seite Monod, Herr, Andler, Péguy waren. Mehr noch als sein fulminantes Engagement für die Sache hat die posthume Legende von Zola der Nachwelt diese Grenzlinie verwischt (deren Markierung immer noch mitten durch uns hindurchgezogen ist und die jede nationale Krise immer wieder neu nachzieht). 1898 unterlag Zola mehr als zehnmal und jedesmal auf demütigende Weise bei der Wahl in die *Académie française*. Dieser populäre Autor, »dessen Fülle die Aufmerksamkeit ermüdet, ohne daß seinem zu oberflächlichen Denken es gelänge, Interesse zu wecken« (Barrès), wird von dem Prinzen der Jugend nur als »eine der kommerziellen Kräfte des französischen Buchhandels« anerkannt. In seinen Augen spricht für Zola nur (das heißt in einem Stockwerk höher: gegen ihn) die Auflagenhöhe und seine Reputation im Ausland. Aber in Frankreich ist »Homais sur le Sinai« in den Augen aller, auf die es in der Welt der Literatur »ankommt«, überholt und vulgär. Wir würden sagen, ein abgehalfterter

Schauspieler; als Chef einer aus der Mode gekommenen naturalistischen Schule, die durch den psychologischen Roman, der im Kommen ist, deklassiert wird (Loti, Brunetière, Bourget), findet Zola in keinem Salon Zugang, der dieses Namens würdig wäre. Das »fette Schwein« ist kein Mann, den man in der Gesellschaft empfängt (vgl. Ende des Kapitels).

Die Dreyfusaffaire hat als intellektuelle Schlacht einen Sieg der niederen über die hohe Intelligentsia bedeutet. Oder auch der »kleinen« über die »großen« Intellektuellen. Ein Saint-Simonist würde sagen: der Meritokratie über die Aristokratie des Geistes. Ein Anhänger Prousts würde ohne weitere Nuancierungen sagen: der Sieg des Clans Verdurin über den der Guermantes, obwohl die »patronne« des Hauses ihre Zeit gebraucht hatte, sich zu entscheiden. Der Soziologe Proust hatte seine Entschuldigungen für das Zögern: »Die Leute von Welt waren zum großen Teil dermaßen antirevisionistisch (gegen eine Revision des Dreyfusprozesses, d.Ü.) eingestellt, daß ein Dreyfusardischer Salon zur damaligen Zeit so unmöglich erschien wie zu einer anderen ein Kommunarden-Salon«[7]. Die Schriftsteller waren gegen die Kommune gewesen – mit Ausnahme von Vallès und Rochefort. Wenn sie das letzte Wort gehabt haben – und was für Worte! – dann deswegen, weil der »Klerus« der Universität durch das zweite Empire auf eine verschwindende Größe reduziert worden war und 1871 praktisch nicht mehr existierte – oder noch nicht[8]. Die Schriftsteller waren gegen Dreyfus eingestellt, und wäre die Universität nicht gewesen, hätten sie wieder einmal das letzte Wort gehabt. Aber die Autoren, die vom Erbe lebten, fanden sich da Professoren gegenüber, die einmal Stipendiaten gewesen waren; verachtenswerten, aber gewissenhaften Parvenus. Die Erben finden den guten Geschmack in ihren Wiegen vor, die Stipendiaten gewinnen dagegen ihre Stipendien in einem Wettbewerb. Die Stipendien, Wettbewerbe und Prüfungen bekommen genau zwischen 1871 und 1898 ihre Bedeutung. Barrès hatte die Gefahr in *Les Deracinés* gewit-

---

[7] *Sodome et Gomorrhe*, Pléiade, tome II, S. 744

[8] Einige Autorenworte. Flaubert zu George Sand: »Ich bin dafür, daß die ganze Kommune auf die Galeeren geschickt wird und diese dummen Gewalttäter mit der Kette um den Hals als einfache Zwangsarbeiter gezwungen werden, die Ruinen von Paris abzuräumen«. (November 1871). Théophile Gautier: »Mir steht die Kommune zum Hals hinaus.« Die gute Dame de Nohant: »Ein Brechreiz«. Vgl. hierzu *Les écrivains et la Commune* von Paul Lidsky (Maspero). Für die Nuancen das Buch *George Sand* von Francine Mallet (Grasset).

tert[9], in denen er seinen alten Philosophieprofessor Jules Lagneau, einen bescheidenen Stipendiaten bäuerlicher Herkunft aus Metz (sein Schüler Alain war ebenfalls Stipendiat) mit den häßlichen Charakterzügen eines Boutteiller karikierte. Und es sollten gerade die Boutteillers der Gymnasien und Fakultäten in der Provinz über die großen Namen in Paris siegen, indem sie den Revisionismus auslösten. »In Paris«, schreibt der Autor der *Republique des professeurs,* »sind die großen Korporationen der Intelligenz die Akademie, das Institut, die Literatur, der Journalismus, der Anwaltstand: die Universität folgt denen nur auf einem unteren Rang; der Volksschullehrer zählt selbstverständlich nicht. In der Provinz nimmt der Professor den ersten Rang ein, im Dorf bleibt nur noch der Lehrer, wenn man vom Pfarrer absieht.«

Das Lager des Volkes ist zunächst selten »populär«. Der demokratische Messianismus der Männer auf dem Lehrstuhl ist kein wahltaktisches Verhalten. Zum großen Glück, denn sonst wären die Professoren nie Deyfusards gewesen. Wie sagte es ein Sozialist: »In Frankreich war der Dreyfusismus nie populär«. Und die »Straße« war bis zum Ende des Prozesses in Rennes in den Händen der Nationalisten. Die von Lagneau zur Charta erhobene universitäre Mystik führte in eine Mystik der Unpopularität, so wie der Tod des Sokrates auf einem demokratischen Votum beruhte: Wahrheit und Gerechtigkeit sind keine auf plebiszitärem Wege zu findenden Werte. Die Ideologie des »bon sens français«, die von Jules Lemaître und Barrès inszeniert wurde, ist offen plebiszitär, denn sie stützt sich auf den Konsensus »der kleinen Leute Frankreichs«. Die Wahlintellektuellen sind immer die der Oberschicht. In diesem Sinne ist die mit allen Anzeichen einer beginnenden Krankheit versehene Modernität der Dreyfusaffäre – dieses weißen Bürger-

---

[9] *Les Deracinés,* (Die Entwurzelten), 1897 veröffentlichter Roman von Maurice Barrès. – Barrès' (1862–1923) Themen sind die Rasse, der Heroismus, die Entfaltung nationaler Energie, die Feier des Machtmenschen. Ähnelt in einer bestimmten Art des Dandytums oft Ernst Jünger. Hauptwerk in deutsch: *Vom Blut, von der Wollust und vom Tode,* übers. von Franz Blei, München 1907. – In der Dreyfusaffäre nahm Berrès scharf gegen eine Revision des Prozesses Stellung und war der wichtigste Wortführer der »Antidreyfusards«. In den Verteidigern Dreyfus' glaubte Barrès die herrschsüchtigen, dekadenten, auf die unsichere Vernunft bauenden, »arbitrairen« Intellektuellen ausmachen zu können. Vermutlich wurde das Wort »Intellektueller« zuerst von Barrès – in abwertender Weise und als Gegensatz zu »intelligent« – gebraucht. Barrès lieferte eine Definition des Intellektuellen, die auch einem Großteil heutiger Intellektuellenkritik zugrundeliegt: »Der Intellektuelle ist ein Individiuum, das davon überzeugt ist, daß die Gesellschaft sich auf Logik gründen muß. Er verkennt, daß sie in Wirklichkeit auf früheren und vielleicht dem individuellen Verstand fremden Notwendigkeiten beruht.« – Zu Barrès in Deutschland besonders: Ernst Robert Curtius, *Maurice Barrès und die geistigen Grundlagen des französischen Nationalismus,* Bonn 1921. Über seine Rolle in der Dreyfusaffäre: Dietz Bering, *Die Intellektuellen – Geschichte eines Schimpfwortes,* Stuttgart 1978.(A.d.H.)

krieges – nicht in der alten Allianz von Feder, Säbel und Weihwasserwedel zu suchen. Schon die erste »Professorenmonarchie« (mit Guizot, Villemain und Cousin), die Julimonarchie, hatte mit dieser heiligen Allianz zu kämpfen: Orleanisten gegen Legitimisten. Die Leute der Feder sind von Haus aus Leute des Salons; und heute wie einst verbindet das, was sich »die« Welt nennt, mit den Damen von Welt den Quai d'Orsay und den Quai Conti. Die Modernität der Dreyfusaffaire ist viel eher in der alten Allianz der mondänen Propaganda mit der Massenpropaganda, der Allianz zwischen den Salons der Elite und der großen Presse zu suchen; einer Allianz, die sehr spät und nur örtlich aufgelöst wurde. In der modernen Sprache: zwischen der hohen Intelligentsia und den Massenmedien.

Man wird es nie genug wiederholen können, daß, wenn die Dreyfusaffaire eine Presseschlacht gewesen ist, die Dreyfusards den Kampf einer gegen hundert aufgenommen haben, denn da kämpfte die Wahrheit gegen die Meinung. Glücklicherweise gab es damals keine Meinungsumfragen, doch die Auflagenzahlen der Tageszeitungen boten Ersatz dafür. Für die eine Seite: *Le Petit Journal* (1 500 000 Exemplare), *La Libre Parole* (500 000 Leser), *L'Intransigeant, Le Gaulois, Le Petit Parisien, L'Echo de Paris*, zu denen geschlossen und bis zum Schluß die marianische und katholische Presse zu zählen ist (130 Millionen Blätter im Jahr); für die andere Seite: *L'Aurore* (100 000 und 200 000 für *»J'accuse«*), mit der sich langsam Blätter der zweiten und dritten Kategorie verbünden (*Le Siècle, Le Radical, La Petite République* von Jaurès usw.). Die hohe Intelligentsia (»Paris«) sammelte »die Presse« um sich und damit die »Interessen«. Denn auf dem Meinungsmarkt herrscht das Gesetz des Marktes, und dieses Gesetz regiert die Meinungsmacher. Die große Intelligentsia und die großen Zeitungen stimmten geschlossen in ein Konzert ein. Als 1897 der *Figaro* die Briefe von Esterhazy veröffentlicht hatte, sah er sich angesichts der Abonnementkündigungskampagne, die darauf folgte, gezwungen, sich für eine Unterwerfung unter die Staatsraison zu entscheiden, »da die Meinung nicht für ihn war«. (Deswegen verließ ihn Zola und wechselte zur *Aurore* des radikalen Politikers Clemenceau). Ein Universitätsprofessor muß keine Kundschaft zufriedenstellen: also kann er sich ein Gewissen leisten. Deswegen hat die Mehrheit der Professoren im Sturm standgehalten, und die Mehrzahl der Autoren hat sich nach dem Wind gerichtet. Die ersteren streben nach Übereinstimmung, die anderen – mit wenigen Ausnahmen – sind gezwungen, von ihr auszugehen. Alles geschieht so, als hätte die hohe

Intelligentsia schon ihren modernen Platz und ihre heutige Funktion gefunden: die Partei der Zeitungen gegen die Parteizeitungen zu ergreifen. Die niedere Intelligentsia hatte noch keine kollektiven Institutionen gefunden, an die sie sich hätte anschließen können, um der »Meinung« zu trotzen: die Fakultäten und Gymnasien waren Ersatz für Parteien und Gewerkschaften[10].

Mit seinem Hinweis, daß die *Action française* das »Hauptquartier der Literaten« seiner Zeit gewesen sei, hatte Thibaudet drei Jahre nach dem Kartell der Linken den Gedanken geäußert, »daß der Beruf des Schriftstellers auf fatale Weise den nach rechts rücken ließe, der ihn ausübe«. Genau so wie den Volkswirt und Finanzmann. Die Mauer des Geldes steht immer fest und unerschütterlich; die Mauer der Literatur auch. Und die Linke zerbricht regelmäßig an beiden. Das Börsenthermometer hat in Frankreich sein Duplikat in dem der Autoren – das in Wirklichkeit ein politisches Barometer ist; informationsreicher als das erste. Wenn die linken Parteien 1978 die Schlacht verloren haben, dann, weil sie schon seit 1976 die intellektuelle Schlacht verloren hatten (ohne sie überhaupt *geliefert* zu haben: ein historisch banales Paradox). Trotz der unbeschreiblichen Unzulänglichkeit der Parteien auf diesem Gebiet gibt es einige handfeste Entschuldigungen. Die Möglichkeit der hinterhältigen Entlassung eines Professors ist eine davon. Zehn Jahre nach 68 fand sich die politische Linke von den Mitgliedern der *Académie* und den Medien in die Zange genommen – die traditionelle Allianz der Gipfel – aber ohne universitäre Festungen, hinter die man sich zurückziehen konnte; die alte Zitadelle war dem Erdboden gleichgemacht, lag unter dem Dauerfeuer der schweren Artillerie auf den Höhen. Dieses mediologische Dien-Bien-Phu hätte auch kein letzter Fallschirmspringereinsatz mehr retten können. Es ist nicht unsere Absicht, hier eine politische Geschichte der Intelligentsia zu skizzieren; allein deren mediologische Prämissen interessieren uns hier. Seit der »Affäre« ist es üblich, »das Gros der *Académie*« rechts einzuordnen und »das Gros der Universität« links[11]. Obwohl es nicht den Anschein hat, haben die Vorspiele

[10] Ein anderer Indikator für die Kräfteverhältnisse: die »Liga der Menschenrechte« (gegründet im Februar 1898) brachte es bis auf 8000 Mitglieder, die *Ligue de la Patrie française* (im Dezember 1898 gegründet) bekam zum Schluß 100000 Unterschriften.

[11] René Rémond, *Les intellectuels et la politique*, Dezember 1959. Paul Valéry, verlegen-ratloser Anti-Dreyfusard, trug sein Scherflein bei und bekam den Hut mit den zwei Spitzen (den Hut der Mitglieder der *Académie* – d. Ü.). Gide und Proust, Dreyfusards, wenn auch mehr in der Etappe, hüten sich vor der *Académie*, als sie zwanzig Jahre später berühmt sind.

der Volksfront die Regel bestätigt. 1934 ergreifen drei Große der Universität die Initiative für das *»comité de vigilance«* der antifaschistischen Intellektuellen und stehen ihm vor: Alain, Langevin und Rivet. Die »Autoren« folgten: Barbusse, Gide, Romain Rolland und Hunderte von anderen, die sich sehen lassen konnten. Aber die intellektuelle Schlacht für oder gegen Äthiopien im Jahre 1935 bringt an der Spitze wieder den Gegensatz zwischen der Blüte der *Académie* und der Creme der Universität. Sollte man einmal die Geschichte der Manifeste der französischen Intellektuellen in der Zeit nach Dreyfus schreiben; sollte man einmal die drei Schlüssel-Appelle, die sich, ohne es zu wissen, manchmal wörtlich gegenseitig nachplappern, analysieren, und zwar: *le Manifeste du Parti de l'Intelligence (le Figaro,* Januar 1919); *le Manifeste pour la Dèfense de l'Occident et la Paix en Europe (Le Temps,* Oktober 1935) und *le Manifeste du Comité des intellectuels pour l'Europe des libertés* (CIEL) (*Le Monde,* Januar 1978), so wird man entdecken, daß in diesem geschwätzigen und starrköpfigen Kampf des Geistes gegen die Materie, des Abendlandes gegen die Barbarei, Europas gegen die Dritte Welt die Handschriften, die Schlagkraft und die Terminologie der »Autoren« die der »Professoren« hinter sich lassen und deklassieren. Diese Demarkationslinie war noch schärfer unter der deutschen Besatzung und gegenüber der Kollaboration zu sehen: Anders als die »lieben Meister«, die sich biegen, ohne zu brechen, halten sich im großen und ganzen die Mandarine wacker aufrecht. Es ist kein Zufall, daß die intellektuellen Märtyrer aus der Korporation kommen (Halbwachs, Cavaillès, Politzer). Indochina, Algerien: die Bastion des Antikolonialismus ist wiederum von den »lieben Professoren« eingenommen, während die *Académie* ganz auf der Seite des Kolonialismus ist. Schematisieren wir diese Nuance, und überziehen wir sie ein wenig, um damit die guten Geister etwas zu verwirren: bis vor kurzer Zeit war im Nachkriegsfrankreich ein linker Intellektueller ein Professor, der Bücher macht; ein Intellektueller auf der Rechten war ein Schriftsteller, der Professor wird. Individualisiert man etwas Allgemeines, produziert man damit vielleicht ein Stereotyp ... Dem kann man noch hinzufügen, daß das Ende der sechziger Jahre zuerst den Linken und dann den Rechten, den Mandarinen und Schriftstellern die Karten neu gemischt hat. Auf der einen Seite reagieren die Ordinarien auf die Deklassierung der Korporation mit einem spontanen oligarchischen und reaktionären Reflex; zum gleichen Zeitpunkt gehen viele Schriftsteller auf die Straßen und verbünden sich. Aber das Hôtel de Massa ist sicherlich nicht der Winterpalast; also wird die Sorbonne 98 eher das sein, was 68 Nanterre-la-

Folie war. Und die Coupole[12] wird sich einmal mehr auf die Champs-Elysées begeben. Kurz, das Spiel ist immer noch im Gange. Die Antithese schlummert tief im historischen Unbewußtsein des intellektuellen Körpers, wenn vielleicht auch nur als rhetorisches Verfahren zur Herabsetzung und als Distanzierungssignal unter den Autoren selbst. Wenn heute in *Apostrophes* (Dezember 1978) Jean Dutourd, Journalist beim *France-Soir* und neuer Unsterblicher, im letzten literarischen Salon unserer Zeit (und dem größten aller Zeiten), in barschen Worten Robbe-Grillet verdreschen will, erhebt sich sein Rüffel über drei Jahrhunderte der Verachtung: »Die Professoren sind auf Ihrer Seite, Sie haben die Sorbonne für sich!« Reflexe haben ein langes Gedächtnis. 1658 lieferte im »Reich der Beredsamkeit« von Furetière die »Prinzessin Rhetorik« schon den guten Kampf gegen »Kapitän Galimathias – einen finsteren Mann und aus der Hefe des Volkes geboren«. Auf dem Planeten der Literatur begegnen sich zwei Armeen. Galimathias befehligt eine babylonische und aufständische Sorbonne, an der sich der Humanismus der Renaissance mit der Pädagik des Aristoteles vermischt. Die Prinzessin Rhetorik schlägt, nachdem sie »ihre vierzig Barone in ihrer Hauptstadt *Académie* versammelt hat«, ihn glücklich in die Flucht[13]. Ein Jahrhundert zuvor führte Rabelais den Säbel gegen Sarbonagres und Sorbonicoles, die damalige Inkarnation der »Macht«. Der Absolutismus und Richelieu haben die Fronten umgekehrt. Nach den neuesten Nachrichten war die Prinzessin wohlauf.

Die Rechte macht, wie gewöhnlich, keine Politik – die *Académie française* auch nicht. Die Linke hat sich nicht immer damit begnügt, welche zu machen: der Sorbonne ist es zugefallen, *Politik* zu machen, indem sie sich schlicht und einfach mit dem Staat identifizierte. »Die Republik der Professoren« ist mehr als 50 Jahre alt: das Buch erscheint 1927 und die Sache 1924. So wie Gambetta, Waldeck-Rousseau und Poincaré der Republik ein Advokatengesicht verliehen, symbolisiert das Triumvirat Herriot-Painlevé-Blum den Gipfel der Macht der Universität. Auf halbem Weg zwischen der Dreyfusaffäre und dem Desaster deckt sich die Aristokratie des Lehrpersonals mit der des politischen Personals. Die ENA ist damals in der ENS, die damit zwei Fliegen auf einen Schlag trifft, indem sie die intellektuelle Magistratur mit der Macht des

[12] »Coupole« – Literatencafé. Champs-Elysées – hier spielt Debray auf die Kundgebungen für De Gaulle während des Pariser Mai an. (A.d.H.)

[13] »La Nouvelle Allégorique ou Histoire des derniers troubles arrivés au Royaume d'Eloquence« (Furetière, 1658). Siehe *Antoine Furetière, imagier de la culture classique*, von Alain Rey.

Staates verbindet. Die rue d'Ulm regiert die Geister und verwaltet den Körper. Daniel Lindenberg schreibt: »Alles geht so vor sich zur damaligen Zeit, als käme zur sichtbaren Funktion der Institution (Agrégés auszubilden, die die Elite der Lehrenden und Forscher sein werden) eine verborgene Funktion hinzu (Kader für die politische Szene auszubilden[14]). Unmöglich die radikale Regierung anzugreifen, ohne zugleich die *Ecole normale* anzugreifen. Die bürgerliche Republik hat zwei Gesichter – um auf beiden geohrfeigt zu werden. Bourgin, Anhänger von Maurras, ohrfeigt sie als Republik: er bezichtigt in *Ecole normale et la politique* die Professoren der Revolution, die Rektoren der Dekadenz, die Philosophen der Anarchie und die Soziologen der Nötigung. Der Kommunist Nizan wischt ihr eine, weil sie »bourgeois« ist: mit *»Aden-Arabie«* und vor allem mit *Die Wachhunde*; »diesen zu spät kommenden Priestern«, die die Proletarier verraten und vor der Not der Menschen aufgeben. Als Ewiger des politischen Zentrums hat der Schulmeister Übung: seit der Zeit, als er die linke Wange einem Vallès hinhielt und die rechte einem Barrès ...

Die Wachhunde sind ein edler Appell, ein Pamphlet, in dem alles richtig klingt, eine der schönsten mediologischen Dummheiten unserer Zeit. Genau besehen, sind sie ein historischer Widersinn. Das ist nicht Nizans Schuld, sondern das ist der intellektuellen Periode zuzuschreiben, die der, in der er schrieb, folgte. Er konnte sie nicht voraussehen – und das war sein Glück. Der Widersinn lag in der Geschichte selbst. Als Revolutionär erwartete Nizan die Revolution, arbeitete bis zum Tode auf sie hin. Doch an ihrer Stelle kam das Fernsehen, das völlig überstürzt die Korrelationen zur Rechten hin verschob, indem es aus seiner Rechten unsere Linke machte. Käme Nizan zurück, wäre die Wette, daß er heute seine *Wachhunde* verteidigen würde, leicht zu gewinnen. Über Brunschvicq, Boutroux oder Xavier Léon griff Nizan Kant im Namen Lenins an und übernahm wohl bewußt für die *Revue de métaphysique et de morale* den Standpunkt der *Humanité*. Vom Standpunkt des *Playboy*, des Pub und der Werbespots bedeuten Kant und Lenin den gleichen Kampf; Xavier Léon und Paul Nizan, das ist ein und dieselbe Debatte. Wie für die Westgoten, als sie Rom belagerten, die Kontroversen auf dem Forum zwischen den Vertretern der Akademie und den Abgängern der Gymnasien. Aus der Distanz gesehen zeigen diese Dispute eher eine Einheit der Kulturen denn einen Gegensatz. Denn ob man

[14] Vorwort zu: Bourgin *De Jaurès à Lèon Blum (L'Ecole normale et la politique)*, Gordon and Breach Reprint.

nun von Kant zu Marx gelangen kann oder nicht, es ist jedenfalls sicher, daß man von dort, wo es keinen Kant mehr gibt, niemals zu Marx kommen wird. Mit der Beseitigung der bürgerlichen Philosophie schnitt man auch den einzig gangbaren Weg zu einer anderen ab, die ihre Überwindung wäre. So wie ein verbrannter Platonischer Kodex einen wiedergefundenen Text von Aristoteles gegenstandslos macht. Wenn der Nazismus an den Grenzen steht, beweist ein Trapezkünstler des Kommunismus, der das Freimaurertum für den Hauptfeind hält, nicht gerade besonderen politischen Scharfsinn. Er demonstriert damit vor allem das selbstmörderische Sektierertum der »Dritten Periode« der Komintern. 1932 hatte Nizan wahrscheinlich ein leichtes Spiel, die Moral von Jules Lagneau vor den Augen seiner Schüler, die damals an der Macht waren, umzudrehen. Es ist wahr, daß die Herrschaft der Vernunft die idealisierte Herrschaft der Bourgeoisie darstellt und daß die »Idyllen der Philosophie der Menschenrechte« gestern wie heute die Schreie der rechtlosen Menschen überdecken, die nicht das Privileg haben, die Weißen Europas zu sein. Und auch die pädagogischen Tugenden, die an sich kaum proletarischer sind, als es die Unterrrichtsliga des Ferdinand Buisson oder die Menschenrechtsliga des Francis de Pressensé oder Victor Basch sein konnten, fingen langsam an zu stinken, mangels einer sozialen, demographischen und institutionellen Durchlüftung. Diesen Stickereien alter anämischer Jungfern hatte Nizan nur ein Programm entgegenzusetzen: die Sorbonne dem Wind aus dem Osten zu öffnen, der damals (auch für André Gide) an Frische und Heilwirkung den Wind aus dem Westen zu überbieten schien. Wenn er dann im Grunde den uralten Diskurs der in die Erde Verliebten gegen den Liebhaber der Wolken, des gelebten Konkreten gegen die Abstraktion der Konzepte wieder aufnimmt – *wer* scheint da nicht mit der Marxschen Intention in Übereinstimmung zu sein? Aber weder das knappe Programm noch die vage Theorie sind von großer Bedeutung. Das letztlich Entscheidende ist die Tatsache, daß die Mandarine der Bourgeoisie ihren Platz nicht an proletarische Wissenschaftler abgegeben haben, sondern an die Hanswurste der Unterhaltung – was den fröstelnden Mandarinen aus alten Zeiten einen ganz anderen historischen Platz zukommen läßt. Nizan kritisiert die Republik der Professoren im Namen einer kommenden Republik der Sowjets, doch diese hielt dann nicht das, was er erwartet hatte: Die Volkskommissare ließen das Volk im Stich. Letzten Endes hat die bürgerliche Universität unter der Dreyfusaffäre die Ehre der intellektuellen Franzosen gerettet. Sie hat sie noch einmal unter der Besatzung gerettet, und dann wieder in der Zeit der Kolonialkriege. Wenn es dereinst nur noch die *Académie française* geben wird und das Satellitenfernsehen, die ein gemeinsames Vaterland haben, wird es dann noch etwas anderes geben als Ehrlosigkeit[15]?

Also hat mangels eines historischen Haltes eine linke Kritik an der radikal-sozialistischen Universität[16] rechts begonnen zu funktionieren, und der Schrei des Herzens begann, ohne es zu wissen, das Ökosystem des Sozialismus noch ein wenig mehr durcheinanderzubringen, diese zerbrechliche, soziale Idee, die dahinsiecht gleichzeitig mit den pädagogischen Zwängen und der Präsenz einer Gesellschaft in ihren eigenen Archiven. Wenn der gemeinsame Niedergang der bürgerlichen Universität und der Autonomie der Arbeiterklasse in der französischen Gesellschaft auch nicht gerade zur Demonstration taugt, so ist er doch auch weit entfernt, eine solche Demonstration zu entkräften. Dem Materialisten Nizan hat die tragikomische Abfolge der Zeiten schließlich einen sauberen Streich gespielt. Er hatte darüber geklagt, daß der Marxismus an den Universitäten vor verschlossenen Türen stand. Zum Schluß hat er die Tore aufgebrochen, doch zu seinem Unglück. Denn sie schlossen sich hinter ihm und klemmten ihn in einen gelehrten Theoretizismus und Formalismus ein, den er nur schwerlich überleben kann. Theoretische marxistische Aktivitäten, die aber rigoros nicht anwendbar sind, haben sich am universitären Pol herauskristallisiert, und den Arbeitern blieb es überlassen, draußen praktischen Aktivitäten nachzugeben, die rigoros a-marxistisch waren. Ein alter Teufelskreis, in dem der eine Bogen den anderen reproduziert. Ganz zum Schluß noch eine bittere Wahrheit: Die Verringerung der sozialen Macht der Lehrenden bewirkt auch eine Verringerung der ideologischen Macht des Marxismus. Der Untergang der mandarinalen Metaphysik, wie Nizan seinen Wunsch nannte (zur gleichen Zeit wie auch Politzer), fand tatsächlich statt; jedoch ohne daß er zu einem Aufstieg der materialistischen Dialektik geführt hat. Ganz im Gegenteil: Die Umkehrung der mediologischen Vormacht zwischen den Trägern der Intelligentsia hat zur Um-

---

[15] Entgegen einer gemeinhin üblichen Idee besteht eine perfekte Übereinstimmung zwischen den Zelebrationen des Fernsehens und denen der *Académie*. Sie überlagern und sie ergänzen sich: das Fernsehen ist eine Ideologie, und die *Académie* ist auch eine, und zwar die gleiche. Man sehe einmal die Liste der Laureaten der *Académie*, Sektion Essay, an; man findet dort die »modernsten«, die am wenigsten »archaischen« der ideologischen Stars des Bildschirms. Die Institution der *Académie* hat nichts zu fürchten von der Institution des Audiovisuellen, deren Nimbus sie verdoppelt. Cognacq Jay (Sitz des Fernsehens – d. H.)/Quai Conti – es ist der gleiche Kampf.

[16] Unter »radikalsozialistisch« ist hier die von uns aus eher als »linksliberal« einzustufende radikalsozialistische Partei Frankreichs und ihr vor dem Kriege einflußreicher intellektueller Anhang zu verstehen. Ein »Radikalsozialist« steht also rechts von einem »Sozialisten«. (A. d. H.)

kehrung der ideologischen Beherrschung geführt, die Nizan an die gleiche Stelle rückt wie Brunschvicg: ganz unten. Diese Geschichte hat nichts Unmoralisches. Marxismus in Frankreich wird heute dort bestraft, wo er gesündigt hat: auf dem Lehrstuhl.

2. Der Zyklus des Verlagswesens (1920-1960)

Die Kultur lebt von Neuschöpfungen, und alles was eine Kontinuität gewährleistet, ermöglicht einen schöpferischen Bruch. Nehmen wir es gleich vorweg: es gibt keine Unterbrechnung zwischen der ersten und der zweiten Epoche. Der Zyklus, den wir den »editorialen« nennen, entsteht als Zweig der universitären Herrschaft, und weil er anfangs von der Universität abhängig war, mußte er später deren Vormundschaft abschütteln. Warum gehört er von dieser losgelöst? Weil am Anfang dieses Jahrhunderts ein autonomes »literarisches Milieu« entsteht, das unabhängig vom traditionellen akademischen Milieu ist und eindeutig vom universitären Klerus abgerückt ist; das von den Zwängen des letzteren und von den Vorurteilen des erstern völlig frei ist. Zu der Geschichte dieses Mikrokosmos – nennen wir ihn vorläufig das NRF-Milieu[1] – wurde uns kürzlich durch *Les cahiers de la Petite Dame* von Maria Van Rysselberghe das Stundenbuch zurückgegeben; und das Vorwort, das Malraux zu diesen vier Bänden vor dem Hintergrund »einer Gesellschaft, in der es literarische Milieus nicht mehr gibt« (Malraux, 1974), geschrieben hat, liefert uns das Testament dazu. Diese *Notes pour l'histoire authentique d'André Gide*, die über 30 Jahre umfassen (1918–1948), können wir als eine Terrainstudie über die *Gattung* der »Autoren« betrachten, in der die Familie Gide, mit dem »Kiebitz« als Zentrum und Gegenstand der Beobachtung, den verbündeten Clans und Seitenlinien als Zeuge dienen kann. Was uns von dieser Welt trennt, ist von nun an untrennbar mit dem verbunden, was sie war. Ihre *Existenz* ist dennoch in jedem von uns gegenwärtig, über ihr Verschwinden hinaus. Wenn alles, was existiert, verdient unterzugehen, dann hat die Welt der französischen Literatur sich dieses »Verdienst« nicht erworben.

---

[1] NRF = Nouvelle Revue Française; dem führenden französischen Verlagshaus Gallimard gehörend. (A.d.H.)

Wann hat die Sorbonne ihre Autorität zugunsten der NRF verloren? 1920? 1930? Die Verschiebung kann nicht bezweifelt werden, wohl aber der Zeitpunkt und die Autoritätsgebiete. Für die Regierung des Geistes gibt es keine Legislaturperioden und auch keine offiziell festgelegten Territorien. Die intellektuellen und moralischen Magistraturen sind zugleich subtiler und diffuser als die politischen. Aber als die »Aura« des »maître à penser« von Renan auf Gide überging, nachdem sie Barrès mit einem Heiligenschein umgeben und Bergson leicht gestreift hatte, findet nicht nur ein Wechsel im Stil statt, sondern eine Produktionsform des Symbolischen ersetzt eine andere. Das Gravitationszentrum dieser neuen Form ist der *Editor.*

Der menschliche Geist weht, wo er *kann.* Im Freien verdunstet er. Eingesperrt, verkümmert er. Schließlich braucht er Luft, und Durchzug haßt er. Die Dosierung von jeweiliger Abgeschlossenheit und Öffnung ist sehr schwierig, und jeder intellektuelle Arbeiter muß für sich selbst das Maß finden, das in einem regelmäßigen Wechsel besteht... Sich einschließen, um zu produzieren; sich öffnen, um aufzunehmen und abzugeben. Die geistige Sammlung verlangt die Abgeschlossenheit: und es gehört zur Natur der Diener des Geistes, daß sie unter sich leben – im Kreise; die intellektuelle Funktion ist die Öffnung: wenn die Kreise sich einmauern, ohne Fluchtmöglichkeit nach draußen, kann der Intellektuelle seine soziale Kommunikationsaufgabe nicht mehr erfüllen, der »Schreiber« wird wieder zum Mönch. Diese Quadratur des Kreises läßt nur, und dies in jedem politischen oder sozialen Regime, eine halbe Lösung zu. Die französische Intelligentsia scheint sich aber auf halbem Wege (auf der Mittellinie der kapitalistischen Entwicklung) Bedingungen geschaffen zu haben, die am wenigsten eine Schließung als möglich erscheinen lassen – und zwar das *Verlagshaus,* das einer geistigen Familie ein Dach bietet, Mauern und vor allem Fenster. Das Editionsunternehmen gab es schon vorher als einfaches Geschäftshaus, und keinem fehlte zu Beginn eine Persönlichkeit mit Kampfgeist – wie zum Beispiel der Republikaner Hetzel (1838), der Jules Verne herausgegeben hat. Das Haus Hachette entsteht 1826 (Zola wird dort als Angestellter und Werbechef arbeiten), Plon 1854, und Lemerre ist berühmt (und reich) geworden mit der Herausgabe der *Parnassiens.* Aber der Herausgeber als Warenzeichen, *Spielführer* und eigentliche Quelle der Legitimität, erscheint erst kurz vor dem Ersten Weltkrieg. Bernard Grasset gründet sein Haus 1907, und die Schriftsteller der NRF gründen das Haus Gal-

limard 1910[2]. In diesem Fall hat die Revue den Editor herausgebracht, und nicht umgekehrt. Gide, Schlumberger, Drouin, Copeau, Rivière hatten in der Tat mit eigenen Mitteln dreißig Nummern der Nouvelle Revue Française herausgebracht (die erste erschien am 15. November 1908), als sie auf die Suche nach einem ein wenig mäzenatischen Geschäftsführer gingen und auf Gaston Gallimard stießen, den Sohn des Besitzers des Théâtre des Variétés. Die Geschichte dieser Kooptation zeigt hinreichend, daß für die große Edition dieser Epoche die Verwaltung folgte und nicht vorausging. Die editoriale Hegemonie, wie sie das Markenzeichen Gallimard symbolisierte, sollte bis in die sechziger Jahre reichen, nach denen »die Welt der Edition« die ökonomische und intellektuelle Initiative verlieren wird. Nachdem sie aufgehört hat, das magnetische Feld der Intelligentsia der Literatur zu polarisieren, wird sie jetzt selbst von einem ganz anderen Gravitationssystem polarisiert.a
Publizieren (*publicare simulacrum:* auf einem öffentlichen Platz ein Standbild aufstellen) heißt meistbietend verkaufen. Edieren (von *edere:* gebären) heißt in die Welt setzen. Man publiziert Bücher, aber ediert Autoren. Die Nuance ist nicht unbedeutend, läßt uns aber auch nicht vergessen, daß es keine Edition ohne Publikation gibt, keine Publikation ohne Prostitution (*publicare corpus:* sich prostituieren). Aber diese Nuance reicht zumindest dazu, dem Verleger eine hinreichend vorteilhafte Ambivalenz in den Augen des »Mannes der Öffentlichkeit« zu geben, den der Autor darstellt: er ist zugleich sein Kuppler und sein Herzgeliebter. Als ersterer findet er Kunden für seinen Schützling, verteidigt ihn gegen seine Nachbarn und Konkurrenten für einen guten prozentualen Anteil an den Einnahmen. Als zweiter empfängt er seine Vertraulichkeiten, enthüllt seine Schmerzen und Hoffnungen. Der Autor vermietet, vertragsgemäß, dem Verleger, nicht seinen Körper, aber seinen Geist. Der Verleger bezahlt den Drucker, um den Produkten dieses Geistes einen typographischen Körper zu verleihen, und der Buchhändler verkauft das Produkt. In diesem Quartett ist, historisch gesehen, der Verleger der Zuletztgekommene, der Autor kam nur kurz zuvor.

Der Einband eines Buches von heute trägt drei Hinweise: einen Titel, einen Autorennamen, einen Verlegernamen. Nur der erste ist unentbehrlich; auf die beiden anderen könnte man verzichten. Vom 16. bis

---

[2] Siehe Gabriel Boillat, *La librairie Grasset et les lettres françaises, Les chemins de l'edition* (1907-1914) (1974, Honoré Champion éditeur) – fesselnde Beschreibungen und Anekdoten. Und natürlich die bewundernswerte Arbeit von Auguste Anglès, *André Gide et le premier groupe de la NRF* (1890-1910), Gallimard, 1978.

zum 19. Jahrhundert ließen sich die Bücher ohne »Editor« machen. Zur gleichen Zeit wurde auch viel gedruckt, was keinen Autorennamen trug: Almanache, Meßbücher, Fabelbücher, Heiligenlegenden, Heldenepen usw. Michel Foucault hat einmal sehr anregende Thesen darüber aufgestellt, wie die Autoren-Funktion in den abendländischen Diskursen der Vergangenheit mit den Wahrheitsbegriffen und Verbreitungsarten, die die jeweiligen Epochen und Aussagekategorien mit sich bringen, aufkommt und verschwindet[3]. Der moderne Diskurs verzichtet an seinen beiden äußersten Grenzen auf die Autorennamen: Oben, im wissenschaftlichen Diskurs, und unten, in den populären Parolen an den Wänden. Als würden die dichtesten Intelligenzdepots die Ehre der Anonymität fordern: Die Witzgeschichten und die Grafittislogans haben genau so wenig einen Erfinder wie die Sprichwörter, Märchen und Sagen von einst. Wenn »die Wände das Wort haben«, dann gilt dort das gleiche wie für die Laboratorien: sie haben das Recht, apokryph zu sein, und die Pflicht, jeden Hinweis auf den Namen des Autors zu unterlassen. Die »Zurechnung« würde hier als Ernüchterung und dort als Restriktion empfunden. Die wissenschaftliche Wahrheit ist wie die Poesie von morgen: von allen geschaffen und zugleich von niemand. Bis sich herausstellt, ob das Fehlen des Copyrights den Verlegern von Witz- und Bourbaki-Geschichten zum Vorteil gereicht, bleiben die persönlichen Werke immer noch die beste Einnahme. Die Anonymität im Bereich der Literatur ist ein ruinöser Widersinn geworden; es sei denn, es handele sich um ein Ratespiel zur Umsatzsteigerung. Der Autor verschwindet also an den beiden Enden des Machtbereiches der Texte. Doch zwischen beiden Enden erstreckt sich der lange Strand der »mittleren« Werke, die einen Autor verlangen und auf einen Verleger warten.

Vor Gutenberg brauchten sie nur Kopisten. Danach Drucker, die ihre Produkte direkt absetzen oder an die Buchhändler verteilen. Es gibt Buchhändler-Drucker, Drucker-Buchhändler, Buchhändler-Händler – versammelt in der rue Saint-Jacques in ein und derselben Korporation, die zuerst streng durch die Kirche, dann durch den Staat reglementiert wurde. Die technischen Fortschritte in der Druckerei und die Erweiterung des Publikums durch die Möglichkeiten der Auflagensteigerung lassen zugleich die Gewinne und die Komplexität des Arbeitsprozesses anwachsen: daher kommt es zur Notwendigkeit einer zentralen Koor-

[3] Michel Foucault, *Was ist ein Autor?*, deutsch in: Foucault, *Schriften zur Literatur*, München 1974, S. 7ff.

dinierung, die die technischen und kaufmännischen Aufgaben verbindet. Der Verleger taucht als *industrieller Unternehmer,* als Mittler zwischen *Drucker* (Technik) und *Buchhändler* (Verkauf) in der zweiten Hälfte des 18. Jahrhunderts auf. Die bürgerliche Revolution befreit zugleich die Edition, durch die Abschaffung der Korporation der Buchhändler, und die Autoren, denen sie durch das Gesetz von 1793 das Autorenrecht zuerkennt; dieses Gesetz regelt dann für nahezu zweihundert Jahre die Beziehungen zwischen Autor und Verleger. Als *juridische Institution* wird der Verleger durch ein Gesetz Napoleons offiziell eingeführt, das für jede Publikation einen *»verantwortlichen Herausgeber«* verlangt. Noch heute fungiert der Verleger und nicht der Autor in Diffamierungs- und Verbotsverfahren durch die öffentlichen Gewalten als Hauptbeschuldigter und ist mit Geldbußen und Strafen zu belegen. Schritt für Schritt erwirbt der Verleger seine Autonomie, verweist den Drucker und Buchhänder in seine Grenzen, und 1892 spaltet sich das Buchgewerbe in eine Berufsgenossenschaft der Buchhändler und ein nationales Syndikat der Verleger[4]. Aus der Zwischenposition heraus entwickelt sich der Veleger zum Angelpunkt des literarischen Produktionsprozesses. So sind die Grundlagen des Verlagswesens als *kultureller Anziehungspunkt* am Ende des Jahrhunderts gelegt.

Nach der Explosion der achtziger Jahre, die ihren Stempel durch die beträchtlichen Auflagen von Zola, Maupassant, Renan (*Das Leben Jesu,* 60000 in 6 Monaten) erhalten hatten, wird das Verlagsgeschäft wieder apathisch. Die Ebbe beginnt 1890 und reicht ungefähr bis 1910: 2000 Exemplare sind damals für einen Roman eine gute Auflage (genau wie in den Jahren 1820–1835). Maupassant klagt über den schlechten Verkauf[5]. Péguy kämpft bei den *Cahiers de la Quinzaine* mit Zahlungsschwierigkeiten[6], und Claudel beklagt sich bei Gide, vielleicht aus dem fernen China: »Der Buchhandel scheint mir in einem barbarischen und unorganisierten Zustand zu sein«. Für die Autoren ohne Erfolgsgarantie ist es unmöglich, eine »Unterkunft« zu finden, ohne selbst zuzuzahlen. Die Edition zu Lasten des Autors ist unvermeidbar! Dies ist das Los

---

[4] Siehe Syndicat national de l'edition, *L'Editeur, pourquoi?* (Cercle de la Librairie, 1977)

[5] »Wir stecken in einer völligen Krise des Buchhandels. Man kauft keine Bücher mehr. Ich glaube, daß die billigen Nachdrucke, die unzähligen Reihen für 40 Centimes, die man unter das Publikum wirft, den Roman töten«. (*Brief an die Mutter,* 1890)

[6] »Sie werden in Paris keinen einzigen Verleger finden, der sich entschließen könnte, einen jungen Mann, einen unbekannten Mann zu fördern. Einen Mann ohne Namen. Was noch der alte Michel Lévy für den jungen Ernest Renan tat; erfinden, einen Mann fördern, eine Firma gründen, einen neuen Namen schaffen, einen völlig Unbekannten herausbringen, es riskieren und auf ihn setzen, ohne Dekkung: das ist etwas, was keiner mehr tut.«

von Gide bis zum *Immoraliste*, von Ségalen bis an sein Lebensende, das von Proust bis zum Krieg.

Bernard Grasset macht schon damit eine kleine Revolution in den »fortgeschrittenen« Kreisen, daß er das Angebot macht, die Kosten für den Versand zu übernehmen (wie er es anfänglich bei Proust tat). Verlaine hat 1890 von seinen *Poésies* 350 Exemplare verkauft. Die *Pages* von Mallarmé (1891) sind von 325 Leuten gekauft worden. Gide erreicht keine fünfhundert, und die drei ersten Auflagen von *Du côté de chez Swann* sind insgesamt in 2200 Exemplaren verkauft worden: Proust ist mit diesem halben Erfolg gar nicht so unzufrieden.

Am Anfang hat die NRF-Gruppe diese Enge des literarischen Publikums für sich in Anspruch genommen, um sie dann zu sprengen. Denn die große Presse stand im Gegensatz dazu mehr als in Blüte (mehr als 2000 Periodika im Paris von 1890), und sie benutzte die reine Literatur als Köder, indem sie die Produktion der *Académie* normalisierte und popularisierte, ihre kleinen d'Annunzios; ihre Edmond Rostands und ihre Octave Mirbeaus. Gide und seine Leute rebellieren gegen »die erstickende Flut von Niederträchtigkeiten, die der Journalismus über unser Land ausgießt«. Die Nummer 2 der NRF bekundet (1909) »die Absicht, gegen den Journalismus, Amerikanismus, Merkantilismus und die Selbstgefälligkeit der Epoche zu kämpfen« – ein Programm, das auch im Jahre 1979 ganz gut aussähe. »*France littéraire* von 1909: Akademismus, Parisianismus, Opportunismus ...«: die posthume Hommage durch Saint-John Perse für Gide, der »die Beamten als Fälscher bloßgestellt, die Schwätzer demaskiert, die Magier enttarnt, die Parasiten vertrieben, die geistige Dürftigkeit entmutigt« hatte. Das erinnert an die wirkliche *Sezession*, die diese Splittergruppe vornehmen mußte, die später, nach Mauriacs Worten »die Windrose der Literatur des 20. Jahrhunderts« bilden sollte. Die Literatur als Religion – das ging anfänglich nicht ohne eine gewisse Eifersucht seitens der »Kirche« Gaston Gallimards; die Stärke von Bernard Grasset, der individualistischer war, nährte sich aus dessen Talentkult, und deshalb bewahrte sein Unternehmen immer den Ekklektizismus des Café Vachette von 1900. Grasset ist das Café-Salon; Gallimard die Salon-Kapelle. Der eine will mit Hilfe der Reklame das Publikum erweitern, das der andere mittels Zurückhaltung abrahmt. Grasset hatte von Anfang an mit einem Verkaufsförderungssystem auf sich aufmerksam gemacht, dessen Erfinder er für den Buchmarkt war: Mundpropaganda in der mondänen Welt, Pressewerbung, Vertreterbesuche und Plakate. Bis dahin wurde der Erfolg eines Autor allein seinen Büchern überlassen, und Alfred Valette, der Herausgeber des *Mercure de France*, faßte seine Überzeugung als ein stilles Dilemma zusammen: »Ich mache nie Werbung für die Werke, die ich herausgebe. Entweder sind sie schlecht, dann ist es wohl unnütz, etwas für sie zu tun, um sie zu retten. Oder sie sind gut, und dann setzen sie sich von alleine durch«. Aus Liebe zur Kunst setzt Grasset als erster den Bluff ein (»Werbung heißt den Mut haben, etwas als Errungenschaft auszugeben, was noch zu erwarten ist«), das Forcing, den Schutzumschlag, den Rabatt, Freiexemplare, Prospekte usw. Das hindert ihn aber nicht, Giraudoux, Mauriac, Radiguet, Morand, Cocteau, Giono, Cendrars, Rilke, Ramuz usw. ausfindig zu machen und zu halten; und die *Cahiers verts* Daniel Halévys bildeten in der Zeit nach dem Ersten Weltkrieg lange ein Gegengewicht zu der »weißen Hülle« der NRF. Wenn diese dann schließlich bevorzugt wurden, dann weil sie eine verschworene Gruppe vertraten und daher Schule machen konnten. Das Imprimatur der NRF war wie die Adoption durch eine Familie oder sogar die Aufnahme in einen Orden. Deswegen erfolgte schließlich dann doch noch der Anschluß von Proust (trotz der anfänglichen Ablehnung) und von Martin du Gard, der, nachdem ihm von Grasset sein *Jean Barois* abgelehnt worden war, sich auf die Suche nach Gide machte: »Die Phalanx der NRF bot mir plötzlich etwas ganz anderes: eine gastliche geistige Familie, deren Suchen und Streben ganz dem meinen glich, in der ich einen Platz fand, ohne etwas von meiner geistigen Unabhängigkeit aufgeben zu müssen[7]«. Der Wille zum Erfolg in der Öffentlichkeit veranlaßte Grasset, Kampf- und Avantgarde-Literatur abzuweisen, die die NRF aus Geistesverwandtschaft aufnahm; so, als ob sie mehr Interesse an der Zukunft der Ideen und Formen gehabt hätte als an ihrer Gegenwart.

Der Höhepunkt der editorialen Autorität, die ohne Bruch die der Universität ablöst und fortsetzt, kennzeichnet das goldene Zeitalter des französischen Denkens. Das ist die Harmonie ruhiger Sommer: Blüte, Gleichgewicht, Reife. Das goldene Zeitalter – »das, in dem das Gold noch nicht regierte« – hat sich in erster Linie denen geöffnet, die Geld hatten. Weil es damals schwieriger war als heute, dort ein Vermögen zu machen, fand man in »das Milieu« mit einem Erbe leichter Zutritt: ob man nun Grundbesitzer war wie Gide, Claudel, Mauriac; Großbürger wie Schlumberger, Rivière, Larbaud; Sohn aus gutem Hause wie Martin du Gard und die anderen. *Aurea mediocritas* des bürgerlichen

[7] Zitiert in Gabriel Boillat, *Deux erreurs de Grasset*, p. 123.

Glücks. Zwischen der klerikalen Askese und der kommerziellen Vulgarisierung, zwischen der Trockenheit langer gelehrter Märsche und dem unfruchtbaren Krampf der Aktualität. Zeitalter des klassischen Maßes (in der Qualität und der Wirkung), des guten Geschmacks und der Nuancen. »Selbstverständlich alles von erlesenem Geschmack« – diese letzten Worte des sterbenden Gide, auf seinem Manuskript von *So sei es*[8] unten vermerkt, hätten ihm, aus der Retrospektive, als Devise dienen können. Diese Welt war strahlend, heiter, bürgerlich beinahe mit Stolz; aber die Republik der Literatur war der Erhaltung verpflichtet und von liberaler Gesinnung. Wenn Gefahr drohte, war sie, voller Bürgersinn, fähig, ihre Verpflichtungen auf sich zu nehmen. Sie fürchtete sich auch nicht, mutig eine linke Position zu beziehen; ohne Lärm und nicht ohne hellsichtige Klarheit (Gide und die UdSSR)[9]. Es ist die Ehre dieses Humanismus, daß er eher praktisch denn theoretisch war; in seiner Art und Weise, in seinen Vorstellungen, wie es sich eben schickte in einer Zeit, in der die »guten Manieren« vorherrschten, die das Fernsehen und die Medien (im Sinne von Massenmedien, diesen Nachgeburten), diese Schulen der Unhöflichkeit und Fabriken des Hast-du-mich-gesehen, seither liquidierten. Wie es sich auch schickte für eine Gruppe (die NRF), deren Einheit nicht ideologischer Natur war, sondern *tonaler* Art (natürlich verwies dieser Ton auf eine gewisse Vorstellung vom Menschen und von der Gesellschaft). Der Kreis der Familie hatte mehr von einem Clan an sich denn von einer Clique, und wenn es überhaupt noch nötig scheint, den Unterschied zu heute zu erklären, müßte man sich nach dem alten Kanon orientieren. Danach war es eine intellektuelle *Aristokratie* (»die die Macht im allgemeinen Interesse ausübt«) – im Gegensatz zur hohen Intelligentsia von heute, die die Macht zum eigenen Profit ausübt und die eher den Namen *Oligarchie* verdienen würde. Letzten Endes hat das Patriziat, zu dem Leute wie Gide gehörten und das Novizen und Entdeckern offen war, seine Situation eines Quasi-Monopols nicht einfach zum eigenen Vorteil mißbraucht. Ohne jeden Zweifel wollte das Milieu seine Abgeschlossenheit bewahren, die zum Teil auferlegt war (durch eine große Informationspresse, die, da sie wenig Raum dem Literarischen und Kuturellen einräumte, im Gegenzug

---

[8] *Ainsi soit-il: So sei es.* Letzte Aufzeichnungen Gides. Deutsch in: Selbstzeugnis-Autobiographische Schriften. Stuttgart 1969. S. 359-445. (A.d.H.)

[9] Debray bezieht sich hier auf die Reise Gides in die UdSSR. Enttäuscht kehrte der Sympathisant zurück, hatte jedoch – im Gegensatz zu vielen anderen – den Mut, die sowjetischen Zustände beim Namen zu nennen und wurde deshalb auch rasch von den Kommunisten diffamiert. Debray versteht hier diese Haltung als wirklich »links«. Vgl. André Gide, *Zurück aus Sowjet-Rußland*, Zürich 1937; ders., *Retuschen zu meinem Rußlandbuch*, Zürich 1937. (A.d.H.)

eine verschwenderische Flut von spezialisierten, aber erfolgreichen Zeitschriften schuf) und die zum Teil beansprucht war (als moralistischer Abstand den Zeitläufen gegenüber und als Vorraussetzung zur ästhetischen Arbeit).

Besser als hier zu erzählen oder zu beschreiben, das heißt abzuschreiben (denn diese Welt hat ihre Zeit damit verbracht, über sich zu erzählen und sich zu beschreiben; doch ohne Tambour und Trompete, ohne Metaphern und Metonymien), wollen wir versuchen, ihren Sockel freizulegen. Die große Welt der Literatur – die Welt, deren Religion die Literatur ist, – kann nicht zu groß sein, denn wer Religion sagt, sagt Familie, Bund, Pakt – also Demarkation. Diese hat nicht zur Rassentrennung geführt, dank der Verbindungsstege, die die großen literarischen Wochenzeitungen bereithielten (*Les Nouvelles Littéraires* wurden von Larousse 1922 gegründet und standen unter der Leitung des Bruders von Roger Martin du Gard). Dank der Unterschiedlichkeit der Positionen und Temperamente, dank der ständigen aktuellen Forderungen, die gefiltert, aber nie ignoriert wurden (der Schriftstellerkongreß von 1935 usw.). Doch der Zusammenhang dieser vielfältigen und dichten Welt, die Gide ein gutes Vierteljahrhundert hindurch sinnbildlich darstellte, ist vielleicht gründlicher aus einem Zusammenwachsen zu verstehen, aus einer zerbrechlichen, vorübergehenden und produktiven Allianz zwischen drei Branchen oder Funktionen, die sonst einander entgegenstehen und miteinander rivalisieren: die des Kritikers, die des Autors und die des Verlegers. Ist das Entstehen einer Welt ein Wunder – das heißt ein zufälliges Aufeinandertreffen notwendiger kausaler Reihen – dann ist die Harmonie dieser Welt das Produkt einer solchen Überlagerung. Der Abstand zwischen dem Produzenten (dem Schriftsteller), dem Filtrierer (der Zeitschriften- bzw. Zeitungskritik) und dem Unternehmer (dem Verleger) war nie mehr so gering wie damals. Um den Zauber zu brechen, könnte man sagen, daß das Schriftstellerhandwerk damals schon ein industrielles Gesetz vorwegnahm und bestätigte, nach dem die Produktivität eines Zweiges in dem Maße ansteigt, wie sich die Ebenen der Entscheidung und der Durchführung annähern, oder auch die Kaderebene und die der effektiven Arbeit. Die NRF hat diese Fusion der drei Instanzen Produktion, Verteilung und Konsekration, die heute getrennt sind, repräsentiert, oder anders: die Fusion hat damals sich nach der Maßgabe und den Normen der Produzenten vollzogen, während sie heute den Maßstäben und Normen der Verteiler folgt. Die wirksamste Art und Weise des Vorabdrucks, die derzeit in den Wochenblättern stattfindet, besorgten damals die Zeitschriften. Der NRF von 1930 spielte die Rolle des *Nouvel Observateur* von 1970. *Le Temps perdu* und *La Condition humaine*[10] wurden zuerst von der NRF in Fortsetzungen veröffentlicht, ehe sie als Buch herauskamen und die öffentlichen Weihen erhielten. Das Haus Gallimard – und dies wird in den Augen der Geschichte sein Verdienst sein – hat es »einem Geist« ermöglicht, sich seinen eigenen industriellen und typographischen Körper zu schaffen, mit der Befugnis über das zu entscheiden, was er annehmen wollte. Seit dem Beginn der zwanziger Jahre bis zum Anfang der sechziger Jahre waren von André Gide bis Queneau und Marcel Arland, über Malraux (Angestellter des Hauses), Drieu (an der Arbeit gestorben) und Sartre (Lohnempfänger des Hauses) die Animateure und Promotoren einer Kultur in denselben Büros und auf denselben Seiten vereint. Die Spezialisten waren ihre eigenen Vulgarisierer. Die französische Literatur hatte die Möglichkeit, die eigenen Medien hervorzubringen und ihre Träger zu wählen: heute, da die Scheidung zwischen Entscheidenden und Beschiedenen, zwischen der konzentrierten Verteilung, die entscheidet, und einer verteilten Produktion, die zustimmt, vollzogen ist, schauen wir nicht ohne Wehmut auf diese Vergangenheit zurück; und wir sind schon bereit, das Gemütliche und Leichte daran zu vergessen und die Abgeschlossenheit der Kasten mittels des Respekts für die Virtuosen herabzuspielen. Wenn der produktive Kreislauf schließlich einem Familienzirkel immer ähnlicher wird, beginnt etwas Ungesundes die Luft zu verpesten; vielleicht war es notwendig, die Fenster einzuwerfen. Man kann allerdings mehr komische als melodramatische Tugenden im Spiel von damals entdecken, als jedes Jahr, wie in einem eleganten Vaudeville, das Spiel der Verteilung des Prix Goncourt von einer Gallimard-Jury aufgeführt wurde, die den Preis einem Gallimard-Autor zuerkannte, der vorher schon durch die Gallimard-Zeitschrift inthronisiert worden war. »Auf den Szenen wie in der Stadt« blieben die Leute vom Metier unter sich. Die »Gesellschaften zur gegenseitigen Bewunderung« haben sich seitdem zu einer nationalen Dimension der großen Information ausgeweitet.

Ein Kritiker hat ein Publikum; ein Autor hat ein Werk; ein Verleger – was hat er? Die Autoren. Er ist Autor seiner Autoren, sein Haus ist sein Werk. Der Beweis: im allgemeinen geht sein Vermögen an das Haus, und wenn er »seine Autoren verteidigt«, wie Robert Laffont sagt, »ver-

---

[10] *Le temps perdu = Auf der Suche nach der verlorenen Zeit* von Marcel Proust; *la Condition Humaine = So lebt der Mensch* von André Malraux. (A. d. H.).

teidigt der Verleger seinen Namen[11]«. Der Name des Verlegers dient mittelbar als Autorenname: der Autor in der zweiten Potenz. An seiner Seite braucht der Verleger dann noch die Autoren der dritten Potenz, diese Sokrates der Texte, die es vorziehen, eine Generation von berühmten Männern zur Welt zu bringen, statt für sich selbst den Ruhm zu beanspruchen, und die früher in einem Verlagsunternehmen das waren, was heute die Leitartikler der Zeitungen sind. Zu der Zeit, als edieren nicht drucken bedeutete, sondern eine Richtung bestimmen und diese durchhalten, waren diese Grauen Eminenzen für die Literatur unverzichtbar, ein wenig so, wie es Lucien Herr für die Führer des französischen Sozialismus gewesen sein muß, in der Zeit, als der Sozialismus noch nicht Mandat war, sondern eine Idee. Damit einige das zustande bringen, was man »ein Werk« nannte, müssen in ihrer Nähe schützend und aufmerksam, andere sein, die entweder aus eigener Entscheidung auf ein eigenes Werk verzichtet haben oder es nicht vorzeigen. Diese Mentoren sind nicht nur Literaturkritiker, da sie keine Mißgunst gegenüber den Autoren hegen und ihrem Urteilsvermögen die Leidenschaft des Gebens hinzufügen. Desjardins, Rivière, Groethuysen: diese geheimnisumwitterten Männer hatten eine missionarische Seele und gingen bis zur Selbstaufopferung in ihrer Mission, und diese Wunderlichkeit brachte ihnen lebenslange Schüler. Über ihre Freunde haben sie ihrer Zeit ihre Merkmale eingeritzt, ohne jemals die Krallen zu zeigen. Ein Jean Paulhan war sicher mit dieser eigenartigen Familie verschwägert (Berl und Queneau waren vielleicht die emanzipierten Cousins), mit der sich ein Geisteshistoriker einmal befassen sollte. Diese Weisen besaßen Heroismus, und ihr Stoizismus war generös. Auf alle Fälle durfte dieses Geheime Konsistorium des Zeitgeistes, damit es regeln und produzieren, ja auch nur beeinflussen konnte – was es auch tat –, nicht dem industriellen Imperativ der Rentabilität unterworfen sein. Wenn diese Leitartikler des Zeitgeistes (die mit ihren Initialen und nicht mit ihrem Namen zeichneten) nicht in der Lage gewesen wären, prinzipiell und tatsächlich, sich die Kriterien für den augenblicklichen Verkaufserfolg vom Leibe zu halten, wäre die Logik des intellektuellen, moralischen und ästhetischen Bemühens sofort von der Massenmedienlogik – *die das maximale Publikum sucht* - ersetzt worden, und die Erfindung der Zähler der Zukunft hätte ihren Platz an den kleinsten gemeinsamen Nenner des Augenblicks abtreten müssen. Die Direktoren wären dirigiert worden; statt ihre Zeit zu *informieren*, wären sie, wie die

[11] Siehe *Robert Laffont, éditeur,* collection »Un homme et son métier« (Laffont, 1974).

Mehrzahl ihrer Kollegen von heute, durch sie *informiert worden.* Kurz, sie hätten ihr Leben damit zugebracht, den Schlußwaggon mit der Aufschrift »Avantgarde« vor sich herzuschieben.

1945 stoßen die Universitätsleute wieder mit Macht zur literarischen Intelligentsia, und die Familie der Sartres scheint die »Familie Gide« und deren verbündete Zweige brutal zu vertreiben. Doch beide gingen, trotz einem deutlichen Unterschied im *Ton,* schließlich doch aus demselben Stamm hervor und wurzelten im selben Ursprung: Pontigny. Dieser hohe gemeinsame Ort, an dem die Zeitalter, Clans und Menschen Anrainer werden, könnte der ganzen Periode zum Wahrzeichen dienen, wie ein Gewölbebogen Jules Lagneau und Jean Paul Sartre umfassen, den von Nizan verspotteten Spiritualisten und den existentialistischen Gefährten von Nizan. Verbinder und geheimer Schlußstein: Paul Desjardins[12]. Dieser Philosophieprofessor, der in der Seele ein Klerikaler war, aber berufen zum Dreyfusard, unausstehlich und überspannt, weil er sich dazu verpflichtet fühlte (so sagten es die, die ihn erlebt haben), der der Freund von Bergson und Jaurès in der rue d'Ulm (in der berühmten Promotion von 1878) war, stirbt 1940. Er hat mit Lagneau die »Union pour l'Action Morale« gegründet, die von ihm 1905 in die »Union pour la Vérité« umgetauft wurde, und erwirbt kurz danach dieses säkularisierte Zisterzienserkloster, zu dessen Hauptküster er sich machte und dessen Laubengang alle Sommer zum Treffpunkt all derer diente, die damals unter den Intellektuellen in Europa zählten. Desjardins, Verbindungsmann zwischen Universität und Literatur, versammelte dort von der ersten Dekade an, 1910, den Generalbstab der NRF, der dann regelmäßig bis zum Schluß hier seine Tagungen abhielt. Wer kam nicht in dieser schönen Zeit, um dort zu sprechen und zuzuhören; Im Photoalbum fehlt kein Kopf: Martin du Gard, Gide, Schlumberger, Maurois, Rivière, Charles du Bos, Mauriac, Malraux, Sartre als Student, Edmond Jaloux, Focillon, Bachelard, Jankelevitch, Fabre-Luce, Martin Chauffier usw. Eine Gesellschaft der Weißen, Europäer, Männer (der Vorschlag zur offiziellen Regelung von Gide an Desjardins lautete: »Wir dulden die Ehen, das heißt, daß die Frau ihren Mann begleitet. Wir laden die Frauen nicht allein ein«), Erwachsene, Bürgerliche, Müßiggänger, »Normale« (oder die, die »Abweichungen« verschwiegen). Eine Gesellschaft, deren Zwänge und Grenzen Clara

[12] Siehe *Paul Desjardins et les Décades de Pontigny* (PUF, 1964).

Malraux, die dorthin ihren Mann, nicht ohne Mühe, »begleitete«, 1928 wundervoll beschrieben hat:

»Nach André sollte dieser Ort, wo der Geist wehte, wie der Berg Athos sein, den Männern vorbehalten ... Den Ort erreichte man damals mit der Eisenbahn.

Zum Bahnhof, der einige Kilometer von der Abtei entfernt liegt, in der die Festivitäten des Geistes abliefen, kam Desjardins seinen Gästen zu Fuß entgegen. Sein etwas dämonisches Heiligengesicht wurde durch einen kleinen, ein wenig aus der Mode geratenen grauen Spitzbart verlängert ... In einiger Entfernung von uns schritt ein großer Teil der französischen Intelligentsia daher, die hohe Kragen, Krawatten und Stiefeletten trug ...«. Und sie fügte hinzu: »Keiner dieser Männer hatte jemals etwas außerhalb der Legalität getan. Ihr ganzes Leben war ein einziges Nicht-in-Frage-Stellen der von ihren Vorgängern übernommenen Regeln. Ihre Debatten fanden vor höheren Instanzen statt als den unseren. Denn schließlich war Pontigny aus der Union für die Wahrheit, die Union für die Wahrheit aus der Dreyfusaffäre hervorgegangen. Seither verhandelten die, die sich in der rue Visconti oder in der Abtei versammelten, ethische Probleme unter christlichem Gesichtspunkt, der manchmal gefärbt war von guesdistischem Sozialismus und erleuchtet vom Humanismus. Der Krieg, die russische Revolution, der Kolonialismus verursachten ihnen kaum Angst; für die Mehrzahl von ihnen war die Sache der Alliierten jungfräulich und rein, den Kommunismus sahen sie als Barbareneinfall in eine geordnete Welt an, und die Anwesenheit der Weißen in Afrika und Asien erschien ihnen als zivilisatorische Notwendigkeit. Wann merkt man, daß das Haus einstürzen wird? Die Risse waren kaum sichtbar. Die Denker in Frankreich wußten, daß Zivilisationen sterben, aber derselbe Valéry, der diese Tatsache festgestellt hatte, billigte, daß auf die Streikenden von Fourmies geschossen wurde«. Und sie fährt fort: »Wenige von denen, die mit uns in der Abtei damals 1928 tagten, hatten jemals Europa verlassen – gehörten sie wenigstens dazu? Von dem, was Asien hervorgebracht hatte, interessierte sie nur die Mystik. Ob sie sich dessen bewußt waren oder nicht, ihre wahre Debatte fand weiterhin mit dem Körperlosen statt. Desjardins hoffte, ›unter den Tisch des Herrn zu stürzen‹ – und dorthin purzelte er im Verlauf des Zweiten Weltkrieges. Der Prototyp, den er verkörpern wollte, war ganz klösterlich; vielleicht kam das von der Kathedrale, die mit dem, was von der Abtei noch übrig war, verbunden war und das Wohnhaus, den großen romanischen Saal, das Refektorium der Mönche, in dem wir speisten, und die Bibliothek im Stock darüber, wo man sich inmitten der Bücher versammelte, überragte ...[13]«.

Auf dem Weg, der die bürgerliche Intelligentsia im Zeitraum eines Jahrhunderts vom Priestertum zur Hitparade, vom Kloster der *Ecole nIormale* der Jahre nach 1880 in die Studios der Unterhaltungsbranche der Jahre nach 1970 geführt hat, sollte da die Rastpause, 1925 in Pontigny, nicht trotz allem einen Anspruch darauf haben, als Idylle im Gedächtnis zu haften? Es sollte doch möglich sein, daß unsere Gattung der Aktualität noch einige Bruchstücke ihrer Vergangenheit streitig macht. *Die* Periode ist ihr in diesem noch kaum veralltäglichten Kloster geschenkt worden. An dem großen Ton von damals, der auf halbem Wege zwischen der früheren kirchlichen Feierlichkeit und der schrillen Werbung danach liegt, überrascht, daß es ein so guter Ton war. Als ob diese hohe Intelligentsia der bürgerlichen, leicht lächerlichen Respektabilität den Respekt geschuldet hätte, den sie vor sich selbst und den anderen hatte. Mehr als ein Salon, weniger als ein Forum, scheint dieses burgundische »Salon-Forum« eine optimale Akustik für höfliche und nuancierte Gespräche geboten zu haben; Gespräche, mit denen niemand ein Geschäft im Sinne hatte und aus denen keiner einen anderen Profit ziehen wollte als den ganz persönlichen, inneren: seine Ideen an denen der anderen zu schleifen. Der interne Wettstreit genügt, die Stimmen kümmern sich kaum um das Echo, das sie draußen, außerhalb der Mauern finden oder nicht finden. Es ist der Ton des 19. Jahrhunderts (dessen Milieu auch die Gewohnheit bewahrt hat, sich gegenseitig aus den Manuskripten vorzulesen). Die zwanglose Plauderei heißt noch nicht Kolloqium und die Zusammenkunft noch nicht Seminar. Die Quotierung der Werte, innerhalb der Gruppe, wird nicht an der Meinungsbörse indexiert. Nur Privilegierte haben Zugang zu dieser Börse, aber die Einladung, dort etwas einzubringen, gilt weniger dem persönlichen, sozialen Kapital (Herkunft, Ansehen oder Beziehungen) als dem kulturellen Kapital (das selbstverständlich vom ersten herrührt, aber sich nicht darauf reduzieren läßt).

Sicherlich ist Pontigny nicht auseinandergefallen – oder jedenfalls nicht ganz. Die Tochter von Desjardins, Anne Heurgon-Desjardins (inzwischen verstorben), hat nach dem Krieg die Sommergespräche in Cérisy-

---

[13] (*Voici que vient l'été,* Grasset.)

la-Salle neu aufleben lassen. Eine »freiere«, weniger hochgestochene Atmosphäre, ohne Appelle und Reglement. Aber auch ein anderes System des Gesprächs: die »Intervention«, in Rohfassung vorbereitet, aufgezeichnet, nachgeschrieben, mit dem höchst lobenswerten Ziel, daß auch ja nichts verloren gehe und ein broschiertes Werk diese meisterhaften Diskurse verewige. Im Grunde war vieles bei den Meistern von einst amateurhaft: Unentgeltlichkeit, Vergnügen, Nonchalance. Die wirklich *Professionellen* der Kommunikation sind danach gekommen, mit dem Magnetophon und den Humanwissenschaften.

Da nur jener Geist ernst zu nehmen ist, der sich auch des Zeitlichen annimmt, führt in der klassischen Zeit die verlegerische Intention ganz von selbst schließlich zur *Zeitschrift.* Sie ist der gemeinsame Eckstein der Kapellen, Kirchen und Parteien; Verankerung langer Ketten inbrünstigen Strebens. Die Sache selbst ist so alt wie die »Literatur«, deren Wege sie von der romantischen Restauration bis zum Aufbrechen des Symbolismus markiert, von der *Muse française* zur *Revue blanche.* Aber nach dem Ende des Jahrhunderts wird die Form der Zeitschrift die vorrangige territoriale Organisationsform der intellektuellen Armee, der Träger der Strategien, die »Schulen« getauft werden. Der intellektuelle Krieg ist denselben Organisationsgesetzen unterstellt wie der soziale Krieg. Ohne Verleger keine Zeitschrift, ohne Zeitschrift aber auch keine Schule. Ohne politische Parteien keine Zeitung, aber ohne Zeitung auch keine revolutionäre Bewegung. Und wie eine Partei mit einer Zeitung beginnt, beginnt eine Schule mit einer Zeitschrift. Die große Periode der »ismen« wurde daher die große Zeit der Periodika. *Clarté* hat mit Barbusse und seinem »Comité directeur international« den Kommunismus in der französischen Intelligentsia verankert (und indirekt in der italienischen), ein Jahr (1919) bevor der Kongreß von Tours ihn in der Arbeiterbewegung verankerte. Der Surrealismus nimmt Gestalt an mit *Littérature* (1919–1923), später abgelöst von *La Révolution surréaliste* (1924–1929), danach *Le Surréalisme au Service de la Révolution* (1930–1933), bis dann, mangels eines zentralen Organes, die Schule zerbröckelt und zerfließt. Nicht zu vergessen *Bifur* (1929–1931) und andere fruchtbare Abspaltungen. Ohne *Esprit* (1932) kein Personalismus, ohne *Les Temps modernes* (1945) kein Existentialismus. Keine neue historische französische Schule ohne *Les Annales* (1929: Begründer Lucien Febvre und Marc Bloch) und keine neue Kritik ohne die Zeitschrift *Critique* (1946: Begründer Bataille); keine »Neue Welle« ohne *Les Cahiers du cinéma* (1951, André Bazin). Keine Auferstehung für Se-

galen und kein Durchbruch für Camus ohne *Les Cahiers du Sud*, die leider 1966 mit dem Gründer (Jean Ballard in Marseille) verschwanden.
Man sieht: die Zeitschrift, gleichgestaltig auf den unterschiedlichen Feldern der ästhetischen Avantgarde, der Forschung an den Universitäten und der politischen Aktion, verschweißt diese miteinander. Sie materialisiert und symbolisiert zugleich, wenn nicht die Äquivalenz, dann doch die Möglichkeit einer *Übersetzung*, also einer Kommunikation zwischen diesen Bereichen und zwischen diesen Milieus. *Europe*, *La Nouvelle Critique* und *La Pensée* dienten nach dem Zweiten Weltkrieg dem stalinistischen Marxismus als Mittel zum Auftrieb in den »intellektuellen und wissenschaftlichen Milieus« – wie in den fünfziger Jahren *Socialisme ou Barbarie*, gefolgt von *Arguments* (1956), dem kritischen Marxismus; wie *Partisans* in den sechziger Jahren dem »Dritte-Weltismus« und dem antiimperialistischen Kampf. Auf dem literarischen Gebiet ist die Periode, die mit der NRF 1909 eröffnet worden war, mit *Tel Quel* am Ende der sechziger Jahre vollendet worden – ganz an der Grenze, aber noch diesseits unserer aktuellen mediologischen Bruchlinie?
Eine Zeitschrift dauert als Notwendigkeit, solange eine Generation dauert; danach überlebt sie sich oder verwandelt sich. Also zwischen zwanzig und fünfundzwanzig Jahren. Kann der Austausch ideologischer und ästhetischer Generationen noch in der Form der Zeitschrift erfolgen? Es gibt bewundernswerte wie *Change;* eine mustergültige Schöpfung in ihrer Strenge und Integrität. Aber haben Jean-Pierre Faye und seine Freunde sich ein Werkzeug geschaffen, das auf der Höhe dessen ist, was sie mit demselben Instrument *vor* dem Einschnitt hätten erreichen können? Literarische Zeitschriften wird es noch Dutzende ja noch Tausende geben, gute und weniger gute. Aber in den modernen Wechselfällen der öffentlichen intellektuellen Autorität scheint »die Revue« aus einer Antriebskraft zur Aktion zu einem dekorativen Zubehör geworden zu sein, das keine Wirkung und keinen Einfluß hat auf den Ablauf der Intrige. Sicher bleiben Zeitschriften unverzichtbar in Wissenschaft und Forschung, aber ihre Esoterik ist hier nicht mehr von eroberndem Zugriff, sondern funktional. In der profanen Welt haben die wöchentlichen news-magazines die Rolle der glorreichen Monatsblätter übernommen und das kanonische Vorbild in den Glasschrank verbannt; inzwischen sind da die Blätter zum Zeitvertreib für Pennäler[14].

[14] Es gibt eine Ausnahme: *Les Actes de la recherche en sciences sociales* (Direktor Bourdieu), deren Originalität in der Anwendung eines wissenschaftlichen Forschungsinstrumentariums auf das profane Feld der Aktualität besteht. Das ergibt einen immer erhellenden, manchmal geradezu genußreichen Zusammenprall.

Was die theoretischen Zeitschriften der Parteien, die tatsächlich eine Theorie vertraten, betrifft, so sind ihre Schwierigkeiten und ihr Verfall bekannt.

Es gab einen Bruch, das ist logisch. In ihrer spezifischen Art gehört die Zeitschrift nicht zum Universum der Massenmedien: obgleich sie auf den Markt kommt, ist sie deshalb noch keine Ware. Würde sie, wie durch ein Wunder, Gewinn machen (es gehört zum Wesen der Zeitschrift, daß sie defizitär ist; doch ist ein »Unfall« nie ausgeschlossen), wäre sie voll Gutscheinen zum Ausschneiden, Überraschungsgeschenken und Vierfarbendrucken, so bliebe sie doch, ihrem Wesen nach, das Gegenstück zum Magazin *(Lire, Le Magazine littéraire, Le Figaro Magazine).* Sie sucht den Einfluß und nicht das Publikum; die Kohärenz und nicht den Eklektizismus, die Wahrheit (*ihre* Wahrheit) und nicht die Freundlichkeit. Sie bewegt sich in der Qualität und nicht im Umfang; sie empfängt ihre Befehle nur von den Werten, die sie erwählt hat, und nicht von den Geldgebern. Der Gegensatz liegt also nicht in der Periodizität, sondern im *Element*[15]. Die Zeitschrift schürft, das Magazin beutet aus. Eine Zeitschrift ist die Angelegenheit eines Mannes oder einer Gruppe, das Magazin ist eine ganz flüchtige Affäre. Das Apostolat der Zeitschrift verlangt Freiwillige, das Unternehmen eines Magazins vor allem Karteien und eine Vertriebsorganisation. Die Zeitschrift arbeitet nach Aufzeichnung – nach vorn; das Magazin operiert live – also rückwärts. Das heißt, daß die eine eine Angelegenheit der Dauer ist und daß die andere auf den Augenblick reagiert; die eine verpflichtet sich dem *Authentischen* (dem, was die Verifizierung und die Überprüfung durch die Zeit aushält,) und die andere der *Ideologie* (der Gegenwärtigkeit der Illusion, die auf der Illusion über die Gegenwart beruht). Die Neuigkeitenfabrik, die das Kulturleben annektiert hat, muß jeden Monat *Neues* produzieren: aber das Produkt, das von den Bändern geht, ist Gelegenheitsware. Das kommt zur Welt und ist schon überholt. Eine gute Zeitschrift ist ihrer Zeit mindestens zwanzig Jahre voraus, ein gutes Magazin hat keine Woche Verspätung. Deswegen karrt das Magazin den Tod in Farbe und die Zeitschrift erfindet das Leben in Schwarz und Weiß: das am weitesten »Fortgeschrittene« verbirgt häufig das weit »Zurückgebliebene«. Zur Arbeit der Kulturzeit-

[15] Les *Nouvelles littéraires* (Chefredakteur Jean-Marie Borzeix) und *La Quinzaine* (Maurice Nadeau) – das eine erscheint wöchentlich, das andere 14-tägig – orientieren sich eher am Element der Zeitschrift als dem des Magazins. Darin besteht ihr Ruhm und ist ihre Not begründet. Beide verdienen mehr als nur Respekt: eine totale Unterstützung.

schrift wird in Zukunft objektiv zwingend gehören, die Liquidierung der Kultur durch die Publizistik beim Namen zu nennen. Eine Kultur lebt von ihren Widersprüchen, folglich von ihren Diskussionen und Polemiken.

Es kann keine ernstzunehmende Debatte auf fünf Maschinenseiten mit doppeltem Zeilenabstand geben – das Maximum an »Papier«, das ein Magazin zur Verfügung stellt. Die großen Auseinandersetzungen der dreißiger und vierziger Jahre (wie die zwischen Sartre und Camus über *Der Mensch in der Revolte*) wären heute *materiell* unmöglich, besonders aus »Platzmangel«.

Das Verkümmern der Zeitschriften-Form und die Entfaltung der Magazin-Form bedeuten mehr als nur das Ersticken der redaktionellen unter den Anzeigen-Seiten[16]: sie künden von einer glorreichen Neubelebung des intellektuellen Komforts und der sozialen Trägheit. Jegliches Erwachen auf diesem Gebiet kann nur durch einen moralischen Willen und nicht durch ökonomische Logik, durch ein Projekt und nicht durch Mechanik bewerkstelligt werden: das heißt entweder durch einen Verleger oder durch eine Partei. Der Verleger ist im klassischen Sinne für die intellektuelle Gesellschaft, was die Partei im organischen Sinne für die ganze Gesellschaft ist: ein Apparat, um ein Ereignis in Bewußtsein und das Bewußtsein in Unternehmen zu überführen; *ein Apparat*, imstande, im Lauf der Dinge, dem Gegenstrom eines Wollens und einer Idee nicht entgegenzutreten, sondern ihn zu überprüfen. Wenn dagegen die Macht der Tatsachen sich dem Willen der Menschen aufzwingt, läuft der Verleger Gefahr, auf dem Markt des Gedruckten das zu werden, was eine Partei auf dem Marsch der Ereignisse ist: ein Korken in der Brandung, zufrieden damit, zu schwimmen. Er ist nicht mehr ein Akteur, sondern ein Agent; er ist keine Initiativkraft mehr, sondern eine Form des Operierens. Hier liegt nicht, oder nicht nur, Willensschwäche vor, sondern für den Verleger eine Verhärtung der ökonomischen Zwänge im Milieu und für die Parteien eine Umarmung durch die »a-politischen« Medien, die sich Information nennen. Gemeinsame Begleitumstände von Verfallserscheinungen, die auf die

[16] Ein Beispiel aus allerletzter Zeit: nach einer offiziellen Zählung des *Monde* (Anmerkung von Viansson-Ponté vom 17. Dezember 1978) bietet *Jours de France* (Nr. 1252, 9.–15. Dezember 1978) eine Nummer mit 284 Seiten, davon 185 Anzeigenseiten. Im Vergleich dazu hat *L'Express* (Nr. 1431, 9.–15 Dezember 244 Seiten), 94 redaktionelle und 150 Seiten Werbung; *Le Nouvel Observateur* (Nr. 735, 11.-17. Dezember, 132 Seiten) 54 redaktionelle und 78 Seiten Werbung; *Le Point* (Nr. 325, 11.–17. Dezember 192 Seiten) 65 redaktionelle und 127 Seiten Werbung; *Paris-Match* schließlich (Nr. 1542, 15. Dezember, 188 Seiten), 92 redaktionelle und 96 Seiten Werbung.

gleichzeitige Tilgung der Zeitschriften-Form und der Meinungs- (oder Kampf)presse hinsteuern.
Das verlegerische Amt hob das Supremat der Literatur im Felde des Symbolischen auf die Ebene der Institution: auch in diesem Sinne ist es aus der Mode. Doch die literarische Souveränität hatte keineswegs eine Kaste »gendelettre« in Autarkie vom Rest des Gemeinwesens getrennt. Zu jener Zeit besaßen die klassische Kultur und die schöngeistige Literatur effektiv die Hegemonie über das politische Feld, dem sie die Truppen stellten (parlamentarische Führer und Parteigänger), die Embleme (Mythen und Rhetorik) und die Waffen (Zeitungen und Wochenschriften). Die Zeitschrift ist also nicht nur das Vorzimmer des Verlegers, der Versuchsstand für die Kritik, der Laufstall für die jungen Talente. Sie betrachtet durch den Gitterzaun die noch unverarbeitete Geschichte – und nach der Krise von 1929 und dem Aufstieg des Faschismus fand ein recht lebhafter Verkehr statt, zwischen Hof und Garten, zwischen der Aktion der Straße und den Redaktionsbüros. Emmanuel Berl von der NRF leitet 1932 *Marianne.* Gide wird 1935 der regelmäßige Mitarbeiter vom *Vendredi,* dem polemischen Organ der Volksfront, das von Chamson, Guéhenno und Andrée Viollis gegründet worden war. Aragon, der 1937 die Zeitschrift *Commune* verließ, die er mit Vaillant-Conturier gegründet hatte, leitete persönlich das Tagesblatt *Ce Soir* (das 1939 auf 30000 Exemplare Auflage kommt), und zwar gemeinsam mit J. Richard Bloch von der Zeitschrift *Europe.* Louis Guilloux arbeitet mit allen dreien zusammen. Individuelle Wege unter hundert anderen, die von einem entscheidenden und ziemlich vergessenen Paradox zeugen: es besteht kein Widerspruch zwischen militanter Öffnung und avantgardistischer Abschließung, genau wie es früher keinen Widerspruch zwischen einer kulturellen und einer politischen Avantgarde gab. Ein weites Feld, in dem die Mediologie, da sie Gemeinplätze scheut (bis sie ihre eigenen produzieren wird), sich damit begnügen muß, die informativen Spuren und Wege auszumachen. Es kann festgestellt werden, daß in der abgelaufenen Phase der europäischen Revolutionen (?) die sozialen Diskurse die materielle (ökonomische und technische) Möglichkeit hatten, in beiden Richtungen zu zirkulieren (der intellektuelle Diskurs in Richtung auf den Diskurs der Arbeiterschaft und umgekehrt) – ohne daß (zu viele) Institutionen dazwischengeschaltet und sie einem (zu harten) Wettbewerb ausgeliefert waren. So proklamierte André Chamson im Leitartikel der ersten Nummer des *Vendredi* (im November 1935): »Wir haben unsere Aktion auf die doppelte Wette gegründet, daß es in Frankreich eine Gruppe freier Schriftsteller

und ein immenses Publikum freier Menschen gibt, die nur darauf warten, miteinander *direkt* verbunden zu sein ...« Im Sturm, und zum Teil gerade wegen ihm, konnte die Wette gehalten werden. In diesem Zeitabschnitt entstanden in der Tat Organe zugleich für Schriftsteller und das große Publikum und sogar intellektuelle »Massen«-Zeitungen: ein Beleg dafür, daß eine volkstümliche und nicht demagogische Kommunikation, eine offene und zugleich komplexe Information nicht immer und auch nicht prinzipiell unvereinbar sind. Ein Hinweis auf eine Periode, in der die Apparatur Edition / Diffusion ein gewisses Supremat des Inhalts über die Form nicht ausschloß[17], und zwar in dem Maße, wie sie nicht automatisch die Botschaft auf die Empfänger ausrichtete, den Wert der einen an der Anzahl der anderen maß; kurz, die Kultur befahl dem Markt (wenn sie auch in ihn integriert war). Deswegen konnten in der Vergangenheit (in den zwei hier unterschiedenen Zeitabschnitten) die »Männer der Kultur« zu den Medien gehen, während sie heute sich ihnen ergeben müssen. In die Kohle gehen, ohne sich »schmutzig« zu machen – dieses Wunder war das Privileg einer Zeit, in der die anspruchsvollsten intellektuellen Arbeiter als Person oder Kollegium das Kommando über den Produktions- und Verteilungsapparat hatten. Der beste Beweis dafür ist die Tatsache, daß viele von ihnen den Weg hin und zurück machen konnten. Mit Ausnahme derer, die nur eine einfache Karte lösten, wie Brasillach und Drieu, deren »Unehre« selbst für das Feld der Ehre des Gedruckten spricht, auf dem sie würdig, ohne Falschheit, getötet haben und gefallen sind.

Denn in diesem halben Jahrhundert (1918–1968), in dem sich Politbarock und Medienklassizismus vermischten, steigt man links wie rechts die Stufen hinab. Da wird von links nach rechts, von oben nach unten kommuniziert. Archaisierende Historiker wie Bainville und Gaxotte wechseln ohne Schwierigkeiten von der Nationalbibliothek in die Direktion eines großen Wochenblattes, in dem die Aktualität vorherrscht *(Candide).* André Bellessort, André Rousseaux, Georges Suarez – die Totems und Tabus des kritischen Mandarinats – gehen zu Daudet und Béraud beim *Gringoire,* das heißt zur *Action française*[18]. Was uns am

[17] Dies machte sich bereits graphisch bemerkbar: Länge der Artikel, Vorherrschaft des Textes über das Foto, Einfachheit des Umbruchs, Schlichtheit der Typographie usw.
[18] Wir erinnern daran, daß sie in der Form einer Zeitschrift 1899 entstanden ist; Maurras wollte gegen die Arbeit von Herr in der *Revue de Paris,* die als Waffe 1889 von dem Haus Calmann-Levy geschaffen worden war, um hohe Literatur und Universität unter der Herrschaft der fortschrittlichen laizistischen und republikanischen Bourgeoisie zu verbinden, *kontern.*

meisten bei diesen brennenden Wurfgeschossen überrascht, die dazu beigetragen haben, die intellektuelle Meinung der Vorkriegszeit zu machen und zu zerstören, ist die Rhetorik der Gewalt oder die akademische Form der Beschimpfung, die der parteilichen Unehrenhaftigkeit eine Art Ehrenhaftigkeit verlieh. Diese Verbindung von Urbanität und Wildheit – jeder wurde zum Äußersten getrieben und traf sich so wieder mit dem anderen –, die vom Ballast der zeitgenössischen Objektivität befreit war, würde nicht wenig dazu beitragen, diese Pamphletisten prähistorisch erscheinen zu lassen, wenn man nicht daran erinnerte, daß die Daudet und Béraud Pate bei einer ganzen Generation von Mediokraten gestanden haben, gestern noch im Amt, von denen viele ihre Ausbildung bei dieser Presse der extremen Rechten erhalten hatten[19]. Die Perioden zugespitzter sozialer Krisen fördern die tieferen, gänzlich nackten Wahrheiten zutage. Selten war die direkte Verbindung der literarischen »Parisianität« zum nationalen und internationalen Klassenkampf offensichtlicher als in den dreißiger Jahren. Ebensowenig wie die Dreyfusaffäre eine Schlacht vom Katheder herunter war, war es auch die der Volksfront, obwohl sie Intellektuelle vor, während und nach den Kämpfen zwischen den Klassen, Ligen und Parteien in Beschlag nahm. Die Schlacht der Zeitungen war zweifelsohne gewichtiger als die Straßenkämpfe, und in der ersten Reihe standen die »kulturellen« Wochenblätter[20]. Sicherlich ein ungleicher Kampf – wie es die Auflagenzahlen vom November 1936 zeigen: *Gringoire:* 640 000 und *Candide:* 340 000, gegenüber *Marianne:* 120 000 und *Vendredi:* 100 000. Es war aber ein Kampf, der materiell möglich war, da die Anhängerschaft der einen wie der anderen in derselben Größenordnung lag. Ideen und Ideologen, Schriftsteller und Publizisten sind heute nicht von der Szene verschwunden; auch nicht die Einsätze und die Ziele. Was verschwindet, sind, ganz simpel, Waffen und Logistik. Die Schlacht starb auch aus Mangel an Terrain. Was ein Verleger oder eine Gruppe von Schriftstellern vor vierzig Jahren machen konnte: ein großes »Meinungs«-Wochenblatt gründen, kann sich heute nur noch eine Gruppe

[19] Die bekanntesten: Thierry Maulnier, Pierre Gaxotte, vom *Figaro;* Kléber, Haedens, Barjavel, Michel Déon, vom *Journal du Dimanche;* Pierre Lazareff, der, bevor er zum *Paris-Soir* ging, beim *Gringoire* und *Candide* war, usw.

[20] Wo wurde die Entscheidung gefällt? Guéhenno und Chamson wurden kurz nach dem Mai von dem neuen Ministerpräsidenten Léon Blum eingeladen und hörten von ihm ungefähr folgende Ansprache: »In diesem Land, wo die Wählerschaft links und rechts sehr stabil ist, hängen die Mehrheiten von drei- oder vier hunderttausend Wechselwählern ab. Dank dem *Vendredi* sind alle diese Zögernden auf unsere Seite gewechselt. So haben wir den Sieg davongetragen. Und ich will, daß sie wissen, daß ich es weiß.« (Lucie Mazauric, *Vive le Front populaire,* Plon, 1976).

wie *L' Expansion* oder *Hachette* oder eine breite Kapitalgruppe leisten[21]. Aber das, was ein Verleger oder eine Gruppe von unabhängigen Schriftstellern sagen wollen, ist genau das, was eine Finanzgruppe nicht gesagt haben will, und sie kann nicht zulassen, daß es gesagt wird. Deswegen diese Drehkreuze. Ein volles Wort ist ohne Träger leer; ein hohles Wort, das über einen Träger verfügt, klingt voll: der enttäuschende Dialog des geknebelten Intellektuellen mit dem gähnenden Hintergrundschwätzer beherrscht seit zehn Jahren die kleine Zahl von Kommunikationskanälen, die das Promotions-Verwaltungs-Verkaufssystem noch nicht aufs Knie gezwungen hat. Rufen wir zur Erinnerung also die französische Verlegergenealogie der »engagierten« Medien der vorangegangenen Epoche ins Gedächtnis zurück. *Candide,* »das erste politisch-literarische französische Wochenblatt«, wird 1924 von Fayard gegründet. Später wird es durch *Gringoire* (von Carbuccia) übernommen und 1930 durch *Je suis partout* ergänzt (Direktor ist Pierre Gaxotte, und Brasillach ist literarischer Feuilletonist). Auf der anderen Seite startet Gallimard (Gaston persönlich) 1932 *Marianne,* und die Selbstlosigkeit einer Handvoll linker Schriftsteller brachte *Vendredi* auf den Weg: mit kleinen Ersparnissen, Erbschaften und Stiftungen. Hat die außer Zweifel stehende Verteuerung der festen und der Produktionskosten (bei gleicher Auflagenhöhe und Seitenzahl) diese handwerklichen Methoden außer Kurs gesetzt? Ja, aber auch der Platz der Literatur, der Intellektuellen und der verlegerischen Instanz in den »Denksystemen« des modernen Reiches der Information hat sich radikal gewandelt. Welches kapitalkräftige Verlagshaus würde es heute unternehmen, eine »politisch-kulturelle« Monatszeitschrift herauszubringen? Das Abenteuer würde nicht nur sein Kapital binden, sondern auch seine professionelle »Kreditwürdigkeit«, was viel schwerer wiegt. Die neue soziale Position des Komplexes Edition/Verbreitung schließt Extreme aus, verlangt den Eklektizismus (durch die Kreuzung der Extreme wird die rechte Mitte neu gefunden) und erlaubt ein politisches Engagement nur unter der Bedingung, daß alle Formen des Apolitizismus gewahrt bleiben.

---

[21] Die Zeit der Nach-Résistance zeigt die Unterschiede. Beweis: die schönen Abenteuer des *Combat* (Camus, Pia, Bourdet) und des *France-Observateur* (von Claude Bourdet 1950 mit einem Kapital von 5 Millionen alten Francs gestartet).

3. Der Medienzyklus (1968–?)

Das intellektuelle Mikroklima kann sich nicht den Makro-Mutationen der Gesellschaften und der Staaten entziehen. Jedes Bild, jede Zeichnung, jede Karikatur der französischen Intelligentsia gibt nur dann einen Sinn, wenn sie in den folgenden Rahmen gestellt werden, der als Muster für alle anderen Institutionen, Funktionen oder sozialen Kategorien dienen kann:

Durch die III. Republik war, vor allen anderen »ideologischen Apparaturen des Staates«, der *Schulapparat* in eine dominierende Stellung gerückt worden – an den Ort und die Stelle der Kirche. Dies führte zu seiner Herrschaft über die damalige Intelligentsia: der hohe Laienklerus der Universität wurde nämlich zur herrschenden Schicht der Intellektuellen gemacht. Wenn die Vorherrschaft des Verlagswesens das Gravitationszentrum der Macht im Schoße der literarischen Intelligentsia verschieben konnte, dann auf der Grundlage eines Kompromisses mit dem vorhergegangenen Gleichgewicht. Im Augenblick sind wir jedoch Zeuge, wie der *Informationsapparat* die beherrschende Stellung, den Ort und die Stelle der Kirche einnimmt. Über die Ursachen und Auswirkungen wird diskutiert, nicht aber über die Sache selbst, die die Beharrlichkeit eines Bleideckels hat. Jeder, der die neue Ordnung der ideologischen Apparate nicht zur Kenntnis nimmt, setzt sich einem bequemen, doch gefährlichen Archaismus aus. Der Informationsapparat hat die politischen, gewerkschaftlichen, religiösen und pädagogischen Apparate weit hinter sich gelassen, hat sie deklassiert und sie, nach seinem Gesetz, neu gruppiert. Vor allem die *kulturellen* Apparate.

Dieser brüske Machtzuwachs eines bis dahin subalternen oder peripheren Apparates hat rückwirkend die Koordinaten des »intellektuellen Feldes« gesprengt, unter welchem man »das soziale Beziehungssystem versteht, in dem sich der kreative Akt als Kommunikationsakt vollzieht«

(Pierre Bourdieu)[1]. Diese Koordinaten haben sich in der Größenordnung, jedoch im entgegengesetzten Sinne, verändert. Im Raum: Ausdehnung. In der Zeit: Schrumpfung. Vermehrung des potentiellen Publikums, Verringerung der schöpferischen Intensitäten. Hat nach der alten Konzeption der Logik die moderne Bildung an Inhalt verloren, dafür an Umfang zugenommen? Oder umgekehrt? Je nachdem er die Abszisse oder die Ordinate gewählt hat, wird Peter behaupten, daß das »französische intellektuelle Leben« reicher geworden ist, und Paul, daß es ärmer geworden ist. Peter und Paul laufen Gefahr, beide recht zu behalten, denn sie reden nicht von derselben Sache. Peter sagt: *Tartuffe* im Fernsehen hat an einem Abend zehnmal soviel Zuschauer gehabt, wie es in den Aufführungen dreier Jahrhunderte hatte. Paul wird antworten, daß die drei Millionen Fernsehzuschauer nicht ein Stück von Molière gesehen, sondern ferngesehen haben; daß man genauso gut auch Roussin ins Programm hätte setzen können. Peter sagt: »1934 hat der mit dem Prix Goncourt ausgezeichnete Roman von Malraux *La Condition humaine* (deutsch: *So lebt der Mensch*, d. Ü.) eine Auflage von kaum 30000 erreicht. 40 Jahre später kommt ein Buch mit dem Prix Goncourt leicht auf 300000.« Paul wird dazu anmerken, daß man nicht mehr *den* Roman von *dem* Autor kauft, sondern die Goncourtbanderole, die jedes beliebige Buch zieren könnte. Eine alte, schlecht geführte Debatte. Sie sollte wieder aufgenommen werden, doch vom anderen Ende her.

Die interne Neuordnung des modernen intellektuellen Feldes verweist zuerst einmal auf die neue Position, die das Feld selbst in seinen Beziehungen zu den übrigen einnimmt. Wenn auch seine Autonomie nie absolut war, hat seine relative Autonomie doch beträchtlich abgenommen, und zwar insofern, als es seine Instanzen der Weihe nicht mehr in sich selbst hat und sie auch nicht mehr selbst hervorbringt. Das virtuelle Publikum des Schriftstellers fällt sein Urteil, und der Intellektuelle ist, wie wir es schon gesagt haben, das menschliche Wesen, das sein Leben »vor Gericht« zubringt; und jeder Akt, jedes Wort, jeder Artikel oder jedes Buch hängt am Verdikt des Gerichtssaales – Leben oder Tod, Salbung oder Vergessen. Dieser unabhängige Charakter, »der sein Glück in der Meinung des anderen sucht« (Rousseau, *Abhandlung über die Wissenschaft und die Künste*), hat demnach sein Gravitationszentrum nicht in

[1] Siehe Bourdieu, *Champ intellectuel et projet créateur, Les Temps modernes,* November 1966. Die späte Entdeckung dieses Textes veranlaßte uns, einige unserer Formulierungen zu überarbeiten; so sehr überschnitt sich seine Problematik mit der unsrigen und war uns stellenweise weit voraus.

sich selbst, er ist von seinem Wesen und seiner Existenz her in der Abhängigkeit der anderen. Die Quantität dieser »Anderen« wird den Wert dieses »Ichs« bestimmen. Deswegen ist das öffentliche Informationssystem für die intellektuell-schöpferisch Tätigen noch »beherrschender« als für die anderen produktiven Spezies. Wir wissen, daß der ideologische Apparat nicht für alle sozialen Klassen und Kategorien gleich beherrschend ist. Für einen Arbeiter ist der Produktionsapprat einer Fabrik mit seinen Reglementierungen, der Organisation der Werkzeuge, den internen Hierarchien natürlich eine größere ideologische Macht, als sie in anderer Weise ausgeübt wird: für ihn können weder das Fernsehen noch die Zeitung das A und O sein. Was er im Fernsehen hört und in seiner Zeitung liest, geht durch das Sieb seiner täglichen Erfahrung der sozialen Beziehungen: wie könnte man sonst erklären, daß es noch so etwas wie eine Arbeiterbewegung gibt, wenn nicht irgendwo in der Alltagserfahrung noch ein Kern von Wirklichkeit vorhanden wäre, der den ungeheuren Pressionen trotzte, die in mehr als einem Jahrhundert zusammengeballt wurden und zur Wirkung kamen in jener Masse von Bildern und sozialen Ideen, für die das Wort »Ausbeutung« nur eine Erfindung versauerter Ideologen ist? Aber an welche objektive Wirklichkeit kann sich ein intellektueller Produzent anlehnen, um mit Gleichgültigkeit einem öffentlichen Verriß seines Produktes oder gar seiner schlichten Vernichtung – durch das Schweigen der Kritik – begegnen zu können? Er befindet sich da in der gleichen Situation wie ein Komiker, der niemand zum Lachen bringt. Der Komiker kann dann behaupten, daß das Publikum keinen Sinn für Humor hat, aber in letzter Instanz entscheidet nicht der Komiker über die Qualität des Publikums, sondern umgekehrt. Dessen Verdikt fällt ohne die Möglichkeit der Berufung, denn dem Schauspieler ist es bestimmt, daß er sich nicht selbst durch seine Selbsteinschätzung bestätigen kann, sondern er sich das, was er *zu sein glaubt*, von denen betätigen lassen muß, die ihn *handeln* sehen. Eine Veränderung der Bewunderungsinstanzen mußte also die treffen, deren Beruf es ist, Bewunderung zu erringen: die Künstler, Intellektuellen und die Leute vom Theater. Die Massenmedien haben die Grenzen der Empfänger weit hinausgeschoben. Das Niveau der intellektuellen Legitimität wurde abgesenkt, dadurch, daß der enge Kreis der professionellen Intelligentsia, der die klassische Legitimationsquelle war, mit größeren, anspruchsloseren und damit leichter zu gewinnenden Kreisen überdeckt wurde. Daher die Möglichkeit, die großen Ringe gegen die kleinen auszuspielen, das Exoterische gegen das Esoterische, die Amateure gegen die Professionellen. Zum Beispiel: das Wochenblatt gegen die Fachzeitschrift oder gar die große Tageszeitung gegen das Kulturmagazin, und in letzter Instanz, das Fernsehen gegen das Wochenblatt. Definitionsgemäß gibt das Marktgesetz dem größten Kreis recht, und dem kleineren bleibt nichts anderes übrig, als sich nach ihm zu richten, will er sich nicht seinen eigenen Markt konfiszieren lassen. Die Massenmedien haben die Einfriedung der traditionellen Intelligentsia gesprengt und hiermit deren Beurteilungsnormen und Wertmaßstäbe. Mit dieser Vermassung geht logischerweise eine Atomisierung der Intellektuellen einher. Das zerschlagene, verstreute und desintegrierte Milieu verliert, unabhängig von seiner geographischen und soziologischen Konzentration, seine soziale Dichte so, wie auch die internen Beziehungen der Mitglieder ihre einstige Festigkeit und Vielfalt einbüßen. Auflösung der Gruppen, Diaspora der »Familien«, Verschwinden der Gemeinschaftsriten (Korrespondenz, Lesung, Schriftstellergruppen, Zeitschrift usw.). Diese Abnahme der Zwänge hat zwei Gesichter: Das Farbloswerden der Produkte wird zum Freibrief für die Produzenten. Für einen Professionellen ist es immer leichter, einen Amateur zu berücken als einen Kollegen. Mit der gegenseitigen Isolierung erhöhen die Professionellen ihre Chancen, in die Außenkreise vorzustoßen, ohne die Rückwirkungen und die Rediskontierung in den Zentren der Kreise zu berücksichtigen. Das Nonplusultra der Leistung besteht hier im Ausschluß und der Dissidenz. Wenn die Zirkel und Gemeinschaften noch toleriert werden, dann als Abschußrampe in die verkaufsfördernden Bereiche, wo die großen Köpfe sich dann aller Bindungen befreien. Die Massenmedien arbeiten mit der Persönlichkeit und nicht mit dem Kollektiv; mit der Sensation und nicht mit dem Intelligiblen; mit dem Singulären und nicht mit dem Universellen. Diese drei Charakteristika der neuen Stützen, die im wesentlichen eine Einheit bilden, werden von nun an die Form des herrschenden Diskurses und das Profil seiner Träger bestimmen. Sie erfordern zugleich eine auf das Individuum bezogene Strategie und eine Desorganisation der Kollektive. Eine *Schule* ist nicht mehr notwendig, weder *Problematik* noch *konzeptuelle Eingrenzung*. Mike Jagger konnte ganz allein das Leben der Rolling Stones fortführen, die Beatles dagegen haben sich mit ihrem »Wir vier – oder keiner« selbst verurteilt. Ein Präsident der Republik kann auf eine Partei verzichten; es genügt ein Präsidiabler, um eine politische Partei kreditwürdig zu machen; ob die Partei ein Programm hat, eine Weltsicht oder eine Vorstellung von der Gesellschaft, ist im Vergleich dazu kaum von Bedeutung; diese Überflüssigkeit wäre eher lästig. »Viel Dynamik, wenig Orientierung«: so definierte ein alter Beobachter des Heiligen Stuhls *den Stil* von Johannes Paul II., dem ersten Medienpapst (*pop-pope* auf englisch), der dem langen Rest unseres Jahrhunderts einmal wöchentlich den Stempel des Vatikans in Form eines »flash« aufdrücken wird. Die Devise resümiert die Epoche und versöhnt das Sakrale mit der profanen Welt. Wenn ein kanonisches Identifikationsmuster für Intellektuelle und Politiker zugleich gültig sein kann, muß man zugestehen, daß sich beide Funktionen im Pontifex Maximus vereinen.

Man kann nicht die lächerliche Misere der *Schulen* im Bereich von Literatur und Philosophie mit ihren kleinen Päpsten, ihren Bannsprüchen, ihrem Index bestreiten: nichts altert schneller als diese ostentativen Avantgarden, die mehr damit beschäftigt sind, sich das Wappen zu vergolden, als unter den Worten zu graben. Die Schule ist weniger vom Feld des Wissens (oder des Schaffens) abhängig als von der sich monoton wiederholenden Libido der Macht – durch den Machttrieb ist sie der Parasit des Wissens und Schaffens. Es bleibt dabei, daß dort, wo es eine »Schule« gibt, es auch eine objektive Vorstellung gibt, die sich als Ganzes um eine ideelle Einheit objektiver Natur organisiert. Eine Denkschule kann zu einem Modephänomen werden, aber dann wird eher ein bestimmtes Denken zur Mode als eine Person oder eine gewisse Anzahl einzelner Individuen, die von einem Denken getragen werden, dessen Allgemeinheit sie übersteigt und umgreift. Die »fashion-groups« der zeitgenössischen Intelligentsia müssen dagegen auf jeglichen fixen Punkt, jede logische Definition und Artikulierung verzichten, da der Wahrheitsgehalt der Aussagen hinter dem Schau-Wert der Objekte der Aussage, die Idee hinter ihrer »Wirkung« verschwindet. Wenn zum Beispiel die »Neuen Philosophen«, wie sie sich selbst nannten, (oder die Neuen von was auch immer) sich als Schule konstituieren und mit einer Zeitschrift hätten ausstatten müssen, bevor sie sich zu erkennen gaben, hätten sie nichts weniger als eine Philosophie erfinden müssen. Und diese hätte sie in den Augen ihrer Träger *ipso facto* als leistungsunfähig ausgewiesen. Die Tatsache, daß die Legitimationssphäre ihre Ansprüche so weit zurücksteckt, führt dazu, daß man an die Sophisten im vierten Jahrhundert vor Christus erinnert wird, die die Philosophen verdrängten. Die Beherrschung des Diskurses als Machttechnik, anstelle der langsamen Errichtung eines Wissens, definiert noch nicht allein den Sophisten. Letzterer legt die Wahrheit in die Stimme und nimmt die Agora zum Richter. Er spielt das »Mehr« gegen das »Besser« aus, überläßt den Einsatz den anderen und quetscht den Experten aus, dem er sich an die Fersen hängt. Mit der Auflösung des kollektiven Ich der alten Intelligentsia trennen die Medien das alte professionelle Überich von seinen Gliedern. 1950 hätte es kein Philosoph, aus Angst sich lächerlich zu machen, gewagt, solche Werke zu veröffentlichen, wie sie kürzlich die Magazine füllten; das Umfeld der Universität hatte sich eine ausreichende Festigkeit erhalten, die als Selbstzensur funktionierte. Es hatte sich noch nicht im zweiten Autoritätskreis aufgelöst. Seine Existenz ermöglicht es nämlich gegenwärtig, den ersten kurzzuschließen und ihn zu umgarnen. Selbst Camus, der sowohl den Vorteil seiner Integrität hatte als auch den, nicht zur Korporation der Universität zu gehören, gelang es nicht, seinen *Der Mensch in der Revolte* als philosophische Reflexion durchzusetzen. Die Salven der Leute wie Sartre und Jeanson (es wäre engstirnig, deren Reaktion auf Engstirnigkeit zurückzuführen) genügten, um der Sache in den Augen der Gebildeten die Luft abzulassen[2]. 1951 schließen sich die Journalisten der Ansicht der Professoren an, ein Vierteljahrhundert später richten sich die Professoren nach den Journalisten. Es geht nicht darum, wer recht hat oder unrecht, sondern die Umkehrung des Feldes auszumachen. Zur Zeit ist die Zuliefertätigkeit der Philosophie zum Geschäft der Literatur eine rentable Option geworden, denn das innere Tribunal des großen ideologischen Journalismus hat den Riegel der ehemaligen philosophischen Gemeinschaft gesprengt[2]. Da der Markt das Gesetz bestimmt und die Universität nicht mehr das Monopol der intellektuellen Legitimation hat, ist es nicht unvernünftig, die Meinung von zweitausend Professionellen direkt dadurch zu umgehen, daß man ihnen eine Million Leser von Magazinen und zehn Millionen Fernsehzuschauer entgegensetzt.

Das durch die Modifizierung des Bezugssystems verursachte Anwachsen der zuständigen Jury – wie auch die Kompetenzen dieser Jury – hat seine Auswirkungen auf die Funktion und die Qualität des Schaffens. Es handelt sich nicht um den Schritt von »es ist nicht seriös, sich rauszuhalten« zu »es ist seriös, sich rauszuhalten«: jede mediologische Epoche determiniert qua Konsensus das, was als »seriös« gilt, – genauso wie jede ideologische Epoche ihre Realität schafft, indem sie die Vereinbarungen der Menschen darüber, was »real« sei, modifiziert. In den 50er Jahren galt ein Gelehrter, der *France-Soir* einen Text gab, oder ein Schriftsteller, der zu einem Fernsehauftritt ging, als »drollig«, als selt-

[2] Anspielungen Debrays auf das Buch »*Le testament de Dieu*« (1979) von B. H. Levy (deutsch »Das Testament Gottes«, 1980), das Camus' moralische Position gegenüber dem Politischen weiterführt und zugleich vulgarisiert. Zugleich wohl ein Hinweis auf das Buch André Glucksmanns, »*Les Maîtres-Penseurs*« (deutsch »Die Meisterdenker«, 1978), in dem ähnliche Positionen vertreten werden. (A. d. H.)

sam. In den 80er Jahren werden die, die dort nicht mitmachen, ohne Zweifel als etwas zweifelhaft und verdächtig gelten.

Die intellektuellen Universen haben jeweils ihre Raum-Zeit. *Minorität* und *Nachwelt* sind eng verbundene Werte, von denen der erste vom zweiten getragen wird. Ein Künstler kann akzeptieren, daß er im Augenblick des Urteils von der Kiritik der Minorität zugeordnet wird, wenn er voraussetzen kann, daß ein Werk sein Erscheinen überlebt. Stendhal fand sein Glück darin, es den »happy few« zu widmen; er hoffte mit *Die Kartause von Parma* auf die Leser von 1935. 1830 von der Mehrheit abgewiesen, legte er Berufung ein und erlangte eine posthume Wiedergutmachung. Welcher Romancier von 1980, ignoriert oder verachtet von seinen Zeitgenossen, würde es wagen, ohne Gelächter zu erregen, zu erklären, daß er für 2080 schreibe? In unserem Denken reimt sich »wenig bekannt« (»peu nombreux«) auf »unglücklich« (»malheureux«), ebenso wie »happy« auf »many« – weil in unserer schnellebigen Zeit die Wochen, die vergehen, keine Berufung mehr zulassen. Ein Autor mag sich ruhig schmeicheln, für ihn gelte das nicht –: das erste Urteil über sein Werk ist auch das endgültige – daher die Paniken, die Kriechereien, die Bittschriften. 1979 heißt der Gottvater eines französischen Romanciers Poirot-Delpech, der eines politischen Essayisten André Fontaine, der eines Biographen oder Memoirenschreibers Max Gallo. Es gibt sicher noch andere Heilige mit ihren Engeln und Fürsprechern. Jedenfalls liegt es im Interesse der Sterblichen, sich zu beeilen. Sind wir nicht alle vergänglich und fehlbar? Sicher! Aber 1. die einen urteilen, und die anderen werden verurteilt; 2. es gibt keinen Codex, keine Gesetzestafel und keine geschriebenen Regeln, auf die man sich berufen kann; 3. die Aktualität drängt, ein Buch jagt das andere.

Das Verschwinden der Berufungsmöglichkeit und die Verkürzung der Bewährungsfristen lassen diese Justiz in den Augen der Kreativen etwas flott und blind für die Unwägbarkeiten erscheinen. Dazu schreibt Gide: »Valéry, Proust, Suarès, Claudel und ich selbst – wenn ich mir überlege, worin wir, so verschieden wir auch sind, einander ähneln, woran man unser Alter erkennen wird, fast möchte ich sagen: unsere Equipe – so glaube ich, daß es die große Verachtung sein wird, die uns die Zeitumstände einflößten. Und darin erwies sich, mehr oder minder deutlich, der Einfluß Mallarmés ... Gerade das ist es ja, worin die *leaders* der neuen Generation sich von uns am meisten unterscheiden, die ein Werk nach seiner unmittelbaren Wirkung beurteilen. Demgemäß erstreben sie einen unmittelbaren Erfolg, während wir es ganz natürlich fanden, unbekannt, ungeschätzt und mit Fünfundvierzig noch verachtet zu sein. Wir strebten nach Dauer, einzig damit beschäftigt, ein dauerhaftes Werk zu schaffen[3]«. Die Befürchtungen Gides kamen in ihrer Datierung etwa zwanzig Jahre zu früh. *Die Wörter* (Autobiographie Sartres, d. Ü.) und *Der Fall* (Roman von Camus, d. Ü.) sagen genug darüber aus, daß die »Aktualität« nicht der letzte Horizont der »leader« von 1948 war. Zwei Generationen waren sie vom Chef der NRF getrennt, doch was sie miteinander verband, war das gleiche Grauen (ein puritanisches?) davor, das Meer in Flaschen abzufüllen; das gleiche Grauen vor der Vergänglichkeit als der Todsünde. Was nach ihnen kam, bestätigte sie. Der Schnitt – das ist ihre Dauerhaftigkeit und unser Alltägliches, mit dem die täuschende Tele-Präsenz einen Planeten, auf seine flimmernden Pailletten reduziert, in die Kindheit zurückfallen läßt. Das Panorama der Welt im Wohnraum verurteilt zur Untätigkeit, die die Ewigkeit des Augenblicks ist; ein Privileg, das den Schurken, den Kindern und den Poeten vorbehalten ist. Der Poeten sind wenige unter uns, und wir sind groß geworden ... Das Resultat ist, daß Camus' Prophezeiung sich vor unseren Augen erfüllt: »Wenn nichts dauert, ist nichts gerechtfertigt«. Und wenn nichts zu rechtfertigen ist, ist alles erlaubt.

Die große Rochade von »Journalist« und »Autor« ist die Ersetzung des Werkes durch das Ereignis. Das Reich des Schriftstellers konnte den Schrecken und Sturmböen des Jahrhunderts widerstehen, solange eine gewisse Idee des Fortbestehens den Vorrang hatte, durch die der gegenüber der Zufälligkeit der Geschichte viel wichtigere, in ihr verborgene Sinn überlebte. Dos Passos, Hemingway, Malraux, Vailland, Cendrars: sie waren jene Schriftsteller der ersten Hälfte des Jahrhunderts (das bis in die sechziger Jahre reicht, rechnet man die bekannten 15 Jahre Verschiebung ein), die sich dem Abenteuer am meisten verschrieben hatten. Sie jagten um jeden Preis das Ereignis oder das Exotische; jedoch nur, um es zu durchleuchten, um im Gegenlicht am Puls der Zeit die verborgenen Krankheiten der Menschen aufzuspüren. In der Gewalt suchten sie nach etwas, das diesseits der Werte und Mythen liegt oder auch jenseits – das ist hier nicht so wichtig. *Die Hoffnung* (Roman von Malraux, d. Ü.) ist eine metaphysische Reportage, denn 1936 war jeder Mann, als Mann, ohne es zu wissen, ein Teilnehmer des Spanienkrieges. »Die Aktualität abdecken«, nicht um sich selbst zu ent-

[3] André Gide, *Tagebuch 1939–1949*, Stuttgart 1967, S. 395f. (Eintragung vom 19.1.1948).

decken, sondern um das aufzuspüren, was dieses Ich mit den anderen Menschen verbindet: es war der Narzißmus – doch ein ethischer – dieser großen Schmarotzer der Katastrophen. Falscher Journalismus, wahre Literatur. Doch findet der Journalismus nicht anders zu sich als vor dem Hintergrund der Ewigkeit. Wie die Beobachtung kraft der Exaktheit und der Demut zum Gedicht führt. Ein Zeuge, der hinter seiner Zeugenschaft zurücktritt, der sich auslöscht, löscht auch seine Zufälligkeit aus: das ist das Paradox und die Belohnung der Bescheidenen, die es verstehen, Aufmerksamkeit zu schaffen.

20 Jahre später. Sich trübend, zerbricht der historische Kristall in »Aktualität«, und das Zerbröckeln des Sinnes macht eine Staubwolke der Ereignisse und der »Sensationen« frei, die ihren Wert nicht mehr in der Macht der Enthüllung haben, sondern einzig in der geschickten Art, wie sie in Szene gesetzt werden und in ihrer Durchschlagskraft. Der mythologische Verfall des europäischen Kommunismus – zustandegekommen durch gewisse Attribute, die man dem Chruschtschowismus zuschrieb – tritt zutage und trennt und entfremdet das, was früher vereint war: die Intellektuellen und die Partei, die Formen und die Kraft, das Geschriebene und das Getane. Dieser Verfall mischt die Karten der Zeit neu: jetzt ist alles nur jetzt. Adieu Erinnerung – die den Sinn in eine Kontinuität einwurzelte. Adieu Nachwelt – wenn die Gegenwart sich der Erinnerung entledigt, weshalb sollte sich die Zukunft mit einer Vergangenheit belasten? Die Geschichte fließt zurück in den Augenblick; die Tage rinnen, einer nach den anderen, in den Sand. Wenn die Bedeutungen sich entleeren, gibt es nur noch »Nachrichten«. Und Nachrichten sind Sache der Zeitungen. Die Information wird sich selbst zum Horizont. Keine Kodierung mehr, keine Entschlüsselung: man registriert, man dreht, man notiert und damit Schluß. Die fleißigen Ziseleure des Sinns, die Angestellten der Chiffre und der Geheimnisse überlassen ihren Platz den Metteuren; die Bewahrer der Erinnerung weichen den Fabrikanten der Überraschungen. Gibt es nichts mehr im Ereignis als das, was in den Fernschreiber paßt – zu was sind dann die Maniaks der Enträtselung noch gut, zu was taugen noch die, die das Geschehnis in das Kunstwerk übersetzen? Zeitung, Bruder unser, die du herumtorkelst auf dem platten Erdboden, gib uns unseren täglichen Hunger. Dein Wille geschehe auf der Erde wie in den Himmeln: das Reich des Unsinns komme jeden Tag.

Beseitigen wir hier ein Mißverständnis. Die Epoche, die von den Medien eröffnet wurde, kündet nicht den Höhepunkt des Journalismus, sondern seinen Niedergang an. Die Mediokratie verbindet sich nicht mit der Herrschaft der Berufsjournalisten; sie bedeutet auch und in erster Linie deren Niederlage, denn die Logik der Massenmedien steht dem Verfahren zur Entdeckung des unmittelbaren Wirklichen fremd gegenüber. Die Tätigkeit des Journalisten stellt den Gipfel der intellektuellen Funktion dar, durch die der Geist zu dem fortschreitet, was Hegel »die Würde des Tatsächlichen« nannte, indem er sich stufenweise von der Abstraktion zum Konkreten, vom Unbestimmten zum Einzelnen, das heißt vom Leeren zum Vollen erhebt. Ein Intellektueller begeht keinen »Verrat«, wenn er Journalist wird – er erfüllt sein Wesen, wenn er hinreichend intelligent ist, sich nicht mit rhetorischen oder von à priori programmierten Allgemeinheiten zufriedenzugeben. Es ist kein Zufall, wenn die »großen Intellektuellen«, die die Basis für die zeitgenössische revolutionäre Bewegung gelegt haben – von Marx und Engels, über Lenin und Rosa Luxemburg, bis zu Trotzky und Gramsci – nicht Professoren waren, sondern *Journalisten,* die dazu noch zu den größten ihrer Zeit zählten und den direkten Zugriff auf das Ereignis hatten. Die Analyse des Begriffs und der Praktiken, die dem Begriff der Massenmedien entsprechen, wird, wie wir hoffen, die radikale Heterogenität der in Frage stehenden Welten ans Licht bringen. Albert Londres und Friedrich Engels, Kessel und Gramsci gehören in unseren Augen einem gleichen Zivilisationsbereich an. Die einen wie die anderen haben ihre Existenz an einer gemeinsamen Hypothese ausgerichtet; und die neuen Technologien der Ideen sind dabei, diese Hypothese umzukehren, nämlich: die Wirklichkeit existiert unabhängig von dem, was ich über sie aussage, was ich von ihr weiß oder von ihr glaube; den Bildern, die ich von ihr zeige, den Titeln, die ich ihr gebe und den Kommentaren, die ich über sie verfasse. Die Kategorie des »Wirklichen« ist nur das Überströmen des Prinzips. Doch das Prinzip genügt, um den Vorrang des Journalismus als berechtigt zu begründen, denn dies hat zur unmittelbaren Folge, daß es immer lohnt, hinzugehen und mit eignen Augen zu sehen. Das »hin« kann ein fernes Land meinen, ein wissenschaftliches Gebiet, eine nahe Fabrik, ein politisches Regime, den Ort eines Verkehrsunfalls, eine Gefängniszelle, eine Haushaltswarenmesse, Akten, eine Statistik, eine Pförtnerloge, ein Dorf in Vietnam, ein Buch im Ausland usw., kurz, gleich welches Objekt, das dem oder dem Gegenstand der Aktualität, der Sache selbst, »von der zu sprechen ist«, entspricht. Aber wenn man sich den intellektuellen Hierarchien des Gebietes zuwendet, wird man entdecken, wie wenig Ansehen im allgemeinen die, die mit dem Wirklichen zu tun haben, und ganz besonders in den Medien, nämlich die Reporter und Rechercheure, genießen. Der Bodensatz der Medien ist die Basis des Journalismus. In Frankreich hat »die Sache selbst« nie in hohen Ehren gestanden. Ruhm bringt nur die Eleganz des Ausdrucksvermögens. Das schändlich amerikanisierte Frankreich ist nicht, wie Nordamerika, das Paradies des Journalismus, sondern sein Fegefeuer. Die Satelliten übernehmen von der Metropole immer nur das Schlimmste und lassen ihr das Beste. Die nationalen »news« haben die Geschäftsführung, das Format, die Lakonik und das Glanzpapier übernommen, vergessen aber den Inhalt: die Genauigkeit, den Sinn für das Detail, den Respekt vor den Tatsachen und die Respektlosigkeit gegenüber den Positionsinhabern, die Unvorsichtigkeit und Verbissenheit, die zu Recht den Ruhm der Hitzköpfe der amerikanischen »news« ausmachen. Zwischen Amerika und dem 19. Jahrhundert aus dem Gleichgewicht geraten, eingezwängt zwischen seinen Gewohnheiten und Ambitionen, läuft der hohe französische Journalismus gleich hinter zwei Hasen her und überschlägt sich an der Kreuzung, wo sie sich begegnen: dem Brio der Ideen und der Materialität der Ereignisse; dem Kommentar und dem Protokoll; dem Bewerten der Motive und dem Exposé der Tatsachen. Marx nannte das Frankreich des 19. Jahrhunderts »das Land der Idee«. Die atlantische Welt lebt im Zeitalter der »Knüller«. Das atlantische Frankreich hat den »ideologischen Knüller« fabriziert. Er lehrt die Informationsmenschen nichts und noch weniger die Denker. Aber er befriedigt eine gewisse »nationale intellektuelle Persönlichkeit« (was sie einem aus dem 17. Jahrhundert überkommenen Schulsystem und seiner Bewertung schulischer Glanzleistungen verdankt, haben wir schon ausgeführt). Die brillante Abhandlung über einen Gegenstand, von dem man fast nichts weiß, beruht auf einer Gymnastik auf allen Terrains (scholastischer Herkunft), über die Lévy-Strauss Komisches am Anfang der *Traurigen Tropen* berichtet[4]. Noch heute neigt der französische Charakter eher zum Urteilen als zum Hinschauen und mißt der moralisierenden Bewertung mehr Wert bei als der konkreten Analyse (und noch nie hat man so viele siegreiche Ideologismen gesehen, gehört oder gelesen wie seit dem offiziell proklamierten Ende der Ideologien). Deswegen hat sich spontan, an der Spitze unserer journalistischen Hierarchie, an die Stelle des »Publizisten« des 19. Jahrhunderts der *Leitartikler* gesetzt, der Moralist der Ak-

[4] Siehe Pierre Bourdieu, *Systèmes d'enseignement et système de pensée,* Revue internationale de sciences socitales, XIX, 3, 1967 und C. Lévi-Strauss, *Tristes Tropiques,* Plon. (Deutsch: *Traurige Tropen,* Frankfurt 1978)

tualität, dem jeder zugesteht, daß es nicht seine Aufgabe ist, den Leser über die näheren Umstände einer Situation aufzuklären, sondern über die Position, die er persönlich in Bezug auf man-weiß-nie-genau-worauf einnimmt. Der Mann, dem man Wissen unterstellt, hat es nicht nötig, mehr davon zu wissen, oder muß eher nichts wissen, denn die Verschwommenheit im Faktischen steigert die Brillanz der Idee und seines Stils. In einem Land mit nur mittleren Ressourcen bietet sich dieser Denkaufschwung den Neulingen von unten als Modell an, um so mehr, als ein guter Leitartikler für ein Presseunternehmen das beste Mittel zu sparen ist. Nachforschungen vor Ort, Reise und Aufenthalt, Prüfung von Informationen und Suche nach Dokumenten kosten immer mehr – an Zeit und Geld – und bringen immer weniger ein – an öffentlicher Aura und Ansehen unter den Kollegen. Die Reporter bleiben im Büro, recherchieren mit dem Telefon und lassen sich von der Angestellten im Archiv Unterlagen hervorwühlen: ist begreiflich, daß sie selten guter Laune sind. Erzählen, beschreiben, hin- und herwenden, überprüfen: dazu fehlen Platz, Interesse und vor allem Zeit. Protokollieren, brandmarken, anerkennen, beglückwünschen, vollenden: das spart man zugunsten derer da oben. Resultat: die am wenigsten wissen, machen das Blatt, und die mehr wissen, schweigen. Die Blätter sind »recht schmissig«, und das Schweigen hört man nicht. Wir werden genauer auf die objektiven Gesetze, die die Journalisten selbst immer mehr einer abwegigen und rigorosen Logik unterwerfen, zurückkommen müssen, aber man müßte jetzt schon begriffen haben, daß der Begriff »Journalismus« hier nicht die eigentliche Wirklichkeit eines Berufes bezeichnet, sondern die objektive Verzerrung eines Statuts.

Die Krönung des »Ereignisses« (und die Weihe derer, die in der Lage sind, es herzustellen,) war selbstverständlich kein Ereignis. Sie war zu einschneidend, um sofort bemerkt zu werden, zu prägnant, um sein wahres Relief erkennen zu lassen. Sie fand nicht eines schönen Tages statt, und jede Datierung würde das Bild verfälschen. Der kritische Zeitpunkt der Mutationen scheint jedoch 1968 erreicht worden zu sein. Das Ereignis macht sich zum Herrn, wenn die Geschichte sich entleert. Scheint es da nicht paradox, wenn man seine Herrschaft auf den vollsten Augenblick des modernen Frankreich zurückführt? Im Mai 68 *machen* die Medien zum ersten Mal in Direktübertragung Geschichte, das Schicksal des Landes wird im Radio und im Fernsehen entschieden; der Journalist, der schon die Lorbeeren verteilte, nimmt die Krone ab, trägt sie an und setzt sie wieder auf: wer hat dich zum König erhoben, wer zum Prinzen? Warum auch nicht? Die Produzenten der materiellen

Güter befinden sich im Streik, und die politische Maschine ist ausgefallen: irgend jemand mußte das Gebiet besetzen. Der Luftstrom bringt die in die vorderste Reihe, die am besten ausgestattet sind, um »Wind zu machen«. Die Herren der Wellen und die Macher der Titel entthronen die Herren der Sprache und die Macher der Kurse. Der Tarpejische Fels liegt nicht weit vom Kapitol. Sartre triumphiert in der Sorbonne nur, weil Sartre und die Sorbonne abgerissen werden: 1968 wurde das Stück mit verkehrten Rollen gesprochen; danach sind die Akteure der intellektuellen Revolte (natürlich nicht alle) in ihre Rückwärtskarriere eingestiegen. Begonnen hatten sie, im Namen der Unterdrückten gegen die »verrotteten Medien« zu kämpfen; jetzt arbeiten sie der Verrottung durch diese zu; im Namen des Wissens gegen die Despotismen; sie behaupten nun, daß jedes Wissen despotisch ist; im Namen der Wahrheit gegen die Zensur und das Pappmaché; aber besser als andere gehen sie mit der Schere um; und man hört und sieht nur noch sie allerorts in diesem Staate. Kurz, sie haben die Partie gewonnen, abgesehen davon, daß niemand unschuldig herrscht; die Mediokraten nicht weniger als andere. Die neuen Herren der Aktualität sprechen nicht mehr politisch, sondern moralisch; werden die Mittel des Medien-Adels nicht jede intellektuelle Moral niedermachen? – werden die Nörgler fragen. Die Tapfersten werden ihnen erwidern, daß die alte Ethik verfällt, weil sich ein neues *Ethos* bildet. Der Mai 68 ist auf jeden Fall der Augenblick, in dem der Beobachter mit dem retrospektiven Fernglas sagen kann: nichts mehr wird in der intellektuellen Gesellschaft sein wie vorher! Gide diskutiert 36 auf der Straße mit Marceau-Pivert; das Ereignis ist Gide. Als Aragon 68 mit Cohn-Bendit diskutiert, ist Cohn-Bendit das Ereignis. Ein Vertauschen der Akzente: Die Neuigkeit geht zum Neuen, wie die Feier zum Gefeierten und das Geld zu den Reichen. Die Neuigkeit schafft Autorität, indem sie das Alte vertreibt. Sie wird sich jetzt *als einziger gültiger Gesichtspunkt* durchsetzen. Das Bersten der Universität, eine fröhliche und heilsame Explosion, deren wahrscheinliche Nutznießer auch die ersten Opfer sein werden, führt dazu, daß das ideologische Gravitationszentrum und der Schwerpunkt des psychologischen Interesses der jungen intellektuellen Produzenten sich zu den Medien hin verschieben wird, die sich somit den Ast ihrer sozialen Identität abgesägt hätten. Nach 1968 bildet sich in der universitären und ihr assimilierten Welt ein sozialer Typus aus, der bis dahin nur im literarischen Milieu bekannt war: der *theoretische Neger.* Er wird mehr mißhandelt und verhöhnt, schlechter bezahlt als der literarische Neger, und er muß Ideen produzieren (als Kollektivarbeiter, ohne den Schutz der Gewerkschaft) und sie an seine Oberen transferieren – an die großen Persönlichkeiten der Forschung –, die sie schnell in die Kanäle der Massenmedien fließen lassen und damit automatisch ihren Bekanntheitsgrad erhöhen, ihren Kredit und ihre Autorität, und auch die Zahl potentieller Neger, Kolloquien, Seminare, Kurse, Doktorate, Forschungen, Reisen, Missionen, Übersetzungen usw.: diese Kanäle schütten jeden Monat einen märchenhaften Rohstoff auf die aus, die die praktische Möglichkeit haben, ihn in rasch verkäufliche Fertigprodukte umzuwandeln (Artikel, Bücher, Interviews usw.), weil sie unmittelbare Anrainer der Sphäre der Medien sind, deren Verbindungsbrücken und Entscheidungszentren für die intellektuellen Arbeiter der Basis unerreichbar sind.

Das Verlagswesen strebt um jeden Preis danach, den Journalismus einzuholen: es erfindet das Minuten-Buch, das Plakat-Buch, das Flugblatt-Buch; kurz, das Ereignis-Werk. Das Verlagswesen will an der Aktualität teilhaben, es bläst sie auf und äfft sie damit nach, und ihr nachlaufend treibt es die Aktualität schließlich in die Flucht. Das Spiel heißt: wer fängt den Geist der Zeit in seinem Netz? In allen Verlagshäusern stoßen wir auf das glorreiche Aufkommen eines gut ausstaffierten Pressedienstes, der zur Achse des Unternehmens wird und für die Autoren zu einem strategischen Haarsieb[5].

Wenn die ersten Presseattachés im Verlagswesen Anfang der sechziger Jahre aufgekommen sind (und kurz vorher bei Julliard), so wurde die »Association des attachés des presse de l'édition« förmlich doch erst 1971 gegründet (ihr Statut war durch ein Dekret des Informationsministeriums von 1964 festgelegt worden, das die Definition für »beratende Berufe in den Beziehungen zur Öffentlichkeit und Presseattachés« brachte). Das INSEE zieht 1968 daraus die Konsequenzen und paßt seine diesbezüglichen KLassifizierungen an: die »Spezialisten der Werbung« (91–07) kommen in die Gruppe der »intellektuellen Berufe« (Gruppe 91) des neuen Schlüssels. Auch 1975 befanden sie sich noch dort, und es ist nicht zu befürchten, daß sie die Gruppe verlassen. Die Vermittler stellen die soziale Schicht – sie ist ganz organisch mit den Informationsapparaten verbunden –, die den größten Zuwachs seit 1968 erfahren hat: »Zu ihnen zählen die Organisatoren im Veranstaltungssektor (130000 im Bildungs- und Fortbildungswesen, eine Rubrik, die 1975 geschaffen wurde), der Presse (Redakteur, Journalist), der Bezie-

[5] Siehe Geng, *L'Illustre Inconnu* (10–18).

hungen zur Öffentlichkeit (Presseattaché), der Dekoration (Zeichner, Werbefachmann, Innenarchitekt) und des Werbewesens (Konzeptredakteur, Medienforscher). Alle diese Berufe nehmen eine sehr schnelle Entwicklung; so steigt die Zahl der Vermittler im Pressewesen und in der Öffentlichkeitsarbeit von 17000 auf 23000 im Jahre 1975 an. Aber die Werbespezialisten erfahren einen ganz außergewöhnlichen Auftrieb: 1968 waren es 5000, 1975 schon 12000. Zum Zeitpunkt, als der Schlüssel geschaffen wurde, waren diese verschiedenen intellektuellen Berufe wenig vertreten, und ihre Gleichsetzung mit den Lehrern führte zu keinen Konsequenzen. Heute dagegen kann man, da sie mit anderen, ähnlichen Berufen zusammengebracht werden und von den Lehrern getrennt sind, leichter ersehen, daß die Zahl der Lehrer seit dem Abbau des Babybooms der Nachkriegszeit stagniert und daß die anderen ein schnelles Wachstum durchlaufen, das auf der Ausweitung der kommerziellen Dienstleistungen und des Werbewesens beruht«. (Laurent Thévenot, *Les catégories sociales en 1975: l'extension du salariat.* Extrait d'*Economie et Statistique,* Juli/August 1977).

Der Posten »Journalisten« wird 1975 auch dem der »Literaten« (hommes de lettres) zugeschlagen, von dem er 1954 getrennt worden war. Natürlich ist es nicht leicht, die Veränderungen, die in der Nomenklatur des INSEE vorgenommen wurden, zu interpretieren. Doch sind sie nie gleichgültig: sie scheinen nichts zu bedeuten, doch kommt in ihnen die Entwicklung, nicht ohne eine gewisse Boshaftigkeit, zum Ausdruck. Diese Veränderungen illustrieren auf ihre Manier das Schachspiel der hierarchischen Positionen: wenn eine Figur ein Feld erobert, sind alle anderen reziproken Positionen der Figuren des Schachspiels verändert. Die Permutation der verschiedenen Elemente der intellektuellen Gesellschaft geht nie mechanisch vor sich (steh auf, damit ich hier Platz nehme), sondern organisch (alle Plätze wechseln gemeinsam den Platz). Infolge des Synchronismus der Verschiebungen könnte man glauben, daß, da jedes Teil sich bewegt, sich nichts bewegt. Nur, da handelt es sich um eine optische Täuschung.

Zusammengefaßt: In der durch den Mai 1968 eröffneten Periode sind zwei Phänomene zu ihrem Eklat gekommen; jedes eine Explosion, die dem anderen als Zünder diente: 1. Die Verteiler des Denkens werden von den Produzenten getrennt, 2. die Verteiler bestimmen nicht nur den Umfang, sondern auch die Art der Produktion. Der maximalen Trennung der Produzenten und Träger der Produktion entspricht die maximale Unterordnung der ersten unter die letzteren. Daher die dialektische Pirouette ganz am Ende der Kette: Wenn die Verbreiter die Herren des Denkens der anderen sind, warum sollten sie dann nicht ihr eigenes Denken verbreiten? Die beiden Instanzen fusionieren zugunsten der komerziellsten der beiden. Diejenigen, die uns die Welt sehen lassen, werden uns also nur noch ihre Sicht der Welt sehen lassen, und dies wird zur allerletzten Wahrheit dieser Welt. Gicquel und Zitrone, die am meisten gesehenen und gehörten Männer in Frankreich, sind in der Position, von der aus sie uns als allgemeine Theorie des französischen Wesens die zweifellos einzigartige Vorstellung aufdrängen können, die sie sich von ihm machen: einstweilen kündigen die letzten romantischen »Neuen« schon das Spiel der Zukunft an: die Führer der Schulen werden allein in Hinblick und auf Grund ihrer ausschließlich mediokratischen Legitimität gewählt: der eine hat eine Sendung mit großem Hörerkreis, der andere ein Journal im Fernsehen, ein weiterer einen Wochenblattzirkus. Die kulturelle Produktion verdoppelt das System ihrer Verbreitung, wird zur Tautologie.

Hinter uns versinkt vielleicht eine Form des Denkens, wo die Information ihre Träger noch informieren konnte und nicht umgekehrt; eine kulturelle Technologie, wo die Produktionsbedürfnisse an gewissen privilegierten Stellen des Systems noch stärker waren als die Imperative der Verbreitung. Man fragt sich, auf welchen Vektor sich heute die Mannigfaltigkeit der Positionen, Sensibilitäten und Profile, die den Luxus der vergangenen Epochen ausgemacht hat, stützen, an welche territoriale Souveränität sie sich binden könnten. Wie soll der Reichtum der alten Botschaften der Homogenisierung durch die Träger widerstehen, die die Inhalte des Denkens an der Nachfrage eines einzigen Marktes ausrichten? Vielleicht ist es eine Mutation, die sich als eine unmittelbare Folge aus einer generellen wirtschaftlichen Umstrukturierung in allen fortgeschrittenen Industrieländern ergibt, wo die Sphäre der Zirkulation immer schwerfälliger wurde, nachdem sie sich den Produktionsbereich unterordnete. Aber die Natur dessen, was auf dem Spiel steht, entbehrt nicht eines komischen Zuges, weil die »contradictio in terminis« zwischen dem den »Schöpfungen des Geistes« eigenen Individuationsprinzip und dem den industriellen Produktionen eigenen Leistungsprinzip zu stark ist; zwischen dem Differentialprinzip der Information und dem Identitätsprinzip des »Informationsmarktes«. Die Permutation der Instanzen in der intellektuellen Zunft hat also nicht nur eine Umkehrung der Kräfteverhältnisse zwischen Zeitschrift und Magazin gebracht, zwischen Buch und Presse, Schriftstellern und Journalisten (was Gilles Deleuze in einem nicht käuflichen Flugblatt amüsant skizziert hat)[6]. Die neue soziale Suprematie der Verbreiter über die Produzenten beruht auf der Umsetzung interner Zwänge der Verteilung in kulturelle Botschaften. Da diese Zwänge in einer vorgegebenen Zeit und an einem vorgegebenen Ort für alle die gleichen sind, wird die Uniformität der Kanäle schließlich die Vielfalt der kanalisierbaren Kräfte aufsaugen. Man hat immer nur an die Extreme gedacht. Nun ist die Mediokratie, weil die maximale Rentabilität in der goldenen Mitte liegt, von Natur aus zentripetal. Frankreich will nicht nur »zentral regiert werden«, sondern auch zentral gedacht werden; nach dem kleinsten gemeinsamen Nenner, dem, der den Verbreitern es gestattet, alle ihre möglichen Abnehmer zu summieren und auf diese Weise Gelder, Budgets und Kunden an sich zu raffen. Eine Mediokratie frohlockt, wenn sie weder der Rechten noch der Linken recht geben muß: dies ist ihr Garantieschein, der ihr nicht nur bestätigt, auf der Linie des gesunden Menschenverstandes und der menschlichen Natur zu liegen, sondern auch auf der ihres industriellen Optimums[7]. Die philosophische und politische Komödie der Menschenrechte, die das Aushängeschild der hohen mediatisierten Intelligentsia ist – wer ist nicht Mensch? –, ist wahrscheinlich nur ein Startzeichen im Rennen um die höchste Abnehmerquote und den von vornherein gedeckten Kredit.

Vielleicht müssen wir den klassischen Spruch, daß die Wahrheit eins ist und der Irrtum vielfältig, umkehren. Zu ihrer Zeit äußerte sich Simone de Beauvoir, daß es nicht erstaunlich sei, wenn die Rechte sich zum Pluralismus bekenne. Der Monismus der wahren Idee ist vielleicht die höchste Wahrheit des Idealismus: in diesem Falle würde sich somit seine Falschheit zeigen. Liegt die Vielfalt nicht im Theoretischen? Vielleicht gehört es zum Wesen der Ideologien, daß sie führend sind, sobald sie eine Einheit bilden. Die beherrschten Ideologien erscheinen dagegen zersplittert, gebrochen und wuchernd. Dafür gibt es viele Gründe, der prägnanteste wenn nicht sogar aktuellste, ist die Zersplitterung der Träger: sie sind nicht konform, ihnen nicht angepaßt, daher wirkungslos, oder aber unerschwinglich. Die Medien, deren Weg von unten nach oben ausgeschildert ist, sind technisch der Heterogenität aus-

---

[6] Vgl. Ende des Kapitels

[7] *Le Point*, in einem Werbeprospekt 1978: 4 Blätter, 1. Blatt: »*Wenn man die Information durch das linke sucht...*« (Abb. eines Siebes). 2. Blatt: »*Wenn man die Information durch das rechte sucht...*« (Abb. eines Siebes). 3. Blatt: »*Wenn man die Information sucht, wie sie ist*« (Abb. der Fülle: 5 Titelseiten des *Point*). 4. Blatt: »*Le Point. Die Wochenzeitung, die keinem Rechenschaft schuldet.*« Es fehlt nur das 5. Blatt: »*Denn, da sie niemand etwas zu sagen hat, kann sie es aller Welt sagen.*« Die gleiche Rhetorik findet sich allenthalben.

geliefert, ganz in Übereinstimmung mit ihrer Aufgabe, das Heterogene zu transportieren. Nur die, die absteigen, können sich zu Bündeln binden (und es ist wahrscheinlich, daß ihnen nichts anderes übrig bleibt); das Amalgam ist ihre Zukunft und das Amorphe ihr Schicksal. Die Wahrheit ist komplex, der Irrtum einfach. Die Massenmedien sind eine Maschine, die das Einfache über die Aussonderung des Komplexen produziert. In unseren Gesellschaften übt die Rechte die Uniformität aus, wenn sie auch das Gegenteil behauptet: der Pluralismus ist ihr Glaube, die Massenmedien sind ihre Praxis. Und ihr soziales Sein bestimmt schließlich ihre politische Praxis. Der Pluralismus hat heute, theoretisch und praktisch, das Vorzeichen geändert. In mediologischer Sicht steht er links.

»Das Publikum mag den Glauben haben, daß es mehrere Zeitungen gibt, wo es letztlich nur eine gibt«, notierte Balzac 1840, als er aus einem kleinen Büro kam, das unter der Leitung eines Ex-Bankiers namens Havas stand, »aus ihrer Quelle schöpfen die übrigen«. Dieser Scherz ist Wirklichkeit geworden, das geistreiche Wort signalisierte den öffentlichen und privaten Tod des Wortes. Dies ist tatsächlich Tatsache, sowohl in unserem Lande, als auch in der Welt der reichen Nationen geworden; und nicht allein wegen des weltweiten Monopols, das vier Presseagenturen halten (UPI, AP, Reuter und AFP), die sich gegenseitig kopieren, und auch nicht wegen der nationalen Exklusivität der AFP (Ex-Havas), aus deren Quelle die Zeitungen Frankreichs 75% der von ihnen veröffentlichten Informationen schöpfen. Balzac konnte allerdings nicht vorhersehen, welche »intellektuellen« Konsequenzen 150 Jahre später sich aus seinem Axiom ergeben würden. Das Publikum mag heute glauben, daß es mehrere Intellektuelle gibt, doch es gibt letztlich nur einen. Die Matrize des Mediensystems kann soviel Kopien drucken wie notwendig; original ist nur die Gußform. Es gibt auch keine Grenzen und Zollstationen mehr zwischen *L'Express*, *Le Point* und *Le Nouvel Observateur* (oder auch zwischen *Newsweek* und *Time*), auch keine mehr zwischen den drei Fernsehprogrammen oder zwischen *France-Inter*, *Europe 1* und *Luxembourg*, wodurch ein »freier« Verkehr von einem zum andern ermöglicht wird, ohne Paß und ohne politische, ästhetische oder moralische Kennkarte; genauso wird man von nun an von dem einen zum anderen wechseln (es gehören nicht so viele zum Klub), von einem politischen Extrem zum anderen, ohne daß man sich nur einen Augenblick irritiert fühlte: überall die gleiche Eile im Vollzug, die gleichen Semantiken der Halbheiten, die gleiche Partitur – für die Ausgewogenheit, Innovation und das Hin-und-Herschieben. Die gleichen Round-tables, die gleiche Redezeit, die bis auf die Einfärbung fast gleichen Reden. Die gleichen Träger und Personifizierungen; die gleiche Person. Eine einzige Zeitung, ein einziges Idiom, ein einziger Hans Dampf in allen Gassen. Die mehrregistrige öffentliche Stimme zeitigt den kollektiven mehrstimmigen Herrn.

Ergänzende Anmerkungen

S. 62 (1) Die Lektüre einer aufregenden Untersuchung, die C. Charle über »Die Schriftsteller und die die Dreyfusaffäre« (*Annales*, März-April 1977) durchgeführt hat, könnte uns veranlassen, diese Ausführungen zu ergänzen, nicht aber sie im wesentlichen in Frage zu stellen. Charle zeigt auf, wie das Feld der Literatur sich zwischen Dreyfusards und Antidreyfusards gespalten hatte, wobei die Demarkationslinie zwei Pole einander entgegensetzte, einen dominierten Pol (Symbolisten und Naturalisten) und einen dominierenden Pol (*Académie française*, Parnasse und Psychologen). Die Ambiguität ist darauf zurückzuführen, daß der intermediäre Sektor in zwei Teile zerbrach (Antatole France, Hervieu, Sardou). Die führende Rolle vereint sich mit der herrschenden Klasse, die ästhetisch beherrschten Avantgarden übernehmen die Positionen der Beherrschten. Zola, der als Autor über ein, allerdings nonkonformistisches, Massenpublikum verfügte, stand anfangs in beiden Lagern. Die große Überraschung war Anatole France (Mitglied der *Académie française* seit 1896). Der psychologisierende Romancier, Literaturchronist des *Temps* entschied sich im Kielwasser von Zola für das Lager der Verlierer und schickte sein Kreuz der Ehrenlegion zurück, nachdem Zola von diesem Orden suspendiert worden war. Nach dem *»J'accuse«* von Zola ergriffen die Jungen von der *Revue Blanche* (Marchel Proust, E. Halévy, F. Gregh), die sich ganz der Avantgarde verschrieben hatten, die Initiative für die Petitionen, indem sie sich an die gesalbten Meister wandten. Vgl. dazu, ibid., *Le Monument Henry ou la structure de l'antisémitisme en France, 1898–1899.* von S. Wilson

S. 62 (2) Die soziale Unterlegenheit der großen Hochschullehrer gegenüber den »großen Schriftstellern« wird von Brichot, genannt Chochotte, Professor an der Sorbonne und Pfeiler des Salons Verdurin, illustriert, »dessen großen Rückstand er durch den mondänen Irrtum in der Dreyfusaffäre, dem er unterlag, vergrößern half«, genauso wie die zweitrangigen Schriftsteller, die von der Patronin angezogen wurden und »die ihm von keinerlei gesellschaftlichen Nutzen waren, weil sie Dreyfusards waren« (La Prisonniere, Pleiade III, p. 236). Bergotte dagegen, der Schriftsteller, verkehrt bei Madame Swann, der zukünftigen Madame de Torcheville, mit ihren nationalistischen und antisemitischen Einstellungen, die nur schwer den unbekümmerten Dreyfusionismus ihres Gatten erträgt.

S. 110 »... Der Journalismus ist sich in der Verbindung mit dem Fernsehen und dem Radio der Möglichkeit, ein Ereignis zu kreieren, immer lebhafter bewußt geworden (das gesteuerte Verschwinden von Geheimakten, Watergate, die Meinungsumfragen?). Und so wie er sich immer weniger auf Ereignisse draußen beziehen muß, da er ja einen großen Teil selbst kreiert, muß er sich auch weniger auf Analysen außerhalb des Journalismus beziehen, oder auf Persönlichkeiten von der Gattung der Intellektuellen, »Schriftsteller«: der Journalismus entdeckte in sich selbst ein autonomes und sich selbst genügsames Denken. Deswegen gilt im Extremfall ein Buch weniger als der Zeitungsartikel, der über das Buch geschrieben wird, oder das Interview, zu dem es der Anlaß ist. Die Intellektuellen und die Schriftsteller, selbst die Künstler, sind gehalten, Journalisten zu werden, wenn sie mit den Normen übereinstimmen wollen. Hier ist ein neuer Denktypus aufgekommen, das Interview-Denken, das Zeitungs-Denken, das Minuten-Denken. Man könnte sich ein Buch vorstellen, das über einen Zeitungsartikel geschrieben wurde, und nicht mehr umgekehrt. Die Kräfteverhältnisse zwischen dem Journalisten und dem Intellektuellen haben sich völlig verändert. Alles hat mit dem Fernsehen begonnen und den Dressurnummern, die die Interviews den Intellektuellen, die das akzeptierten, verordnet haben. Die Zeitung braucht das Buch nicht mehr. Ich behaupte nicht, daß diese Umkehrung, diese Domestizierung des Intellektuellen, diese Journalisierung eine Katastrophe ist. Es ist nun mal so: in dem Augenblick, in dem das Schreiben und das Denken dahin tendierten, die Autorenfunktion aufzugeben und die Schöpfung nicht mehr über die Autorenfunktion lief, wurde diese vom Radio, vom Fernsehen und vom Journalismus übernommen. Die Journalisten wurden die neuen Autoren, und die Schriftsteller, die noch Autoren bleiben wollten, mußten zu den Journalisten gehen, oder ihre eigenen Journalisten werden. Eine Funktion, die in einen gewissen Mißkredit geraten war, hat eine neue Modernität und einen neuen Konformismus gefunden, indem sie Ort und Gegenstand gewechselt hat. Dies hat die intellektuellen Marketingunternehmungen ermöglicht.« (Gilles Deleuze, A propos des »Nouveaux Philosophes« et d'un problème plus général.)

3. Kapitel

Die Logik der Macht

1. Morphologie: Fläche
2. Anatomie: Schnitt
3. Ökonomie : Infrastruktur
4. Neue Knappheit, neue Macht

1. Morphologie : Fläche

Aus der Flugzeugperspektive zeichnet sich heute die Intelligentsia in der französischen Landschaft als ein eindeutig auszumachendes Dreieck ab: Universität, Verlagswesen, Medien. Das »intellektuelle Milieu« meint dieses so umrissene Gebiet[1]. Das *logische* Gebiet definiert eine bestimmte Klasse oder die Gesamtheit von Wesen, bei denen das gleiche Zusammenspiel von Attributen gegeben ist: Mitglied der Intelligentsia kann jedes Individuum genannt werden, das seine Einkünfte aus einem der drei Tätigkeitsbereiche bezieht (wobei die Addition der Attribute die der Klasse innewohnenden hierarischen Ebenen absteckt). Das *soziale* Gebiet wird offenbar durch eine bestimmte Gemeinsamkeit der Interessen, des Habitus und der Idiome charakterisiert. Das *territoriale* Gebiet schließlich läßt sich im Herzen der Stadt Paris (im V., VI., VII. Arrondissement), wo es sich am dichtesten angesiedelt hat, ausmachen. Eine Konzentration, die historisch und materiell begründet ist durch die, wie jeder weiß, übermäßige intellektuelle Ausstattung von Paris, das die berühmtesten Universitäten, die besten Bibliotheken, Kunstgalerien, die großen Schulen und Forschungszentren (CNRS, Maison des Sciences de l'Homme, Ecole Pratique, Fondation Nationale des Sciences Politiques usw.) vereint; die wichtigsten Verlage mit ihren jeweiligen Dependancen (Zeitschriften und Kulturperiodika). Von nahezu 400 französischen Verlagen haben 300 ihren Firmensitz in Paris. Schließlich die Gesamtheit der großen Medien mit ihren Dependancen und peripheren Ringen: Wochenblätter, große Tageszeitungen, Radio (France-Culture), Fernsehen usw. Für die Meinung wie für den Meinungsfabrikanten gilt: Kein Heil außerhalb von Paris.

Intellektuelles Milieu, Lebensmilieu. In dem Sinne, den von Uexküll und die Ethologen dem Wort beimessen. Diese *Umwelt* erweckt beim ersten Hinsehen den Eindruck des Maquis, wenn nicht des Dschungels.

[1] Siehe »L'intelligentsia« von Claude Sales, in *Le Monde de l'Education*, Februar 1977.

Eine verwirrende Undurchdringlichkeit, die aber, wenn der Beobachter sich nur mit Geduld und einem Fernglas wappnet, bald gewisse Ordnungsgesetze, gewisse Regelmäßigkeiten im beruflichen, ernährungsmäßigen, sexuellen und kämpferischen Verhalten der Gattung preisgibt. Tages- und Jahreszeitenrhythmen, ihre Wildwechsel und Wasserstellen. Was zum Beispiel das Imponierverhalten betrifft, so kann man feststellen, daß die Branche mit eher universitärem Einschlag im *Balzar* einkehrt, mit journalistischem bei *Lipp,* mit verlegerischem in *La Closerie des Lilas* und die ganze Sippschaft in der *Coupole.* Für die Kampfhandlungen, Raubzüge oder für die gegenseitige Ausbeutung liegen die Getränkezapfstellen oder öffentlichen Begegnungsorte neben der Behausung der Familien: der Zweig Gallimard kontrolliert die Bar von *Pont-Royal,* Grasset das *Twickenham,* le Seuil das *Pré aux Clercs* und so fort. Imponier- und Jagdverhalten kulminieren beim *Déjeuner,* wo man den Vertrag aushandelt, wo man eine Sendung vorbereitet, das Interview oder den Artikel und wo unter den Mächtigen die Streichungen, die Titel und die Umbrüche verhandelt werden: ein unverzichtbarer Ritus, der auch seine bevorzugten Orte, sein Protokoll, seine Längen und sein Wetterleuchten hat (alles ist zeitlich streng festgelegt). Wenn diese Gastrographie, die dem spezifischen Raum eine sehr subtile, doch stabile Ordnungsstruktur verleiht, ganz eindeutig die motorischen Aktivitäten kanalisiert, dann beherrschen die Zeitrhythmen das endokrine Nervensystem. Sommer und Winter entsprechen einem normalen Tonus, der Herbst (September–Oktober) und das Frühjahr (März–April) den Streßperioden: es sind die Monate, in denen die Produkte auf das Publikum »abgeschossen« werden. In der wöchentlichen Zeiteinheit sind ständig chronische Reaktionen auf Stimuli von hoher Intensität am Donnerstag – Redaktionsschluß für die Wochenzeitungen und das Erscheinen des *Monde des Livres* – zu notieren und am Samstagmorgen – Erscheinen der drei politisch-kulturellen Wochenblätter, vor allem des *Nouvel Observateur.* Eine starke Ausschüttung von Adrenalin am Freitagabend um 21 Uhr 30, wo dann der Mächtigste der Gattung – je nachdem, wie man es sieht – entweder vor oder hinter einem kleinen erleuchteten Bildschirm sitzt. Im Tagesrhythmus eine ausgeprägte und allgemein ansteigende Herztätigkeit jeden Tag zwischen 14 Uhr und 14 Uhr 30, Sonntag ausgenommen. Mit Hilfe des Computers konnte in einem beobachteten Stadtgebiet auf eine starke Korrelation zwischen den anormalen Ausschlägen der Kardiogramme und dem Erscheinen von *Le Monde* an den Kiosken geschlossen werden. Man möge den summarischen Charakter dieser ethnophysiologischen Untersuchung entschuldigen, was hauptsächlich dem Mangel an Mitteln und den veralteten Laboratorien zuzuschreiben ist, und worunter die Forscher selbst am meisten leiden. Mit noch weniger Mitteln wird uns die Mediologie in der Untersuchung weiterbringen.

2. Anatomie : Schnitt

Ein mediologischer Schnitt in die Tiefe erlaubt uns, die Vorstellung eines Dreiecks, die den Eindruck des Platten und damit eine Illusion vermittelt, zu zerstreuen und sie durch die einer Pyramide einander untergeordneter Ebenen zu ersetzen, die uns angemessener erscheint. In der zeitgenössischen Intelligentsia überlagern sich drei sedimentäre Schichten, deren jede einem Produktions- und Verbreitungsmodus entspricht, drei Legitimitätsinstanzen, drei aufeinander folgende historische Perioden. Unter der Vorrangstellung der modernsten, zuletzt hinzugetretenen Schicht, der nämlich, die die höchste Funktionalität aufweist, bauen sich diese Organisationsebenen stufenförmig auf, wobei erstere den untergeordneten als »Element« und »Atmosphäre« dient. Mehr und mehr trägt, strukturiert und bewegt die organische Schicht der Medien die ehemals vorherrschenden Schichten; diese sind zu untergeordneten und beherrschten abgesunken. Am Ende des 20. Jahrhunderts ist die Intelligentsia eine soziale Mikroformation, in der, wie am Ende des 19. Jahrhunderts in den großen historischen Gesellschaften, verschiedene Produktionsweisen unterschiedlichen Alters und ungleicher Beziehungen unter der Hegemonie der am weitesten fortgeschrittenen koexistieren. So wie die ideologischen Institutionen ihre ursprünglichen historischen Voraussetzungen überleben (auch wenn die Ideologien sich ändern), überlebt jede funktionale Schicht ihren funktionellen Abstieg innerhalb der ideologischen Schichten, indem sie sich den Anforderungen der übergelagerten Schicht, von der ihr Überleben abhängt, anpaßt. Der katholische Klerus überlebte schließlich ziemlich gut den Grundadel, und die westlichen kommunistischen Parteien überleben das revolutionäre Industrieproletariat, aus dem sie hervorgegangen sind. Die Universitäten und das Verlagswesen liefern uns heute, mutatis mutandis, den Beweis für dieses ausgehandelte Überleben zu der Bedingung, daß eine vormals untergeordnete Instanz künftig die bestimmende ist. Dieses jeder Institution eigene Beharrungsvermögen verschafft uns in Frankreich eine Intellektuellenschaft, die zugleich uniform und vielgestaltig, konservativ und modernistisch ist, in der nichts den Platz gewechselt hat und doch alles anders als vorher läuft.

Wie der Körper, so die Zelle. Wie jede Generation der Intelligentsia zwei vorangegangene einschließt – nur daß die Rangfolge verschieden ist –, so vereinigt jeder organische Intellktuelle einer bestimmten Epoche alle anderen in seiner Person. In diesem Sinne ist der zeitgenössische Prototyp ein echtes *Muskelmodell* der Hegemonie, das dem bloßen Auge die Einflußorgane preisgibt, die sich über ein Jahrhundert lang wie sedimentäre Schichten angesammelt haben: Universität, Verlagswesen, Medien. Das hohe Tier von heute ist eine diskrete wandelnde Pyramide, die sich als simpler Produzent von Texten darstellt, der ausschließlich über seine intellektuelle Schaffenskraft verfügt und pünktlich wie jedermann einmal im Jahr sein Manuskript abliefert. Entkleiden wir ihn seines Äußeren. Unsere Kapazität ist erst einmal Ordinarius, »Dozent« oder Direktor eines Lehr- oder Forschungszentrums; dann ist er Verlagsberater, Direktor einer oder mehrerer Reihen und Redaktionsbeirat in einem großen Verlag; schließlich ist er Journalist, Berichterstatter oder Leitartikler bei einem Massenblatt oder einer großen Wochenzeitung. Die neuen Neuen, die von allen Mächten verfolgten Parias, haben den alten lehnsherrlichen Pfründen eine regelmäßige Kolumne, ein oder zwei Fernsehsendungen oder vier Sendezeiten im Funk hinzugefügt. Die Zeiten sind hart, man wurde noch nie so gehetzt. Diese individuellen großen oder kleinen Cheopspyramiden sind immer nach dem gleichen Plan aufgebaut: unten die Legitimation (das Wissen); oben die Effizienz (die Wissensvermittlung). Nicht das Diplom oder der Titel sind wichtig, sondern die Möglichkeit, sie einzusetzen. Der *cursus honorum* der universitären Grade verleiht das Recht, das Wort zu ergreifen, doch dies ist nur ein Recht ehrenhalber und ein abstraktes Recht, solange es nicht mit der Fähigkeit verbunden ist, sich über die Presse, oder noch besser, über die Audiovision, Gehör zu verschaffen. Die Position bei den Medien ist somit folgerichtig die Krönung einer intellektuellen Karriere. Sie verfügen heute über die Fürstentümer und küren die Könige.

Die Lehnsherren hatten ihre Häuser, die Mutterhäuser haben künftig ihre Filialen. Die alten Lehen sind zu Firmen geworden, die Industrialisierung der Intellektuellen hat uns die Prärogativen des Feudalismus der Intellektuellen erhalten. Jeder Prinz des Geistes ist ein *Konzern* für sich allein, der in der Vertikale alle Produktionsabläufe integriert: Herstellung, Vertrieb und Werbung. Er ist mehr als ein *Kartell*, und zwar deswegen, weil eine wirkliche Integration der Unternehmen gegeben ist. Er ist weniger als ein *Trust*, denn dem leibhaftigen Intellektuellen fällt es häufig schwer, eine echte Einheitlichkeit in der Steuerung seiner sich einander ergänzenden Aktivitäten durchzusetzen (Risse im Innern sind sehr häufig). Wir können es so sagen: eine Unternehmensgruppe, zusammengefaßt in einem einzigen Generaldirektor oder einem einzigen Stabsoffizier.

Drei Büros, drei Sekretärinnen, drei Telefone – für jeden Augenblick des Tages, für die jeweiligen Tage der Woche. Drei Quellen für das Einkommen (Gehalt, Autorenrechte, Nebeneinkünfte). Drei Sphären sozialer Abhängigkeit, die konzentrisch einander zugeordnet sind und die dem, der sie zu integrieren versteht – was wenigstens Achtung verdient – eine persönliche wie materielle, somit ideologische und moralische Autorität verleihen. Der Professor sitzt dem Prüfungsausschuß vor, verleiht die Grade, macht, falls erforderlich, die Mittel flüssig, trifft die Auswahl unter den Stellenbewerbern, die wiederum von seiner Stelle abhängig sind, stimmt bei der Hinzuwahl für einen oder gegen einen Kollegen: der erste Kreis. Der Verleger einer Reihe nimmt ein Manuskript an oder lehnt es ab, gibt Bestellungen auf oder verhindert gewisse Projekte, bestimmt (oder schlägt vor) die Abschlagszahlungen, den Zeitpunkt des Erscheinens, die Höhe der Auflage, die Intensität der Startkampagne, das Werbebudget, die Anzahl und die Plazierung der Anzeigen: der zweite Kreis. Der Journalist übernimmt oder übernimmt nicht die Besprechung der Dissertation oder des Buches seines Freundes (oder übernimmt es, seine Freunde in der Redaktion zu veranlassen, es an seiner Stelle zu tun), entscheidet zwischen den »großen Besprechungen«, der Lesenotiz oder der lediglichen Erwähnung in der Rubrik der »diese Woche zu lesenden Bücher«, manipuliert nach eigenem Gusto den Enthusiasmus, die Beachtung oder nur das höfliche Interesse: der dritte Kreis. Er schließt die beiden ersten ein, und zwar zugleich durch das Ausmaß der Resonanz, das er beim Publikum erzielt, und die Kette der Nachwirkungen, die er für die Nutznießer im Milieu selbst auslösen kann oder nicht – auf der Ebene des Verlagswesens wie der beruflichen Ebene. Ämterhäufung, Kundenhäufung. Dieser Mann hat hier *seine* Schüler, seine Schule oder sein Labor. Dort *seine* Autoren, seinen Stall und seine »Kapelle«. Und alles zusammen beherrscht er über *sein* Publikum, seine Leser, die mit ihm übereinstimmen und ihm verpflichtet sind. Dreimal Titular: er ist Patron, Pate und Parfümeur (für den Stil der Zeit). Wenn dieses Ordnungsverhältnis (Transitivität, Asymmetrie, Nichtreziprozität) die Grade der Macht definiert, vereinigt dieser Mensch drei davon in der größten aller Hegemonien, der der Medien, bei denen die Asymmetrie und Nichtreziprozität zwischen dem Sender und dem Empfänger einer Botschaft am stärksten ist. Fünfzig Studenten können dem Professor Fragen stellen; fünfhundert wirkliche oder eingebildete Autoren können schriftlich oder mündlich Beschwerden formulieren. Eine Million Leser oder fünf Millionen Fernsehzuschauer können nur empfangen: die Massenkommunikation ist eine Einbahnstraße.

Das somit von einem Würdenträger um die Vierzig akkumulierte soziale Kapital garantiert ihm ein Mobilisationspotential, eine Feuerkraft und Reichweite für seine Aktionen, die ihm eine *politische und militärische Macht* verleihen, mit der Alliierte und Gegner notwendigerweise rechnen müssen. Diese schwere Bewaffnung ist nicht sichtbar; sie existiert nur in immateriellen Beziehungen. Die Plattform der kulturellen Macht ruht auf institutionellen, industriellen und kommerziellen Pfeilern, deren eindeutige Materialität am häufigsten denen entgeht, die von ihnen getragen werden. Aber diese Apparatur ist heute jedem unabdinglich, der sich um Zugang zum Manövergelände der Hegemonie bewirbt, um dort mit mehr oder weniger gleichen Waffen zum Kampf anzutreten. Dieses Feld ist schon überinvestiert, hat eine solche Beschäftigungsdichte, daß man sehr gut gerüstet sein muß, um sich dort einen Platz zu erobern. Oder um von seinem Nachbarn und Konkurrenten ein Minimum an Achtung, und warum auch nicht, Freundschaft zu erlangen. *Si vis pacem, para bellum.* Kein Staat rüstet zu seinem Vergnügen, sondern um sich gegen die Aufrüstung der anderen zu schützen. In der Sphäre der Intellektuellen, wie in der Sphäre der internationalen Beziehungen, macht die Notwendigkeit die Gesetze. Die teuersten militärischen Rüstungsprogramme haben als letzten Rechtfertigungsgrund immer noch den Rückzug auf einen einfachen Selbsterhaltungstrieb. Der Wettlauf in der Medienrüstung zwischen den intellektuellen »Großmächten« unserer Tage hat ursprünglich vielleicht bei jeder mit einer kleinen Miliz zu Selbstverteidigung begonnen (Redaktionsgremium einer Spezialzeitschrift, Lektorat in einem Verlag, Zeilenhonorarschreiber in einer Provinzzeitung usw.). Aber auf diesem Gebiet steigern sich die Gebote von selbst. Wenn ich nicht die beherrschenden Stellungen auf den Höhen innehabe, von denen aus man die gegnerischen Positionen unter Trommelfeuer nehmen kann, um das Vorrükken der eigenen Truppen zu »decken«, werden meine mit Feuer belegt.

Ich muß also selbst zum Sturmangriff übergehen, um meine Truppen zu schützen und die Verluste in Grenzen zu halten: mehrere Zeitschriften zu einer einzigen vereinigen, mich mit der einen Zeitschrift gegen eine andere verbünden, zur Spitze einer großen Tageszeitung vordringen, die prekäre Position eines Honorarschreibers konsolidieren, indem ich einen ständigen Anteil an den Leitartikeln ergattere, der in einen größeren militärischen Apparat integriert wird. Da das Kräftefeld nie verwaist und naturgemäß immer schon besetzt ist, kann sich jedes politische und intellektuelle Streben nach Hegemonie nur als Widerstand gegen eine bestehende Vormacht darstellen. Der Imperialismus läßt sich nur als Antiimperialismus rechtfertigen. Diese allgemeine Regel entbehrt in ihrer Anwendung nie einer gewissen Komik, wie man dies zur Zeit auf der französischen politischen Szene verfolgen kann, wo das hohe Generalkommando, das die wichtigsten Kommunikationsströme unter seine Kontrolle gebracht hat, sich pathetisch und mit voller Überzeugung als eine Handvoll Freischärler darstellt, die nur mit bloßen Händen kämpfen, mit dem Rücken zur Wand, die die letzte Patrone auf die schwerbewaffneten Bataillone des domatischen, totalitären Marxismus abfeuern, wobei es große Mühe bereiten würde, einen Davongekommenen, der noch aktiv wäre oder die Stellungen der kulturellen Machthaber bedrohte, auszumachen: alle sind von den Herolden der Gegenmacht sicher hinter Schloß und Riegel gebracht. Die Strategen wissen sehr wohl: eine Offensive ist nur dann siegreich, wenn sie als Gegenoffensive rein defensiven Charakters antritt. Heute sind die Generäle Partisanen. Und die Unterwerfung ist Subversion.

Es gibt eine politische Moral, aber das Gesetz des Herzens wurde noch nie in eine bürgerliche Gesetzgebung umgesetzt. Machiavelli widerspricht nicht Kant, er spricht eine andere Sprache, und um die eine in die andere übersetzen zu können, muß man erstens beide lernen, und dann darf man sie zweitens nicht durcheinanderbringen. Die intellektuelle Gesellschaft ist eine etwas politischere Gesellschaft als die anderen, und der Moralist ist in Gesellschaft ein »animal politique« wie jeder andere. Es gibt gute und schlechte politische Intellektuelle, aber es gibt keine Politik des Guten oder des Bösen. Es gibt Intellektuelle von großer oder weniger großer intellektueller Bedeutung, aber es gibt keine großen Intellekutellen, die nicht gewisse taktische Regeln bei der Äußerung ihres Denkens und in den Beziehungen zu ihresgleichen beachten würden. Das Insgesamt dieser Taktiken kann ein moralisches Urteil zulassen, aber es kann sich nicht darauf verlassen. Die moralischen Urteile urteilen über die Richtenden wie über die Gerichteten, und das Verhalten einer sozialen Gattung ist nicht von den »Gesetzen des Gewissens« abhängig, noch weniger von denen des bürgerlichen Gesetzbuches, sondern von den objektiven, zwingenden, spezifischen Gesetzen im jeweiligen Bereich des Handelns.

Sowie die hohe Intelligentsia weder eine moralische noch unmoralische Person ist, kann die persönliche Redlichkeit ihrer Mitglieder kein stichhaltiges Kriterium für die Analyse ihrer sozialen Strategie sein. Es gibt integre Intellektuelle, wir sind ihnen begegnet[1]. Sie machen im Zentrum der hohen Intelligentsia einen gerechten, anständigen, sogar altruistischen Gebrauch von ihrem Kriegsmaterial. Aber für unser Anliegen ist das nicht von Bedeutung, denn es ist nicht normativen, sondern deskriptiven Charakters. Uns interessiert hier die Logistik der Hegemonie, nicht wie sie politisch oder taktisch eingesetzt wird. Das Transport- und Versorgungsproblem lastet zu gleichen Teilen auf allen kämpfenden Truppen der Zeichen, Bilder und Töne, ob sie rechts, links oder anderswo stehen. Die Rolle der logistischen Dienste ist in der Kulturindustrie zu dem geworden, was sie schon im Krieg der Industrie war: vorrangig. Im modernen Zeitalter kann der Versorgungsdienst nicht mehr nachfolgen: er muß den Stroßtruppen vorausgehen. Die Ideen zählen, was ihre Qualität und Quantität betrifft, weniger als die Träger. Von Machiavelli bis Trotzky konnten die Propheten im Abendland zu zweierlei Arten gehören: zu den bewaffneten oder nichtbewaffneten; zu den glücklichen oder unglücklichen. Heute hat die Bewaffnung den Vorrang, die Prophezeiungen werden dazu maßgerecht erfunden. Jeder, der in seiner Ecke sich Gedanken um die Munition macht, ohne sich vorher ein Gewehr besorgt zu haben, ist ein toter Mann, bevor er überhaupt zum Kämpfen kommt. Ein Verrückter oder ein Idiot. Ein Intellektueller ohne Medien ist nicht mehr ein General ohne Truppen, sondern ein General zum Lachen.

Am eigenartigsten scheint uns unter diesen Voraussetzungen die kleinliche Intoleranz der Hegemonieexperten gegenüber den Berufspolitikern. Wie viele der Intellektuellen hätten ihre Position erreicht bei den Tugenden, die sie von den Politikern fordern? Das ganze politische know-how der Welt scheint sich bei der hohen französischen Intelligentsia eingestellt zu haben – als Beweis folgendes Paradox: dieselben

---

[1] Die Position und die Person zu unterscheiden – das ist das A und O aller politischen und intellektuellen Moral. Ohne das droht die Hölle.

Geister, die »von Amts wegen« alles, woran sie rühren, politisieren (vom Sexualleben bis zur Kunstkritik), streiten direkt oder indirekt ab, mit der Berufspolitik auch nur von ferne etwas zu tun zu haben, wobei *eine* Schwäche ihren besonderen Sarkasmus hervorruft: die Mandatskumulierung (auf Gemeinde-, Département-, Regional-, nationaler und Europaebene). Da möchte man gern wissen, ob sie jemals gegen die Inkompatibilität der Titel im Bereich unseres Berufes gefochten haben, wo noch nie so viele Mützen auf so wenig Köpfen zu sehen waren. Eine zweifache logische Inkonsequenz. In der Militärlogik der alten Welt ist das Gleichgewicht zwischen Bedrohung und Abschreckung die einzige praktikable Äquvalenz zu einer unmöglichen allgemeinen und kontrollierten Abrüstung: erst muß man in den Klub der Überbewaffneten eintreten, bevor man das Recht erhält, über die Bedingungen der Abrüstung zu verhandeln. Revel bildet ein Gegengewicht zu Dutourd, der wiederum zu Julliard, der ein Gegengewicht zu d'Ormesson bildet, usw. Der Kreis der Familie ist ein Planetensystem, in dem die Schwerkräfte sich gegenseitig im Gleichgewicht halten, wo jeder sich am anderen anlehnt. »Die Autorität von dem da, hat sie nicht in letzter Zeit stark zugenommen – schon drei Redaktionskomitees, eine vierte Reihe bei den Verlagen, regelmäßige Mitarbeit bei den Zeitungen?« – »Ja, aber es mußte dringend ein Gegengewicht gegen den da geschaffen werden, denn wie die Dinge zu laufen pflegen, hätte man nur noch ihn gehört und gesehen usw.« Eine uralte Mechanik, die noch zu abstrakt ist, um die neuen Konfigurationen der Macht der Intellektuellen, *hic et nunc*, erklären zu können. Die Logik der neuen Welt ist ihre Ökonomie, ihre Zwänge lasten auf den Moralisten wie auf den Generälen.

3. Ökonomie : Infrastruktur

Geben wir uns nicht mit Worten zufrieden, die Zahlen spekulieren nicht. Am Verkaufspreis eines Buches sind heute die jeweiligen Berufsgruppen, ohne Berücksichtigung der Steuern, wie folgt beteiligt (und die Relationen werden sich in der Zukunft kaum verändern): Herstellungskosten (Druckerei): 20%; Produktionskosten (Verleger + Autor): 25%; Vertrieb (Groß- und Einzelhandel): 55%[1]. Diese einfache Analyse verbirgt eine große ökonomische Vielschichtigkeit, und die Vielschichtigkeit der intellektuellen Welt eine sehr eigenartige Einfachheit. Die rechnerischen Größen begründen in sich schon eine hierarchische Ordnung, und zwar dadurch, daß sie auf die jeweiligen Gewinnraten der in einem Konzern vereinigten Unternehmen sowie auf die Anteile der zu entfaltenden Aktivitäten der einzelnen Betriebe hinweisen. Jedem Autor stellt sich das ideale Verhältnis von Zeit- und Energieaufwand wie folgt dar: ein Viertel für die Herstellung der Manuskripte (Arbeitsbüro zu Hause), ein weiteres Viertel für die Büroarbeit beim Arbeitgeber (Edition und Kontakte mit den anderen Autoren) und die verbleibende Hälfte für den Vertrieb und Verkauf (Verkaufsförderung für das Produkt + Werbung für den Produzenten). Diese letzte Hälfte kann sich in variablen und eigentlich völlig unterschiedlichen Proportionen realisieren: Geschäftsessen, Fernsehen, Präsentationen, Interviews, Artikel, Round-table-Gespräche, Pressepolemiken, Kommuniqués, Aufrufe, Verhaftung vor der Fernsehkamera, Teilnahme an Straßendemonstrationen usw. Alle Daten, die über die empirische Beobachtung gewonnen wurden, bestätigen die induktiv festgelegten Proportionen.

Es ist eine objektive Tatsache, daß die Vermarktung eines Produktes vor der Produktion den Vorrang hat, und der Terminkalender der großen Unternehmen gibt auf seine Weise wieder, wie sich das Verhältnis von Produktion und Vermarktung umgekehrt hat. Im chronologischen Ablauf des Produktionsprozesses ist das Endstadium logischerweise das

---

[1] Siehe Asfodel, *Le métier de libraire*, Seite 28.

erste, der Verbraucher ist der Erzeuger geworden, das strategische Glied der Kette ist das letzte Glied. Ins Konkrete übersetzt heißt das: die Artikel über mein Buch sind wichtiger als mein Buch, der Publizist in mir muß Vorrang vor dem Schriftsteller in mir haben. Kreative, wir können nur überleben, wenn wir unsere eigenen Journalisten werden! Eine ernstzunehmende Geschäftsleitung fordert: finish first. Man muß jemand sein, bevor man etwas tut. Sich ins Gespräch bringen, bevor man irgendeinen Satz artikuliert. Ein guter Autor stellt den »Kundendienst« *vor* der Konfektion des Werkes sicher.

Die Umstrukturierung in der Intellektuellenschaft ist dem Beispiel der Industrie gefolgt, wo die Vermarktung zum Schlüsselbereich geworden ist wie dort der Mediensektor. Besonders im Kreislauf, den das Buch durchläuft (und das Druckerzeugnis ganz allgemein), ist der zentrale Ort nicht mehr die Produktion, auch nicht mehr die Edition, sondern die *Vermarktung.* Verlagshäuser lassen sich beliebig viele gründen (und es ist in der Tat so, daß die Konzentration an der Spitze ein Wuchern an der Basis und im Grenzbereich der quasi handwerklich betriebenen kleinen Verlagshäuser nicht verhindert), wie auch Manuskripte jeweils nach dem Belieben der Bürger in Frankreich verfaßt und gedruckt werden können: nur – wohl dem, der zuletzt lacht. Es gibt an die siebenhundert registrierte Verlage, aber vier Mutterhäuser versorgen die Hälfte des Buchmarktes. Im Editionsgeschäft, wie in der Literaturproduktion, unterliegt der Erzeugerpluralismus dem Verbrauchermonopol. Der Verleger beschließt die *Bereitstellung,* der Buchhändler aber entscheidet über die *Nutzbarmachung* im Verkaufsbereich. Die Buchhändler werden aber immer mehr von den großen Verkaufsflächen, die die Vermarkter kontrollieren, ausgeschlossen oder gar zu simplen *Auslieferern* degradiert. Der Großhändler, und nicht der Verleger (wenn sie getrennt sind), handelt die Rabatte mit den Buchhändlern aus. Hachette oder die Presse de la Cité haben somit allen Grund, sich von den Verlegern hofieren zu lassen, die nicht nach dem Muster der ganz Großen (Gallimard, Laffont, Le Seuil, Flammarion) ihren eigenen Vertrieb haben; so wie die Lenker der Mediennetze von kleinen und großen, linken wie rechten Autoren, von Soziologen oder Romanschriftstellern, Buddhisten oder Monarchisten hofiert werden, von all denen, die (in ihrer Verwirklichung als Autoren-auf-der-Suche-nach-einem-Publikum) von ihnen abhängig sind. Wenn das Schicksal eines schöpferischen Werkes (Bücher, Platten, Kassetten, Graphik usw.) immer mehr in den Händen einer immer kleineren Zahl von *Machern* liegt, ist es für den Intellektuellen, wie für den Unternehmer, eine absolue Notwendigkeit, dort gegenwärtig zu sein, wo die Entscheidungen getroffen werden. Physisch wie geistig. Die Kriterien des Verlegers (für die Auswahl eines Manuskriptes und die Vergabe von Vorschüssen) werden zu Filtern, so wie die Autoren die Kriterien der Medien als Filter übernehmen. »Bedaure, lieber Freund, Ihr Buch ist nicht für das Rennen geeignet«. Mit solchen Worten gibt der Verleger dem Autor das Manuskript zurück. Der Autor erwidert: »Ja, es stimmt, mein letztes Buch hatte keine Presse, doch für mein nächstes Buch werde ich mich besser einschießen.« Der Verleger ist nicht zynisch, der Autor nicht opportunistisch, oder wenn sie es sind, haben sie allen Grund dazu. Eigentlich haben beide die gleiche *diminutio capitis* erfahren; der eine durch den Vermarkter, der andere durch die Mediokraten. Durch die Umwälzung in den Vertriebsmethoden ist die Herausgabe eines schwierig zu verkaufenden Werkes (wie auch schon seine Bereitstellung im Sortiment) zu einem philanthropischen Akt geworden: der beschleunigte Lagerumsatz, die Kosten der Lagerhaltung und die Erfordernisse eines schnellen Bekanntwerdens zwingen den Verleger wie den Autor durch denselben Engpaß[2]. Ein Schriftsteller, der von den Medien links liegen gelassen wird, wird zu einem großen wirtschaftlichen Unglück (für seinen Verleger), zu einem sozialen (für seine Umwelt), und einem medizinischen (Magen und Herzkranzgefäße), und dies wird schon bald allein dann der Fall sein, wenn ein Buch von der FNAC abgelehnt wird, die jetzt schon ein Drittel des Bücherumsatzes in Paris tätigt (1977). Wird die FNAC bald dazu in der Lage sein, wie viele befürchten, bestimmte Titel oder Namen abzulehnen oder vorzuschreiben? Früher konnte ein Verlag mit einem Grundstock leben, mit Titeln, die langsam über Jahre hinweg ihren Absatz fanden. Heute decken diese »langsamen« Bücher schon nicht mehr die anteiligen Mietkosten für den Raum, den sie beim Buchhändler einnehmen. »Man schätzt, daß ein Titel, der nicht mindestens viermal im Jahr nachbestellt wird, nicht nur kein Geld bringt, sondern Geld kostet.« Der Gewinn des Verlegers ist vom Gewinn des Buchhändlers abhängig. Da das Lager am meisten kostet und man ja leben muß, kann man das Überleben nur noch durch eine Steigerung der »Schlager« sichern: ein Verfahren, das fortan Verleger, Autoren und Verkäufer gemeinsam anwenden müssen, da es im Interesse aller Beteiligten liegt. Nur noch die Tageserfolge rentieren sich (es sei denn, man beschränkt sich auf Lexika, Kochbücher oder die Bibel). Parallel zu der

[2] Siehe die obligatorische Lektüre Jérôme Lindon, *La FNAC et les livres.*

Konzentration im Buchhandel läuft die Konzentration auf diese Tageserfolge, und der Verleger muß da mitziehen; folglich auch der Autor, der ja von dem lebt, was der Verleger ihm zugesteht, oder genauer rücküberträgt; und letztlich der Leser, auf dem Umweg über den Verleger. Der Verleger hat ein ökonomisches Optimum durch ein Verkaufsmaximum über ein Minimum an Kosten zu erzielen. Daher sind die großen Discountverkaufsflächen ein gutes Geschäft, denn sie versprechen dem Leser eine optimale Auswahl zum niedrigst möglichen Preis. Aber über diesen übrigens klassischen Mechanismus, den Jérôme Lindon klar durchleuchtet hat, läuft die Monopolisierung der Vermarktung letztlich und paradoxerweise auf ein Auswahlminimum, das mit einem Preismaximum gekoppelt ist, hinaus. Diese Voraussagen mögen pessimistisch sein oder nicht, die Diagnose eines unbestreitbaren Phänomens bleibt gültig: Überall dasselbe Phänomen eines Konzentrationsprozesses – eine Konzentration der Funktionen auf Managerebene, eine ökonomische bei den Verlagsunternehmen – und dies als eine perverse Rückwirkung der Vermarktung auf die Produktion. Für den kleinen Handwerksbetrieb mag die Konzentration in der Industrie ein tödlicher Virus sein; in der Welt der Intellektuellen, die viel weniger archaisch ist, als es scheint, und die schon immer für das Neue sehr empfänglich war, wurde der Tonus stimuliert. In hundert Jahren wird man entdecken, daß die bescheidenen Handwerksbetriebe der Literatur am Ende des zwanzigsten Jahrhunderts ihrer Zeit weiter voraus waren als viele Bosse der Textil- oder Stahlindustrie. Die Intellektuellen, die die Abteien, Seminare, Schriftstellergruppen und Salons von einst verlassen haben und zum Beispiel die Treffen der FNAC programmieren und veranstalten, haben einen sehr sicheren Instinkt für die Möglichkeiten der industriellen Verbreitung und des Wettbewerbs bewiesen. Ein Unternehmen, das ein Drittel seiner Kunden aus Paris bezieht, wird zu einem der »Knotenpunkte einer starken sozialen Kommunikation«, wo die kulturelle Geschäftigkeit notwendig folgen muß. In einer Gesellschaft, in der der Umlauf der Waren die Kommunikation unter den Menschen regelt, bestimmt die Beschleunigung der Lagerumsätze die der »Denkmoden«.

Die Rhythmen der Kultur sind so langsam wie die der Natur: ein Roman wächst in zehn Lebensjahren, ein wissenschaftliches Konzept entfaltet sich in zehnjährigem Studium. Die immer mehr sich beschleunigenden Rhythmen der Ware lassen sie ins Leere laufen, und die verwirrende Steigerung der Profite ist für eine Kulturlandschaft ähnlich verheerend wie für die Flüsse und Wälder der Naturlandschaft. Die Vermarktung hat den Produzenten zum Arbeiter auf Kommando gemacht. Doch wie es im Bereich der Theorie nie eine soziale Nachfrage für Wahrheit gab (Religionen und Mythologien leisten da mehr für die Befriedigung der Phantasie), so gab es auf dem Gebiet der Kunst auch nie ein soziales Kommando für das Neue. Die ästhetische oder literarische Innovation muß gegen die Feindseligkeit oder die Gleichgültigkeit des unmittelbaren Publikums ankämpfen, wie eine wissenschaftliche Entdeckung gegen die Feindseligkeit oder Gleichgültigkeit der etablierten Priester und Hexenmeister. Wenn mehr und mehr die Reaktionen des Publikums zum Eichmaß für die Fragen werden, die die Künstler, schöpferisch Tätigen oder Philosophen sich und ihm stellen dürfen; wenn es für die Werte des Symbolischen nur noch das Vehikel Ware gibt, die auf einen massiven, punktuellen Augenblickserfolg angewiesen ist, dann wird sich eine ganze Zivilisation in ihren Angeln drehen und die Innovation der Sicherheit, das Forschen und Suchen dem Schutz der überkommenen Werte, die Zukunft der Vergangenheit opfern. Und das Lebendige dem Toten. Beckett hat 1952 in den Editions de Minuit 125 Exemplare von seinem *Warten auf Godot* verkauft. Wenn fortan die Rentabilität eines Buches nach dem Jahr, oder genauer, nach den ersten drei Monaten seines Erscheinens berechnet wird, wird es bald nur noch überholtes Zeug aus der Mottenkiste geben, das man als »Neuheit« ausstaffiert. Das »Neueste« ist nicht immer das Rentabelste, denn der Buchhandel ist mit seinen Einkünften stark von der Situation abhängig. Zweifellos besteht kein automatischer Zusammenhang zwischen den Umsatzerfolgen in den Buchhandlungen und dem Ausmaß, wie etwas öffentlich gefeiert wird. Es gibt einen festen Kundenstamm und Marktmonopole abseits von den Raritäten, die an den Schaltern der Massenmedien gehandelt werden. Druon, Cesbron, Pauwels, Des Cars sind Repräsentanten einer Produktlinie, die sich gegenüber den Schwankungen der Konjunkturbörse stabil behauptet. Gerade in den Zwischenbereichen der Ideologieproduktion (zwischen Fiktion und Wahrheit, dem Romanhaften und dem Wissenschaftlichen) spielt sich der Effektenhandel der Medien ab, indem sie den »Veralteten« vom »Neuerer«, das »Arachaische« vom »Modernen«, die Spreu vom Weizen trennen. Ein Unglück ist es, daß ein Gesetz herrscht, das sich im öffentlichen Bereich auswirkt; nach ihm gibt es das authentisch Neue nur noch, wenn es »zeitverschoben« ist. Wenn der Rhythmus des »großen« Geschäftes der »kleinen« Literaturproduktion seine Normen aufzwingen muß, dann wird es bald Literatur nur noch in der Schule geben (vorausgesetzt, es gibt sie noch) und Kataloge nur in den Bibliotheken (voraussgesetzt,...). »Man muß wissen, daß vom größten Teil der Titel in den Katalogen jedes beliebigen großen Verlegers allgemeiner Literatur nicht einmal 300 Exemplare weltweit pro Jahr verkauft werden, mag es sich um Faulkner oder Georges Bataille, Valéry oder Conrad handeln.« (Lindon, a.a.O.). Genauso sicher wie der freie wirtschaftliche Wettbewerb auf ein Ende des Wettbewerbs hinausläuft, führt das Gebot, Neuheiten zu bringen, zu einer ähnlichen Umkehrung, zu einer mechanischen Wiederholung des Alten, wie man dies seit einigen Jahren auf dem französischen Ideologiemarkt verfolgen kann, wo jeder Sprung nach rückwärts bei der Exhumierung der Vorfahren sich als die Neuentdeckung der Saison ausgibt.

Damit wir uns recht verstehen: weder im Leben eines Volkes noch im Leben eines Menschen gibt es ein *incipit.* Das Neue ereignet sich in der Geschichte nur durch die Wiederholung des Alten: dieses Gesetz haben Marx und Nietzsche, jeder auf seine Weise, endgültig etabliert. Aber von dem Augenblick an, wo die Wiederholungen nicht mehr kummulativer Natur sind, weil sie einander aufschaukeln, dadurch immer mehr verarmen und regressiv werden, bildet sich eine Kultur zurück. Die französische Kulturszene bietet uns seit einiger Zeit das alarmierende Schauspiel einer rückschrittlichen Abfolge von ungewollten Nachahmungen, wobei man, in Anbetracht der kommerziellen Erfordernisse, noch hinnehmen könnte, daß sie sich innovativ geben, aber nicht, daß sie das Original entschärfen, indem sie unsere Gegenwart *hinter* unsere Vergangenheit stellen. Wiederholungen befreien, wenn sie sich als solche empfinden und begreifen. Das Beunruhigende an unseren alljährlichen ideologischen Revolutionen ist ja, daß sie nicht auf ihre Quellen verweisen, und dies ist weniger ein Trick als mangelndes Bewußtsein. Deswegen diese Mischung aus Begeisterung und Unbeweglichkeit in ihren Formulierungen und in ihren Texten dieses prophetische déjà-vu[3]. Klar ist, daß es sich hier nicht um Plagiate handelte, sondern hier

---

[3] Betrachten wir diese Galoppaden auf dem Gebiete des »politischen Denkens« einmal genauer. *1976:* Theaterdonner von rechts, wo der »Tod von Marx« verkündet wird (der vierte nach seinem physischen Tod), und seitens der »Neuen Philosophie«; man entdeckt die Produktion, die Themen und die Stile der »non-konformistischen« 30er Jahre. *1977:* linke Erfindungen unter dem Etikett »neue politische Kultur«. Dabei handelt es sich um eine allzu banale Gleichung der Jahre nach 1910: $\frac{\textit{Sorel + Péguy}}{\textit{Proudhon}}$ als Replik auf die »leninistische Barbarei«. *1978:* Clavel und seine Freunde belustigen jede Woche mit den Bannflüchen und Sarkasmen von De Bonald und De Maistre, deren Furcht vor der Französischen Revolution, der abstrakten Vernunft und dem Terror der »dernier cri« der »intellektuellen« französischen Avantgarden werden. Der »Hurrikan« der *80er Jahre* kommt wahrscheinlich Seite an Seite mit dem »empirisme organisateur« – und Maurras verfällt dem Vergessen.

wurde bedenkenlos eine Ader ausgebeutet: mangelndes Geschichtsbewußtsein und ideologischer wie sozialer Gedächtnisschwund haben sich zugunsten der Herrschaft des »Aktuellen« in der Gesellschaft der Ideologen breitgemacht. Wir denken nicht im entferntesten daran, das zunehmende Analphabetentum in der herrschenden Gesellschaftsschicht zu beschönigen, und glauben auch nicht in seine Entwicklung eingreifen zu können, aber es kommt der Arbeit ihrer Intellektuellen sehr entgegen und wertet sie auf, indem Schritt für Schritt die Stufen der Qualifizierung abgesenkt werden. Ein Ideologe, der vor dreißig Jahren in den Augen seiner Genossen für etwas überholt gegolten hätte, würde heute in den Augen des »großen Publikums« als Neuerer auftreten können. Die alte Gemeinschaft, die ihrer institutionellen Existenzbedingungen entledigt wurde, hat einfach keine Stimme mehr im Kapitel, es sei denn, sie würde sich ihr Überleben erkaufen, indem sie ihre Stimme in den Chor der Mediokraten einbrächte.

Wenn man in der Kultur systematisch Partei für das »Neue« ergreift, ist man noch kein Neuerer, sondern ein Anfänger. Wenn man in der Politik für die Mehrheit Partei ergreift, ist man noch kein Demokrat, sondern ein Kollaborateur. Es zeigt sich, blickt man in die Geschichte zurück, sehr genau, daß die, die Widerstand leisten, und die Minderheiten, manchmal sogar die »Terroristen«, die Demokratie neu entdecken; jeder Frühling füllt die Mülleimer der Kultur mit den Erfolgen des Winters und den »Derniers-cris« des Herbstes. Was die Kaste der Geschmacksrichter im jeweiligen Augenblick dem Publikum als natürlich verordnet, nennt man Publikumsgeschmack, so wie die »öffentliche Meinung« in den Meinungsumfragen ein von den Meinungsforschern konstruiertes Artefakt ist, in dem die Antworten der Befragten schon in den Fragen enthalten sind. Wenn diejenigen die Kultur ihrer Epoche voranbringen, die widerspenstig gegenüber der Kultur dieser selben Epoche sind, dann versieht die neue Ökonomie der Kulturproduktion den Konformismus, der sich wenn möglich als Meinungsverschiedenheit tarnt, mit unvergleichlichen Waffen und einer bislang nicht dagewesenen Basis. Hier ist alles programmiert – die technischen Voraussetzungen und die werbemäßige Aufbereitung des Publikums – für eine augenblicklich zu erzielende Anerkennung bei möglichst geringen Kosten. Ein goldenes Zeitalter für die Intelligentsia also, da jeder Intellektuelle von der Anerkennung durch den anderen lebt; und ein eisernes Zeitalter für die Kreativität, denn ein Meisterwerk findet seine Bestätigung darin, daß es von den Zeitgenossen verkannt wird. Vorhersage: die Produkte werden sich verschlimmern, die Werke verschwinden.

.Man wird die Wahl treffen müssen, jemand zu sein oder etwas zu machen; ein altes Dilemma. Immer schwieriger wird es werden, zwischen Gewicht und Wichtigkeit zu wählen, zwischen dem Verkanntwerden und den Barzahlungen des Bekanntseins. Wir wissen sehr wohl, daß die »Jemand« einer Epoche mit den »Etwas« einer Epoche nicht zusammenfallen, doch wie können wir an unsere Epoche herangehen? Nicht die *großen Schriftsteller* zu Beginn des Jahrhunderts – die Päpste und Prinzen der Jugend – die Anatole France, die Paul Bourget, die Maurice Barrès haben das Feld der Literatur dieser Zeit neu bestellt, genauso wenig wie die großen Wissenschaftler, die damals in Amt und Würden waren, das diskursive Feld bestellt haben. Endlos und lächerlich wäre die Liste der *Quidproquos*, in denen die große Schriftstellerei einer Epoche jeweils meinte, deren Handschrift zu sein (sie hielt auch ihre Ideologie für Theorie). Diese, dem Zeitgenössischen innewohnenden, schon klassischen optischen Täuschung, die Zwerge zu Riesen macht und umgekehrt – welcher Marsmensch wird sich ihr morgen entziehen können? Was sich heute bei uns breit macht, ist die Ökonomie des Mißverständnisses oder die Optik des Schnitzers . . .

4. Neue Knappheit, neue Macht

Das Europa von heute befindet sich in einem Zustand des Hungers nach Symbolischem, und gleichzeitig wird es mit Kultur regelrecht gestopft. Diese Lage ist nicht paradox, denn sie bestätigt eine unter Historikern bekannte Regel: Verfallsperioden sind immer Zeiten des Überflusses. Die Werte wuchern, wenn der Wert der Werte fällt. Für den reifen Körper ist ein Wuchern der Zellen keine gute Nachricht. Die Abwertung des Sinns folgt der Inflation der Zeichen, die Abwertung der Darstellung dem Ausufern der Spektakel. Die Krise des Theaters, des Films, der Malerei, die gerade bis zum Überdruß diskutiert wird, bedeutete nie, daß es nicht genügend Stücke, Filme, Bilder gäbe, um die Nachfrage des Publikums zu befriedigen. Eher das Gegenteil ist der Fall. Hier wird aber nur vom Buch die Rede sein.

»Der Reichtum der Gesellschaften, in denen die Welt der kapitalistischen Produktion herrscht, läßt sich an einer ungeheuren Akkumulation von Waren ausmachen« – und dieses Erkennungsmerkmal wird noch stärker von denen wahrgenommen, die aus den armen Gesellschaften kommen. Wenn man aus irgendeinem Land der Dritten oder Vierten Welt kommend in den Straßen von Paris landet, erleidet man einen fast panikartigen Schock: unter den überbordenden Angeboten steht das Gedruckte in vorderster Front: Zeitungen, Periodika, Magazine, aber auch Bücher. Schwindelerregende Auslagen. Ein Wald von Titeln, die Pracht der Schutzumschläge, das Augenzwinkern der Werbeaufdrucke. Und überall um Gnade flehendes Wimmern des Berufsstandes, alle empfinden sich als Opfer, da man ihnen Gewinne unterstellt. Die Buchhändler brechen fast unter den Lasten ihrer Läden zusammen, die Verleger unter den Manuskripten, die Zeitungen unter den Ersuchen um Hilfestellung seitens der verlegten Autoren, die Kritiker unter den täglichen Pressdiensten, die Jurys unter den Romanen des Herbstes, die Schaufenstergestalter unter den Bücherstapeln und die Leser unter dieser unendlichen Lawine von Geschriebenem. Das Paris des Buches ist kein Fest mehr, sondern ein Jahrmarkt – Gutenberg hat einen Kater.

Statistisch übersetzt:

Anzahl der von den Verlegern vorgelegten Titel[1]	1962	1969	1970	1976*
Neuheiten	6019	9464	10924	10729
Nachdrucke	6603	10370	9241	11310
Insgesamt	12622	19384	21571	23363

* Statistik für 1977 d. SNE: Neuheiten 11959, insgesamt 25823

Demnach hat sich die Zahl der Titel seit zwanzig Jahren verdoppelt, obgleich gegen 1970 eine Stabilisierung erfolgte[2]. Sie war seit einem Jahrhundert stabil geblieben, nach dem großen Vorwärtsschub im Gefolge der starken Verschulung und Industrialisierung. Zur Zeit Balzacs wurden im Königreich jährlich etwas weniger als 5000 Werke veröffentlicht; unter dem Empire (1856) 8000; in der Republik aber (1889) 14000 – hier wurde eine Schwelle erreicht, die sich bis in die Mitte unseres Jahrhunderts gehalten hat. Den Exemplaren nach ist die Produktion von 180 Millionen auf 325 Millionen 1976 angewachsen, und in derselben Zeit hat sich der Umsatz im Verlagswesen vervierfacht (1976: 4269 Millionen FF). Im französischen Bücherangebot sind heute 220000 Titel lieferbar. Natürlich müßten diese Zahlen einer sehr genauen Prüfung unterzogen werden[3]. Auch die Produktion in der Kategorie der *allgemeinen Literatur* (zieht man die Taschenbücher und Krimis ab, die im allgemeinen inbegriffen sind,) hat sich stabilisiert; nach der Zahl der Titel (durchschnittlich 4500), der Exemplare (35 Millionen) und nach dem Umsatz ist dies proportional die bedeutendste Kategorie. Hier kompensiert der Zuwachs an historischen und zeitgeschichtlichen Büchern einen gewissen Rückgang im Bereich der Belletristik (Romane, Poesie, Theater, Kritik und literarische Essays). Im-

[1] ASFODEL (Association nationale pour la formation et le perfectionnement porfessionnels en librairie et papeterie), *Le metier de Libraire,* 1978, S. 20

[2] Um einen Vergleichsmaßstab zu haben: die letzte Jahresstatistik der UNESCO (von 1976) gibt für 1973 für die UdSSR 80196 Titel an, für die USA 83724, für Großbritannien 35177, für die Bundesrepublik Deutschland 48034. Die bescheidene Zahl für Frankeich ist, 1974, 26247. Aufgeblähte Zahlen durch die Ungenauigkeit der hier verwandten Kriterien, nach denen uneinheitlich Unterschiede gemacht werden zwischen Buch und Broschüre, kommerzieller und nicht kommerzieller Veröffentlichung usw.

[3] Die Statistiken des *Syndicat national des éditeurs* unterschieden folgende Kategorien von Büchern: Schulbücher; Wissenschaft; Berufs- und technische Bücher; Humanwissenschaften; Literatur; Enzyklopädien und Wörterbücher; Schöne Künste; Jugendbücher; praktische Bücher.

merhin machen die Kategorie »Literatur« (dank den Auflagen durch die Literaturpreise) und die Enzyklopädien plus Wörterbücher zusammen die Hälfte des Umsatzes im Verlagswesen (1976: 45%). Den dritten Rang nimmt seit 1975 – Zeichen der Zeit – nach Umsatzprozenten die Kategorie »Sachbücher« ein; bis dahin wurde dieser Rang von den Schulbüchern gehalten[4].

Sollte die französische Gesellschaft jedes Jahr mehr Bücher produzieren, als sie Leser hat? Seien wir unbesorgt! »Frankreich beginnt zu lesen!« So der Titel eines Wochenblatts, das wenig Neigung zeigt, einer Meinungsumfrage zu mißtrauen, die »zwischen dem 25. September und dem 6. Oktober 1978 bei einer repräsentativen Auswahl von 2000 Franzosen über 18 Jahre durchgeführt wurde.« »Unwidrrufliche Folgerung, Überraschung, sogar Staunen: der prozentuale Anteil der Franzosen, die lesen, ist um 15% angestiegen[5].« Seit welchem Jahr, welche Franzosen und welche Lektüre? – eine junge Redaktionsleitung, die unter Zeitdruck steht, hat keine Zeit, sich mit diesen Belanglosigkeiten aufzuhalten. Selbst wenn man die nicht überprüfbare Zahl für bare Münze nimmt, kann man aus ihr folgern, daß in zwanzig Jahren die Buchproduktion gegenüber der Zahl der Leser um das Zehnfache angestiegen ist. Wenn die 1960 vom Verlagswesen in Auftrag gegebene Untersuchung, die angibt, daß 57% der Franzosen lesen, nach unten korrigiert werden müßte, ändert sich nichts an der fundamentalen Tatsache, daß nur ein kleines Viertel der französischen Bevölkerung (1960 wie 1978: 22%), das der »starken« Leser, den größten Teil der französischen Buchproduktion aufnimmt. Die nationalen intellektuellen Produktionskapazitäten sind (mit der Demokratisierung der Schule, der Ausweitung der Freizeit und der kulturellen Veranstaltungen, der ständigen, wenn auch schlecht besuchten Fortbildung der Erwachsenen, die von der Umwelt ständig auf Trab gehalten werden,) in einem ganz anderen Rhythmus gewachsen als das sozial wie von der Natur eingeengte Konsumvermögen. Und da die Verleger nicht alle Philanthropen sind, hät-

[4] Diese Zahlen lassen sich nicht betrachten ohne eine gewisse Zurückhaltung. Man darf nicht vergessen, daß die Klassifikationen hier mittels eines »überfliegenden Denkens« zustandekommen und daß die Medien jede Woche aus den Umfragen spezialisierter Institute voreilige Schlußfolgerungen ziehen. Die Statistik ist hier reduziert auf vollkommen abstrakte Resultate, ganz ohne Nachdenken über deren Zustandekommen.

[5] Vgl. *L'Express,* vom 11.11.1978, S. 152. Untersuchung von Janick Jossin, Umfrage von Louis Harris. Schlagzeile auf der Titelseite. Dieses Magazin erregt sich darüber, daß 43% ganz ohne Bücher sind. Eine Untersuchung der SOFRES von 1972 kommt zu einer noch niedrigeren Schätzung von 41% der Franzosen, die nie ein Buch lesen. Wie reimen sich diese Zahlen zusammen?

ten sie die Produktion nicht erhöht, käme sie auf dem Markt nicht unter. Folglich hat sich seit zwanzig Jahren nicht nur das Volumen, sondern auch das interne Gleichgewicht dieses Marktes verändert. Eine relativ stabile Zahl von Lesern kaufen eine viel größere Anzahl von Büchern: das heißt dann tatsächlich, eine geringere Zahl von Büchern wird in einer größeren Zahl von Exemplaren erstanden, und eine größere Anzahl von Titeln in einer geringeren Zahl von Exemplaren. Das durchschnittliche Publikum des Schriftstellers (wenn er kein Star ist) sind mehr und mehr die anderen Schriftsteller: es besteht die Tendenz einer soziologischen Überlagerung von Autor und Leser. Das Drama ist, daß das Lesen und das Schreiben sich als parktische Tätigkeiten ausschließen, weil es weder geistig noch physisch möglich ist, zugleich zu schreiben und zu lesen. Die Schriftsteller sind die letzten, die die Schriftsteller lesen können, aber wenn sie einmal anfangen, sich gegenseitig zu lesen, sind sie schon keine Schriftsteller mehr: diese Aporie gibt die neurotischen Beziehungen wieder, die jeden Schriftsteller mit seinen Berufsfreunden verbindet. Von ihnen erwartet er eine Kritik, eine Beurteilung, eine Ermutigung – denn von wem sonst? Aber von mir erwarten sie dasselbe zu ihrem letzten Buch – das zu lesen, ich weder die Zeit habe noch die Lust, da ich gerade mein eigenes schreibe. Dieses burleske Drehkreuz führt zu einem sehr unbequemen Kreuzchassé unter den Mitgliedern der Bruderschaft. Unter Schriftstellern ist keine Freundschaft möglich. Auch nicht, aus anderen Gründen, unter Intellektuellen. Gleichgeschlechtliche bilden kein Ehepaar. Wenn ein berufsmäßiger Verführer auf eine berufsmäßige Verführerin trifft, kann sich zwischen ihnen alles einstellen – nur keine Liebe.

Die statistischen Angaben des Verlagswesens zeugen, wenn sie die durchschnittlichen Auflagen jedes Titels mit 14 000 bis 15 000 Exemplaren und mit 8000 die durchschnittliche Auflage eines Titels der sogenannten allgemeinen Literatur angeben, in ihrem Ernst von einer ähnlichen Komik (oder umgekehrt) wie das statistische Jahrbuch der Vereinten Nationen, das das Prokopfeinkommen Kolumbiens auf 518 Dollar (1975) schätzt, das Indiens auf 136 Dollar, mit dem einen Unterschied, daß, wenn in der kolumbianischen wie indischen Gesellschaft der Abgrund zwischen oben und unten eine ständige Tatsache ist, in der literarischen Gesellschaft es nicht immer so gewesen ist, wo der Graben zwischen den Kleinen und den ganz Großen Jahr für Jahr breiter wird. In der Welt der Bücher, wie in der Welt überhaupt, werden die Schwachen immer schwächer und die Starken immer stärker. Die Ungleichheit, die verdammte kleine Schwester des Liberalismus, wird immer größer. Ein verschämter Verleger bemerkte hierzu kürzlich: »Wir beobachten einen ärgerlichen Rückgang der Bücher, die einen mittleren Absatz haben« (J.-C. Fasquelle). Dem könnte man hinzufügen, daß dies für die Autoren noch ärgerlicher ist als für die Verleger. Die Verkaufskurven für das Gedruckte gleichen einer eingedrückten Gaußschen Glocke, konvex ist zu konkav geworden: hohler Bauch in der Mitte, beidseitig hoch angeschwollene Enden! Das Verlagswesen lebt fortan vom Bestseller. Die Verlagshäuser verteilen das Risiko auf die Weise, daß sie viele Autoren herausbringen, von denen einer sich sehr gut verkauft und neun andere überhaupt nicht. Was dazwischen liegt, verschwindet immer mehr – dieser weite Strand der 3000/10 000-Auflagen, wo einst – vor allem zwischen den Weltkriegen – sich all die bewegten, die im Bereich der Literatur und des Essays von Gewicht waren. Dieser ehrliche Durchschnitt hat fast ein Jahrhundert lang die schönsten Kleinode, die mit der Zeit zu Klassikern wurden, zusammengetragen. Fortan gilt für jedermann: Fiasko oder Boom. So will es die Homogenisierung einer Produktion, die den Gesetzen der Vermarktung unterliegt. Warum? Weil die Auswahl, die von den Massenmedien aus der Produktion des Ideologischen und Ästhetischen getroffen wird, brutal, grobschlächtig und unwiderruflich ist, und *weil es kein Mittleres gibt im Bereich der Medien,* wo, ohne Details und Nuancen, das Gesetz des Alles-oder-Nichts gilt. Ein eigenartiges Schicksal für ein »Werk des Geistes«, keine andere Wahl zu haben, als die, »sehr gut zu gehen« oder gleich nach der Geburt zu sterben. Genauer: entweder die Maschine setzt sich in Gang, der Schneeball kommt ins Rollen; man spricht davon, weil man davon spricht, weil man davon spricht und so fort: das Medium geht zum Medium, die Zelebrationen zu den Zelebritäten wie das Geld zu den Reichen. Oder es bewegt sich nichts. Aus dem einfachen Grund: die Medien kennen keine Abstufungen. Ganz im Gegensatz zur Natur, wo laut Buffon alles stufenweise erfolgt, und zur Wahrheit, die nach Constant nur in den Nuancen liegt. Statt zu diversifizieren, uniformiert die Konkurrenz. »Hat« einmal ein Autor den *Express,* kann er sicher sein, auch den *Observateur* zu »haben« und damit *Le Point,* denn das andere des Mediums ist das gleiche, und der Horizont des *Express* ist der des *Observateur* oder umgekehrt. Für die Medien ist die objektive Welt – das, worüber es etwas zu sagen gibt, – das, was die anderen Medien sagen. Hölle oder Paradies – wir werden fortan in diesem verhexten Spiegelhaus leben müssen, wo ein Spiegel den anderen reflektiert und der Schatten in den Schwanz des Schattens beißt. Hier wird die perverse Rückwirkung der Herrschaft der Medien auf die Medien selbst offenbar. Sklaven der eigenen Herrschaft, bilden sie sich zurück, indem sie sich selbst einwickeln: eine Implosion. In der Vergangenheit hörte gewöhnlich ein Journalist von seinem Chefredakteur: »Du solltest etwas über das da schreiben: das scheint interessant, und niemand spricht darüber.« Heute wird derselbe Journalist vom selben Chefredakteur hören: »Nein, das ist uninteressant, niemand spricht davon.« Oder auch: »Warten wir ab, was die anderen sagen.« Jede Verwerfung in den Medien kehrt, ohne daß man es wahrnimmt, die alte Welt von oben nach unten. Wie den Einklang herstellen und gleichzeitig die Tonarten variieren: diese ungewöhnliche Harmonielehre läßt das ganze Publikum auf einer einzigen Tanzfläche tanzen, zum gleichen Rhythmus der Polemik einer Affäre, der Sendung der Woche bis zur »Offenbarung« des Tages, über das Buch des Monats hin zum Mann des Jahres, alles unter dem Stab eines Dirigenten, der schon geraume Zeit heimlich das Pult verlassen hat: dank der Trägheit, spielt sich das von allein. Die Stolzen, die sich weigern, in den Tanz einzutreten, werden es auf sich nehmen müssen, »ewig der Ziehung einer Lotterie beizuwohnen, zu der sie kein Los haben.« (Chamfort)

Jenseits der Wahrscheinlichkeiten eine Gewißheit: in der französischen Gesellschaft, wo doppelt so viel Bücher produziert werden wie vor zwanzig Jahren, wird auch die Hälfte weniger Zeitungen hergestellt[6]. Wuchern der ideologisch-kulturellen Produktion, Schrumpfen der Kritik- und Verbreitungsorgane. Es gibt immer mehr, um den Trichter zu füllen, doch dessen Durchmesser wird immer kleiner. Daher rührt die funktionelle Hypertrophie der Vermittler. So wie sie den Trichter am richtigen Ort und zum richtigen Zeitpunkt plazieren, haben die Produzenten zu Recht oder umsonst gearbeitet. Man schreibt, um gelesen zu werden, ungeheuer viel und weit gefächert. Aber das schon begrenzt lesewillige (kaufwillige) Publikum orientiert sich auf die Produkte hin, die ihm die sortierenden und kanalisierenden Apparate, zu denen es täglich (Funk/Fernsehen) oder periodisch (Wochenzeitungen/Magazine) Kontakt (und damit Vertrauen) hat als seinen Bedürfnissen entsprechende empfehlen. Im Apparat der Informationsträger, der geeignet ist,

[6] Das ist eine *façon de parler.* Hier die Zahlen für Paris: von 1960 bis 1975 sank die Auflage der Tageszeitungen von 4068304 auf 3116235, ihr Verkauf von 3309752 auf 2364424 Exemplare. Mit 9,6 Millionen Exemplaren hat die gesamte französische Tagespresse 1975 noch nicht das niedrigste Niveau nach der Befreiung erreicht (1952), und seit 1945 sind von 203 Blättern 70 verschwunden. In Paris gab es 1914 sechzig Blätter, 1939 dreißig, und gegenwärtig sind es etwa zehn. Allein die Gruppe Hersant kontrolliert knapp die Hälfte aller französischen Zeitungen.

die soziale Nachfrage nach Kulturgütern auf das eine oder andere Produkt hin zu kanalisieren, hat sich in der letzten Zeit eine derart drakonische Konzentration vollzogen, daß die unter den Werken des Geistes zu treffende Auswahl – unter denen, die überleben werden, weil sie ein Publikum finden, und dem Fußvolk derer, die am Schweigen zugrunde gehen werden, – genauso drakonisch vorgenommen wird. Vierzig Mediokraten (allerhöchstens) haben die Macht, über Leben und Tod von vierzigtausend Autoren zu entscheiden. Für diese heißt ein Buch veröffentlichen: sich dem Gericht der Vierzig auszuliefern, wobei das Schweigen der Jury das Todesurteil bedeutet. Aber die Juroren haben weder die Zeit noch den Raum, um jedem Angeklagten ein angemessenes Urteil zukommen zu lassen! Das Mißverhältnis zwischen den verfügbaren Kanälen und dem zu kanalisierenden Produktionsvolumen; zwischen einem immer größeren Angebot und einer im Wachstum begrenzten Nachfrage; zwischen den eingegangenen Werken und dem knappen Raum (oder den begrenzten Sendezeiten in Funk und Fernsehen), die der Buchkritik oder Vorstellung der Autoren gewidmet sind, diese Disproportionalität macht ein Selektionsprinzip praktisch unvermeidlich: »Man kann nicht von jedem im gleichen Augenblick sprechen.« Aber die Inhaber der Exekutionsgewalt dieses Prinzips halten die Wirklichkeit der Macht in ihrer Hand. Für die Arbeit des einen wie des anderen sind sie das unvermeidliche Sieb, durch das das Ereignis vom Nicht-Ereignis, das Sein vom Nichts, das Nützliche vom Absurden getrennt wird. Immer mehr werden die Dezidierenden zu Dezimierenden. An der Spitze dieses »Unterscheidungsapparates« (Péguy) halten die Mitglieder dieses Mikromilieus in doppelter Funktion den strategischen Platz im »Dispatching«: die Trennwände im beruflichen Milieu der Intelligentsia zu entfernen (zwischen den Wissenschaften, Künsten, dem Theater und genauer: den Mathematikern, Ärzten, Biologen, Romanautoren usw.), indem sie den Umlauf der Nachrichten zwischen den einen und den anderen in Gang bringen; und die Schranken zu beseitigen, die jeden in diesem Mikromilieu vom Publikum der ehrenwerten Leute (und bei gegebenem Anlaß, über das Medium des Fernsehens, vom größtmöglichen Publikum) trennen. Kurz, wenn für einen Autor das Publizieren darin besteht, einen Brief zur Post zu geben, der an seine Zeitgenossen adressiert ist, so wird das Verteilerzentrum der Medien darüber entscheiden, ob er bei seinen unbekannten Adressaten ankommt oder nicht, oder genauer: ob die Adresse auf dem Umschlag in Klarschrift erscheint oder unausgefüllt bleibt. Die Zeitung *Le Monde* versieht auf ihrem, dem höchsten, Niveau dieses doppelte Amt: das offizielle Bulletin der französischen Gesellschaft dient zugleich als Briefkasten zwischen der hohen Intelligentsia und den hohen Staatsbeamten, durch dessen Vermittlung sie sich täglich übereinander informieren, ihre Forderungen formulieren oder Anträge erwidern können. Jeder in Frankreich, der in der Politik, als Intellektueller, als Wissenschaftler oder als Künstler, den Status einer öffentlichen Persönlichkeit genießt (oder ihn anstrebt), weiß sehr genau: ein Ereignis, eine Stellungnahme, ein Kommuniqué, eine Erklärung existieren erst dann, wenn *Le Monde* sie durch eine Veröffentlichung aktenkundig gemacht hat. *Le Monde* ist also die Meldebehörde für alle symbolischen Produktionen, die auf dem Territorium der Nation herausgegeben werden (oder als Übersetzungen eingewandert sind). Wer *Le Monde* kontrolliert, besonders *Le Monde des Livres* und *Le Monde des Spectacles,* hält alle Aspiranten auf das Leben in seiner Abhängigkeit. Zehn Männer und Frauen entscheiden über 5000, je nachdem, ob sie sich deren Schicksal zuwenden oder nicht. Viel Abfall. 1976 gab es ungefähr 6000 Neuerscheinungen (Humanwissenschaften und Literatur); ungefähr 4000 gingen dem *Monde des Livres* zur Ratifizierung zu. 881 waren Gegenstand eines Artikels (oder einer »Taufurkunde«), 768 erschienen lakonisch im Geburtenregister, den das »Soeben erschienen« darstellt. Der Rest: Krematorium. *Le Monde des Livres* hat sieben Festangestellte (einen Abteilungsleiter, einen Feuilletonisten, Rubrikverantwortliche und Redakteure); hinzu kommen dreißig Chronisten und Mitarbeiter, die aus der hohen Intelligentsia ausgewählt werden. Das erlauchteste Sieb der Siebe ist aber noch nicht das selektivste. Das Fernsehen, vulgärer, aber um so wirkungsvoller – ohne es wäre kein Bestseller mehr vorstellbar –, ist noch viel strenger. Dort wird (gegen den Strich!) dezimiert: dort erhebt sich jeder Triumphator über den unsichtbaren Leibern von neun seiner lieben Kameraden der Feder.

Wo die größte Knappheit herrscht, ist die Stätte der Macht. Die Verknappung der großen Kommunikationsmittel – oder, auf gut französisch, das Strangulieren durch den Engpaß – hat in der Sphäre der Medien die Stätte der intellektuellen Macht unabänderlich verlagert. An den Universitäten gibt es 15 000 Assistentenstellen, bei den Verlagen gibt es 300 Stellen für Berater, Referenten und Leiter von Buchreihen, in den Massenmedien aber nur dreißig wichtige Posten für Leitartikler, Korrespondenten oder Kritiker; dort wird die Position nicht über den Wettbewerb vergeben, sondern über »Beziehungen«. Jeder Posten ist also teuer (und um so teurer, als der Wert nicht arithmetisch bestimmt wird, sondern algebraisch, denn bei den strategischen Berechnungen hat die Algebra das Wort). Die Hochschullehrer produzieren Manuskripte, die Angestellten der Verlage korrigieren sie und machen daraus Bücher, doch an der Einmündung in die Medien entscheiden sich die Absatzmöglichkeiten. Je stärker der Andrang am Eingang zum System, um so härter sind die Kämpfe um den Einfluß auf die Kontrolle über die Wehre und Abflüsse. Der komplexe Bewertungsprozeß ist radikal, und da die Plätze in den Rettungsbooten immer knapper werden, werden immer mehr für einen Platz in ihnen sich gegenseitig umbringen müssen. Die Sättigung des intellektuellen Marktes, wie sie in einem hochzivilisierten Land (oder einer Hauptstadt) wegen der außergewöhnlichen Dichte an Talenten, Sachkenntnissen und Ambitionen gegeben ist, schafft die Voraussetzungen für eine bislang nicht erreichte Grausamkeit in den Sitten der Intelligentsia. Je weiter ein Land »kulturisiert« ist, desto wilder sind seine Intellektuellen. Nur die großen wilden Tiere überleben. Wenn ich nicht die anderen erwürge, muß ich selbst ersticken; und will man in diesem Dschungel überleben, muß man töten. Will man groß werden, muß man die anderen niederdrükken, will man sich nach vorne drängen, muß man die anderen vertreiben. Niemals gab es in Frankreich oder woanders Platz für zwanzigtausend berühmte Autoren, und gäbe es zwanzigtausend Berühmtheiten, wäre niemand mehr berühmt. Die Träger, die den Ruhm verleihen, sind knapp geworden, und damit sind die Einsätze in die Höhe gestiegen. Die Massenmedien sind exklusiv, sie bauen auf die Persönlichkeit und nicht auf die Solidarität eines Kollektivs. Da ist die typisch französische Konzentration der Konsekrationsinstanzen in wenigen Händen (hundert tagein tagaus laufende Fernsehprogramme dagegen in den USA, 150 private Sender in Italien usw.). Das führt zu diesem ständigen Kampf um Anerkennung – Schicksal des Intellektuellen, dieser Kampf auf Leben und Tod, um einen kleinen Happen von den Medien herauszureißen. Darauf wird sich in Zukunft die Karriere eines Intellektuellen in Frankreich beschränken. Dieser Brocken ist zum alleinigen Wechselgeld geworden, mit dem ich in den Umlauf, zur Umsetzung meines persönlichen Tauschwertes gelange. Über die Verletzungen des gemeinen Rechts in der Konsumgesellschaft schreibt Maschino: »Da sie auf der Ungleichheit gründet, ständig das Verlangen nach Besitz reizt, ohne allen die Möglichkeit zu geben, es zu befriedigen, muß sie notgedrungen ihre Rechtsbrecher hervorbringen.« Da auch die Institution der Massenmedien auf der Ungleichheit fußt und es ihre Aufgabe ist, sie zu reproduzieren und zu vertiefen, indem sie ständig das Verlangen reizt, in ihnen aufzutauchen, ohne daß allen die Möglichkeit gegeben werden kann, es zu befriedigen, ist es unvermeidlich, daß sie ihre intellektuellen Delinquenten, ihre Fälscher und Diebe, Plagiatoren und Sophisten hervorbringt. Nur, die intellektuellen Delinquenten sprechen selbst Recht und bestimmen die Normen. Ihre Vermehrung gehorcht denselben Gesetzen der Anziehungskraft wie die Zusammenballungen in den Randgebieten der Städte.

Noch nie hat man Schriftsteller gesehen, die alle Hebel in Bewegung setzten, um ihren Namen auf den Katalog ihres Verlegers zu bringen oder in die *Bibliographie de la France* aufgenommen zu werden; so wenig wie Wähler, die handgreiflich werden, um in den Wählerlisten ihrer Gemeinde aufgeführt zu sein. Dagegen soll es Leute geben, die ihres und der Wähler Leben vergiften, um auf die Kandidatenliste zu kommen, und Wahlkandidaten, die Tag und Nacht kämpfen, um zwei Minuten in den 20-Uhr-Nachrichten zu ergattern. Gleiches kann man täglich im Milieu der Intellektuellen beobachten, wenn es darum geht, seinen Namen auf die erste Seite zu bringen oder seinen Kopf auf den Bildschirm. Candide beim Denken.

Der jährliche Katalog oder die monatliche Mitteilung, in denen der Verleger die Liste seiner Publikationen bekanntmacht, ist keine feste, sondern eine dehnbare Größe: taucht zusätzlich zu den Vorgängern ein neues Genie auf, genügt es, wenn eine weitere Seite angefügt wird, und das ist dann ein Platz an der Sonne mehr. Wahrscheinlich empfindet dies deswegen kein Schriftsteller als Beförderung, wenn er seinen Namen und sein Photo in alphabetischer Reihenfolge vorfindet. Allein die Tatsache, daß alle seine Kollegen aufgeführt sind, macht ihn nicht interessant für die anderen. Kurz, der Anteil an der Druckfläche ist zur Zeit keinen Einsatz wert, noch ist er ein Mittel im Kampf um Macht. Sehr schnell würde sich das ändern im Falle einer Papier- oder Druckerschwärzeknappheit. In manchen unterentwickelten (sozialistischen wie nichtsozialistischen) Ländern macht die objektiv eingeschränkte Produktionskapazität der Druckereien (Mangel an Fachkräften oder hohe Papierkosten) einen einmaligen Druck einer Gedichtsammlung zu einem hierarchischen Symbol des Ansehens und zu einem Erfolgskriterium. In einem fortgeschrittenen kapitalistischen Land kann jeder drucken lassen, was ihm beliebt, und wenn es sein muß, auf Kosten des Autors, als Gabe für die Freunde, oder um die Familie zu überraschen. Die Chancengleichheit auf dieser Höhe müßte eigentlich die Demarkationslinie verschieben: nur bislang wurde noch kein Autor von der »Pensée

Universelle« als Gast bei Pivot gesichtet, und keiner hat bislang den Kulturkommentar beim *Observateur* verfaßt.

Gleichgültig welche Faktoren ursächlich für die Knappheit sein mögen – im vorliegenden Fall die der großen Einflußmedien – und auch wenn sie wucherten: der Wettbewerb in der Intelligentsia würde nie aufhören, einfach weil er einen »ewigen« Einsatz hat: die Zeit. Die kulturelle Macht besteht, wie die der anderen, in der Macht, die Zeit der anderen zu besetzen. Für den, den man Kulturkonsumenten nennt, ist die Zeit eine natürliche Voraussetzung, und zwangsläufig ist sie knapp. Ihre relative Dehnbarkeit ist eine Seite und ihre absolute Begrenztheit eine andere; beides widerspricht sich nicht. Das Verhältnis von Freizeit und Arbeitszeit hat sich ständig verschoben und wird sich auch in Zukunft verändern, und zwar nach Maßgabe des technischen Fortschritts (Produktivitätszuwachs) und der Klassenkämpfe (Arbeitszeitverkürzung). Und je größer die sozial verfügbare Zeit sein wird, um so größer werden die Absatzchancen für die Kulturproduktion. Aber auch keine noch so vollkommene Konsumgesellschaft wird jemals eine 25. Stunde dem Tag hinzufügen können oder jemandem die Fähigkeit verleihen, simultan zwei Videogeräten oder dem Empfang von zwei Fernsehprogrammen allerbester Qualität, die zur gleichen Zeit ausgestrahlt werden, zu folgen. Sie kann den bestehenden neun Programmen ein zehntes hinzufügen, das heißt die Auswahlmöglichkeiten erhöhen, aber nicht die Quantität der Konsumzeit vergrößern. Das liberalste Fernsehen kann nicht die Notwendigkeit umgehen, von Natur unterschiedliche Sendezeiten zu verteilen: selbst wenn alle »Kreativen« das gleiche Recht auf Zugang zum Fernsehen hätten, muß es immer noch denjenigen geben, der die besten Zeiten von 20.30 Uhr bis 21.30 Uhr, die mit der höchsten Einschaltquote, also die mit dem höchsten Einfluß, daher die begehrtesten als Mittel und Instrumente der Hegemonie, verteilt. Wetten können eingegangen werden, daß keine freie, demokratische (usw.) Absprache zwischen Autoren und den Realisatoren das Problem lösen kann, wie man ein Gut gerecht verteilen kann, dessen Verteilung eine neue Ungleichheit schafft. Der totale Mangel hat den Totalitarismus zur Folge und der relative Mangel ein durch die Gewerkschaften gemildertes autoritäres Regime. Es wird nie einen Zeitüberfluß geben, und der Kampf um die Macht wird nie ein Ende nehmen, am wenigsten unter den Produzenten der Güter, deren Wert nur über den Konsum an freier Zeit zu realisieren ist. Der Mond, der um die Erde kreist, die Erde, die um die Sonne läuft, können sich auch weiterhin über die Einfalt belustigen, mit der uns eine Revolution im audiovisuellen Bereich angekündigt wird, die die totale Demokratisierung der Information und den freien Zugang für alle zum Bildschirm, der uns als der Schlüssel zur Emanzipation des Menschengeschlechts ausgegeben wird, schüfe.

4. Kapitel

Die Akustik als Leitfaden

1. Technologie des Einflusses: »Der Ehrgeiz«

2. Elemente für eine Literaturgeschichte

3. Dynamik des Einflusses: »Die Korruption«

1. Technologie des Einflusses: »Der Ehrgeiz«

1978, Hongkong. Ein junger chinesischer Flüchtling trifft einen westlichen Journalisten.

»Ich bereitete mich auf die Universität vor, als plötzlich die Kulturrevolution ausbrach. Ich habe mich sehr aktiv an ihr beteiligt. Nachdem sie beendet war, wurde ich wie die Mehrzahl der gebildeten Jugend des Landes zur Feldarbeit in ein verlorenes Nest geschickt. Das heißt, mit der Oberschule endete meine Schulbildung.

– Betrachten Sie sich dann nicht als Intellektueller?

– Doch, denn ich bin bestrebt, durch das, was ich schreibe, die Leute zu *beeinflussen.*[1]«

Welch bewundernswerte Dichte. Hier wird am anderen Ende der Welt die Wahrheit des Abendlandes ausgesprochen. Nicht das Ausbildungsniveau macht den Intellektuellen, sondern das Vorhaben, »die Leute zu beeinflussen«. Dieser moralische Vorsatz ist in seiner Substanz politisch: er zielt darauf ab, die anderen zu lenken, das heißt die Richtung zu korrigieren, die von anderen schon eingeschlagen worden ist. Als *Meinungsdirektorium* befindet sich die hohe Intelligentsia, auch wenn sie sich noch so als unpolitisch verstehen will, notwendigerweise im Wettstreit mit den anderen politischen Kräften. Zwei Fälle zur Illustration: in China (und in ähnlichen Regimen) macht die einheitliche Richtung den Parteistaat zum einzig möglichen Direktorium: von Natur aus ist der Intellektuelle ein Feind, der vernichtet werden muß, denn von seiner Funktion her brütet er die Keime des Separatismus und der Spaltung aus. Im Abendland, wo der Staat auf der Aufgabenteilung in der Lenkung beruht, ist (seit der letzten historischen Periode) die Errichtung eines intellektuellen Territoriums möglich, das mit einem internen,

[1] Henri Leuwen, *Le Monde,* 26./27.2.1978

unabhängigen Regime ausgestattet ist; innerhalb der Grenzen und unter den Bedingungen der Souveränität des Staates. Eine föderative Lösung, die eine Koexistenz ermöglicht, ohne Spannungen auszuschließen.

Man könnte also von einer Geographie der Weltintelligentsia ausgehen, die institutionell und politisch zu differenzieren wäre. Vor allem erschiene eine Geschichte der Intellektuellen, bezogen auf ein bestimmtes geographisches Feld, möglich, die in der Geschichte der den Intellektuellen in einer Epoche zur Verfügung stehenden Beeinflussungsmittel und Möglichkeiten bestünde. Dies wäre Gegenstand einer angewandten Mediologie. Um Einfluß ausüben zu können, muß man vor allem die Macht haben, daß man gehört wird (oder das Wort bekommt oder gesehen wird), also den Zutritt zu den Orten oder Weisen haben, die den *besten Empfang* gewährleisten; eine Voraussetzung, die überall Gültigkeit hat. Der Wille, zu den Menschen zu »sprechen«, ist zeitlos, aber das öffentliche Wort hat seine Geschichte, und zwar die Geschichte seiner Resonanzkörper. Die Zoologie endet dort, wo die Mediologie beginnt. Wegen der Akustik verläßt die Gattung der Intellektuellen volljährig den Garten Eden. In Richtung Schlachtfeld. Der Elfenbeinturm existiert nur in der Phantasie der Künstler. Die Geschichte der Akustik ist nicht die Geschichte der Musik. Sie handelt vom Lärm und vom Tosen; sie handelt von dem in jeder Epoche jeweils besten Kanal für die Rede. Das will heißen: dem, der den größten Lärm und das größte Tosen verursacht. Der Mann des Einflusses ist eine Spezies der Gattung des Mannes der Aktion. Die Ausübung der symbolischen Gewalt ist ein Ersatz für die Gewalt an sich. In Zeiten des Krieges handeln die Menschen gegenüber Menschen auf Grund von Befehlen, und Entscheidungen fallen in der physischen Auseinandersetzung. In Zeiten des Friedens findet dieses Handeln seinen Ausdruck in der »Überredung«, im »Prestige« und in der »Autorität« und wird auf dem Kampfplatz intellektueller Konfrontationen entschieden. Zutritt zu diesen Entscheidungsstätten zu suchen, nennt man »Ehrgeiz« (»ambition«).

Doch zwangsläufig sind diese Stätten überfüllt. Deswegen das Handgemenge, die Blessuren, Berechnungen und Geschwüre. Im großen und ganzen bricht der Zustrom zu diesen Entscheidungsstätten nie ab. Auch in stillen Zeiten wird da geschoben und gedrängt. Dies entspricht der Logik, und die Geschichte Frankreichs liefert die Bestätigung dafür, daß die Kämpfe um den Einfluß im Frieden viel intensiver geführt werden als in Kriegszeiten. Wenn diese Kämpfe heute unter dem Volk der

Intellektuellen so beklemmend geworden sind, dann deshalb, weil Europa, und besonders Frankreich, eine Periode internationalen wie inneren Friedens durchläuft, die schon anormal lange anhält. Die Gewalt findet keine Möglichkeit mehr, sich nach außen zu wenden; sie ist auf engsten Raum beschränkt und verbeißt sich in mindere Streitobjekte, die immer entscheidender werden. Die Männer der Tat sind unter diesen historischen Bedingungen arbeitslos, sie nützen ihre Bremsen ab, und die Männer von Einfluß schieben sich in den Vordergrund der Szene (oder an die Oberfläche des Korbes); ohne mit der Umschichtung in umgekehrter Richtung zu rechnen: viele Männer der Tat und Organisatoren finden, da es ihnen an Betätigungsmöglichkeiten mangelt, eine Kompensation im Bereich der Einflußnahme und mischen sich, in Ermangelung eines Besseren, ins intellektuelle Schlachtengetümmel. Ein Schattenkampf oder ein Kampf mit dem Schatten? Zweifellos. Aber er wirbelt Staub auf (der alles verschmutzt und sich überall festsetzt), denn wenn die Kriegszeiten mit der Erhöhung der Einsätze den Zusammenhalt verstärken, verleihen sie auch der Gemeinschaft und den überindividuellen Werten wieder Ansehen. Der Frieden isoliert und pulverisiert, wirft das Individuum auf sich selbst zurück – und läßt damit die Individualität des Intellektuellen zu höchsten Kursen an der Börse der sozialen Werte steigen. Krieg wie Revolution bedeuten Zeiten großen Unglücks für die Gattung der Intellektuellen – nicht nur weil alles, was die soziale Kohäsion erhöht, zugleich die Toleranzgrenze für das Individuelle senkt, sondern weil ihr Monopol im Symbolbereich vereinnahmt wird und sie es an andere verlieren. Der Frieden und die Perioden reaktionärer Ruhe dagegen bieten der Gattung die besten Umweltbedingungen für ihr Wachstum und ihre Vermehrung. Da kämpfen dann die Leute des Einflusses mit offenem Visier, jeder unter seinem Banner, ohne Uniform und ohne *roi de Prusse*, ohne unredliche Konkurrenz. Alleinige Herren des Terrains, da ja das Wort herrscht. Dann sind sie die »Leute, die zählen«. Endlich können sie aus allernächster Nähe schießen, mit ihren eigenen Waffen. Wer könnte mit Worten besser zielen als die Literaten? Häufig berauschen sie sich am eigenen Kredit, wobei sie in ihrer Trunkenheit, in ihrer *»ubris«* vergessen, daß sie den Kredit allein dem Staat verdanken, weil er sie mit Autorität ausstattet, denn die Mittel und Vektoren ihrer Autorität sind in der Kontrolle des Staates (heute in Frankreich: Radio/Fernsehen/Druckmedien). Die Konzessionsinhaber des Einflusses halten sich natürlich für die rechtmäßigen Inhaber, aber ihre Wechsel werden von der *Banque de France* rediskontiert; doch sie ziehen es vor, dies nicht zu wissen. Diese Transferperioden, in denen das politische Gravitationszentrum von der Zwangsausübung zur Hegemonie übergeht, bedeuten nicht einen Rückzug des Staates, eines Monstrums, das von Tausenden weißer Hände in den Schatten gedrängt wird, sondern eine andere Funktionsweise des Staates. Wie sagte es im Staatsfunk ein Staatsmann (im Dezember 1978), als er zu einer neuen intellektuellen Mobilmachung der »gaullistischen« Kräfte aufrief: »Seit 1968 muß die Regierung überzeugen und verführen; sie kann nicht mehr verordnen.« Überzeugen und verführen – das ist genau der Beruf der Männer des Einflusses. Und die Leute in diesem Beruf hatten auch kaum jemals eine so beneidenswerte Position: da sie in der Regierung sitzen, ist es folgerichtig, daß sie auch keinerlei Interesse daran haben, daß sie wechselt. Keine Regierung könnte dem Meinungsdirektorium gegenüber wohlgesonnener sein als die augenblickliche Regentschaft des Bürgertums. Denn letzteres verfügt in der Tat selbst nicht über die intellektuellen Mittel für seine Politik – bedenkt man seine Armut an symbolischem Kapital. Folglich muß dieses Regime auf Kredit leben; deshalb die komplementäre Aufgabenteilung, die Delegation der Macht und der Austausch von Höflichkeiten; noch nie haben die großen französischen Massenmeinungsträger (Radio, TV und Zeitschriften) der hohen französischen Intelligentsia die Tore so weit geöffnet. Politischer Ehrgeiz ist ein intellektueller Ehrgeiz oder überhaupt keiner. Konsequenz: selten war der intellektuelle Ehrgeiz, in seinen Antrieben und Auswirkungen, so unmittelbar politisch wie gegenwärtig. Selten auch ist die kulturelle Technologie, wie in unserer Epoche, derart an die Stelle der politischen Technologie getreten. Wenn wir von »Technik« – und der Geschichte der Technik – sprechen, hören wir nicht auf, von Politik zu reden, aber an der Wurzel der Dinge verschwimmen die Worte.

Man könnte sehr gut die Geschichte der Hegemonie als eine Geschichte des persönlichen Ehrgeizes durch die Zeitalter und Kulturen hindurch verfassen, und zum Teil wäre das die Geschichte des Staates. Am Rande der napoleonischen Kriege schwankte noch der kleine Julien Sorel zwischen dem Rot des Empire und dem Schwarz der Restauration. Leutnant bei den Husaren oder Hofkaplan? Gendelettre oder Gendarm? Andere, im selben Alter, werden sich nach einem anderen Krieg fragen: Pilot oder Romancier? Die Antwort auf derlei Zweifel gibt das Wesen der Zeit mindestens zum gleichen Teile wie die Natur der Individuen. Welcher Bursche würde heute noch in welcher Franche-Comté, wie Julien, von diesem »schönen Priesterstand, der alle Wege öffnet«, träumen? Zwanzig Jahre nach dem Liebhaber der Madame de Reynal lag es schon näher, in einer Provinzstadt davon zu träumen, »Schriftsteller« zu werden; es war ein Beruf geworden (man kann von seiner Feder leben) und eine Position (eine privilegierte und umkämpfte). Das Priestertum war in der Zwischenzeit zu einem engen Pfade geworden. Als Poet in Angoulême träumt Lucien davon, Hugo in Paris zu sein. Der Traum erleidet Schiffbruch, und schon ist er Walter Scott: er schreibt einen schlechten historischen Roman. Was soll der Mißerfolg: er wird Literaturkritiker bei einer großen Zeitung. Das war sehr gefragt. D'Arthez hatte Rubempré, als dieser noch um seinen saint-simonistischen Schriftstellerzirkel herumflatterte, gesagt: »Du wärst so beglückt, Macht auszuüben, die Macht über Leben und Tod der Werke des Denkens zu haben, daß du in zwei Monaten Journalist würdest. Journalist sein heißt, mehr als Prokonsul in der Republik der Literatur zu sein.« Berücksichtigt man die kurzen Fristen, die er sich selbst gesetzt hatte, die Tatsache, daß er die Einsamkeit nicht ertragen konnte, und seine neurotischen Ängste, dann fand Lucien im Journalismus dieses Optimum an sozialem Einfluß; alles andere zählte für ihn nicht. Aber die Dinge ändern sich und mit ihnen die Profile der Karriere, die Berechnung der Gratifikationen, die Stufen des Einflusses. Geht man davon aus, daß der Bedarf an hohen Ämtern konstant ist, so ändert sich doch das Angebot je nach den materiellen Mitteln der jeweiligen doktrinären Autorität. Diesen Markt regelt der jeweilige Stand der technologischen Entwicklung. Er dient den ehrgeizigen Jünglingen als Nährboden für ihre geheimsten Wünsche und als roter Faden zum »Traumland« der verkannten Talente. Die Machtträume der »Gezeichneten« werden in den Netzen der sozialen Kommunikation geordnet und stoßen, ohne daß dies ins Bewußtsein träte, auf gewisse Grenzschwellen ihrer akustischen Kapazität. (Diese sind wiederum von den Produktivkräften ihrer Zeit abhängig.) Aber in der darauf folgenden Periode werden sie überwunden. »Die Verdrängung der Kultur durch die Technik« (Aron): ein unverwüstliches Klischee. Kein technisches System »verdrängt« ein kulturelles Vorhaben: es modelliert und organisiert es.

Welche Schwellen und in welchen Räumen? Darauf hat der »Intellektuelle« die Antwort zu suchen – als Zielsuchkopf der Macht. Es gibt keinen besseren Jagdhund als den »Wachhund«, um uns auf die Spur zu dem Ort zu bringen, wo vergleichsweise am besten die ideologische Lenkung einer Gesellschaft ausgeübt werden kann. Zu der Tribüne, von der das Wort am lautesten schallt und am weitesten dringt; von der aus der Herr des Diskurses die Prinzen von gleich zu gleich befragen kann, wo er die Bedeutenden zum Nachdenken bringen und die Schönen schaudern lassen kann. Der Ort, an dem die Asymmetrie zwischen dem Sender und dem Empfänger von Botschaften am größten ist – das ist der Ort der Macht; begeben Sie sich dorthin, Sie können sicher sein, dort die »großen Intellektuellen« des Augenblicks anzutreffen. Die Meistgesehenen und die Meistgehörten, denn dieser Ort hat sowohl die besten sozialen Sichtverhältnisse als auch die beste Resonanz. 1680 war es die Kanzel in der Kirche; 1750 die Bühne des Theaters; 1850 das Katheder des Professors; 1890 der Anwaltsstand; 1930 die erste Seite einer Tageszeitung; 1960 die Chefredaktion eines Nachrichtenmagazins; 1980 die Produktion einer Fernsehsendung. Die Periodisierung ist willkürlich, eher symbolisch als informativ. Jedes politische Herrschaftssystem hat seine Sprachrohre und seine privilegierten Festungen. Das *religiöse,* als *omnis potestas a Deo:* die Kirche, die Kathedrale, das Kloster, in denen die Stimme Gottes ihre ganze Macht entfaltet und auf ihren Träger zurückgeworfen wird. Das *ethisch-juristische,* wenn der Rechtsstaat sich etabliert: den Hörsaal, in dem der Geist der Gesetze verkündet wird, das Parlament, wo darüber abgestimmt wird, den Gerichtssaal, in dem sie angewendet werden. Das System der *Massenmedien,* wenn Gott und das Recht sich vor den notierten und chiffrierten Meinungen zu beugen haben, wenn die Ökonomie der Güter, Dienste und Leistungen die politische Entscheidung normiert: dann wird die Macht und der Einfluß am Bildschirm gewonnen oder verloren.

Jedem Typ einer Akustik entspricht eine Rangordnung kultureller Leistungen: den ersten Rang halten der Reihe nach: die geweihte Eloquenz; das Drama oder die Tragödie; die Vorlesung oder der Vortrag; der Leitartikel oder der Kommentar; die Ansprache oder die Debatte im Fernsehen. Ein Leistungsindex, den jede Epoche mit einem Gesicht, mit einem Namen versieht und der Generationen von Klerikern, Gelehrten oder Intellektuellen als Identifikationsmodell dient. Dem heiligen Thomas oder dem heiligen Bernhard; Bossuet oder Bourdaloue; Beaumarchais oder Voltaire; Villemain, Guizot oder Michelet; Zola, Clemenceau oder Daudet; Sartre, Malraux oder Camus; heute den Stars der Medien. Keiner dieser Orte, Arten oder Symbole annulliert die vorangegangenen oder die Konkurrenten; sie deplazieren und deklassieren sie. Dies notgedrungen, weil an dem Ort mit der besten Akustik nicht für alle Platz ist: deswegen hat die Möglichkeit des Zugangs zu diesem bevorzugten Ort die Rolle übernommen, innerhalb der Ordnung die hierarchische Gliederung aufzubauen, die zum Gegenstand interner Kämpfe wird, zum Erfolgskriterium und zum Mitgliedsausweis. Die Macht der Intellektuellen besteht in der Tatsache, dort gegenwärtig zu sein, den Zugang zu kontrollieren und dessen Monopol zu halten. Könnte jedermann aus der Intellektuellenschaft sich dort aufhalten, würde dieser Ort schnell seine entscheidende Rolle verlieren. Er ist also *ipso facto* der Ort, an dem die Selektion am drakonischsten ist. Dort, wo die größte Hörerschaft und der beste Empfang gegeben sind, ist auch der magnetische Pol, der das magnetische Feld der intellektuellen Kräfte des Augenblicks strukturiert. Zum Treffpunkt der Apparate der Hegemonie ist alles, was zählt, eingeladen; gerade weil wenige auserwählt sind. Um diese wenigen sehen, lesen oder hören zu können, schiebt und drängt sich alles. »Man« schob und drängte sich 1680, um die Fastenpredigt in Saint-Germain oder die Leichenrede für Henriette von England in der Kapelle des Louvre zu hören; 1750 drängte man sich am Abend in der Oper von Paris; 1850 im Collège de France; 1890 im Justizpalast; 1950 in diesem oder jenem Redaktionssaal; 1980, am Freitagabend, in dieser oder jener Fernsehsendung. Die Studios in der Rue Cognacq-Jay sind die letzten Orte, wo noch ein Erzbischof, ein Philosoph, ein General, ein Minister, ein Schauspieler zusammenkommen können zum »geistigen Wettkampf«. Heute ist der Vereinigungspunkt im französischen symbolischen Feld dieser »meeting-point«, den man Bernard Pivot nennt. Dieser Pivot, der der einzige ist, der außer dem Präsidenten der Republik und dem Präsidenten der Nationalversammlung die Macht hat, die Staatsminister und Lenker des Geistes, das heißt das »tout-Paris« des Augenblicks, zu versammeln. Da der »tout-Etat« und der »tout-Esprit« identisch sind, kann der Dialog nur an der Spitze des Staates (Elysée) oder des Geistes (Pivot) geknüpft werden – die bei dem einen verkehren, finden sich beim anderen wieder. Aber sollte es sich morgen herausstellen, daß der beste Ort, um die höchstmögliche Zahl von Frankophonen zu erreichen, auf dem Mond ist, wären die interplanetarischen Raketen schon ausgebucht.

2. Elemente für eine Literaturgeschichte

Wenn diese Hypothesen nicht jeglicher Grundlage entbehren, lassen sich einige Forschungsrichtungen ableiten oder zumindest einige zusätzliche Hypothesen.

Zuerst im Bereich der Literaturgeschichte. Diese resümiert sich häufig auf eine Geschichte der Doktrinen und Literaturgattungen, als wäre in beiden das Gesetz, was ihnen zu folgen habe, festgelegt. Heißt das nicht, die Beute um des Schattens willen fahrenlassen oder um der Wirkung willen sich nicht um die Ursache kümmern? Heißt das nicht, auf dem Gebiet der Kunst in unzulässiger Weise mit der idealistischen Umkehrung der ideologischen Erklärungen der Geschichte durch die Ideologie fortzufahren? Könnte man nicht darüber hinaus eine Literatursoziologie konzipieren, eine politische Wissenschaft von der Literatur, die selbst ein Fragment einer Strategie der schönen Künste wäre? Eines Tages wird vielleicht die Mediologie, wenn auch nicht diese Fragen beantworten, so sie doch zumindest streng formulieren können, indem sie für jede Epoche und jede Kultur eine *mediologische Tafel* der Periode erstellt. Oder eine Tafel vergleichbarer Leistungen, die potentiell an den Einsatz des einen oder anderen Vektors oder an die eine oder andere Ausdrucksform als Träger des Einflusses geknüpft sind. Aufs Ganze gesehen, muß der Einfluß, der von einer Gattung auf die intellektuell Kreativen einer Epoche ausgeübt wird, mit einem *Resonanzindex* in Beziehung gesetzt werden, der sich jeweils für eine Epoche aus dem Umfang des potentiellen Publikums und den praktischen Möglichkeiten (dem technologischen Niveau des Kommunikationsnetzes), mit dem Publikum in Kontakt zu treten, ergibt.

Nehmen wir als Beispiel das Theater. »Die Krise, die das Theater seit dem Aufkommen des Tonfilms und des Fernsehens weltweit heimsucht«, bemerkt ein Spezialist, »hat in Frankreich schärfere Formen angenommen als in den angelsächsischen Ländern.«[1] »Paris hat sein Pre-

[1] Georges Versini, *Le théâtre français depuis 1900* (PUF – Que sais je?)

stige als Hauptstadt des Theaters zugunsten Londons oder New Yorks verloren« – eben, weil die Autoren und Intellektuellen in Paris mehr auf ihr Prestige bedacht sind als in London oder New York und hier eine politische Funktion ausüben, die sie dort nicht haben. Aber wenn es keine große Politik gibt ohne Prestigepolitik, hat das Theaterschaffen sein Prestige von früher verloren, denn die große intellektuelle Politik hat auf der Bühne nichts mehr zu sagen. Den französischen Autoren geht es um große Reichweite, und sie wollen ihre künstlerische Munition nicht verschwenden. Von »Reichweite« spricht man in der Akustik, der Politik, der Ballistik und Moral, und je nachdem versieht man sie mit den Attributen gut, weit, groß oder hoch. Und alle diese unterschiedlichen Bedeutungen meinen das eine: Wirkungen dadurch zu erzielen, daß ein Ziel getroffen wird. Ungefähr zwanzig Jahre (1955) liegt das Verschwinden der »Autoren ersten Ranges« zurück, das heißt es fällt mit dem Aufkommen des Fernsehens und des literarischen Films zusammen, dem sich noch rechtzeitig das »neue Theater« (Beckett, Ionesco, Adamov usw.) vorschalten konnte. Wenn bis zu diesem Zeitpunkt die »Werke von hoher moralischer und politischer Reichweite« so häufig die Form des Dramas hatten; wenn die Autoren, die der Form des Dramas doch eher fernstanden, sich moralisch verpflichtet fühlten, ein oder zwei Stücke zu liefern (Mauriac, Gide, Romains, Martin du Gard, Camus, Thierry Maulnier . . .), dann deshalb, weil die Akustik noch die Mühe lohnte. Wenn die Meinungslenker sich fortan anderweitig orientieren, dann deshalb, weil das Viereck der Bühne und die Halbellipse der Säle ihrem Wort nicht mehr den größtmöglichen Widerhall verschaffen. Die Bühne rentiert sich nicht mehr für hegemoniale Investitionen. Für das Theater interessieren sich nur noch Professionelle; im allgemeinen Ausländer: Beckett, Ionesco, Arrabal; oder Franzosen, die in der französischen Intelligentsia nicht beheimatet sind: Genet, Audiberti, Rezvani. Die einheimischen Autoren, die eine *Botschaft* anzubringen haben – mag sie politischer, religiöser, moralischer oder philosophischer Natur sein –, bedienten sich der Gattung Theater nicht so sehr wegen ihrer spezifischen Kunstform, sondern weil es die wirkungsvollste Tribüne für diese Botschaft war. Es sind bessere Tribünen entstanden, die einen unendlich weiteren Empfang für eine relativ preiswerte Übertragung bieten. Wozu soll es dann gut sein, »Autorenworte« dort verbreiten zu lassen, wo sie keine Reichweite haben und nichts mehr anrichten können? Wunder in der Bühnentechnik, schauspielerische Großtaten, glänzende Truppen, Pracht der Bühnenbilder, Intelligenz der Regisseure: noch nie hat die Welt des französischen Theaters so viele talentierte

Animateure und so wenige *Autoren* gehabt. Es fehlt die treibende Kraft: der Zuschauer. Seine Flucht hat den Autor fliehen lassen. Von Molière bis zu Sartre, über Beaumarchais, Voltaire, Hugo, haben die großen Feldherren der Friedenszeiten für die Bühne geschrieben, um ein Publikum zu »erobern« oder eine Zuhörerschaft zu »gewinnen«. Kein Publikum mehr, keine Stücke mehr. Die »Generäle« riechen nicht mehr das Pulver, und die Schlachten erstarben am Mangel an Resonanz.

Das Theater war solange die Achse des weltlichen symbolischen Einflusses, wie es die Inkarnation der besten Kontaktstelle mit dem größtmöglichen (und damit dem »auserwähltesten«) Publikum war. Würde heute noch jemand schreiben: »Das Theater ist ein Schmelztiegel der Zivilisation. Es ist ein Ort der menschlichen Kommunion. Im Theater wird die öffentliche Seele geformt«? (Victor Hugo, *William Shakespeare.)* Das Theater war insofern der Ort der *Kommunion*, als es der dichteste Knotenpunkt der sozialen Kommunikation war und als einzigen Konkurrenten nur die Kirche oder Kathedrale hatte. Die Theateraufführung war also die »Messe des humanen und mondänen Zeitalters«, weil es den »öffentlichsten Vorgang« darstellte (Jean Giraudoux), an dem ein Privatmann legal teilnehmen konnte. Entscheidend ist hier die wichtige, doch simple Tatsache: Der Ort des Theaters ist ein Versammlungsort. Deshalb trifft der monarchische Staat seine Vorsichtsmaßnahmen und hält ihn unter seiner Kontrolle. Daher das alte Mißtrauen des Klerus ihm gegenüber, denn er könnte ja wieder seine ureigenste Bestimmung erfüllen, die er in den Befreiungsbewegungen oder im nationalen Widerstand erfüllt; denn er bietet die Möglichkeit, die Versammlungsverbote und das Verbot der Bildung von Vereinigungen praktisch zu umgehen (wie im Italien des *Senso,* im besetzten Frankreich, im heutigen Chile usw.).

Die Rückkehr zum Mündlichen hätte eigentlich die zeitlich erste (wie letzte) mündliche Form der Literatur neu beleben müssen. Aber kein Theatersaal vermag den hunderttausendsten Teil des Publikums zu versammeln, das ein Fernsehspiel findet. Es ist ein Paradox, daß die zahlenmäßige Vergrößerung der Zuhörerschaft zu einer Auflösung des Publikums führt, das zu Hause atomisiert wird, und zu einer Desintegration dieser »öffentlichen Seele«, die sich nirgendwo mehr verkörpern und darstellen kann (wie dereinst bei den Stadtfesten oder Revolutionsfeiern, diesem öffentlichen Theater). Die physische Trennung der Gemeinde von den Offizianten, die die Audiovision verfügt hat, besiegelt das Ende des »Mysteriums«, so als gäbe es für das Sakrale eine kritische

Grenze für die Zuhörerschaft, über die hinaus seine Wirkung verpufft und seine Kraft sich verliert. Dieses uralte Pathos überlebte bis vor kurzem, wenn auch schon abgewertet, in dem mondänen Schauder, der von den »Premieren« ausging, diesem kommunikativen Glück, das sich zwischen Bühne und Saal, Kulissen und Wandelgängen einstellte. Das Glück, einmal ein Ganzes zu sein, weil man sich zu Höherem als nur sich selbst zusammenfand. Heute ähnelt aus vielen Gründen dieses Glück eher einem Bußgang: wofür die Deklassierung dieser kleinen protokollarischen Versammlungen sicher nicht der letzte Grund ist. Die Bühne ist also kein politisches Mittel mehr – diese Stätte der Kabalen und Intrigen, die sie in ihrem Zenit war und blieb, bis sie in die eiserne (und subventionierte) Lunge kam. Zuerst hatte der Film ihr diese Rolle der Kunst-die-tötet abgenommen, dann das Fernsehen. Aus dem einfachen Grund: ein gutes Stück bringt es (über mehrere Monate hinweg) auf 20000 Zuschauer, ein Film auf 200000 (in wenigen Wochen) ein Fernsehspiel auf 10000000 (an einem Abend).

Ganz im Gegensatz dazu verweist der Verfall der Poesie – gleichzeitig mit dem des Theaters – nicht nur auf das Verschwinden des Volkes in den abendländischen Gesellschaften, seiner Gebärden, seiner Rhythmen, seines Sinnes fürs Mündliche und seiner Freude an den Ritualen. Die Poeten sterben zwischen den Einbänden, weil es keine öffentliche Lesung mehr gibt. Die Poesie lebt in der Sowjetunion nicht nur deshalb, weil es ein russisches Volk gibt, sondern weil es ein Dichter noch vermag, in Moskau, Kiew oder Minsk 10000 Personen im Auditorium der Universität zu versammeln, weil sie ihn hören wollen. Dasselbe in den Vereinigten Staaten, wo die »readings« die Poesie am Leben erhalten, oder in der Karibik, in Lateinamerika, wo »el recital« noch ein fester, volkstümlicher Brauch ist (oder es war, bis zum Fernsehen). Neruda hat jahrzehntelang die Hauptstädte, Städte und Dörfer seines Amerikas durchpflügt und Massen von Jugendlichen bei seinen Besuchen angezogen. Zum Dichter ging man, wie man ins Kino geht. Bei uns hat die Hörerflucht die der Leser zur Folge, also auch die der Verleger – und am Ende dieser Spirale ist die poetische Ader ausgetrocknet, was vor einem Jahrhundert noch undenkbar schien. Gemeinde, Einfluß und Zuhörerschaft sind Synonyme. In Europa gibt es weniger Dichter als in Lateinamerika, und einer der Gründe dafür ist die Tatsache, daß in einer fortgeschrittenen kapitalistischen Gesellschaft ein gut geschriebenes Gedicht seinem Autor weniger »Prestige« einbringt als ein guter Auftritt im Fernsehen. Das Verlangen nach Hegemonie verbarg sich dagegen 1850 noch in Paris hinter einer lyrischen Berufung, und so entstanden damals wundervolle Gedichte. Wer hat *Le Lac, Les Châtiments* oder gar *Le Balcon* geschrieben, der Dichter oder der *Andere?* Aber waren es denn wirklich zwei?[2]

Wird weniger um unsere großen Verstorbenen getrauert, weil die Gattung der Leichenrede verschwunden ist? Nein: die Schriftauslegung und die Predigt sind keine dominierenden kulturellen Gattungen mehr, die sakrale Eloquenz ist nicht mehr die höchste Krone der Literatur, denn wer ans Rednerpult tritt, hat im Vergleich zu dem, der vor dem Rundfunkmikrophon oder der Fernsehkamera steht, ein *soziales Zuhörervolumen* nahe Null. Der Niedergang der katholischen Kirche und das Verkümmern des religiösen Empfindens in den herrschenden Schichten können nicht allein das Verschwinden gewisser kanonischer Formen, gewisser Rituale der öffentlichen Äußerung erklären ...

Der »Ehrgeiz« als Triebfeder der künstlerischen Innovation: um dieses Thema von der moralischen Ideologie zu einer Theorie des Kulturellen überführen zu können, muß man erst einmal mit den üblichen Begriffspaarungen Schluß machen, die »politisch« mit »utilitaristisch« und »Schönheit« mit »Zweckfreiheit« gleichsetzen. Auf alle Fälle werden nur die falschen Naiven ein Entrüstungsgeschrei erheben, aber vorher noch ein Kodizill, eine letzte zusätzliche Verfügung, zu den verblichenen Debatten um den Positivismus und Formalismus in Sachen Ästhetik abfassen. Nicht im geringsten hätte die Autonomie der *literarischen* Sache durch eine »mediologische« Annäherung zu leiden, die scheinbar nur für die hegemonialen Prozeduren in der Politik geeignet ist. Sie würde uns zumindest gestatten, die Geschichte und die Etymologie der »Autoren« auf ihre zur Deckung kommende Wahrheit zurückzuführen.

---

[2] Die Form, in der die Poesie existiert und ankommt, ist das Chanson geworden. Dylan ist vielleicht unser Lamartine. Wenn man den Blick richtet auf die traditionelle geschriebene Literatur, so erlebte das poetische Schaffen seinen letzten Wiederaufschwung in der Zeit der Résistance – ein Wiedererscheinen, das auf historischen Gegebenheiten beruht. Die Sprache ist die eigentliche Substanz des nationalen Seins, und die Poesie widmet diesem einen Kult. Die poetische Religion ist dem Wesen nach eine Religion der Nation – der Niedergang des Nationalgefühls führt notwendigerweise zu einem Niedergang des lyrischen Interesses, so wie sein Aufstieg zu einem Wiedergewinn an Leidenschaft führt. Die Dichter der Résistance waren Kämpfer eines nationalen und sozialen Kampfes (das war damals miteinander verknüpft): daher ihre Zahl und ihr Glanz. Die Poesie wurde damals zum Symbol der Legitimität und zum Träger des Einflusses. Wenn man in einem Aragon, einem Elouard oder einem Char dieser Epoche den Kämpfer dem Poeten (das Gute dem Schlechten, das Bleibende dem Zufälligen) gegenüberstellt, bedeutet dies, daß man dieses organische Band zwischen dem Kampf und der Poesie, diesen Zusammenhang zwischen dem nationalen Selbst und dem lyrischen Selbst nicht sieht.

Die Geschichte: Nie zuvor hat die literarische Äußerung eine solche Wirksamkeit als politische Waffe und ein solches Selbstbewußtsein als Kampfmittel um die Hegemonie erreicht wie in dem Augenblick – am Ende des 18. Jahrhunderts –, als sie einen autonomen Status erhielt. Die Geburt der *»Literatur«* aus den Trümmern der »belles-lettres« fällt mit der Geburt der *Politik* aus den juristisch-ethischen Scherben der *Regierungskunst* zusammen. Die Professionalisierung des Schriftstellers, ein komplexer Prozeß, findet (in Frankreich) zwischen 1830 und 1880 statt und entwickelt sich gleichzeitig mit der des *Politikers.* Die *Société des gens de lettres* erblickt zur selben Zeit (1838) das Licht der Welt wie die ersten *parlamentarischen Gruppierungen.* Eine »Konkurrenz«, die es hinsichtlich ihrer Logik und Chronologie verdienen würde, zu einem Forschungsvorhaben und zum Gegenstand einer empirischen Untersuchung gemacht zu werden.[3]

Die *Etymologie* (oder das Kondensat einer älteren Geschichte): »Autor« hat nichts mit »Audienz« oder »Auditorium« zu tun, sondern mit »Autorisierung« und »Autorität« – es ist ein und dasselbe Wort. *Auctor* kommt von *augeo:* derjenige, der etwas vermehrt, etwas hinzufügt. Wem? Zuerst zum öffentlichen Vertrauen: der Autor als Garant, Quelle oder Tutor. Dann zu den Unternehmungen der Gemeinschaft, die allein erst durch Vertrauen möglich werden: der Autor als Anstifter, Initiator oder Gründer. Und schließlich, und selbstverständlich, erweitert er die Sprache und das Depot des Geschriebenen. Die Bedeutungen folgen einander logisch wie chronologisch, und ihre juristisch-moralische Annahme geht der politisch-praktischen voraus und begründet sie, und letztere begründet dann die literarische (= gedruckte) Annahme. Vor dem, der »ein Werk gestaltet«, war der, »der zum Handeln treibt«, und ganz am Anfang war derjenige, der »das Vertrauen mehrt«. Die moderne abendländische Gesellschaft kehrt vielleicht, wenn sie dem Hegemonialen den Vorrang vor dem Autoritären und Buchstäblichen einräumt, auch innerhalb der Gattung der Autoren selbst, wieder zu ihren Wurzeln zurück. Die Bürgerschaften gründen auf dem Vertrauen und das Vertrauen auf den Schriften. Autor ist derjenige, dessen Wort Verbreitung findet und damit die Gründung einer Stadt ermöglicht, die Erklärung eines Krieges, den Abschluß eines Prozesses. Die »auctoritates« bedeuten im lateinischen juristischen Vokabular die Rechtsgelehrten, die Autorität schaffen. Die Autoren autorisierter Meinungen, oder die

[3] Das grundlegende Werk über die Professionalisierung des Schriftstellers im 19. Jahrhundert scheint uns das von Gérard Delfau und Anne Roche, *Histoire Littérature* (Seuil, 1977) zu sein.

Autoren, deren Meinungen Autorität schaffen, oder die individuellen Autoritäten, deren Meinungen Rechtsprechung schaffen – das sind die, die sich jetzt, unter anderen Bezeichnungen, in unserer »hohen Intelligentsia« zusammenfinden. Ihre Zuständigkeiten erscheinen uns somit als radikal politische, wenn es stimmt, daß die Wurzeln der Wörter auf die der Dinge verweisen.

Von den behaupteten Hypothesen läßt sich schließlich eine beruhigende Prognose ableiten. Das Schicksal der Literaten ist nicht notgedrungen an das der Literatur gebunden. Erstere können die letztere überleben, so wie die »Schreibenden« den Schiffbruch der Schrift überleben können. Wie viele Schreiber werden nicht fortan mit ihrer audiovisuellen Vitalität von sich künden? Haben sie nicht sogleich die soziale Entwertung des Geschriebenen mit dem Opfer ihrer eigenen physischen Person als Stars in einem Showbusiness zweiter Klasse, das sich gerade noch so (oder schon) rentiert, kompensiert? Apollinaire stellte zu Beginn des Jahrhunderts fest, »daß die Typographie am Morgen der neuen Möglichkeiten des Films und des Phonographen ihre glanzvolle Karriere beende«. Ganz natürlich ist es, wenn diejenigen, für die das Schreiben ein Mittel bedeutet, Karriere zu machen, im Augenblick leistungsfähigere Orte heimsuchen. Wie soll man in einer intellektuellen »Berufung« den Anteil festlegen zwischen der Macht des Appells und der Notwendigkeit der Antworten? Könnte man in unserer Gesellschaft ein Auditorium mit Heldenepen in zehnsilbigen Versen gewinnen, hätten wir heute eine Menge »Valéryaden« oder ein »Gulag-Epos«. Ein rhetorischer Essay in Prosa scheint angemessener zu sein. Im Wettkampf um die Anerkennung durch die Öffentlichkeit zählen die Karten weniger als der Einsatz. Deswegen ist die Eule der Minerva ein Vogelphönix; sie tut so, als fliege sie am Abend davon, aber an jedem neuen technologischen Morgen kann man sie aus ihrer Asche aufsteigen sehen. Wohl ist die amtliche Funktion vom Amt her festgelegt, aber dennoch verändert sie die Organe des Amtes, und aus den gleichen Gründen, die 1670 einen Autor veranlaßten, dem Prinzen von Condé ein Madrigal zu widmen, legt 1970 sein Kollege ein Feuilletonmanuskript der Programmleitung beim TF 1 vor, und ebenfalls aus dem gleichen Grunde wird im Jahre 2001 einer eine Tast-Sicht-Geruchssinn-Kassette aufnehmen.

Keine soziale Gattung ist besser ausgestattet, »sich ihrer Zeit anzupassen«, als die dienenden Ritter des Zeitlosen. In ihnen findet sich der »Clerc« immer wieder; und wenn er im Begriff ist, sich zu verlieren, ist er sofort bereit, die Richtung zu wechseln, um wieder auf den Weg der Macht zurückzufinden. Das nennt sich heute »die neue Verantwortung des Clercs« oder »die moderne technologische Herausforderung«: wir können, was die Wahl der Worte betrifft, voll dem Sinn fürs Praktische derer vertrauen, die sich, wie Benda meint, mit Leib und Seele den »klerikalen Werten« (Wahrheit, Vernunft, Gerechtigkeit) verschrieben haben. »Diese Menschenklasse, deren Tätigkeit keine praktischen Ziele verfolgt, sondern die ihre Lust in der Ausübung der Kunst, der Wissenschaft oder metaphysischer Spekulation, das heißt im Besitz eines zeitlosen Gutes, sucht« *(La trahison des clercs)*[4], ist in der Tat durch ihre Funktion, und nicht durch einen Formmangel oder angeborenen Fehler, dazu gezwungen, sich die Unterwerfungsmethoden der Gesellschaft zu eigen zu machen, in der ihre Mitglieder ihrem Gewerbe nachgehen. Die klerikale Funktion besteht permanent; ihre Ausübung ist variabel; die Mittel der Klerikatur sind provisorischer Natur. Kurz: jeder Klerus übt seinen Verrat. Jeder Verrat der Clercs bedient sich der Infrastruktur der Funktion als Hebel, denn der »organische Intellektuelle« macht notgedrungen die Entwicklung der technischen Organisation der sozialen Herrschaft mit. Diejenigen, deren Beruf es ist, Gott und Cäsar, die abstrakte Vernunft und die Civitas der Menschen, die Werte und Tatsachen, das heißt die Herrschenden und Beherrschten in eine Beziehung zu bringen, bilden eine Einheit mit den Apparaten, Instrumenten und Institutionen, über die der Umlauf der Ideen und Werte in der realen Gesellschaft von oben nach unten bewerkstelligt wird. Wie könnten sie sonst »ihrer zweifachen Mission« gerecht werden, eine Gesellschaft zu idealisieren durch die Sozialisierung einer Idee, und umgekehrt? Heute ist der Hebel zum Verrat das audiovisuelle Medium, da es zum Hauptwerkzeug der Herrschaft geworden ist.

Wir sind dabei, gewahr zu werden, wie diese zentralisierte Maschinerie, deren Terminals direkt an unser Nervensystem angeschlossen sind, einen neuen sozialen Bezug zur Wahrheit und zur Geschichte begründet. Wie es dieser sonderbare Herr sagte, auf den wir noch zurückkommen müssen, obwohl er, was auch nicht wenig ist, eigentlich nur das gesagt hat: »Seit dem Fernsehen funktioniert vieles nicht mehr so wie vorher«

---

[4] Deutsch unter dem Titel *Der Verrat der Intellektuellen,* München 1978. Das französische »clerc« gibt an, worin Benda die Aufgabe der Intellektuellen sieht – sie besteht, nachdem der Glaube fragwürdig wurde, in der Aufklärung und in der Propaganda für eine »liberale« politische Kultur jenseits aller Nationalismen, Faschismen und Kommunismen, die der »clerc« auch deshalb verteidigen muß, weil nur sie ihm die Freiheit des Geistes und der Kritik ermöglicht. Jede Hingabe an eine aggressive Ideologie erscheint Benda als »Verrat«. (A.d.H.)

(Mac Luhan). Dem wird man auch die »Menschenklasse« zuordnen, die im Schnittpunkt von Wahrheit und Geschichte – der entscheidenden Stelle im Abendland – sitzt und deren Aufgabe es ist, die Wahrheit für die Geschichte zu liefern und sie in ihr zu verwalten, und die man, seitdem die Kirche auf die direkte Ausübung der irdischen Macht verzichtet hat, »Intelligentsia« nennt. Niemand wird deshalb verwundert sein, wie in einer Gesellschaft, in welcher derjenige, der nicht im Fernsehen erscheint, nicht existent ist und der Beste im Fernsehen auch in die Entscheidungsposition rückt, die großen wilden Tiere in Kunst und Literatur sich in Fernsehtiere verwandeln, um sich ihre Vorherrschaft innerhalb der Horde zu erhalten. Das intellektuelle Tier wird nicht ungestraft zum »Machttier«. Es muß jetzt seinen Tribut an die neue Art *Medium* entrichten, das sich nicht damit zufrieden gibt, den Einfluß lediglich zu transportieren; es muß sich dessen eigenem Code unterwerfen. Wenn die den Massenmedien innewohnende Rationalität die Rationalität der bourgeoisen Herrschaft selbst ist, wird das intellektuelle Tier, das wohl kaum seine spezifische Animalität auf Grund und im Namen eines unspezifischen moralischen Imperativs überwinden wird, seine eigene Herrschaft nur dann fortsetzen können, wenn es die der herrschenden Klasse reproduziert und vermehrt. Das heißt, nur wenn es sich zum Domestiken dieser Herrschaft macht.

3. Dynamik des Einflusses: »Die Korruption«

Wenn man eine Geschichte des Ehrgeizes als einen Prolog zu einer angewandten Mediologie sehen kann, käme ihr eine Abhandlung über die Korruption als Epilog – oder als Inhaltsverzeichnis – zustatten. Die menschliche Korruption hat eine Geschichte: wenn sie nicht die Geschichte an sich ist, dann zumindest die der Intelligentsia; die historischen Rhythmen werden genauso wie die der Intelligentsia, von den Veränderungen und Skandierungen der Einflußmittel bestimmt. Wechselt die Herrschaft ihre Vorzeichen, dann ändert sich auch der Verwesungsprozeß. Man möge dies nur ja nicht als moralischen Aphorismus verstehen, sondern als eine historische Markierung und ein politisches Kriterium. »Die Fäulnis ist das Labor des Lebens« (Marx), und wie ein jeder weiß, gibt sie den Humus für die Hochblüte des Geistes. Seit dem römischen Kaiserreich, bis hin zur Stadt New York, über das Florenz des Quattrocento und das Paris der Parisianität, herrscht Einigkeit über diesen Zusammenhang: mit guten Sitten werden keine guten Kulturen gemacht. Alles bestätigt uns – der Käse, der Wein, die Kunstwerke –, daß Zivilisation und Fermentation ein und dasselbe Wort sind. Wenn wir sagen: »Die Gene der intellektuellen Macht sind die Fäulniskeime«, scheint uns nur deren Beziehung zueinander einer Untersuchung wert: jede genetische Mutation hat ihre spezifische organische Korruption. Sage mir, Intelligentsia, woher deine Fäulnis kommt, und ich sage dir, wo du den Kopf hast.

Offengestanden erscheint uns der Intellektuelle, wenn er der *Medienmensch* ist, der infolge seiner Funktion sich der Kommunikationsmittel bedienen und ihnen dienen muß, als der exponierteste unter allen Menschen. Oder als der, welcher am verführbarsten ist. Sage mir Partei, Regime oder System, wie deine Kommunikationskapazitäten beschaffen sind, und ich sage dir, was für eine intellektuelle Mannschaft du hast. Wer das System der Medien kontrolliert, wird früher oder später sehen, wie die Medienmenschen sich unter seine Kontrolle begeben: ein für jede Epoche und jedes Regime gültiges Axiom. Wer einen Teilbereich nicht mehr kontrolliert, wird alle verlieren. Wenn zum Beispiel die französische Linke noch einige Intellektuelle auf ihrer Seite haben will, muß sie damit anfangen, sich eine Zeitung zuzulegen, solange sie keinen Fernseh- oder Rundfunksender hat. Will sie »große Intellektuelle«, muß sie sich eine große Zeitung zulegen. Wünscht sie keine Intellektuellen mehr, soll sie ihren Zustand beibehalten und würdig dahinsterben. Die Intellektuellen sind reflexmäßig und von ihrer Berufung her auf der Seite derer, die die Zeitungen (oder/und Mikrophone, Bildschirme, Konzert- und Ausstellungssäle) haben. Das Fatale ist, daß die Reflexe die Reflexion ersetzen, denn dieser berufsspezifische Tropismus ist, je nach der Epoche oder dem Regime, nicht risikofrei.

Die französische Intelligentsia hätte, so heißt es heute wieder, »einen sehr schweren Tribut« an die »Säuberung« von 1944 zahlen müssen. In Anbetracht der Dokumente verblüfft ganz im Gegenteil, wie gering dieser Tribut war. Denn keine soziale Gruppierung hat sich, die Großunternehmer ausgeschlossen, massiver mit dem Besatzungsregime verbündet. Am Firmament unseres Gedächtnisses verdunkeln Drieu und Brasillach nunmehr Decour und Politzer: jede Zeit hat die Sterne, die sie verdient. Aber weder die einen noch die anderen (dieses Vis-à-vis geschieht nicht aus Gründen der Aufrechnung!) können diese furchtbare Evidenz der Nacht verschwinden lassen: die Deutschen und die Kollaboration konnten bis 1943 auf die Quasitotalität der hohen Intelligentsia in Kunst und Literatur zählen. Wer das für übertrieben hält, mag im Zeitschriftensaal der Nationalbibliothek oder anderswo die Zeitungen und »Kultur«-zeitschriften dieser Epoche durchblättern: von der *Comoedia*, der Wochenzeitung für »Theater, Literatur und Kunst«, bis zu den *Cahiers franco–allemands*, das eine das verschwommenste, das andere das durchschlagendste dieser Organe: welche »großen Namen« folgten nicht dem Appell? Er soll noch einmal das Tagebuch von André Gide (1940–1945) lesen; er war einer der Distanziertesten. Er soll sich fragen, warum die bekanntesten Verleger (Grasset, Gallimard, Fayard) sich bei der Befreiung momentan zurückziehen mußten, damit ihre Häuser aus dem Vergessen wieder auferstehen konnten.

Zu keiner Zeit, so wurde behauptet, haben sich die großen Intellektuellen des Establishment »freier« gefühlt als unter der Besatzung. Das heißt auch: zu keiner Zeit wurden sie mehr gehätschelt, unterstützt und fanden mehr Gehör; waren sie produktiver, gesellschaftsfähiger, von ihrer Bedeutung so erfüllt. Welche Blütezeit der Zeitungen, Zeitschriften und Titel! Die Tatsachen lassen auf fette Jahre für das Verlagswesen schließen (gegenüber der Vorkriegszeit eine größere Zahl von Titeln, trotz der Auflagenbeschränkungen), für das Theater (überfüllte Säle), die Malerei (die besser denn je verkauft wird – an die Deutschen) und vor allem für die Literatur (es werden mehr Bücher geschrieben, und die Werke sind schnell vergriffen). Für den Journalismus ist die Zensur eine lustige Sache und begünstigt anfangs sogar eine erstaunliche Vielfalt im Angebot der Titel. Das reicht; man könnte einen Band füllen – den es übrigens gibt; und so endet, wie maßvoll, das Kapitel, das der Historiker den »Intellektuellen des neuen Europa«, den Professionellen des Wortes gewidmet hat: »Nach einer Anekdote soll der erste deutsche Gouverneur bei seiner Ankunft in Paris einen Brief in der Tasche gehabt haben, der ihm zwei nichtmilitärische Ziele anwies, die es mit Vorrang unter Kontrolle zu bringen galt: das Rathaus und die NRF. Wir konnten sehen, wie der zweite Teil dieses Programmes buchstabengetreu, ohne daß es nennenswerte Hindernisse gegeben hätte, erledigt wurde. Schließen wir vom Teil auf die gesamte Welt der französischen Literatur, können wir uns fragen, ob der Erfolg nicht noch wesentlich zufriedenstellender war.«[1] Wir müssen verstehen. Was? Die Berufung des Intellektuellen. Sieht man von einigen Kreuzrittern, die sich davon nicht mehr erholten, und einigen Schurken, die den Verhaßten als Deckung dienten, ab, so begaben sich die französischen Intellektuellen – Journalisten, Schriftsteller, Theaterleute usw. – nicht aus erklärter Liebe zu den Deutschen und nach Vichy, schon gar nicht wegen des Geldes, sondern einfach weil diese die materiellen und administrativen Mittel der Kommunikation in der Hand hatten: an erster Stelle das Papier (das Problem Nummer eins für die Journalisten, Schriftsteller und Verleger), das zweifach rationiert war: durch seine materielle Knappheit und die Kommission (April 1942), der die Rationierung des Druckpapiers oblag; dann die Vergabe von Lizenzen (Liste Otto[2], Zensur); die Druckgenehmigungen (die für die Zeitungen und Bücher von der Propagandaabteilung erteilt wurden). Sie gehen in der Deutschen Botschaft ein und aus, soupieren, eröffnen, schwadronieren, dinieren, gehen auf Vortragstournee: Unbewußtheit des tout-Paris? Nein, Berufs-

[1] Pascal Ory, *Les Collaborateurs* (Kap. X, siehe *La Figure,* S. 235), Le Seuil, 1976.

[2] *»Liste Otto«:* regelmäßig erscheinende Liste der deutschen Besatzungsmacht, in der alle deutschfeindlichen Werke und Werke jüdischer Autoren aufgeführt waren, deren Auflage die französischen Verleger den deutschen Behörden auszuliefern hatten. Nach dem Einmarsch in die UdSSR kamen kommunistische Schriften hinzu. Später wurde die »Liste Otto« durch die »Liste Bérnard« ergänzt. Otto war der Vorname des damaligen deutschen Botschafters in Paris, Abetz; Bernard der Vorname seines Sohnes. Die betr. Listen hießen offiziell »Liste Otto« und »Liste Bérnard«, – die jeweiligen Lieferungen waren so betitelt; es waren keine umgangssprachlichen Bezeichnungen wie man auch in Frankreich heute annimmt. (A.d.H.).

bewußtsein. Ein Schriftsteller muß schreiben, sich ins Gespräch bringen, wie ein Schauspieler die Bühne braucht, ein Musiker seine Konzerte geben, ein Komponist seine Werke zur Aufführung und ein Maler ausstellen muß: was soll da Politik und Moral? Zeitungen werden vielleicht subventioniert, aber sie erscheinen. Die von der Zensur betroffenen Theaterstücke sind vielleicht beachtenswert, doch sie werden nicht gespielt. Arbeiten wir also an diesen Zeitungen mit und reichen wir Gesuche um Druckerlaubnis, bei wem auch immer, ein (Sektion »Ausland« des Reichspropagandaministeriums)! Kleine Abhängigkeiten, die zum Beruf gehören – halten wir allein die erhabenen Dinge im Auge. Amouroux stellt ganz richtig fest, daß keinerlei persönliches Schamempfinden in der Welt der Literatur, der Künste und des Theaters, nicht einmal das geringste Gefühl einer »Kollaboration« in der Besatzungszone anzutreffen war: »Die berufen sind, sich zu zeigen, zeigen sich; zu schreiben, die schreiben; Theater zu spielen, steigen auf die Bretter.«[3]

Heute trägt man an den Berufungen nicht mehr so schwer, sie sind leichter zu befriedigen – man ist aber genauso wenig kleinlich im Hinblick auf den »background« der materiellen Träger und auf den Kompromiß, den man mit den neuen Herren über das Papier und die Veröffentlichungsgenehmigungen eingehen muß. Diese scheinen nichts zu fordern und ohne Gegenforderung alles zu gewähren. Sie tragen keine Uniformen, gehören keinem Orden, keiner Ideologie, keiner Partei und keinem System an. Schließlich nicht einmal mehr einer Klasse: sie sind einfach Individuen, die der Zufall in ihre Stellung gebracht hat. Müßte sich die Bourgeoisie auf der Bühne der Geschichte als Bourgeoisie ausgeben, wäre sie sogleich ihren Kredit los. Sie muß als soziales Subjekt verschwinden und sich als einfaches Vollzugsorgan technischer Vorgänge ausgeben, deren Automatik in gewisser Weise Garant für ihre Neutralität ist. Sie kontrolliert diese Operationen (Erpressung des Mehrwerts im weltweiten und das Eintrichtern der Ideologie im nationalen Maßstab) nur insoweit, als sie ihnen selbst zu unterliegen scheint. Was die Indoktrinationsaufgaben betrifft, scheint sie sogar den Profis die volle Initiative und Kontrolle zu überlassen – den Professoren, Journalisten, Schriftstellern, Künstlern –, jedem nach seinem Geschmack, wo und soviel es ihm beliebt. Unsere herrschende Klasse ist wie Victor Hugo: sie zieht den Einfluß der Macht vor. Sie übt Macht im Schutze derer aus, die Einfluß ausüben. Ein Herrschaftssystem, das durch die Kommunikation funktioniert, braucht die Intelligentsia. Es wird diese

---

[3] H. Amouroux, *Les beaux jours des collabos,* Laffont (Kap. XIV, La gloire et l'argent, S. 495)

also auf das höchste Podest stellen. Die Überbewertung der Intellektuellen in der bürgerlichen Gesellschaft, ganz besonders in der französischen, gegenüber der geringen Einschätzung, die der Arbeiter, Bauer oder Angestellte genießt, ist nicht nur ein malerischer Aspekt ihrer Folklore. Sie ist in diesem System von funktioneller Notwendigkeit. Kein Regime hat bislang dem Intellektuellen mehr geschmeichelt als unseres. Die Ehrerbietung, die es ihm entgegenbringt, ist nicht nur formell: es bedient ihn so reell, wie es sich seiner bedient – aber zu gewissen Bedingungen. Die unseren Geist besetzen, sind unsere Mitbürger, und alles in allem wollen wir diese Besatzung. Aus mancherlei Gründen, deren nicht geringster die Tatsache ist, daß sie die Nachfolger der NRF der dreißiger Jahre unter ihrer Herrschaft haben – die eine der beiden Mächte, die der deutsche Gouverneur »vorrangig« unter Kontrolle bringen sollte.

Es wäre Zeit, daß wir uns von der naiven, weil überholten, Vorstellung von der Korruption freimachen, deren mythologischer oder terroristischer Gebrauch eher Gelächter als den Zorn von einst verdient. Die Korruption des Intellektuellen muß nicht mehr finanzieller Natur sein – die Eigenliebe reicht da schon (die prinzipiell Rabatt oder Schmiergeld ausschließt). Heute bekommt man nicht mehr seine »Bezüge« von den Stahlbaronen oder dem Innenministerium, heute kommen sie vom Paris-Match und der Ex-ORTF. Der Verkauf des Gewissens vollzieht sich heute unter den Scheinwerfern, vor mindestens fünf Millionen Zeugen ... In einer Gesellschaft, die seit 200 Jahren die Schwelle des bloßen Überlebens überschritten hat; in der ein gleicher Lebensstandard – weit über dem »Existenzminimum« – sich nach und nach allen ihren Mitgliedern aufdrängt, besteht die Reproduktion der Ungleichheit, die der Logik der sozialen Bedürfnisse innewohnt, nicht mehr im *Haben*, sondern im *Sein*. Aber sein heißt, *gesehen* werden. In einem Dorf ist man *wer*, wenn das eigene Bild im Lokalblatt erschienen ist; in der Stadt, wenn man »Sie im Fernsehen gesehen hat«. Und da das Dorf von der Stadt annektiert worden ist, wie das Lokalblatt durch das »Fernsehen-Total«, hat das zweite Verfahren ersteres ersetzt; auch im lokalen Bereich. Heute stirbt kein Intellektueller mehr am Verlangen, einen stärkeren Wagen als der Nachbar zu fahren (alle Autos von heute, die billigsten wie die teuersten, erreichen die zulässige Höchstgeschwindigkeit, und damit basta!), oder am Wunsch nach vier statt zwei Badezimmern, oder nach dem Kaffee-Maschinen-Wecker mit parfümierter Tastatur für den UKW-Stereo-Empfang.

In einer sogenannten Massengesellschaft, in der alle Verbrauchsgüter wie Dienstleistungen prinzipiell für alle erreichbar sind, läßt sich die individuelle Abhebung nicht über die Quantität dessen, was ich *habe*, erreichen und abstufen, sondern über die Qualität dessen, was ich *bin*. Wie soll man eine Qualität bewerten, die zu allem Unglück definitionsgemäß sich nicht messen läßt, aber spürbar ist? Durch die Zahl derer, die sie nicht haben. Die Qualität dessen, was ich bin, ist nicht dem inhärent, was ich bin, sondern der Quantität derer, in deren Augen ich es bin. Sein heißt, für die anderen zählen. Ein wenig sein, für einige andere. Viel sein, für viele andere. Ich muß also gezählt werden können. Auflagevolumen, Einschaltquoten, Sendezeit. Die erste Seite oder eine kurze Notiz auf der achten Seite? Wie viele, mein lieber Pivot, werden wir um den Tisch sein? Mein Platz in der Hitparade?

Inmitten einer vermaßten und proletarisierten Intelligentsia ist Anonymität ein Stigma der Ohnmacht, und die Ohnmacht die Strafe für die Anonymität. Sich einen Namen machen, das ist gut – doch wer fordert zum Interview auf? Sich einen Kopf zulegen, das ist schon besser – doch wer entscheidet, ob das »Photo gebracht« wird oder nicht? Heute kauft sich die Bourgeoisie ihre Leute nicht mehr mit einem Scheck, sondern mit Zeitungspapier und elektronischen Bildern – die sie nicht nur darstellen, sondern auch ihr Markenzeichen sind. Sie hat die materiellen Mittel der Reprographie, die Papiervorräte, die Geschäftsführung und Leitung der Illustrierten, die Zugänge zu den Fernsehstudios. Sie besitzt sie, versieht sie aber nicht mit ihrem Zeichen: an der Oberfläche sind alle Bilder »unschuldig« – es sind Reproduktionen von Dingen und Leuten, die da sind. Daß sie vorher, in der Regie, einem dreifachen Auswahlverfahren unterzogen waren, und daß man sie dann, soweit man sie annimmt, montiert und kommentiert, genau dies wird unter dem Seidenglanz der Oberfläche sorgsam vertuscht. Alles verläuft mechanisch, für alle unbewußt, denn die Maschinerie ähnelt allem, nur nicht einer Maschine. Die wirkungsvolle Magie unserer Gesellschaften besteht darin, daß man alles zeigt, so daß das absolut Sichtbare relativ unsichtbar wird. Die Korruption der hohen Intelligentsia ist unsichtbar geworden. Aus dem einfachen Grunde, weil man nur noch sie sieht.

Die Mitglieder der hohen Intelligentsia sind abhängig von dem Bild, das die Öffentlichkeit von ihnen hat – eine Abhängigkeit, die häufig in Besessenheit umschlägt. Biete ich »ein gutes Bild« oder nicht, und wie kann ich es verbessern? – diese Frage ist für die Professionellen der Idee viel vordringlicher (und häufiger) als: »Habe ich, oder habe ich nicht, die richtigen Ideen?« Mein Bild ist nicht nur, aber in erster Linie, mein Photo in der Zeitung, mein Auftritt im Fernsehen, mein Portrait in der Anzeige (am besten auf der ersten Seite von *Le Monde*). Diese Erscheinung ist meine metaphysische und ökonomische Substanz. Erstere haben wir mit Hegel angeschnitten, der der erste Philosoph war, der von dieser nackten Tatsache *Rechenschaft* abgelegt hat: der *homo sapiens*, das Tier, zu-allem-bereit-um-seinen-Namen-in-der-Zeitung-zu-finden. Dieser spezifische Juckreiz hat seine Ursache, wie wir wissen, nicht in einer Charakterschwäche, sondern in einer Bewußtseinsstruktur; das heißt in einem Schicksal. Darauf kommen wir bald zu sprechen. Aber auf halbem Weg zwischen Hegel und Marx befindet sich Sartre – die Phänomenologie des Gelebten. Die materielle Unsicherheit der hohen Intelligentsia haben wir schon durchschaut, verursacht durch ihr Eingebundensein in die Wechselfälle des Marktes und die Fluktuationen der Politik, die Fluidität des ideologischen Auf und Ab, die Unbeständigkeit der Klientel. Diese Unsicherheit ist auch, oder konsequenterweise, existentiell[4]. Im Grunde hat jeder Angst, nicht wirklich zu existieren, da er nur solange existiert, als ihm andere zugestehen, daß er es verdient zu existieren. Und das ist der Fall, wenn man von ihm spricht, ihn anschaut, zitiert, kritisiert, verleumdet, lobt usw. Ist das Echo die Stimme, das Bild die Person? Kein Echo mehr, keine Stimme mehr; kein Bild, keine Person. Deshalb geht diese tief beruhigende Wirkung in der Welt der Intellektuellen von den Medien aus: sie liefern erst einmal eine bequeme Skala mit Indizes für die Hierarchisierung, die die Wesen mit ihrer Stellung verschmelzen läßt. Die Seelen werden nach ihrem typographischen Körper in der Hierarchie eingeordnet, ihren Grad kann man an der Seitenplazierung mit bloßem Auge erkennen: der ganzen Zunft bieten die Medien ein Aushangschild mit ihren persönlichen Notierungen[5]. Eine wohltätige Schamlosigkeit: sie bietet eine objektive Existenz-

[4] Ich bin für das methodisch schwammige, aber philosophisch sicherere »auch«. Ein konsequenter Marxist würde sich für das »konsequenterweise«, das seriöser klingt, entscheiden. Auf den Mangel an Seriosität dieses Determinismus »in letzter Instanz« haben wir schon hingewiesen. In unseren Augen gibt es eine reale und philosophische Autonomie für die existentielle Instanz.

[5] Will man wissen, was der eigene Name wert ist, genügt es, an *Le Monde* einen Artikel zu den Diskussionen über die Ideen, die gerade im Umlauf sind, zu schicken. Da wird man entdecken, genauso wie die anderen Konkurrenten, welchen Vorsprung oder Rückstand man im Konkurrenzkampf hat: und zwar je nachdem, ob man über mehrere Spalten (im Zentrum der ersten Seite) eingerückt wird oder ob sich auf der ersten Seite nur ein Hinweis auf den Artikel im Inneren des Blattes findet; ob man auf einer Innenseite eine Umrahmung bekommt oder eine Kolumme in der linken Ecke der zweiten Seite, die man sich mit fünf anderen teilt: oder auch ob der Name am Kopf, im Titel oder unten erscheint. Gefahr ist im Verzug, wenn man sich einen Monat später unter den Leserbriefen wiederfindet; aber wird der Text höflich »aus Platzmangel« zurückgeschickt, kann der Autor sich zu Recht in der Nähe des »bürgerlichen Todes« wähnen.

garantie. Ein gedrucktes Photo, ein gedruckter Name, ein gedruckter Titel – das kann man berühren und fühlen – das existiert als wahr. Niemand kann mir das nehmen, nicht einmal der Zweifel, wenn er mich heimsucht, auch nicht dieses mein Nicht-Sein, das ich im Innersten empfinde. Im Vergleich zum Gewissen ist eine Fernsehsendung, egal was darüber gesagt wird, doch etwas sehr *Solides.* Das größte Unglück für die Intelligentsia der großen kapitalistischen Länder ist nicht das Unglück, ein Gewissen zu haben, auch nicht der Weltschmerz. Der Kapitalismus hat die bislang besten Instrumente entwickelt, das eine wie den anderen zu beruhigen.

Jeder hat es gern, wenn man ihn liebt, aber der Intellektuelle, mehr noch als der Künstler, kann nicht existieren, ohne geliebt zu werden. Er kam nicht auf die Welt, um zu sprechen, sondern um *gehört* zu werden; auch nicht, um die Welt, die ihn umgibt, richtig zu sehen, sondern um *gesehen* zu werden; viel weniger, um sie zu erkennen (was die Aufgabe des Wissenschaftlers ist), sondern um von ihr *anerkannt* zu werden. Aber die Kanäle dieser Kommunikation, die Instrumente für diese soziale Sichtbarkeit, die praktischen Mittel, um diese Anerkennung zu erlangen, sind im Besitz der Herren unserer Welt (der Inhaber des juristischen Eigentums und/oder derer, die sie technisch beherrschen). Wenn sie schon die Kanalisierungsarbeiten finanziert haben, ist es doch nur gerecht, daß sie ihre Hand an den Hähnen des öffentlichen Bilderspringbrunnens haben (Radio-Fernsehen als »öffentliche Dienstleistung«) oder der kleineren Brunnen, die hier und dort Anerkennung destillieren (die freien Presseunternehmen). Der Rebell, den es nach Bekanntheit dürstet, kann seinen Durst nur löschen, wenn er sich selbst entfremdet: nur wenn er den gesichtslosen Herren, die er mit der einen Hand verdammt, mit der anderen dient. Der Leviathan des Abendlandes, der liebenswürdiger ist als der andere, hat zwei Profile, den Staat und das Kapital, die Administration und die Industrie, aber nur ein Gesicht und einen Körper. Und ich, der Intellektuelle, muß, um von den Menschen geliebt zu werden – welch legitime Begierde –, zuvor den Hunger nach Legitimität der sehr kleinen Zahl der Menschen befriedigen, die alle Menschen beherrschen.

I need love, wimmert der stille Intellektuelle. *Do you truly love me?* antwortet das Echo der Umgebung. Denn die Bourgeoisie will auch geliebt werden, das ist ihr Recht. Doch in diesen beiden Liebesverlangen ist keine Symmetrie und noch weniger Gegenseitigkeit: denn *sie* hat die Kontrolle über die Energievorräte und die organischen Kanäle der Liebe. Nun: »*Wer über die Energie verfügt, hat auch den Schlüssel in der Hand*« (Michel Serres). Ohne Kanal keine Sendung und noch weniger ein Empfang. Der Intellektuelle, wie der Künstler, kann nicht mehr direkt und nach seinem Geschmack den Liebesakt mit der Öffentlichkeit vollziehen (die Lektüre als Koitus, das Schauspiel als Verhältnis usw.) ohne Genehmigung der Herren über die Energie und die Schlüssel. Ein Tête-à-tête ist nicht mehr möglich. Wenn ich mit denen von unten schlafen will, muß ich denen oben erst Liebesschwüre leisten. Sie haben mich in ihrer Macht, sie sind nicht in meiner, und mein guter Wille kann nichts daran ändern: ich habe kein Fernsehen, kein Magazin mit großer Auflage, und wenn ich mir einen freien Sender bastle, gelingt es mir nicht einmal, von meinem Nachbarn vom gleichen Stock gehört zu werden (er flieht vor den Nebengeräuschen und zieht sowieso RTL mir vor). Was tun? Auf das Liebesbegehren eingehen, dem Verlangen nach psychischer Sicherheit, nach Vergnügen nachgeben, das von den fünfzig Mediokraten, die vom Kapital oder vom Staat oder von beiden in die Entscheidungszentralen gebracht wurden, weitergegeben, verstärkt und reproduziert wird. Das heißt meine kleinen Vorstellungen den großen Ideen anpassen, die über die Linotypen und Wellen laufen. Diese Ideen, die *Orkane, Skandale, Häresien, Explosionen, Opferungen* und *große Wäschen* auslösen, sind in aller Munde zum höchsten Glück der Kamikaze der moralischen Courage und des Denkens, meiner lieben Freunde und Kollegen, von denen aber Gott – oder jedenfalls ihre Freunde und Kollegen – trotzdem wissen, daß sie nicht besonders heroisch sind und auch nicht zu den Gerissensten zählen. Es wäre so einfach, es ihnen gleich zu tun, nicht wahr, oder es besser zu machen. Anders! Aber, um sie zu »übertreffen«, muß man sich einreihen, den Gleichschritt übernehmen, in dieselbe Richtung marschieren. Und sie läuft, die Hirnleerungsmaschine. Und die imperiale Galeere hat Fahrt.

»Amor con amor se paga«, heißt ein spanisches Sprichwort. Auch Feindseligkeit wird mit Feindseligkeit beglichen. Wenn ich dieses unterdrükkende System nicht ertragen kann und wenn ich versuche, ihm zu erklären, warum ich unter ihm so leide, dann ist es nur gerecht, daß dieses System mich nicht anhören und auch nicht sehen will, selbst wenn es mir dafür keine Erklärung gibt. Und daß es mir die Mittel verweigert, mir Gehör zu verschaffen und mich ins Bild zu bringen. *Paris-Match, L'Express* und *Le Point* werden nicht das Photo bringen, es sei denn, um mich zu beleidigen oder lächerlich zu machen oder mich zu verleumden; *Le Monde* wird den Artikel nicht bringen; und mein Verleger

wird mir den Rücken kehren. Es ist nicht sein und auch nicht mein Fehler! Niemand ist bösartig: es ist kein Komplott, kein Boykott, keine Kabale. Die Medien sind eine Automatik. Aber die Programmierung der Programmiermaschinen, das ist reinste Politik – das heißt konzentrierte Ökonomie. Öl: kein Thema! Afrika: kein Thema! Gastarbeiter: kein Thema! Handelsbilanz: kein Thema! Jeder konnte im Verlauf seiner »Karriere« und in der anderer die Flexibilität der Antworten der sehr rigiden Maschine testen, je nachdem, welchen Reizen man sie aussetzt[6]. So wie die Ratte im Labor ihr Käsestück erjagt, wird das intellektuelle Tier in seinem Labyrinth (nach der Methode Versuch und Irrtum) lernen, die richtigen Knöpfe zu drücken, um die richtigen Antworten zu erhalten. Die mit Naturalien (Photos, Interviews, Einladungen, Kritiken, Debatten, Polemiken, Anfragen, Fernsehen usw.) und mit Geld (Verkaufsvolumen, also Rechte) belohnt werden, oder mit metaphysischen Kompensationen (Beruhigung tiefster Ängste). Ein linker Intellektueller, der sich um ein »gutes Bild« bemüht (das heißt eingeladen zu werden vom *Questionnaire, L'homme en Question, Apostrophes, Les Grilles du Temps* oder anderen *Débats libres* und *Tribunes)* –, sollte sich fragen, warum heutzutage das, was man die Rechte nennt, über die Medien in die Köpfe gelangt und die Medien über die Rechte in alle linken Organisationen.[7] Und um eine alte Maxime von Spinoza ins Gedächtnis zurückzurufen: »Ich wünsche mir nicht etwas, weil es gut ist, sondern es ist gut, weil ich es mir wünsche.« Wenn die Medien mich wollen, dann nicht, weil ich besser bin als ein anderer – ich werde der Bessere sein, weil ich will, daß sie, die Medien, sehr stark sind – mit all dem, was sie transportieren. Ein Unglück für die Besorgten, Ungeduldigen, für die Gedemütigten. Ein Unglück für die in den Metropolen, die

---

[6] Man kann hier in Frankreich die Pressereaktion auf Jean Ziegler vergleichen; einmal auf sein Buch *Suisse au-dessus de tout soupçon* (Seuil), eine Entmystifizierung mit geringer Tragweite, die kein nationales Interesse verletzte; und das andere Mal das Buch *Main basse sur Afrique* (Seuil) mit einer Salve von entscheidenden Fragen von größter Tragweite, die auf die Quelle der französischen Interessen und ganz allgemein des Wohlbefindens der westlichen Welt zielten. Oder man vergleiche das geringe Interesse, das sich die französischen »Gauchisten«, die die Unterdrückung in Frankreich hic et nunc angriffen, nach 1968 mühsam erwarben, mit dem erstaunlich reichen Interesse, das dieselben einige Jahre später mit der Entdeckung des sowjetischen Gulag fanden. In untergeordneter Stellung hat der Autor dieser Zeilen Gelegenheit gehabt, jeweils nach sechs Monaten die jeweilige Ausbeute der Medien zu messen; sie erschienen gedruckt und broschiert: zum einen von der KPF, zum anderen von der imperialistischen Partei Frankreichs. Der Leser, der brieflich den Schlüssel zu diesem bizarren Tatbestand liefern kann, bekommt ein Frei-Abonnement für den *Playboy*.

[7] Eine banale Beobachtung, die sich bis ins Unendliche vermehren ließe. Bei Rocard und Chevènement, Elleinstein und Althusser, Fabre und Crépeau ist jeweils der erstere, niemals der zweite, der Held der Medien. Wenn Mitterand und Giscard sich am Fernsehen gegenüberstehen, dann bekommt Giscard vom Fernsehen die Krone überreicht. Da liegt eine der Logik der Massenmedien innewohnende Notwendigkeit vor.

intelligent, gerecht und schön sein wollen, d.h., als solche anerkannt. Denn die soziale Macht, die die Auswahl unter den Kandidaten trifft und der Masse bekannt gibt, wer die Intelligentesten, die Gerechtesten, die Schönsten sind, pfeift auf die Intelligenz, die Ästhetik und die Moral. Doch sie hat einen untrüglichen Spürsinn (auf große Distanz) dafür, woher Gefahr droht und wer ihr Hilfe leistet.

Wo das große Medium ankommt, wächst der militante Revolutionär nicht mehr nach. Das widerfährt dem, der dort auftritt, wie dem, der nur zusieht, wie die anderen so gut wie nur möglich zu Kreuz kriechen, um dort »gut anzukommen«[8]. »Sie stimmen nicht mit uns überein? Um so besser, kommen Sie doch zu uns!« Uns: *RTL oder Express* oder *Antenne* 2. Die Unterwerfung beginnt mit dem »Ja«. Denn wenn man sich aufmacht, seine Meinungsverschiedenheiten an diesem Ort darzulegen, heißt dies, sein Einverständnis dazu zu geben, daß diese Meinungsverschiedenheiten von den großen »Informationskanälen« kanalisiert werden müssen – nämlich dem Mittel, das sich am besten für diese Maschine (mit feedback), die das allgemeine Gleichgewicht unter den abweichenden Meinungen herzustellen hat, eignet. Es ist nicht von Bedeutung, was ich sagen, schreien oder flüstern kann; das Entscheidende ist, daß ich es *dort* sage. Das Entscheidende ist, daß jede mögliche Botschaft durch das Schema der Gleichwertigkeit abgestempelt wird, das im Programmschema deutlich widergespiegelt wird. Dieses Schema macht aus jeder These eine Meinung unter anderen (sie sind alle gleichwertig); aus jeder Wahrheit einen Gesichtspunkt (sie sind alle zu vertreten); aus jedem Widerspruch einen einfachen Unterschied (und die sind alle zulässig). Sie sind alle gleichwertig, das heißt, sie sind nichts wert. Widerständler, Kollaborateure? »Bitte, wir wünschen doch keine manichäische Sicht der Welt.« Natürlich nicht. Wie vulgär. Die große Familie der Menschen, die große Bruderschaft der Intellektuellen. Sie sind

[8] Ein kommunistischer Journalist staunte kürzlich darüber, daß ein »kommunistischer« Intellektueller eine Stunde lang im Fernsehen sprechen konnte, und zwar über alles außer dem Klassenkampf und dem kapitalistischen Imperialismus, also der Daseinsberechtigung des Kommunismus im allgemeinen und der kommunistischen Parteien im besonderen. Ein erstaunliches Staunen! Wenn Jean Elleinstein diesen »abgedroschenen Kram« häufiger erwähnen würde, sähe man ihn wahrscheinlich weniger häufig auf dem Bildschirm. Wie du mir, so ich dir: Althusser, der sich nie auf dem Bildschirm gezeigt hat, läuft unter diesen Umständen auch kaum Gefahr, dorthin eingeladen zu werden. Und wiederum: Wenn Elleinstein weniger oft zu günstigen Sendezeiten und wie ein amerikanischer Star im Fernsehen aufträte, wäre er nicht »der Chefideologe der PC« geworden. Allerdings: Wenn nur einer von zehn Streitern der PC sich in ihm wiedererkennen will und die neun anderen es vorziehen zu lachen, dann kann dies nicht darüber hinwegtäuschen, daß es sich um ein gezwungenes Lachen handelt. Denn was kann unter den gegebenen Umständen verhindern, daß die Meinung und Praxis der Mediokraten früher oder später die Meinung und Praxis der *Militanten* der beiden überlebenden Parteien der Linken (der sozialistischen und kommunistischen) verdrängt?

so verletzlich. Gekreuzigte, Mißbrauchte, Opfer der Geschichte. Setzen wir uns und gackern. Die einen *und* die anderen. Die einen *wie* die anderen. Drieu war so gut wie Politzer, dieser so gut wie Brasillach, dieser wie Aragon, dieser wie Maxence, dieser so gut wie René Char: der einzige, der mehr wert ist als die anderen, ist der, der das Gleichheitszeichen setzt. Der, der im voraus weiß, daß alles bei einem Glas im Fernsehen enden wird, »chez Pivot«. Also Pivot selbst. Der Chronist des Ewigen; der, der die Geschichte überwunden hat, weil er sich über alle Geschichten amüsiert.

5. Kapitel

Zeichen und Insignien der Hierarchie

1. Das neue Prestige
2. Die neue Logistik
3. Die neuen Strategien
4. Die neuen Déjeuners
5. Die Geschlechterpyramide
6. Die Ablaßtabelle
7. Die Einkommensskala

Wenn der finsterste Ort nicht immer der unter der Lampe wäre, wenn die Intellektuellen des Abendlandes sich so angemessen begreifen könnten wie der chinesische Arbeiter im Exil von Hongkong, würden sie sich selbst keinen Sand mehr in die Augen streuen und die falsche Fährte der überholten Insignien verlassen. Seien wir unbesorgt. In diesem Krieg aller gegen alle ist der Zugang zu den Medien der Hieb- und Stichpunkt, das Kriegsziel und der Zankapfel. Werde ich den Zugang zu den Maxima der Einflußmöglichkeiten haben oder nicht – in diesem Kommunikationsuniversum, in dem Optimum und Maximum zu Synonymen geworden sind? Wirst du? Wird er? Werden wir? Und an welcher Stelle? Wieviele Minuten? Neben wem? Und wem gegenüber? In welchem Programm? Auf der ersten Seite? Mit Ansage und Absage?

Die Merkmale der alten Hierarchien stiften Verwirrung in den neuen – eine klassische Persistenz auf der Retina. Das Flimmern ist erklärbar. Durch die Umgruppierung der Herren der Sprache der Öffentlichkeit, durch deren neue Art hindurch, sich voneinander und gemeinsam von ihren Untertanen zu unterscheiden, wird ein neuer Produktionsmodus des Diskurses sichtbar, mit seinen Ausschlußverfahren, seinen Verteilungsmodi und seinen institutionellen Abgrenzungen. Da sind nicht nur die Techniken der Verwaltung des Wortes, sondern da ist eine ganz neue Position des Diskurses als Lustobjekt (der Möglichkeit zu sprechen, des Zugangs zu den Orten des gesellschaftlich relevanten Wortes), die ihn wahrscheinlich zu einem völlig anderen Diskurs macht, zu einem ganz anders gearteten Lustobjekt. Woher nur unser Unbehagen – unsere Sehfehler? Wahrscheinlich liegt es daran, daß wir immer noch einen veralteten Dechiffrierschlüssel auf ein politisches und kulturelles Herrschaftssystem anwenden, das inzwischen seine leeren und besetzten Felder verändert hat, seine Zugänge, Fahrstühle, seine Treuepflichten und seine interne Solidarität. Manchmal ist dieses Unbehagen rührend oder direkt komisch wie die jungen Wölfe im Schafspelz, Cauchon als Jeanne d'Arc und Jäger als Hexen auf den Plakaten[1]. Oder wie gestern noch (1977) die »Entdeckung« eines hohen Würdenträgers, der ganz im Ernst lauthals feststellte, daß sich die Tribünen eines längst toten politischen Veranstaltungsmodus von den Intellektuellen geleert hätten, ein Witz, weil er vergißt, daß die Schulhöfe und Holztribünen längst durch eine andere Tribüne abgelöst sind, und zwar gerade von

[1] Vgl. den folgenden Titel – ein strapazierfähiges Klischee, dem eine ganz neue Zukunft sicher ist: *Faut – il brûler les nouveaux philosophes?* (1978, Oswald – ein »Dossier«, das von den Neuen selbst zusammengestellt ist)

jener, von der aus er spricht und die sich dafür immer mehr mit Predigern seiner Gattung füllt. Ist das der Zynismus der neuen Herren? Einfalt der vertriebenen Kollegen? Nein; das ist mehr: hier überschneiden sich chronologisch verschiedene Resonanzmodi, überkreuzen sich die Kapazitäten verschiedener Tribünen, hier sind die Schwerpunkte im Apparat des öffentlichen Diskurses umgekehrt. Das Resultat: Diese Kehrtwendung mitten im Nebel, vor unseren Augen, die aber nichts sehen können, kippt die intellektuelle Aristokratie um – und da steht nun die intellektuelle Mediokratie. Dies muß *auch* etymologisch gesehen werden: die funktionale Herrschaft der am meisten »mediokren« gibt sich als institutionelle Herrschaft der »Besseren« aus. Ja, der dunkelste Ort der modernen Gesellschaft ist der kleine helle Bildschirm.

Der neuen Produktionsform des Konsensus für die ganze Gesellschaft entspricht eine neue Aufstiegsordnung für die Konsensus-Funktionäre. Im vorliegenden Fall haben die Unteroffiziere der alten symbolischen Ordnung die Generalstäbler überholt. Im Hinblick auf die universitäre Graduierung ist ein Journalist im Einsatz so etwas wie ein Feldwebel und ein Hoch-Mediokrat ein untergeordneter Offizier. Bei der großen Presse sind die Doktorgrade sehr rar und die Habilitierten die große Ausnahme. Nicht daß man bei den Journalisten »ungebildet« wäre – aber die moderne Bildung geht heute andere Wege als die in vergangenen Hierarchien. Bei *Le Monde,* dem akademischsten unter den Presseorganen, haben von 183 Journalisten 135 ein Hochschuldiplom. Dieses Diplom hat in den allermeisten Fällen – bei *Le Monde* wie anderswo – das Niveau einer »Licence« (in den Geisteswissenschaften, in Philosophie, Soziologie, Jurisprudenz, Volkswirtschaft usw.). Daß ganze Jahrgänge von Saint-Cyr in ihrem Aufstieg von Leuten der mittleren Laufbahn abhängig sind, kommt fast einer Revolution der Hauptleute gleich. Wahrscheinlich gibt und unterzeichnet der Ex-Ideologie-Generalstab weiterhin seine Befehle in Form von Schriften, Essays und Studien. Aber in allen Armeen der Welt muß ein Befehl, damit er ausgeführt werden kann, an die Truppe *übermittelt* werden. Doch diese Übermittlung hängt ab von den Vermittlern, die den direkten Kontakt zur Truppe haben und somit über die effektive Befehlsgewalt über die Einheiten verfügen. Von nun an sind jene die »Intellektuellen der Intellektuellen«, von welchen die anderen abhängig sind. Ein Aufstieg, der nicht Ausdruck einer höheren Kreativität ist, sondern einer höheren organisatorischen Potenz (oder einer Einflußsphäre, die die der anderen übergreift). Genauer: Die Unterordnung der Kreativität unter die Organisation, des »Geistes« unter die »Materie«, oder wie es heute auch wieder heißt (und zwar genau bei den neuen Intellektuellen), der »Akademiker« unter die »Volksschüler«. Diese Unterordnung ist nicht wahrzunehmen, gerade weil sie funktionaler Natur ist. Zum Vorschein kommt nur ein sonderbares Amalgam, in dem die bloße Nebeneinanderstellung die Integration verbirgt und die Fusion der Schichten die Ausrichtung der Kontrolle. Seit Gramsci ist eine intellektuelle Schicht dann »organisch«, wenn sie die »aus den unteren Schichten hervorgegangenen Eliten« assimiliert und aufsteigen läßt: der katholische Klerus sahnte die Landjugend ab, die Partei die Jugend der Arbeiterklasse usw. Aber eine neue Schicht von Organisatoren kann gleichermaßen die Crème der »höheren Eliten« assimilieren und befördern, wenn deren funktionaler Unterbau (in diesem Fall die Universität) ihre Funktionalität verloren hat. Hier rekrutieren dann die Jüngeren die Älteren. Um auf das Beispiel von *Le Monde* zurückzugreifen (für unsere These, das ungünstigste Beispiel wegen des elitären und bewußt klassischen Charakters dieser Zeitung), hier ist die größte Gruppe unter den Journalisten die der 31–40jährigen. 94 Redaktionsmitglieder sind zwischen zwanzig und vierzig Jahren gegenüber 89 zwischen vierzig und fünfundsechzig Jahren. Bei den administrativen, kommerziellen und technischen Führungskräften des Unternehmens liegt das Durchschnittsalter weit höher.

Der Überblick über die vielfältigen Indikatoren der neuen Hierarchie der Intellektuellenschaft, deren Verschiedenartigkeit sogar noch die innere Kohärenz erkennen läßt, wird die Blinden nicht wieder sehend machen, sondern nur das Auge der Neugierigen trainieren. Wir gehen hier vom Harmlosesten zum Schwerwiegendsten vor, das heißt von der Prestige- zur Einkommensskala, deren Niveaus sich angleichen. Geschlechtsspezifische Barrieren, Karrierestellungen, Stufen der Treuepflicht, gastronomische Grenzlinien: alle diese Neuerungen bestätigen sich gegenseitig.

1. Das neue Prestige

1950 lasse ich in einem Freundeskreis den Satz fallen: »Gallimard hat mein Manuskript angenommen« – und schon hebe ich mich ab, bin gesalbt und erhöht. 1980 wird auf den mit falscher Lässigkeit hingeworfenen Satz hin sich kein Ohr mehr spitzen. In diesen Kreisen hat jeder Beziehungen zu einem großen oder kleinen Verleger und irgendein Manuskript irgendwo »am Laufen«. Will ich ähnliche Liebesaffären, Verstimmungen oder Rivalitäten auslösen, brauche ich so etwas wie: »Nächste Woche stehe ich auf der ersten Seite von *Le Monde«* oder »Jean-Louis Servan-Schreiber hat mich im nächsten Monat zu sich gebeten.« Und statt in der Runde den handgeschriebenen Brief von Raymond Queneau – mit seinem Briefkopf –, in dem er mir seine Annahme mitteilt, herumzureichen, werde ich Wort für Wort über das Mittagessen mit Viansson berichten oder den Anruf von Chancel wiedergeben. Zeichen der Zeit.

Der Snobismus ist in der Gesellschaft so kostbar wie ein Kompaß im Wald. In der Intelligentsia verlagern sich die Kriterien für das Prestige mit dem Gravitationszentrum des Kulturmarktes. Das Prestige ist ein ökonomischer Indikator. Wofür im Augenblick? Für die neue Grenze, die Öffentlichkeit und Privates, Bekanntsein und Anonymität voneinander scheidet. Oder für den Aufstieg über die *Publikationsstufe* hinaus, die von der Verlagsebene aus eine Etage höher gestiegen ist. Diese brutale Abkoppelung hat nicht nur die Berechnungsgrundlage für das Prestige verändert, sondern das ganze Verlagswesen. Es hat den Ort der individuellen Ausscheidungskämpfe nach oben verlagert wie auch den Ort der Kämpfe der Unternehmen um die Rentabilität. Solange es zu ihrem Wesen gehört, sich voneinander zu unterscheiden, werden die Unterscheidungsmerkmale der Intellektuellen durch das hegemoniale Potential einer Epoche bestimmt.

Von wann an kann jeder, der ins Literaturgeschäft eintritt, damit rechnen, »es zu schaffen«, und die Hoffnung hegen, »herauszukommen«?

Sicher sein, sich *abzuheben?* 1890 war es mein Eintritt in die Ecole normale supérieure. 1930, ich war schon Professor, mein Einzug als literarischer Berater in einen Verlag oder die Übernahme der Leitung einer Reihe. 1970, als Herausgeber einer Reihe, mein Aufstieg zum Leitartikler, Kommentator oder regelmäßigen Mitarbeiter in einer großen Redaktion. Denn wozu nützt es heute, Herausgeber einer Reihe zu sein (trotz der 2 % Umsatzbeteiligung), wenn nicht dazu, daß ich Zugang zu mindestens einem der großen Medien bekomme? Was eine Reihe erfolgreich macht, ist fortan nicht mehr die Qualität dessen, was in ihr veröffentlicht wird, vor allem dann, wenn es eilt, sondern die Fähigkeit des Herausgebers (oder der Herausgeberin) das, was sie publizieren, auch wirklich publik zu machen. Da heutzutage jeder Dahergelaufene ein maschinengeschriebenes Manuskript drucken, broschieren und zum Verkauf bringen kann (dank der Vervielfachung der Taschenbücher, den 700 Kleinverlegern in der Provinz und in Paris und der Vermehrung des Produktionsvolumens), hat der Akt der Veröffentlichung jeglichen Unterscheidungswert verloren. So hat auch der Intellektuelle nicht mehr das Gefühl, sich ausschließlich über die Publikation seiner Bücher zu »verwirklichen«, sondern über das, was um seine Veröffentlichungen herum veröffentlicht wird; und der Buchhändler kommt zu der Überzeugung, daß ein Buch nicht mehr seinen Wert auf dem Buchmarkt realisiert, sondern über den Regulator dieses Marktes, zu dem die »Massenmedien« geworden sind. Mit einem Wort, jene Verleger gehen zugrunde, die nicht große Journalisten auf der Gehaltsliste haben, die dazu fähig sind, mit ihren Kollegen aus einer gleichen Machtposition heraus zu verhandeln. Letztere lassen ihre Arbeitgeber, indem sie ihnen den Zutritt zum Kreislauf des Einflusses verschaffen, an ihrem persönlichen sozialen Kapital teilhaben. Wenn man »auf den Aufzug verzichten will«, wie es so viele Neophyten leichtfertig verlangen, muß man zumindest Zugang zu einem Treppenhaus haben – einer Spalte in einer Zeitung, einem Kommentar in einem Wochenblatt, einem Happen von der Fernsehsendezeit. »Der kleine Dienst« (»klar, einverstanden, in der nächsten Sendung wird über dein Buch gesprochen«) ist so etwas wie das Vorrecht, das der Inhaber eines Pachtvertrages genießt. Wenn man nicht Gleiches mit Gleichem vergilt, ist dies nicht notwendigerweise Taktlosigkeit, sondern vielleicht Folge einer Unterlegenheit. Die Dienste, die sich Verleger direkt erweisen können, sind begrenzt, jene, die Journalisten ihnen erweisen können, sind beträchtlich. Aber jene, die sie sich gegenseitig über die Journalisten erweisen können, die mit ihrem Hause verbunden sind, können nicht hoch genug eingeschätzt werden. Die Koppelung Verlag/Medien vollzieht sich 1970 umgekehrt gegenüber 1930. Als Beispiel mögen die offiziellen Tandems *Opera Mundi-France-Soir, Laffont-L'Express, Grasset-Le Point, Le Seuil-Le Nouvel Observateur* dienen, in welchen der Verleger von dem Medium seiner Wahl abhängiger ist als letzteres von ihm. Ein Revel, ein Julliard, ein Nourissier bringen ihrem Verlagsunternehmen mehr durch ihre Position in den drei Wochenzeitungen, als sie ihrer Zeitung durch ihre verlegerische Funktion bringen. Mehr und mehr wird das Leistungsvermögen eines Verlagsunternehmens direkt von der Zahl der Medien abhängig sein, die es unter Kontrolle hat (die beeinflußbar oder kontaktierbar sind). Die Zukunft gehört dem Dreirad – doch die großen Häuser haben schon vier Räder. Was die Individuen betrifft, wird ihr Einfluß (sofern sie nicht selbst Journalisten werden) direkt von der Anzahl und der Bedeutung der Journalisten abhängen, die sie zu ihren persönlichen Freunden rechnen können. Demnach gehört die Zukunft dem Multimedium; die großen Tiere unter den Intellektuellen des Augenblicks werden bald auf allen Vieren gehen.

2. Die neue Logistik

Das Strahlungszentrum der sozialen Ideen zeigt sich gleichzeitig als Heimathafen für die Träger der Ideen, als Startrampe des Produktes, als logistische Basis der Produzenten. Im allgemeinen findet der Spitzenproduzent im Bereich des Symbolischen (»die große Figur«) seinen sichersten Hafen und seine Haupteinnahmequelle in der jeweils leistungsfähigsten Institution. Derselbe, den 1890 die Universität eher schlecht ernährte, findet im Verlagswesen von 1930 (und 1950) sein recht gutes Auskommen, und 1980 sein sehr gutes in den Medien. Und der Autor, oder der Strom der Ideen, der 1890 vom Hörsaal der Universität aus angetrieben wurde, wird 1950 von der Zeitschrift und 1980 durch das Nachrichtenmagazin oder die Fernsehsendung verbreitet. Es gibt kein Nebeneinander von Instanzen, sondern eine ständige Hauptströmung, in der sich alles bewegt und die als Bezug für alles dient. Die ideologischen »Moden« sind zum Beispiel untrennbar von ihrem Transportvehikel oder ihrer Startrampe. Der Bergsonismus, der auf die Welt der Literatur, die Salons und auf die Szenen ausstrahlte, hatte dennoch als tragende Basis die Universität (ihre Verweigerung und ihre Gegenangriffe inbegriffen). Der Existentialismus, der in die Universität hineinwirkte und auch in die noch schüchternen Massenmedien seiner Epoche, war tief im Verlagswesen als tragende Bewegung verwurzelt. Was die »Neue Philosophie« betrifft – sie wurde mit dem Titel eines Artikels getauft –, so erscheint sie ihrem Wesen nach als eine *neue Logistik* (zumal ihr bislang keine theoretische Eigenständigkeit zuerkannt wurde und sie diese nach dem Kanon der Medien auch gar nicht braucht).

Beobachtet man die Metamorphosen einer institutionalisierten Disziplin wie der »Philosophie«, die sich gerade auf das Feld der Pädagogik, der Edition und der Politik auswirkt, so kann man die Entwicklung eines Spektrums verfolgen, wobei jede Epoche ihre eigene Logistik hat: in der ersten ist es das System Kurs/Diskurs; in der zweiten das System Buch/Zeitschrift; in der dritten das System Presse/Fernsehen. Jeder beherrschende Unterbau hat seine eigenen Paradigmen: Bernard/Bergson; Sartre/Camus; unsere Feuilletonisten der Theorie. Heute, in der aktuellen mediologischen Periode, muß man Philosophie nicht mehr *lehren*, um »Philosoph zu sein«; man muß auch nicht mehr philosophische *Forschungen* betreiben und sie auf dem Wege der Veröffentlichung der fachkundigen Beurteilung durch die Gemeinschaft der Philosophen unterbreiten. Was in einer Epoche unerläßlich ist, wird in der darauffolgenden zur Nebensache. Was gestern zum Kanon gehörte, ist heute exzentrisch. Das heißt nicht, daß es keine *Professoren* der Philosophie oder keine *philosophischen Bücher* mehr gäbe, sondern daß sie nicht mehr die Patente liefern und nicht mehr das soziale Bild bestimmen (das heißt die Bücher sind keine Standardvehikel mehr). Das Beharrungsvermögen der kulturellen Zeichen auf der sozialen Retina erlaubt ihnen, noch lange nach der Entleerung zu agieren. Wie das Organ seine Funktion überlebt, überlebt das Kennzeichnende die Praxis und das Qualitative die Substanz. In der Neuen Ordnung braucht man nicht mehr zu denken, um Denker zu sein, noch Bücher zu schreiben, um Schriftsteller zu sein; aber es bleibt eine soziale Notwendigkeit, sich selbst als *Schriftsteller* oder als *Denker* zu kennzeichnen (um sich von den Nicht-Schriftstellern und Nicht-Denkern abzuheben). Zu Unrecht würde man daraus folgern, das moderne Mediennetz sei außerstande, das symbolische Arsenal einer Kultur zu zerbrechen, indem es die Legate der Vergangenheit legitimiert oder kolportiert.

3. Die neuen Strategien

»Wozu sich einen Regenschirm für zwölf Francs kaufen, wenn man ein Bier für sechs Sous bekommt?« Warum zehn Jahre seines Lebens in die Abfassung einer Dissertation investieren, um dann als Doktor lebenslänglich in einer Fakultät in der Provinz eingesperrt zu sein (wo die »Reifekammer« der Studenten zur Faulkammer der Lehrenden wird), da doch ein Monat Arbeit ausreicht, um ein ideologisches Pamphlet mit Säure anzureichern (Gulag und Schicksal), das mir einen Namen in der großen Presse verschaffen wird, oder eine Stunde voller Verve im Fernsehen, um damit zum Nationalhelden zu werden? Das Gesetz des Wertes findet offensichtlich, wie jeder erfahren hat, auf die künstlerische und intellektuelle Produktion keine Anwendung – zumindest ist jeder Produzent dazu berechtigt, dies in seinem Falle anzunehmen[1]. Eher findet eine Umkehrung statt im Verhältnis von Arbeitszeit und Umfang der Entlohnung. Eine Romanerzählung, auf die ich drei Monate Arbeit verwandt habe, kann eine Auflage von 100 000 Exemplaren haben, und ich kann davon drei Jahre leben. Eine theoretische Arbeit, die mich drei Jahre kostet, wird eine Auflage von 1000 Exemplaren haben, den Verleger an den Rand des Ruins und meine Familie ans Hungertuch bringen. Es verwundert nicht, daß es mehr Begabungen für den Roman als für die Theorie gibt; selbst dann nicht, wenn die Theorie den Menschen hilft, die Welt zu verändern, und der Roman sie besser von ihr träumen läßt. Es verwundert auch nicht, wie Sartre meinte, »daß die Autoren selten eine Verbindung zwischen ihren Werken und ihrer Entlohnung in bar herstellen«. Täten sie es, müßten sie verzweifeln. Die Kultur, per Definition eine desinteressierte Aktivität, ist für die, die sie erarbeiten, eine Schule des Zynismus, denn wenn die anderen sie genießen dürfen, müssen die »Kulturmenschen« auch von ihr leben können. Heute ist aus vielerlei Gründen, unter denen der Lebensunterhalt nicht

[1] Die Frage des Preises von Kunstwerken im besonderen und des Wertes der Produkte der intellektuellen Arbeit im allgemeinen würde eine wesentlich komplexere Untersuchung erfordern, deren Ergebnis vielleicht das Gesetz des Arbeitswertes erbringen würde. Siehe zu diesem Gegenstand die noch nicht veröffentlichten Arbeiten von Michel Gutelman.

der entscheidendste ist, die intellektuelle Karriere die schnellste unter den Berufen, die Immoralität praktizieren und deren Theorie jedermann erstellen kann, aber niemandem empfohlen wird. Denn es gibt Tugenden, die um so leichter zu praktizieren sind, als man nicht weiß, worin sie bestehen und daß sie überhaupt Tugenden sind. Die Immoralität gehört zu ihnen.

Courtelines Beobachtung läßt sich nicht nur auf die »niedrige« materielle Ebene anwenden. Man kann sie zu einer objektiven Ökonomie der Karrieren umformen, die auf den vergleichbaren Aufstiegsschancen in der Hierarchie der unterschiedlichen beruflichen Tätigkeitsfelder aufbaut und für die ganze Zunft der Intellektuellen in einer jeweiligen Gesellschaft zu einem bestimmten Zeitpunkt gültig wäre. Sicher wird man einwenden, daß die besten Karrieren keinem Plan folgen, wie auch die besten Regime sich nach keiner Doktrin richten und die besten Revolutionäre nie *Das Kapital* gelesen haben; ein alter Streit. Man wird sich hüten, gegen den Wind, gegen einen Pragmatismus, dem der Wind voll ins Segel bläst, anzugehen, aber man kann zumindest darauf hinweisen, um Madame Cambremer zu folgen, daß jene, die die Äußerlichkeiten der Welt am meisten verachten, nicht gerade die letzten sind, die sich in ihr einen Platz sichern. Es gibt ein »Karrieren«-Dossier in der Industrie, von dem die Führungskräfte Gebrauch machen, warum sollte es ein derartiges nicht für die Führungskräfte in Ideen und Literatur geben? Denn die Aufteilung der Lebenszeit ist, je nachdem, ob man durch den Eintritt in die rue d'Ulm, die NRF oder den *Express* geadelt werden will, ganz unterschiedlich. Wenn der hauptsächliche Vorteil der Erbmonarchien darin liegt, daß die Kämpfe um die Macht an der Spitze auf das strikt Notwendige begrenzt werden, und der der Kasten, daß die Klassenkämpfe maximal eingedämmt werden, dann ist die Lage in den bürgerlichen republikanischen Gesellschaften mit starker sozialer Mobilität genau umgekehrt (und die Intelligentsia ist einer der »Stände«, in denen die Hierarchie unter den Mitgliedern einmal extrem ausgeprägt und zum anderen auch noch am wenigsten faßbar ist): die Aufstiegskämpfe finden in jedem Augenblick statt und unter allen Beteiligten. Die Konkurrenz ist zu unerbittlich, und der geringste Fehler in der Weichenstellung ist so unkorrigierbar, daß mit der Neuen Ordnung bei der Prioritätensetzung in den Investitionen nicht zu scherzen ist. Die Hindus haben die Seelenwanderung, wir leben nur einmal.

Der klassische Durchgang durch die Universität bleibt eine notwendige Investitionsaufgabe, aber die Kosten lassen sich insofern mindern, als man sich auf die ersten Stufen als fixe, weiter nicht reduzierbare Investition beschränken kann. Entscheidend ist aber, daß die Investition in ein Diplom (Geschichte, Literaturwissenschaften, Philosophie, Rechte, Soziologie usw.) nicht mehr auf dem Gebiet amortisiert werden kann, wo sie getätigt wurde: in einer Universitätslaufbahn. Überfüllung in den oberen Etagen (Professoren und Dozenten), eine Schwemme im Parterre (Assistenten): die Aufstiegsmöglichkeiten sind blockiert. Würde sich morgen der administrativ (oder generations-) bedingte Stau plötzlich wie durch ein Wunder auflösen, bliebe die Universität doch das, was sie seit langem ist: eine Sackgasse für den Aufsteiger. Ein universitäres Kapital muß also fortan, sobald es erworben ist, in der Sphäre des Editionswesens investiert werden, wo es die höchste Rendite bringen kann, sowohl ökonomisch wie auch sozial (beides läßt sich nicht mehr voneinander unterscheiden – ein charakteristisches Merkmal unserer Periode). Auf der einen Seite die Umwandlung des Wissens in ein käufliches Gut (Bücher, Enzyklopädien, Sammlungen usw.), aber auf der anderen, und das vor allem, das Sich-ins-Blickfeld-Bringen des Autors, die Voraussetzung für seine spätere Wertrealisierung, die erst mit dem Aufstieg in die höheren und entscheidenden Ebenen der *sozialen Sichtbarkeit* erreicht werden kann, die das Fernsehen, der Funk, die Magazine und Zeitungen abgeben. Drei Bemerkungen: 1. für jedes geleistete Input in einer Etage läßt sich das maximale Output nur in der nächst höheren Etage realisieren; 2. die Kumulierung der Gewinne läßt sich nur nach rückwärts, von oben nach unten erreichen; 3. jede Tätigkeitsstufe kann Profit nur von der nächst höheren Stufe ziehen – allerdings zu der Bedingung, daß letztere von ihr einen noch größeren Profit zieht. Im Klartext: eine gute Position in den Medien, als Journalist, garantiert mir als Autor eine bessere Position auf dem Literaturmarkt, die mir dann, wenn ich außerdem einen akademischen Grad habe, den Eintritt oder Aufstieg im Hochschulapparat ermöglicht – im wohlverstandenen Interesse meiner Kollegen, die mich dabei unterstützen. Eine Karriere, die theoretisch von unten nach oben gerichtet ist (in Übereinstimmung mit den Kriterien der vorangegangenen Periode), die aber tatsächlich von oben nach unten verläuft, wofür zugleich die Schnelligkeit des Weges und die Mühseligkeit der anderen Richtung den Beweis liefern. So ist es auch heute viel leichter und rentabler, aus einem Film ein Buch zu machen, als aus einem Buch einen Film. Die Mediokraten (aktive wie pensionierte) bekommen bei weitem die höchsten Vorschüsse von den Verlegern für Autorenprojekte und die höchsten Posten, wenn sie ihre Gehaltsempfänger werden; ihre »Audienz«, also ihr Einfluß, und damit ihr Einkommen, läßt sich nicht mehr mit dem der »großen Professoren« oder »großen Schriftsteller« vergleichen. Desgleichen kann ein Verleger einem Romanautor einen höheren Vorschuß zahlen, wenn er mit einer Verfilmung für das Fernsehen rechnen kann. In diesem Falle werden der eine wie der andere das Gefühl haben, das Fernsehmedium im Interesse des Buches »genutzt« zu haben: in Wirklichkeit aber benutzt das Fernsehen den einen wie den anderen – indem es den Büchermachern seine eigenen Auswahlkriterien auferlegt. Gesetz: der Benutzer eines niedereren Mediums kann sich nie eines höheren Mediums bedienen, ohne daß dieses sich seiner bedient[2]. Für den Augenblick steht fest – um uns an das Offensichtlichste zu halten –, daß das Fernsehen nicht jeden beliebigen zeitgenössischen Roman als Vorlage für ein Fernsehspiel nimmt (d'Ormesson hat mehr Chancen, angenommen zu werden, als Claude Simon). Die Ausrichtung der Produktion ist ein Abklatsch der Hierarchie der Produzenten. Die *Medien* geben ihre Weisungen an die *Edition* und diese an die *Universität.*

Was zuvor im unteren Bereich der Skala angesiedelt war (die Journalisten als intellektuelles Proletariat), finden wir an der Spitze wieder; die höchste Finalität entspricht der stärksten Kausalität. Der mediologische Einschnitt, den wir beobachten können, hat das Verhältnis Inhalt/Form in den verschiedenen Kreisen der Intelligentsia vertauscht. 1955 hat noch Raymond Aron, als sich das zweite Zeitalter der Intelligentsia zum Ende neigte, die Romanautoren, Maler, Bildhauer und Philosophen im »inneren Kreis« angesiedelt: »*Darunter* befänden sich dann die Mitarbeiter bei Funk und Fernsehen, die fertige Ergebnisse verbreiten, die die Kommunikation zwischen den Auserwählten und der Masse aufrechterhalten. Unter diesem Blickwinkel hätte diese Kategorie zum Zentrum die Kreativen und als Eingrenzung die schlecht zu definierende Zone, in der die Vulgarisierer aufhören, Übersetzer zu sein, und beginnen, Verräter zu werden; sie sind auf Erfolg und Geld aus, Sklaven des vermutlichen Geschmacks des Publikums und gegenüber den Werten, denen sie zu dienen vorgeben, gleichgültig[3].« Als er zwanzig Jahre später Präsident des Herausgebergremiums des *Express* wurde, hatte Raymond Aron trotzdem nicht das Gefühl zu scheitern, sondern, und zwar zu Recht, ins Innerste des inneren Kreises aufzusteigen. Deshalb, weil in der Zwischenzeit die beiden Kreise sich vertauscht hatten. Die-

[2] Was das »Nieder« und das »Höher« betrifft, bin ich gezwungen, auf die konkrete Analyse der Medien zu verweisen, die in der *Medienlehre* geleistet wird.
[3] *L'opium des intellectuels,* S. 285, Collection Idées. (Dt. Ausgabe, Opium für Intellektuelle, Köln 1957).

ser Ideologe verdient als Zielsuchkopf für akustische Optima die größte Hochachtung: Mandarin, solange die Hörsäle noch ein Echo gaben; Pontifex der Feder, solange es noch aufmerksame Leser gab; von nun an Präsident des audiovisuellsten aller Nachrichtenmagazine. Dieser Aufstieg ist nicht zufällig. Und wir können wetten, dieser alte Mann fühlte sich sehr verjüngt, als er das Patronat für dieses angelsächsische, in französisch geschriebene Organ übernommen hatte. Das Glanzpapier ernährt sich von frischem Blut.

Tatsächlich ist der dynamische Faktor im Prozeß der Wertrealisierung des intellektuellen Produzenten die Verbreitung durch das Medium. Heute ist es deshalb auch ökonomischer, eine Karriere »vom Ende her« anzufangen. Zum Glück folgt der Aufstieg in der Ursachenkette von der leitungsfähigsten zur weniger leistungsfähigen der Linie des geringsten Widerstandes, vom schwächeren zum stärkeren hin. Daher auch das Stoßen und Drängen der jungen Talente vor den Pforten zum Heiligtum der Medien und die gleichzeitig sich vollziehende Verjüngung unter den »Eliten« der Intellektuellen. Mit 35 Jahren hat man noch keinen Lehrstuhl für Philosophie, mit 25 Jahren ist man noch kein Romancier. Dann ist es schon besser, sein Leben zu schonen und am Studium zu sparen, um so schnell wie möglich wettbewerbsfähig zu werden unter den Produzenten von Sendungen und den Rezensenten der Ideen: das Dienstalter ist hier eher ein Hindernis als eine Hilfe. Das dritte Zeitalter der Intelligentsia wird das Zeitalter ihrer größten Jugendlichkeit. Die Feststellung von Michel Tournier: »Hierarchie und Anciennität sind fast immer Synonyme«, war typisch für das Frankreich von gestern, im heutigen Frankreich ist sie ein Irrtum. Für eine Intelligentsia auf amerikanisch in einem Frankreich auf europäisch wird an erster Stelle das Lächeln, das Zähnefletschen, die Frisur stehen und diese Adoleszenz der Dummheit, die sich jugendliche Ungeduld nennt.

4. Die neuen Déjeuners

Die Mediologie, die, da sie vom Staat keine Subsidien erhält, sich gezwungen sieht, den Staat selbst zu ihrer Experimentierwerkstatt zu machen, hat auch keine Scheu, mit der Gesellschaft Experimente anzustellen. Dazu gehören, ihrer Meinung nach, die Nachrichten aus dem Gesellschaftsleben. Das letzte der »déjeuners d'écrivains horizon 2000« (im Elysée-Palast am 7. September 1978) verdient unsere Aufmerksamkeit. Das ethnische Zeremoniell des »déjeuner«, das in den Niederungen nicht weniger vollzogen wird als in den Höhen, verlangt nach einer eigenen ethnographischen Beschreibung, die wir hier unternehmen wollen. In der Tat war jenes außergewöhnlich – als solches lange vorweg angekündigt und im nachhinein noch dreimal von allen vereinten Medien unterstrichen. Die Republik, die sich nicht alle Tage vollzählig bei Tisch trifft, legt große Abstände zwischen diese Treffen, um deren Wert konstant zu halten. Denn es ist nicht gut, wenn die verschiedenen Bestandteile der französischen politischen Autorität sich zu häufig offiziell treffen. Die »Einflußträger« sind dann am wirkungsvollsten, wenn sie selbst und die, die sich ihrem Einfluß fügen, von ihrer Einsamkeit überzeugt sind. Das gleiche gilt für den intellektuellen Apparat wie für den von Justiz und Militär, deren politische Macht von ihrem Anschein des Unpolitischen lebt. Zuviel Verkehr untereinander schadet den Abstimmungen, und in diesem Sinne würden die Meinungsverschiedenheiten unter den Intellektuellen ihre Glaubwürdigkeit verlieren, träten ihre offiziellen Widerlager zutage. Das haben viele begriffen, und das Burleske der öffentlichen »Kontroversen«, die im Milieu der Intellektuellen dieses Gipfeltreffen unterstrichen, könnten einen Epigonen von Molière (oder Beaumarchais?) inspirieren. Doch der kleine Mann, der seine Augen nur in der Hoffnung auf seine Zeit richtet, irgendwann diesen Schwebezustand des Lebens zu erreichen, den man Weisheit nennt, in dem Lachen und Wissen sich gegenseitig aufheben, wird sicher, dank der Maxime Spinozas (»weder lachen noch weinen: verstehen«) auch dem Lachanfall zu widerstehen wissen: die ernsten Angelegenheiten erkennt man an der Sorgfalt, die sie darauf verwenden, sich hinter dem Lächerlichen zu verbergen[1].

»Was gilt es zu verstehen?« heißt »Wo ist das Unvorhergesehene?« Worüber soll man sich wundern? Nicht über die Sache an sich, da sie ja mit den Prinzipien der staatlichen Gliederung im allgemeinen und mit denen des französischen Staates im besonderen übereinstimmt. Der Fürst und seine Schreiber, das ist die »ursprüngliche politische Szene«; aber dies ist auch der einzige originelle Sketch in der Komödie der französischen Macht, mit dem sie sich von allen ihren Rivalen abhebt. In Deutschland oder in den Vereinigten Staaten findet die literarische Zeitgeschichte auf einer anderen Seite als die politische Geschichte statt. Bei uns sind die Autoren der einen die Akteure der anderen, und umgekehrt. Es wurde behauptet, daß die gegenseitige Verflechtung der französischen Eliten in Wissenschaft und Administration, die für unsere Geschichte charakteristisch ist, das Schicksal der französischen Wissenschaft seit dem letzten Jahrhundert besiegelt, im Ei schon sterilisiert und in ihren Methoden und ihrer Zielsetzung blutarm gemacht habe. Die gegenseitige Durchdringung der Eliten in Literatur und Politik, der goldene Faden durch das Leben unserer Nation, steigert aber ganz im Gegenteil die Lebendigkeit der einen wie der anderen. In diesem Sinne macht die französische Intelligentsia, wenn sie offiziell mit dem hohen Personal des Staates verkehrt, nur von ihrem liebsten der Menschenrechte Gebrauch – der freien Wahl des Tischgenossen – und folgt der unbedingten Pflicht, die sich aus ihrem Auftrag ergibt. Wenn sie sich an den Tisch des Präsidenten begibt, gibt sie nicht nur ihrem Selbstverständnis, sondern auch ihrer Vergangenheit die Ehre. Gibt es denn einen besseren Ort, wenn sich die eine Hälfte des Staates mit der anderen zusammenfindet, als den Speisesaal? Es stimmt zwar, daß die einen wie die anderen sich alle auch im Büro getroffen hätten. Nur an keinem anderen Ort hätte eine derartige Zusammenkunft das ganze Land interessiert. Eine typisch französische List und ein institutionelles Paradox: den Ernst einer Verpflichtung in mondänen Prunk verpacken.

Was ist also neu an dieser historisch programmierten banalen Episode, an der doch das einzig Neue die Tatsache ist, daß sie 1978 als erwähnenswert in den Nachrichten befunden wurde? In den Augen des Hegemoniehistorikers ein gewisser neuer Ausgleich zwischen den traditio-

---

[1] »Mon ami, votre injustice« (André Glucksmann, *Le Monde*, 6. September 1978), »Terreur dans les écritoires« (Maurice Clavel, *Le Monde* 7. September) »Quel dialogue, monsieur Glucksmann« (*Lionel Stoléru*, 9. September) usw. Und *Le Nouvel Observateur* Nr. 722: »Les hôtes du Président«.

nell beteiligten Parteien zu Lasten der *»potestas«*, also zugunsten der *»auctoritas«*: ein Pendelausschlag, der eine Schwäche der symbolischen Macht anzeigt, was die politische Macht nicht unbedingt beunruhigen muß. Ganz im Gegenteil: »Schließlich scheint sich der Präsident darüber zu freuen, daß Frankreich im Bereich der Ideen und der Philosophie eine aktive Zahlungsbilanz aufweisen kann[2].« Das eine kompensiert das andere. Der Dekodierer der herrschenden Diskurse wird es vorziehen herauszubekommen, auf welchen ungewöhnlichen Wegen dieses zwingende Gesetz der französischen Geschichte, das den Intellektuellen an den Staatskarren koppelt und die schöngeistige Literatur mit dem politischen Geschäft verbindet, sich Raum schaffen mußte trotz und innerhalb einer ideologischen Konjunktur, die die Intelligentsia zu einer Art Beauftragten einer permanenten Auflehnung gegen die »kalten Monster« macht. Um diese Unvernunft wieder zur Vernunft zu bringen, das Fieber des Augenblicks wieder in einen Sinn von langfristiger Dauer zu verwandeln, bedürfte es eines rhetorischen Erfindungsreichtums, dessen später dann einmal zu Lehrbeispielen erhobene Tropen sicher den Autor der *Fleur de Tarbes* interessiert hätten. Wie verwandelt man Ehrerbietung in Verachtung, eine Einladung in ein Ultimatum, eine Gesellschaftschronik in eine Weltchronik? – dieses kleine technische Problem ist seit 1968 nicht mehr unlösbar, die Regisseure des Wortes lösen es wöchentlich[3]. Tatsächlich ist das wahrlich Neue mediologischer Natur, und das wird für niemanden mehr eine Neuigkeit sein: sogar die Zusammensetzung der Delegation ist eine echte Musterkollektion der neuen intellektuellen Macht.

Wie soll man die zusammenbringen, die im Staate zählen, und nach welchen Kriterien? Keinerlei Schwierigkeiten auf der Seite der *potestas:* der Präsident der Republik, der regelmäßig gewählt wird, verkörpert in den Augen aller den Teil des Staates, den man öffentliche Gewalt nennt. Ein altes Problem auf der Seite der *auctoritas:* an wen wird die intellektuelle und moralische Gewalt und auf welche Weise delegiert? In den Ländern des »realen Sozialismus« ist der Staatschef und der Generalsekretär der Partei *ipso facto* auch der Präsident der Intellektuellen.

---

[2] Die Schlußfolgerung des Berichtes über die Gäste des Präsidenten in *Le Nouvel Observateur* (11.–17. Sept. 1978)

[3] »In der Tat habe ich nicht – und man möge diese Erinnerung entschuldigen – dem Naziterror, dem stalinistischen Terror, den Einschüchterungsversuchen durch die konventionelle Linke Widerstand geleistet, um mich von dem Geschmus und Getuschel in ganz Paris über den Artikel eines ausgezeichneten Kameraden zur Feigheit verleiten zu lassen und mich den Regeln des Scheins zu unterwerfen, usw.« (Maurice Clavel, *Le Monde).* Das Ende des Stücks findet im Saal statt, wie das Ende der Monarchie den Hof in die Stadt verlegte. Doch auf welcher Bühne sollte Beaumarchais seinen Figaro neu zum Leben erwecken, wenn er diesem Saal und dieser Stadt gewachsen sein will?

Deshalb wird er sie auch kaum zu Tische bitten: zu einem Dialog gehören zwei. Und wenn er Glückwünsche auszusprechen oder Mahnungen zu formulieren hat, ist der Kanal dafür schon vorhanden: das Präsidium des Schriftstellerverbandes wird sie übermitteln. Bei uns ist das Problem schon heikler. Unsere Intellektuellenzunft hat zuviele Köpfe, um aus ihrer Mitte ein kollegiales Präsidium zu wählen, das eine einstimmige Anerkennung fände – später werden wir sehen warum. Aber auch im Elysée ist wie überall die Zahl der Tischplätze beschränkt. Wie wird die Republik der Gesetze eine *Auswahl* unter den Repräsentanten des Geistes der Gesetze treffen? Noch vor 25 Jahren hätte sich das Sekretariat des Elysée an das Sekretariat der *Académie* oder an das Rektorat der Universität von Paris gewandt, um eine repräsentative Auswahl aus den bürgerlichen, intellektuellen Eliten zu erhalten. Die Elite der Eliten ist der Definition nach jene, die in der Lage ist, den anderen auszulesen. Im vorliegenden Fall und mit der Perspektive auf das dritte Jahrtausend hat sich die Präsidentschaft nicht getäuscht, als sie ihre Präfekten aus dieser neuen intellektuellen Schicht rekrutierte, die von den und für die Massenmedien geschaffen wurde und deren Wert nicht so sehr auf einem eigenen Werk beruht (das es meistens gar nicht gibt oder sich auf das strikte Minimum eines einzigen Druckerzeugnisses reduziert) und noch weniger auf einer Forschungsarbeit, als vielmehr auf ihrer Eingliederung in die Schlüsselpositionen der sozialen Resonanz. Sie heben sich vor dem verfilzten Hintergrund der Mitbrüder durch ihre Fähigkeit ab, mehr ideologischen Lärm zu machen: die Fähigkeit, die einer ganzen neuen Kaste von Ideokraten ihre Vermittlerposition verleiht zwischen dem produktiven Bereich des Wissens, dessen Parasiten sie sind, und der öffentlichen Verbreitung, wo man sie »Produzenten« nennt. Es ist kein Zufall, daß das Kulturministerium in ein »Ministerium für Kultur *und* Kommunikation« umgetauft wurde: dieses »*und*« birgt alle Geheimnisse unserer Epoche, es ist die wahre »Black box« unserer kulturellen und politischen Kybernetik. Die Meister des Denkens hatten früher eine Produktion, heute haben sie Sendungen; in Zukunft muß die Zahl der gedruckten Zeichen in Frequenzen radioelektrischer Zeichen gezählt werden. Seine Eigenschaft als »Radioproduzent« bei France-Culture und die Tatsache, daß er das Ohr der von den Intellektuellen bevorzugten Medien (*Le Monde* und *L'Observateur*) besitzt, bestimmten Philipp Nemo zum Dolmetsch am Ohr der Republik, denn bislang hätten die »kleine« Ecole normale de Saint-Cloud und ein offensichtlich bescheidenes literarisches Werk nie ausgereicht, um jemanden für eine solche Rolle zu bestimmen. Fähigkeiten und Ti-

tel sind weniger wichtig als dieses nicht übertragbare Kapital, das dem modernen Intellektuellen seine wahre »Oberfläche« verleiht: Das *know-how* des Dezibels. Das heißt nicht nur die Vertrautheit mit dem Labyrinth aus Büros, Studios, Gängen, in welchem sich der Philister verliert und an dessen Ende das »Ereignis«, die »Kontroverse«, das »Man-spricht-darüber« funkelt; sondern auch dieser Verbindung schaffende Kodex aus Losungsworten, Kameradschaft oder gar einfachen Freundschaften, der es einem einzelnen ermöglicht, in wenigen Tagen die dreißig Leute in Paris zu mobilisieren, die, um mit Balzac zu sprechen, dreißig Millionen zu denken geben. Boten mit dringenden Telegrammen zu den »großen Intellektuellen« – Universitätslehrer, Forscher, Essayisten – loszuschicken, um eine wirkliche »fashionable« Delegation auszuheben. Die Mehrzahl der Adressaten zuckt mit den Schultern und wendet sich wieder ihren Arbeiten zu. Einige unter ihnen, die besser vertraut sind mit den Parametern des neuen Zeitalters und die, was das *know-how* betrifft, niemandem etwas schuldig bleiben, nehmen den Ball im Flug auf und landen einen doppelten Treffer. Sie lassen in öffentlichen Verlautbarungen sowohl ihre Einladung als auch ihre Absage mitteilen und können damit das Prestige verknüpfen, das sich mit ihrer Zugehörigkeit zum Gipfel verbindet (wissen Sie, ich hätte dabei sein können), und das der Unbestechlichkeit, wie sie den Dienern des Volkes ziemt (aber ich wollte nicht). Welch eine großartige Familie, die ihren großen Kindern alle Vorteile der Meinungsverschiedenheiten zukommen läßt, ohne daß sie auch nur irgendeinen Nachteil dafür in Kauf nehmen müßten.
So wie sich gestern, zu Beginn der fünften Republik, die Technokraten nur in Begleitung der Politiker, Juristen und Parlamentarier des »Parteienregimes« an die Spitze des Staatsapparates hinaufarbeiten konnten, so kann auch heute die neue Ideokratie in die Spitze der ideologischen Apparate nur eskortiert von den Eminenzen eines Establishments vordringen, deren Niedergang sie beschleunigt. Nach wieviel Mühen und Aufschüben ist es unseren jungen Carnots der Hegemonie schließlich doch gelungen, ein plausibles Amalgam aus den jeweiligen Generationen, Ebenen und Prestigen der Tradition und der Innovation herzustellen. Die Legion setzte sich schließlich aus fünf Freiwilligen zusammen: zwei Altgedienten, einem auf Wartegeld, zwei Rekruten. Doch die Rangordnungen stimmen nicht mit den Tressen und dem Dienstalter überein, denn die beiden »traditionellen Intellektuellen« in der Delegation wurden in Wirklichkeit von den Neuen, die aus dem Mannschaftsstand aufgestiegen sind, passiv »organisiert«. Die *Académie française* hat

mit Claude Lévi-Strauss und das *Collège de France* mit Georges Duby die *Legitimität* beigesteuert, deren Heiligenschein die Organisatoren aufwertet, doch die Konzeption und Durchführung des Unternehmens liegt in den Händen der beiden »Kleinen« (Nemo und Lévy). Clavel, der Medienmensch par excellence, ist das mediokratische Scharnier zwischen Alten und Modernen und koordiniert von seiner hohen Warte aus.

Die Massenmedien haben in der Aristokratie die Demokratie eingeführt, die auf militärischer Ebene die Atomwaffe hergestellt hat. Der Starrummel zieht die Beförderten von oben her an und hebt die politischen, sozialen, geographischen, moralischen und kulturellen Distanzen auf, die sie voneinander trennten. So konnte ein exklusiver Intellektuellenklub (»sie stellen weiter nichts dar als sich selbst«) in wenigen Jahren zu einem privilegierten Partner des gewählten »Klubs« der politischen Führer sich wandeln, die mindestens einige hunderttausend Anhänger vertreten (oder Millionen von Wählern im Falle des Staatspräsidenten). Diese Tausende oder Millionen haben ihr Gewicht einfach deshalb verloren, weil sie nicht »vor der Kamera stehen« oder im Radio reden können: die Blindheit der verantwortlichen Politiker von der Opposition, die den Medien in die Falle tappten, besteht in der Unsichtbarkeit ihrer Truppen. Diese Beseitigung der Unterschiede in den Potentialen im Klub der Intellektuellen findet ihre Entsprechung in der Egalisierung der Megatonnen im Klub der Atommächte: unter den Scheinwerfern wird Nemo gleichrangig mit Lévi-Strauss und Duby, so wie Frankreich sich mit einigen hundert Kilotonnen auf Anhieb auf die Höhe der USA und der UdSSR gebracht hatte. Ein Jahr lang genossen die französischen Bürger das Privileg, einen ehrenwerten Apotheker (namens Robert Fabre)[4] täglich sehen und hören zu können, wie er über ihr Schicksal entschied, weil er durch die kleine Fee der Wandelgänge zu einem der »drei Großen der Linken« erwählt worden war; mit einem geringeren Wahlergebnis, als es die Grünen hatten. So wie das Atom die Voraussetzung der Militärstrategien völlig umgekehrt hat, wurden durch das Fernsehen die konkurrierenden intellektuellen und politischen Karierrestrategien über den Haufen geworfen. So haben hinter dem Wappenschild der beiden strengen und etwas zerstreut wirkenden großen Männer der Wissenschaft, deren Arbeit und Erscheinung man

[4] Obgleich die Radikalsozialistische Partei im Linksbündnis (zusammen mit Sozialisten und Kommunisten) die kleinste Gruppe stellte, war ihr Vorsitzender Robert Fabre »das Zünglein an der Waage«. (A.d.H.)

nur verehren kann (die um so wirksamer ist, als sie sich politisch neutral oder vage gibt), die Chevau-légers, die leichten Reiter der Medien, von ihrer Umgebung heiliggesprochen, nun auch noch das Monopol der Verwertung in ihrem Besitz, nachdem sie das der Initiative schon sicher hatten. Die drei Freunde, die sich schon gut ein dutzendmal in der Presse gegenseitig beweihräuchert hatten, sichern sich, kaum haben sie die Kaffeetasse abgesetzt, die Übertragungsrechte und die Presseverlautbarungen in allen Rundfunkstationen, den drei Fernsehprogrammen und in der Presse des darauffolgenden Tages; hier eine anonyme Zusammenfassung, da ein bißchen rewriting; die dreihundert Anrufe an die dreihundert intimsten Freunde nicht mitgezählt. Ein Bericht auf der ersten Seite von *Le Monde* am nächsten Tag. Diese öffentliche Zulieferung zu einem »privaten« Treffen interessiert die beiden Traditionsrepräsentanten nicht, sie kehren ohne Pressekonferenz oder sonstige Äußerung vom Elysée nach Hause zurück. Ihr Foto auf der Treppe genügte, man brauchte sie nicht mehr. Aber was sie als bedeutungsloser Niederschlag des Ganzen am folgenden Tag amüsierte, war das Ereignis an sich: die nationale und internationale Geräuschkulisse. Ohne sie wäre diese nicht denkbar gewesen, mit ihnen allein auch nicht. Aber ihr beruflicher Ernst hatte sie den wahren Schwerpunkt dieses »gelungenen Coups«, den sie wohl mit angebahnt, aber nicht gelandet hatten, nicht ahnen lassen. Um so besser für alle Beteiligten. Zu allen Zeiten vollzogen sich die großen hegemonialen Manöver mit diesen kleinen Tricks. Heute ersetzen die Tricks die Manöver.

5. Die Geschlechterpyramide

Will man wissen, in welcher Etage man sich befindet – dies gilt für jeden Beruf –, so genügt es, sich nach dem Anteil der Frauen in dieser Etage zu erkundigen. Hier haben wir eine allgemein gültige Regel für alle Tätigkeitsbereiche, besonders für den der Intellektuellen. Soziale Zurücksetzung heißt Feminisierung. Soziale Überlegenheit heißt Maskulinität. Diese Feststellung beinhaltet keine feministische Parteinahme. Die Zahlen sprechen für sich selbst – zumindest dort, wo sie vorhanden sind. Denn je höher man in den Etagen vordringt, um so ausweichender werden die diesbezüglichen Auskünfte (wie in den Etagen des Reichtums die Auskünfte über das Einkommen). Statistiken beginnen immer unten. Die Präzision bedeutet kein Privileg. Sie ist die Strafe für die Armen und die Bestätigung der sozialen Deklassierung. Es ist daher nicht verwunderlich, daß die genauesten Zahlen über die Anteile der Geschlechter im Unterrichtswesen zu erhalten sind.

Im Grundschulbereich: 72,7 % Frauen (von den 1977 gezählten 318 379 Volksschullehrern). Im Gymnasialbereich: 54 % (der 202 000 Gymnasiallehrer). Im Hochschulbereich: 35 % (der 41 905 Universitätsbediensteten). In diesem Bereich nimmt die Anzahl der Frauen in einem umgekehrten Verhältnis zu ihrem akademischen Grad ab: sie sind vornehmlich unter den »Lektoren« und »Assistenten« zu finden. Über das Personal des Collège de France, des CNRS und der Ecole pratique stehen uns keine Zahlen zur Verfügung. Doch weiß jeder, daß Frauen dort kaum Zugang haben (es sei denn zum Sekretariat oder in die Bibliotheken). Zu den Zeiten, als noch die Volksschullehrer zu den Husaren der Republik zählten und noch nicht zu den angelernten Gemeindearbeitern gerechnet wurden, war der Anteil der Geschlechter genau umgekehrt.

Keine oder fast keine statistischen Daten bei den Verlegern und Autoren, aus verständlichen Gründen. Deshalb haben wir selbst eine Zählung vorgenommen und uns dabei einer begrenzten, aber repräsentativen Liste bedient, nämlich der Liste der »Berufsautoren«, die der Sozialversicherung angehören, und die vom Centre national des lettres zum 31. Dezember 1976 erstellt wurde (über die Personen, die ihr Haupteinkommen aus ihrer schriftstellerischen Arbeit beziehen). Von 365 Schriftstellern sind 114 Frauen. Also ungefähr 32 % – eine Zahl, die *nach unten* korrigiert werden muß, wenn man in dieser Liste noch einmal die berufsmäßigen Schriftsteller von den Verfassern mehr oder weniger »nicht literarischer« Werke trennt. Aber die Zahl reicht schon aus, darauf hinzuweisen, daß wir uns jetzt schon in einer höheren Etage befinden. Was natürlich nicht heißen soll, daß die Diskriminerungen auf diesem Niveau geringer werden. Ein Jahrhundert nach George Sand, und trotz der augenblicklichen Welle für das weibliche Produkt, hat eine weibliche Autorin tausendmal im Jahr Gelegenheit festzustellen, daß sie in ihrem Milieu (je nach den Auflagen etwas oder viel) weniger Beachtung findet als ein Mann. Nicht zufällig ist eine Frau (Marie Cardinal) die Initiatorin und der Kopf einer Bewegung, die den Versuch unternimmt, den Beruf gewerkschaftlich zu organisieren (SELF).

In der obersten Etage – der des »großen Journalismus« – zerstreut sich schnell der erste Eindruck einer hierarchischen Unklarheit, wenn man die Zahl der Frauen auf den verschiedenen Stufen betrachtet. Und sobald Statistiken verfügbar sind, zeigt sich für die Hierarchie in den Massenmedien (Fernsehen/Radio/Presse) sofort ein nach oben abnehmender Anteil der Frauen. Natürlich sind bei der Presse mehr Frauen als in den Redaktionen der Rundfunkhäuser und mehr Frauen beim Funk als beim Fernsehen (dort kann man sie in jeder Redaktion an den Fingern einer Hand abzählen). Die Publikumsskala entspricht der Verantwortungsskala – folglich der Einkommensskala und der Geschlechterpyramide. Beschränken wir uns im Bereich der gedruckten Presse auf das Beispiel von *Le Monde* – den zentralen Sitz der intellektuellen Macht im Bereich der gedruckten Presse, und dies nicht so sehr wegen des Umfangs der Leserschaft (die größte Pariser Tageszeitung mit 1 349 000 Lesern im Jahre 1977) wie wegen ihrer soziologischen Qualität und ihrer politischen Funktion. 45,1 % der Leser sind weiblich. Aber unter ihren 183 Journalisten (das Unternehmen hat 1246 Mitarbeiter) kann ein Sherlock Holmes des Bleistiftes nur 28 Frauen zählen, was ungefähr 15 % ausmacht. Die Mehrheit davon ist in leicht untergeordneten Bereichen (Gesellschaftliches und Kulturelles) tätig. Eine Verteilung, die natürlich an die unter dem hohen Personal der Regierung erinnert und die noch einmal zeigt, wie sehr die Strukturen der kulturellen Macht die der Macht im Staate widerspiegeln. Keine Frau in der

Chefredaktion (9 Personen im redaktionellen und geschäftsführenden Bereich). Keine in der Innenpolitik (11 Personen). Eine bei den allgemeinen Nachrichten (19 Personen). Fünf im Auslandsdienst (ungefähr 70 Personen, darin inbegriffen die korrespondierenden Redakteure der auswärtigen Büros, die Rubrikverantwortlichen und die Chefs vom Dienst). Yvonne Baby hat zumindest das Kultusministerium, Jacqueline Piatier die Abteilung für die Bücher und Docteur Escoffier-Lambiotte das Gesundheitsministerium. Wer noch Françoise Giroud, Alice Saunier-Seïté und Simone Weil in Betracht ziehen will, beweist wenig Verstand, denn Regierungen gehen, aber *Le Monde* bleibt. Es ist manchmal ganz vernünftig, die Regierung anzugreifen, aber heute mehr denn je gefährlich, eine Zeitung zu beschuldigen, die nicht nur die beste auf der Welt ist, sondern die Gefahr läuft, überhaupt die letzte zu sein. Kein Regierungswechsel kann das französische Volk in die Barbarei zurückfallen lassen. Aber das Verschwinden von *Le Monde* würde sicher das Ende einer Zivilisation bedeuten, und alles spricht dafür, daß die, die sie ersetzen wird, hinter ihr zurückfällt, um es ganz objektiv und klar zu sagen. Demnach versteht es sich von selbst, daß die Indizien der Segregation, die bei einem Organ wie *Le Monde* sich aufdekken ließen, sich noch stärker in anderen Institutionen wiederfinden. Erinnern wir uns daran, daß die Mediologie in ihrem deskriptiven Teil keine Werturteile zu fällen hat, sondern Hypothesen zu formulieren, die an der Realität geprüft werden sollen: so verstanden, hat sie weder »feministisch« noch »antifeministisch« zu sein und der Organisation der intellektuellen Macht, wie sie in Frankreich am Ende dieses Jahrhunderts funktioniert, weder wohl noch feindlich gesonnen zu sein (und die instruktive Durchleuchtung von *Le Monde* kann nur stellvertretend für andere sein). Die Mediologie stellt eine ganz banale Korrelation her und gelangt zu der Feststellung, daß, wenn eine Kultur ganz allgemein sich zum Weiblichen neigt, die höheren Sphären für sich doch eindeutig männlich sind. Die Unsterblichkeit ist das Erbteil des Mannes: keine Frau in der *Académie française*[1]. Die hohe Intelligentsia ist eine Gesellschaft, in der der Mann dominiert, und die niedere Intelligentsia – wo natürlich weniger auf dem Spiel steht – eine Kategorie mit stärkerem weiblichen Anteil. Diese allgemeine Tatsache kann eine individuelle Auswirkung unter umgekehrten Vorzeichen zeitigen, was jeder Anfänger im strategischen Denken sich ausrechnen kann. Die männliche Do-

---

[1] Seit Januar 1981 ist die Schriftstellerin Marguerite Yourcenar Mitglied der *Académie*. Sie ist zwar das erste weibliche Mitglied, verfügt aber nicht über alle Rechte wie die übrigen männlichen Mitglieder. (A.d.H.)

minanz schließt nicht notwendigerweise eine örtlich begrenzte weibliche Führungsposition aus: sie verlangt sie sogar, denn mit der Legitimierung der Ausnahme schwächt sie die Wirkungen ab, die durch die Evidenz der Regel verursacht werden. Die relative Seltenheit der Frauen innerhalb der hohen Intelligentsia, kann jenen, denen der Zutritt gelingt, zu einem echten Mehrwert verhelfen, der, wenn er mit Vorbedacht genutzt wird, ein echtes Kapital werden kann. Unter Vorbedacht muß, da es sich um ein strategisches Vorgehen handelt, eine politische Überlegung verstanden werden. Die Frauen, die ausreichend in politischen Praktiken bewandert sind und in die hohe Intelligentsia vorstoßen, sind in der Tat die besten Experten darin, aus ihrer Diskriminierung einen Anspruch auf Autorität und aus ihrer Position als Verfolgte einen zusätzlichen legitimen Anspruch auf Gehör abzuleiten. So wie die Eigenschaft eines ehemaligen oder ausgeschlossenen Parteimitgliedes sich zu einem Kapital in dem allgemeinen Wettbewerb um das antikommunistische Publikum ummünzen läßt (oder umgekehrt der Status eines ehemaligen Faschisten beim Buhlen um das Gehör der Antifaschisten), kann der Minoritätsstatus der ausgeschlossenen Frau sie sehr wohl für eine herausgehobene interessante Position begünstigen. Wenn beide Handikaps in einer Person vereinbart sind (weibliches Geschlecht + kommunistische Vergangenheit), dann läßt sich damit jeder Konkurrenz die Stirn bieten. Eine Treulose, sagen dann manche; meistens Männer, die wenig von Politik verstehen und noch weniger von den modernen Strategien des Marktes.

6. Die Ablaßtabelle

Der Ablaßhandel mit seinen Mißbräuchen, seinen Agenturen und Automatismen hatte zur Folge, daß die Geschichte des Abendlandes sich zweiteilte (und infolgedessen auch die der Welt), weil er zu Beginn des 16. Jahrhunderts die Entfaltung der Reformation und die protestantische Emanzipation beschleunigte. Noch kann man nicht die Folgen abschätzen, die der unkontrollierte Anstieg der Honorierungen und Vergünstigungen, wie sie in der Intellektuellenschaft praktiziert werden, für die Geschichte der französischen Intelligentsia haben wird. Die Buch-, Film-, Theater- und Kunstkritiker hinterfragen nicht mehr das ewige Leben der »Autoren«, im Unterschied zu dem dominikanischen Vorgehen in Wittenberg, aber dies auch nur deswegen, weil die Ewigkeit tot ist. Langfristig kommen wir alle in die Hölle, und keiner von uns fühlt sich deswegen schlechter. Der Augenblick kompensiert großzügig, und der Kulturmarkt begnügt sich mit dem Kurzfristigen, das heißt mit dem Paradies des Praktischen. Der Vorteil gegenüber dem 16. Jahrhundert: was die Kontrolleure des Symbolischen versprechen, halten sie auch. Sie teilen sowohl das Glück zu als auch den Tod. Nicht immer nur symbolisch: das Glück kann in der Kasse klingeln – der Tod physisch eintreten.

Das Schauspiel der allwöchentlichen Jubelfeiern, wie sie zum sogenannten Pariser Kulturleben gehören, kann nur die »Rienologen« (Balzac) mit Jubel erfüllen, die seit dreihundert Jahren dasselbe trockene Lachen des Moralisten lachen. Die Festlichkeiten und Vendetten, die zum Repertoire des »gendelettre« gehören, dienen dagegen dem Mediologen zur Unterscheidung, Identifizierung und Kombination der ungemein variablen Faktoren, nach denen die intellektuelle Macht verteilt wird. Die Ablaßtabelle für den soziokulturellen Markt liefert uns die Koeffizienten für die Hierarchie der verschiedenen Kategorien, aus denen sich eine »Gesellschaft der Intellektuellen« in einer Epoche zusammensetzt. Genauer: das Spiel der gegenseitigen Abhängigkeiten, dessen System uns die *Ordnungsstruktur* liefert, die selbst jede Beziehung zur Macht streng definiert: Transitivität, Assymetrie und nicht Reziprozität. Vielleicht wird es einmal eine mathematische Abhandlung über den »Opportunismus« geben.

Im neuen Jargon die alte Praxis. Ein weiteres Mal rührt sie nicht von einer universellen Moral her, sondern von dem, was *Rameaus Neffe* einen *Berufsidiotismus* nannte, das heißt von einem in sich logischen Verhalten, das zu einer bestimmten beruflichen Aktivität gehört. Der Idiotismus jener, die den Beruf ausüben, die Meinung anderer zu beeinflussen, besteht darin, daß sie all denen gefallen wollen, die dank ihrer Position den größten Einfluß auf die Meinung haben. Benjamin Constant hat in einem Brief an Madame de Récamier diese Notwendigkeit in eine Maxime gefaßt: »Man soll nicht mit jenen unzufrieden sein, auf die man angewiesen ist.« Das »Man soll« charakterisiert die moralische Unbedingtheit, während der Imperativ nur auf einen bestimmten Zustand der Sitten zielt, der in der Gattung der Literaten wesentlich stärker bedingt ist als unter allen anderen. In diesem Sinne steht Constants Formel Diderot näher als Kant, und ihre Untauglichkeit für die praktische Vernunft zeigt erst, wie angemessen sie für die Sitten unter den Intellektuellen ist. Diese Verhaltensregel läßt sich nicht lehren, sie ist ein Teil des Lernvorganges beim Erwerb des Berufes. Die Fabeln von La Fontaine lernt man in der Schule, aber die Gesellschaft zwingt unsere Zunft, La Fontaine von hinten her aufzusagen: wir brauchen immer einen, der größer ist als wir selbst. Mit diesem moralischen Fluch wird der Erfolg im Beruf erkauft. Um zu erfahren, wer der Größte ist, muß man nur die Befriedigungsobjekte der Kleinen studieren. Wenn letztere so regelmäßig vor den Werken der Direktoren, Chefredakteure, Redakteure und Korrespondenten der einflußreichsten Medien umkippen (mit der abnehmenden Rangordnung läßt auch der Enthusiasmus nach); wenn sie ihren Verstand anstrengen, um jene so häufig wie nur möglich im Motto, in der Vorbemerkung, im eingeschobenen Satz oder in der Fußnote zitieren zu können (eine um so verdienstvollere Beharrlichkeit, als man mit dem eigenen Kollegen eher knauserig umgeht); und wenn sie sich andererseits so kritisch gegenüber den ausländischen Regierungschefs oder den verschiedenen nationalen Parteisekretären gebärden, dann vielleicht *auch* deswegen, weil sie von ersteren sehr und von letzteren überhaupt nicht abhängig sind. Für die intellektuelle Gattung liegt die Macht nicht dort, wo sie das nichtsahnende Volk vermutet: bei denen, die jedermann die »Männer der Macht« im Staate, in den Parteien und in den Gewerkschaften nennt. Nein, die Macht haben die, von denen die Karriere, die Auflagensteigerung, das Wachsen des Bekanntheitsgrades abhängig sind: die großen Mediokraten. Diese Mehrdeutigkeit des Wortes Macht ist die Quelle so manchen Betrugs durch die Diener (der Macht in dem ursprünglichen berufsbezogenen Sinn), indem sie sich als Rebellen verkleiden (gegen eine Macht, die keinerlei Macht über sie hat, auch wenn sie viel Macht über Millionen hat). Unter den Intellektuellen hat die politische Macht eine schlechte Presse; aber nur deshalb, weil die Presse, und zwar die schlimmste, die Macht hat und weil das beste Mittel, ihr den Hof zu machen, darin besteht, daß man sich seine Pfeile und Spitzen für erstere aufbewahrt. Wer diese Zweideutigkeit nicht versteht, läuft Gefahr, nicht zu begreifen, warum die Verwegenen draußen die Waffen gegen Breschnew und Videla richten (»ein und derselbe Kampf«), sich aber vorsichtig verhalten, wenn sie im Inneren einen gut plazierten Schurken aufs Korn nehmen. Vermag denn am wenigsten, wer am meisten vermag? Gerade das nicht: wenn man der ersteren Mißfallen erregt, bleibt das ohne Konsequenzen (oder es hat nur günstige in Hinblick auf die Kreditfähigkeit); letzteren zu mißfallen, hieße Gefahr laufen, daß einem einige wichtige Türen vor der Nase zugeschlagen würden. Constants Maxime, die philosophisch anfechtbar ist, hat zumindest das Verdienst, uns zu erklären, warum der Kampf um die Wahrheit und Gerechtigkeit so häufig vor den Pforten des Berufes halt macht. »Man hängt keinen Mann, der hunderttausend Taler hat«, antwortete einmal ein etwas frivoler Armeelieferant dem Marschall de Villars. Man wird doch nicht einen Mann beschimpfen, der mehr als eine Million Leser oder gar zehn Millionen Fernsehzuschauer hat – echot der Lieferant neuer Ideen zweihundert Jahre später. Gestern siegte das Gold über das Schwert. Heute gebietet die Einschaltquote der Feder. Die Medien haben die Achse der Bedürfnisse verschoben.

Dies ist kein Pamphlet, sondern eine Analyse. Wenn das Studium der Gegenwart einer Geschichte der Infamie gleicht, liegt das nicht an dem, der die Mediologie studiert und den die »Fama« nicht interessiert, weil sein größeres Interesse der Untersuchung der objektiven Ursachen und Wirkungen gilt, die die Gesellschaft, in der er lebt, dem persönlichen Bekanntheitsgrad beimißt. Eine alte typographische Besonderheit: aus der Distanz töten, ohne zu berühren, ohne es zu wissen. Diese Magie, die weit davon entfernt ist, sich abzunutzen, verjüngt sich mit den Drucktechniken und den erhöhten Auflagen der Periodika. Sie ist nicht notwendig gebunden an eine Lage, wo offenkundig Druck von außen ausgeübt wird (die Presse während der Okkupation), noch an eine Verwilderung der politischen Kämpfe (Volksfront). Sie läßt auch nicht die anderen Techniken der Vergessenheit anheimfallen: das Schweigen ist die zivilisierte Form des Genozids; und in der Welt werden, hinter unserem Rücken und auch ein wenig mit unserer Schuld, viele begangen. Fortan wird es saubere, neutrale Routineexekutionen geben. Beispiel: 21. Juni 1976, fett, schwarz auf der Titelseite von *Le Point:* »Der Boss der terroristischen Hilfsorganisation«. 24. Oktober 1977, ein Artikel im *Spiegel:* »Ein Ägypter als Anführer«. 25. Oktober 1977: »Hausarrest für Henri Curiel vom Innenministerium verordnet«. 4. Mai 1978: Ermordung Henri Curiels. 6. Mai 1978: »Ich habe nichts damit zu tun« (Georges Suffert). Ein Epistemologe würde sagen, Folge hat nichts mit Folgerichtigkeit zu tun. Ein Techniker der »psychologischen Aktion« wird in dieser Pressekampagne ein Modell sehen. Ein Soziologe der Hegemonie wird über den Einfluß der Einflußreichen nachdenken. Ein Experte in den Standespflichten der Journalisten wird sich Fragen zu seinem Beruf stellen. Dem Intellektuellen von 1978, der sich die französische Intelligentsia von 1978 zum Forschungsgegenstand gemacht hat, bleibt nur das Unglück, kurze Zeit darauf den Direktor einer sehr einflußreichen Zeitschrift im Fernsehen ansehen zu müssen, den Verantwortlichen dieses Aufmachers und Autor eines niederträchtigen, nichtsignierten Berichts, wie geschaffen für die Polizei; eines Berichtes, der so schlecht informiert wie widerwärtig in seiner Zielrichtung erschien. Dieser Herr ließ sich inmitten seiner ihn bewundernden Zuhörer über den christlichen Humanismus aus; und er, der Intellektuelle von 1978, hat das eherne Schweigen gehört, das dieser Areopag der Moralisten, von denen keiner auch nur einmal in seinem Leben ein humanitäres Manifest ohne den eigenen Stempel hätte erscheinen lassen, um den Leichnam eines Militanten verbreitete, der weder eine Einschaltquote noch eine Zeitung hatte und nie im Fernsehen aufgetreten war; und er hat sich ganz einfach geschämt. Nicht für den Menschen – dafür gibt es genug Gründe. Nein, für die Würde eines Berufsstandes, dem anzugehören ihm schon, wie vielen anderen, so oft die Schamröte ins Gesicht getrieben hatte. Aber niemals so sehr wie an jenem Abend (des Jahres 1978 in Paris).

François Mauriac hatte die Angewohnheit zu sagen, daß im Vergleich zur Welt der Literatur die Welt der Politik eine Schule der Nachsicht sei. Er – der redliche Katholik – dachte sicher an nichts Böses, denn er meinte den katholischen Sinn des Wortes »Nachsicht« (oder »Langmut«). In der Tat ist die Welt der Literatur grausamer als die der Politik, und das aus vielen Gründen. Der offensichtlichste ist die Tatsache, daß die Richtung der Abhängigkeiten umgekehrt ist. Hier nach unten. Dort nach oben. Daher hier die Versuchung zur Demagogie und dort der Zug zum Elitären. Das Wählermandat unterstellt den Gewählten der Instanz seiner Mandanten. Ein Abgeordneter, der es bleiben will, muß mit seinem Kaufmann das Glas heben und seiner Stenotypistin zulächeln; der erste Sekretär einer Partei, will er seine Funktionen behalten, kann nicht den Gebiets- und Sektionssektretären, seien sie auch noch so obskur, den Rücken zukehren: sie halten die Mandate in der Hand, und beim nächsten Parteikongreß wird jedes Mandat im Kräftespiel zählen. In der hohen Intelligentsia dagegen stellen die *Kooptation*, die *Empfehlung* und die *Patenschaft* die Auswahl- und Aufstiegsverfahren auf den Kopf. Darauf ist auch die Grausamkeit ihrer Höflichkeiten und eine ganz andere Orientierung der menschlichen Beziehungen zurückzuführen. In der Literatur verachten die großen Männer die kleinen, erdulden ihresgleichen, aber Augen haben sie nur für die Eminenzen. Selbst die Nobelsten gehen in die Falle der Idiotie dieses Métiers.

Die *Nichtreziprozität* erlaubt uns in jeder sozialen Gliederung zwischen oben und unten zu unterscheiden. Sie stellt die *Abhängigkeit* der Unteren von den Oberen her. Der Autor hängt vom Journalisten ab, der wiederum ist nicht von ihm abhängig. Diese komplexe Banalität verdient unsere Aufmerksamkeit, denn ihre Auswirkung verändert sich mit der Zeit. 1840 träumte Balzac davon, eine Rubrik der *Revue parisienne* einer »Kritik der periodisch erscheinenden Presse« zu widmen: es war nicht seine Schuld, daß er dieses Vorhaben nicht verwirklichen konnte. Von ihrem Wesen her schließt die Presse eine gegenseitige Ausübung der Zwänge aus: diese Tendenz läßt sich hier und da korrigieren, doch nur gegen den Strich und unter großen Opfern an Raum, Zeit und Annehmlichkeit, jedenfalls immer dann, wenn man über die einfache »Leserbriefecke« hinausgehen will – die allerdings immer einen nützlichen Spiegel bietet. Und trotzdem wäre es höchste Zeit, Balzacs Schrulle zu verwirklichen, denn die Umweltverschmutzung (der Gewissen und der Praktiken) hat die Alarmstufe erreicht, wenn nicht schon den »point of no return«. Dafür werden wir den Nachweis führen mit der Analyse der *Inhalte,* die von den Massenmedien auf dem Gebiet von Politik und Kultur transportiert werden. Doch je notwendiger, um so unmöglicher: der Gewinn, den ein solches kritisches Organ abwerfen würde, wäre heute so niedrig, daß kein Anleger es ernst nehmen könnte. Bleiben wir hier bei der *Art* der Beziehungen, die Sender und Empfänger, die Subjekte und Objekte des öffentlichen Kommentars verbinden (das heißt trennen). Ihr Wesen hat sich seit Balzac nicht verändert: »Die Presse ist in Frankreich eine vierte Macht im Staate; sie greift alles an, sie wird von niemandem angegriffen. Sie teilt ihren Tadel in jede Richtung aus. Sie behauptet, daß die Männer aus Politik und Literatur ihr gehören und wünscht keine *Reziprozität;* ihre Leute müssen sakrosankt sein. Sie machen und sagen schreckliche Dummheiten, dies ist ihr Recht! Es ist höchste Zeit, daß man über diese unbekannten und mittelmäßigen Leute diskutiert, die so viel Raum in ihrer Zeit einnehmen und eine Presse in Gang halten, die vom Produktionsvolumen her mit der Bücherpresse längst gleichgezogen hat[1]«.

»Der große Journalist« ist der einzige Mensch, der in der Lage ist, jeden beliebigen Mitbürger zu demütigen, zu verspotten oder ihn herabzuwürdigen, ohne daß dieser ihm das mit gleichen Waffen erwidern könnte. Was das Gesetz für den Rechtsbegehrenden im Falle einer gravierenden Diffamierung, Beleidigung oder Verleumdung zu seinem Schutze vorgesehen hat, ist sicher nicht unbedeutend; nur die hohen Gerichtskosten, die langsamen und komplexen Verfahren, deren Zahl zur Selbstzerstörung führen kann, machen den Gerichtsweg zu einem schlechten Geschäft, das nur einer publizitären Kaste vorbehalten bleibt, die anderweitig so gut verdient, daß sie sich Verluste leisten kann. Was das Recht der Gegendarstellung betrifft, die eher das Feuer schürt, als es zu löschen, so sind die Zeitungen selten, die es respektieren, und die Leser, die es für sich selbst einzusetzen wissen, gehören zum Métier: seine Arkana und Spitzfindigkeiten bleiben den Amateuren verschlossen. Allerdings ist die Verleumdungswelle, wie sie vor dem Krieg hochschlug, unangreifbaren Hinterhältigkeiten, Verdrehungen und Herabsetzungen gewichen, die besser mit dem faden Konformismus, in dem sich heute die soziale Kommunikation badet, harmonieren. Die verbalen Maßlosigkeiten von früher hatten zumindest das Verdienst, offen zu sein. Heute kann die Destruktivität sogar unter Umständen auf den Text verzichten: heute kann man wahrscheinlich jemanden mit einer Überschrift, einer Bildunterschrift, mit der Wahl der Schrifttypen und der Plazierung des »Papiers« noch besser vernichten. In Wirklichkeit sind die strafbaren Schmierereien nur der Schaum auf

[1] *(Revue parisienne,* 25. August 1840). In ihr kann man unter anderem entdecken, daß die amerikanische Metapher von der »vierten Gewalt« auf französischem Boden entstanden und nicht erst von gestern ist.

den Dingen: das Delikt schwächt die Offenkundigkeit des Gesetzes und läßt es gar in Vergessenheit geraten. Die Immunität des Journalisten ist in der kulturellen Gesellschaft ein ungeschriebenes Gesetz, das in erster Linie auf der internen Solidarität beruht, die die Mitglieder der Korporation umschließt. In dieser Hinsicht befinden sich die »Autoren« durch ihren fanatischen Egoismus gegenüber einem zwar unendlich zersplitterten »Clan«, der sich aber fest und geschlossen um seine Totems schart, in einer schwächeren Position: die Mitbruderschaft gibt es unter Presseleuten, aber nicht unter Literaten.

Eine allgemeine Regel, die aber abgeschwächt werden muß, sobald sie ausgesprochen ist. Zwischen den beiden Gruppen gab es nie eine chinesische Mauer, und heute weniger denn je. Dem Eindringen der Professoren in großer Anzahl in die Literatur, das kennzeichnend für die Nachkriegszeit war, entspricht nach 1968 das der Journalisten. Zweierlei Gründe: Überfüllung aus soziologischen Gründen (Arbeitslosigkeit) und politische Legitimierung. Seitdem die Medien nicht nur die kulturelle, sondern auch die politische Macht (im Gedränge des Mai 68) übernommen haben und solange in Frankreich die literarische Instanz die bleibt, die die politische Macht legitimiert, sind es sich die großen Journalisten schuldig, große Bücher zu schreiben, wie einst die Marschälle, Anwälte und Tenöre der Politik. Wenn damals die *Académie française* ein Vorkaufsrecht hatte, hat es heute die große Presse. Hier durchdringen sich die beiden traditionellen Kategorien. Man verkehrt heute übrigens häufiger miteinander auf der journalistischen Ebene als auf der literarischen: alle Rektoren und Chefredakteure duzen sich, telefonieren täglich miteinander, speisen zusammen und unternehmen gemeinsame Reisen. Häufig haben sie in ihrer Jugend Schulter an Schulter bei ein und derselben Zeitung gearbeitet; sie treffen sich auf allen großen Pressekonferenzen und bei denselben Ereignissen; die ausländischen Staatschefs laden sie bunt durcheinander zu kollektiven Interviews, Gesprächen oder gemeinsamen Aufenthalten ein. Verärgerungen, Launen oder übles Spiel können diese nicht nur berufliche, sondern existentielle Solidarität kaum mindern; wohingegen sie die Schriftsteller voneinander trennen, denn ihnen fehlt es an einer gemeinsamen Praxis. Es liegt also im Interesse der Literaten, Ideologen und Intellektuellen, sich Zutritt auf die Presseebene zu verschaffen, um von deren gewandter Lebensart zu profitieren, die eine Garantie für persönliche Immunität ist. Eine der unausgesprochenen Regeln der Bruderschaft besteht darin, daß alles mit Schweigen zu übergehen ist, das einen wichtigen Mitbruder in einer wichtigen Redaktion in Frage stellt (oder in eine bestimmte Perspektive rückt) – selbstverständlich auf Gegenseitigkeit. Geschieht dies nicht aus Vorsicht, dann aus Höflichkeit, und das Gegenteil wäre nicht elegant. Hierauf beruht die Selbstzensur der Autoren und die Straffreiheit der Journalisten. Jeder Schriftsteller, der diese Regel verletzt, kann von vornherein damit rechnen, daß sein Werk durchfallen wird, durch das Schweigen der Medien einfach getötet wird; und der Verleger wird sich gezwungen sehen, wenn über das nächste Manuskript verhandelt wird, dem Rechnung zu tragen[2]. Hieraus kann man ersehen, wie naiv altmodisch und plump die Praxis des Index (des Heiligen Stuhls), der Liste Otto (im Dritten Reich) oder der zentralen Zensurstellen (in den sozialistischen Ländern) ist und wie sie den rudimentären Formen politischer Herrschaft entspricht. In den fortgeschrittenen Ländern gibt es keine schwarzen Listen, denn diese sind in den Händen der Autoren. Jeder kann sich selbst nach Belieben in sie eintragen oder aus ihnen streichen. Nennen wir sie die selbstverwaltete Liste Otto. Die Intellektuellenschaft ist wie immer ihrer Zeit voraus und hat sich schon längst ihre Selbstverwaltung gegeben – die ihres Bekanntheitsgrades oder die ihrer Verbote.

Der Verlauf der Kommunikation zwischen den verschiedenen Punkten eines Netzes liefert die besten Hinweise auf die Abhängigkeitsbeziehungen, die sie verbinden. Jeder Verantwortungsträger einer Redaktion kann in jedem Augenblick und von wo aus auch immer mit einer anderen Redaktion in Beziehung treten, allerdings unter der Voraussetzung, daß sie der gleichen Ebene angehören. Auf der Ebene des Journalismus verläuft die Kommunikation horizontal, nach Titeln und Funktionen, und durchbricht die vertikalen Trennwände der jeweiligen politischen Tendenzen und Zugehörigkeiten. Serge July kann direkt Jean-François Revel, Leroy Fauvet oder Cevrillon Viansson anrufen oder umgekehrt. Ebenso war es im 18. Jahrhundert für einen französischen Fürsten leichter, mit einem polnischen oder spanischen Fürsten in Beziehung zu treten als mit einem französischen Ritter oder Baron. Und wenn ein französischer Baron unter seinen Bekannten einen Vermittler zu einem polnischen Fürsten hatte, so lag es ganz in seinem Interesse, über letzteren eine Gunst bei einem französischen Fürsten zu erlangen. Die Kosten für eine Verbindung nach oben stehen in keinem Verhältnis zu de-

[2] Natürlich gibt es auf beiden Seiten Ausnahmen. Siehe dazu die Statur und den Mut der besten französischen Zeitschrift, *Le Monde diplomatique.* Oder die geistige Unabhängigkeit so mancher einzelner wie Jean François Kahn. Sie bestätigen die Regel gegen ihren Willen.

nen einer Verbindung nach unten, aber die horizontale zahlt sich aus. Wenn heute ein Autor von mittelmäßiger Reputation sich von einem Medium, von dem er nicht direkt abhängig ist, beeinträchtigt oder beleidigt fühlt, muß er seine Forderungen über seinen Fürsten dem benachbarten oder feindlichen Lehnsherren vorbringen lassen, zumindest dann, wenn er sich eine Antwort verspricht. André Fontaine wird also Olivier Todd anrufen, oder umgekehrt, um eine Wiedergutmachung für den Mann oder die Frau aus seinem Gefolge, die sich beleidigt fühlen, zu erlangen. Dieser Umweg gehört zu einer guten Strategie, denn das Kräfteverhältnis ist zu ungleich zwischen dem kleinen Baron oder der Baronin und dem Fürsten, von dem ein Wort genügt, um die Rotationsmaschine in Gang zu setzen, einen Namen zwei Millionen Blicken auszusetzen, im letzten Augenblick eine Titelseite durch eine andere ersetzen zu lassen. Das Kommunikationssystem unter den verschiedenen Schichten der intellektuellen Gesellschaft orientiert sich an einer rechteckigen Tabellierung, mit Linien und Säulen, einem verwinkelten Labyrinth, in dem es keine Transversalen gibt. Die Schurken halten sich nur an die Schurken, und die Gentlemen werfen sich den Handschuh zu, aber sie werden nicht das vulgäre Gerangel gegen ihre unbezahlbaren fürstlichen Spiele eintauschen. Ein Revel, gestützt auf seine drei Millionen Leser, sein uneinnehmbares Werbebudget und somit im Schutz vernichtender Repressalien, kann seinesgleichen zum Turnier herausfordern (*»La Nouvelle Censure«*), aber zu seinen Bedingungen – weil er den Markt und sogar den Staat beherrscht. Diese Kopfschläge dienen dazu, die feindlichen Parteien zu sondieren und die eigenen Verteidigungskapazitäten zu testen: die Launen des Hochadels, die zugleich Manöver und Demonstration der Stärke sind, restabilisieren die Gleichgewichte, ohne daß sie Konsequenzen hätten. Wenn es zu einer Kontroverse kommt, hat, um es kraß zu sagen, der Bauernlümmel (ohne Medienunterstützung) nur die Möglichkeit, den ersten Schlag zu führen, der aber selbstmörderisch ist; die Lehnsherren, die immer noch einen zweiten Schlag führen können, halten sich gegenseitig auf Distanz, ohne ihre Vernichtung fürchten zu müssen.

Um noch einen nützlichen Dienst zu erfüllen, zeigen wir die Vorteile auf, die die von unten aus der gegebenen Asymmetrie ziehen können, die für die Freundschaften unter den Journalisten sich als so ertragreich erwiesen haben. Diese Freundschaftsverträge verbessern natürlich die Ausgangslage der Großen in ihren internen Rivalitäten, aber für die kleinen Mitunterzeichner sind sie wahre Rettungsanker. Die Krumen der Mediokraten sind die Festmähler für die Mediatisierten. Warum? Drei Gründe:

A) Was der Journalist zugesteht, ist unendlich wenig für ihn, aber immens für den Autor. Eine kleine taktische Konzession hier, dort ein strategischer Gewinn. Ein »großer« Leitartikler verfaßt ein Papier pro Woche, ein »kleiner« Autor ein Buch alle zwei Jahre. Ein einziges Zitat des Leitartiklers, noch besser ein Loblied, kann die Lancierung eines Buches oder eines Namens (wegen der kumulativen Wirkung) sichern (und das hat man erlebt). Aber sie können weder die persönliche Position des Leitartiklers noch gar das Interesse an seinem Papier erschüttern. Der große Journalist wird nicht nach diesem Detail beurteilt, wohl aber ich. Wenn mein Foto statt dem des X ausgewählt wird, um den Artikel zu illustrieren, wird das die Auflagezahl nicht verringern; aber auf alle Fälle wird es die Verkaufszahlen meines Buches und den Wert meines Namens in die Höhe treiben (da alle anderen Leitartikler sich am Montagmorgen den Kopf kratzen werden – verdutzt und fast schon beunruhigt, sie könnten den Anschluß verpassen). Kurz, ein Chefredakteur, nehmen wir den einer Tageszeitung, muß jeden Tag fünfzig Seiten füllen. Ob er nun eine mit mir oder mit einem anderen füllt – worin besteht da für ihn ein Unterschied? So wird mein Freund, je höher er in der Hierarchie derer sitzt, bei denen die Entscheidung liegt, je mehr also die Asymmetrie zu meinen Gunsten spielt (und wenn ich beherzt genug bin, ihn einen Monat lang dreimal am Tag anzurufen), schließlich sich den Sinnspruch der schönen Thusnelden vergangener Zeiten zu eigen machen: »Das kostet mich so wenig und bereitet ihm so viel Vergnügen . . .«. Es gibt (unseres Wissens) kein Beispiel für einen Journalisten, der, des Krieges überdrüssig, nicht nachgegeben hätte. Das Spiel zahlt sich für jene hundertfach aus, die den Einsatz wagen. Schauen sie in die Gazetten dieser Woche.

B) Die Mehrzahl der Journalisten, gerade die besten unter ihnen, kennen nicht ihre wirkliche Macht. Sie halten sich für Personen, wo sie doch nur eine soziale und technische Beziehung, deren Träger sie in gewisser Hinsicht sind, personifizieren (nach der Art der einzelnen Kapitalisten im Kapitalismus oder der Bürokraten in bürokratischen Ländern). Die Asymmetrie verlagert sich ins Innere der Medienmaschine, wobei sie jene, die sie in Gang halten, täuscht: zutage tritt sie spätestens dann, wenn jene, die von ihrer Position her die ursächlichen Zusammenhänge am besten kennen müßten, die falschen Folgerungen daraus ziehen. »Oh, mein Guter«, spricht der stellvertretende Chefredakteur zum Konfirmanden, »meine Macht gibt es nicht, ich bin nur das fünfte Rad am Wagen.« Ja, das sagt er guten Glaubens: im Innern des Unternehmens, das stimmt, hört kaum jemand auf ihn, oder nicht in dem Maße, wie er es verdienen würde. Aber das ist unwichtig, denn nach außen hin oder in der Sphäre der Wirkungen ist er die Karosse mit Wappen und Goldverzierungen. Dieser »verschwindend kleine« Einfluß des Journalisten liegt im Namen der Zeitung, bei den Hunderten von Journalisten, die bei ihr arbeiten, und den Tausenden von Journalisten, die diesen Namen und diese Zeitung seit ihrer Gründung aufgebaut haben; akkumulierter Einfluß. Das Individuum ist unwichtig, oder das Gewicht seiner Unterschrift und der genaue Grad seines Einflusses; wichtig ist seine Position und die Lizenz, mit der es arbeitet. Wir wissen, daß in unserer Gesellschaft nicht das Wort zählt, sondern der Index der Stelle, an der es steht, und der Augenblick seines Erscheinens. Also kleine Ursache, große Wirkung. Die Heraldik ist an die Stelle der Genealogie getreten; um vom Prestige der »Libé«, des »Monde« und des »Nouvel Obs« zu profitieren, wird auch das obskurste Subjekt der Familie, wenn es befugt ist, mit dem Wappen zu drucken, das Geschäft machen.

C) Aus dieser Asymmetrie ergibt sich, daß ein einziges sicheres und entschlossenes Element die Mehrheit einer Redaktion neutralisieren und den Ausschlag geben kann. Die starken Positionen werden im Inneren erobert, und um den Platz einnehmen zu können, genügt es, ein Element dieser imposantesten aller Festungen zu besetzen, auch wenn das Stück für Stück im Gänsemarsch vonstatten gehen muß: ein Seitentürchen genügt. Es gibt keine Kette auf der Welt, die nicht ihr schwaches Glied hätte. Wer es sucht, wird es finden (man braucht nur die letzten vier Jahre zurückzublicken, wie zehn helle Köpfe ohne große Schwierigkeiten durch Unterwanderung die fünf entscheidenden Medien eines Landes mit 50 Millionen Einwohnern unter ihren Einfluß bringen konnten). Es versteht sich von selbst, daß diese Eroberung nur innerhalb des Bezirks der herrschenden Klasse möglich ist, im Rahmen ihrer gemeinsamen Interessen und unter der Voraussetzung, daß man sich nie in seinem Ziel irrt.

7. Die Einkommensskala

Was der Zeitgeschichtler abschätzen muß, kalkuliert lautlos die Finanzverwaltung. Deshalb kann man, hegt man Zweifel gegenüber der beweglichen Prestigeskala, immer noch auf die Einkommensskala zurückgreifen – ihre Stufen lügen nicht. Jeder Abstand ist die Maßangabe für eine soziale Distanz. Darin liegt der Nutzen der Parallelität zwischen Deklassierung und Wertminderung, wie sie den Gesellschaften eigen ist, in denen das Geld als Orientierungspunkt der Analyse dient.

An der Bescheidenheit der Einkommen im französischen Erziehungswesen, die schon sprichwörtlich ist, hat sich seit einem Jahrhundert kaum etwas geändert. Diesbezüglich behält sie ihre Äquivalenz zu den Einkommen in der Armee und in der Verwaltung (trotz einer gewissen, an sich logischen, Aufwertung des militärischen Soldes). Ein Lehrer beginnt seine Laufbahn auf der Stufe eines Hauptfeldwebels und beendet sie unterhalb der eines Leutnants[1]. Ein Agrégé wird zu Beginn seiner Laufbahn gleich gut (oder schlecht) wie ein Hauptmann bezahlt und der Professor am Ende seiner Karriere wie ein Oberst. Die Tatsache, daß bei den Lehrern meist beide Ehepartner den Beruf ausüben, verschafft den Familien trotzdem eine recht beneidenswerte *aurea mediocritas,* und wenn die jährlichen Gratifikationen auch nicht das gleiche runde Polster wie in anderen Sektoren einbringen (Zoll, Steuerbehörden, Post, Straßenbauämter usw.), so werden doch die Überstunden (die bis zur Höhe eines halben Gehaltes erlaubt sind) nicht schlecht bezahlt. Die von der Indexskala her uniformierten und normierten Ein-

[1] D.h.: 1978 erhält ein Volksschullehrer mit pädagogischer Prüfung am Beginn seiner Karriere 2635,79 Francs, netto, plus Wohnungsgeld und Kindergeld. Am Ende der Laufbahn 4455 Francs.

kommen der niederen Intelligentsia bewegen sich in einem Verhältnis zwischen eins und vier[2].

Die Gehälter im Verlagswesen sind, wie ganz allgemein in der freien Wirtschaft, relativ höher, aber weisen kaum wesentliche Unterschiede auf. Allein die Gewinne der »Herausgeber von Reihen« unterscheiden sich voneinander, da sie sich proportional zu dem Verkauf bewegen, den der Herausgeber diesen Werken sichern kann. Die Vorteile, die ein Intellektueller als Verlagsangestellter über das dreizehnte Gehalt und die zuweilen zugestandenen jährlichen Gewinnbeteiligungen hinaus haben kann, liegen vor allem in den Sachleistungen und der Möglichkeit von Zeitersparnissen: Sekretariat, Pressedienst, Reprographie, Telefon und vor allem Kostenerstattungen, die ihm fast täglich und kostenlos einen Zuwachs in seinem persönlichen sozialen Kapital einbringen. Daher kann eine Position im Verlagswesen nicht angemessen auf der Grundlage der Gehaltshöhe beziffert werden: diese ist an sich nicht so saftig, doch die Nebenleistungen sind unschätzbar.

Erst die höhere Etage setzt sich davon erheblich ab – die der großen Information. Über sich hat sie nur noch die Gagen im Showbusiness, nähert sich ihnen jedoch kontinuerlich an. Die Gehälter im Universum der Massenmedien bewegen sich in einer ganz anderen Größenordnung als die an den Universitäten und im Verlagswesen; die Niveauunterschiede haben amerikanische Ausmaße angenommen. Die am alten Europa klebende niedere Intelligentsia hat, verglichen mit der hohen Intelligentsia, eine relative Verarmung erlitten. Der Abstand von einem Agrégé am Beginn seiner Laufbahn zu einem »Fernsehdirektor« oder einem Verwaltungsratspräsidenten im Verlagswesen kann sich zwischen eins und fünfzig bewegen. Die französische Gesellschaft zahlt ihren ideologischen Generaldirektoren drei- oder viermal soviel wie ihren Generaldirektoren in der verstaatlichten Industrie und zweimal soviel wie die pri-

[2] Wir möchten jedoch auf die historische Anomalie auf der oberen Etage der Institution Universität hinweisen. Die Autoritäten des Lehrkörpers sind nicht zusammen mit dem Gros der Staatsbeamten (mit Ziffern bezeichnete Besoldungsgruppen) eingruppiert, sondern mit den etwa 12000 hohen Beamten in den Spitzenstellungen des Staates in den mit Buchstaben bezeichneten Gruppen. Da befindet sich dann ein Akademierektor in Gruppe D weit über einem Präfekten (Gruppe C) oder einem Brigadegeneral (Gruppe B). Der Rektor der Universität von Paris befindet sich unter den etwa zwanzig höchstbezahlten Beamten Frankreichs, zusammen mit dem Präsidenten des Kassationsgerichtes, dem Generalsekretär der Regierung und dem Polizeipräsidenten von Paris (das bedeutete 1978 ein Jahreseinkommen von 211682 Francs brutto). Diese Überplazierung ist ein Erbe der Vergangenheit; das Besoldungsschema für den öffentlichen Dienst ist nämlich nach Kriegsende zunächst von Universitätsprofessoren gestaltet worden. Es handelt sich um einen typischen, zwar begrenzten, aber doch nachwirkenden Effekt, durch den sich in der Fünften Republik eine Prestigehierarchie erhalten hat, die an sich der Dritten Republik angemessen war.

vate Wirtschaft[3]. Die Zahlen verschwimmen an der Spitze der Medienapparate in vagen vertraulichen Andeutungen, die manchmal von den Betriebsräten gelüftet werden können, aber sie stehen natürlich in keinem Verhältnis zu den Lohnleitlinien der Gewerkschaften für die Journalisten. So hoch sie auch sein mögen (*Le Monde* macht eine beachtenswerte Ausnahme davon, und ebenfalls ganz unten »*Libé*«, wo alle Journalisten das gleiche Einkommen von 2700 F beziehen), die Dienstvergünstigungen übertreffen sie noch (Wohnung, Dienstwagen und Chauffeur, Reise-, Hotel- und Flugkostenerstattung usw.), wie auch die Höhe der Abfindungen im Falle eines Ausscheidens. Ein Delirium, Verschwendung? Die moderne Gesellschaft verwaltet ihre Verrücktheiten nicht unweise. Sie würde diesen Opfern nicht zustimmen, wären sie nicht »irgendwo« rentabel. Was das klassische Argument der Nutznießer betrifft, nämlich das von der Unsicherheit des Arbeitsplatzes, so könnte man sich fragen, ob es angesichts der Stabilität der Zeiten noch irgendeine politische Gültigkeit hat, würde man nicht daran erinnert, daß die Konzentrationsbewegungen und technischen Umstellungen, auf ihre Art, auch die Auswirkung einer gewissen politischen Logik sind.

[3] Der Direktor von *Europ No. 1* verdiente 1977 110000 Francs im Monat; der vom *Express* 70000 Francs (das Gehalt wurde seitdem leicht gekürzt). Ein großer Reporter beim *Point* 15000 Francs im Monat. Der bescheidenste Showmaster im Fernsehen verdient kaum weniger als 30000 Francs im Monat (was, wie Maurice Maschino bemerkt, dem entspricht, was eine Arbeiterin in einem Jahr und ein Bauer in Mali in 60 Jahren verdient); eine Zahl, die die Stars im Fernsehen mit drei oder vier multiplizieren, da sie die Leistungen in der Presse, im Radio und im Verlagswesen kumulieren (Boulevard, Pivot, Chancel, Giquel, Drucker, Martin usw.). Siehe dazu die Untersuchung von Maurice Maschino »La machine à abêtir«, *Le Monde diplomatique*, Februar 1979, und besonders »le salaire de la médiocrité«.

6. Kapitel

Hoher und niederer Klerus

1. Ein Kontrast und zwei Ursachen

A) Die Konzentration

B) Das Leistungsvermögen

2. Zwei Klassen und ein Kampf

1. Ein Kontrast und zwei Ursachen

Auch wenn man sich an das großzügigste offizielle Zahlenwerk hält, bleibt das Mißverhältnis zwischen dem geringen Personaleinsatz und der Größe des Publikums erstaunlich. Nie haben in einer Gesellschaft so wenige Leute so viel Lärm gemacht wie die Mitglieder der hohen französischen Intelligentsia. Es ist sicher, daß an bedruckter Fläche in der gesamten Presse wie an Sendezeit in den audiovisuellen Informationen die Lehrerschaft (318 379 Personen, 1978) im selben Jahr weniger Raum eingenommen hat als dieses oder jenes Mitglied der hohen Intelligentsia ganz für sich allein. Ganz zu schweigen von den sozialen Berufsgruppen, die offensichtlich zu unqualifiziert wären, wie z. B. das »Hauspersonal« (243 355, 1975), das kaufmännische Personal (736 595) und die Hilfsarbeiter (1 612 725). Aber unter Lärm ist nicht nur eine *Geräuschkulisse* zu verstehen, auch nicht nur der Informationsumfang in den Kommunikationsmitteln: es ist ganz normal, daß die Medien sich lieber mit »Medienmenschen« beschäftigen, also mit denen, die sie selbst beschäftigen, als mit Hochseefischern und Büroangestellen. Dieses Hintergrundgeräusch liefert nicht nur die Form, sondern die Materie selbst für die politische und soziale Rundschau. Diese »marginale« Schicht informiert und produziert dabei einen wachsenden Anteil der Tatsachen und Ereignisse, aus denen jede Woche das Leben einer Nation mit 50 Millionen Einwohnern durch die Vermittlung des Fernsehens, Radios, der Zeitungen und des Gerüchtes gewebt wird und denen die politischen, gewerkschaftlichen und beruflichen Organisationen, denen das Milieu der Intellektuellen völlig fremd ist, fortan aufs äußerste Rechnung tragen müssen.

Wie läßt sich diese ungeheure Verschiebung zwischen den Ursachen und der Wirkung erklären? Durch zwei besondere Eigenschaften, deren letztere aus ersterer hervorgeht: die physische Konzentration und das mediologische Leistungsvermögen.

A) Die Konzentration

Das Betätigungsfeld des Symbolischen ist von gleicher Struktur wie das administrative Feld des Politischen. Eine alte französische Tatsache. Es ist kein Zufall, daß der zentralisierteste Staat in der westlichen Welt auch jener ist, der der Intelligentsia den größten Raum zugesteht. Balzac, 1840: »Die Meinung wird in Paris gemacht, mit Papier und Tinte. Sie macht die Revolutionen, und die Provinz übernimmt die Revolutionen fertig. Die Meinung ist die von dreißig Zeitungsbesitzern bezahlte Intelligenz; die Meinung sind alle Schriftsteller, die fähig sind, ein Buch, ein Pamphlet zu schreiben; in ganz Frankreich sind es fünfhundert, und unter ihnen gibt es keine fünzig, die durch ihr Talent gefährlich werden könnten[1].« Die Geographie der Intelligentsia hat sich nach dem Nervensystem des Staates ausgebildet, die Einrichtung des Einflußgebietes hat sich an dem der politischen Macht orientiert; zumindest in den »Metropolen der Ausgewogenheit«. Eine Intelligentsia, deren von Natur aus kleiner Kopf aufgeblasen ist, steht sehr wohl einer makrozephalen Gesellschaft an. Zwischen der hohen und der niederen Intelligentsia besteht die gleiche »Ordnungsbeziehung« wie zwischen dem Kleinhirn und den Nervenenden, der Hauptstadt und ihren Provinzen: die hohe Intelligentsia »informiert« ihre Randgebiete, wie Paris die französische Wüste. Die zugleich monopolistische wie technische Konzentration der Meinungsorgane (Fernsehen, Funk, Magazine, große Zeitungen), die diesen traditionellen Zentralismus verdoppelt, hat dessen Auswirkungen beträchtlich gesteigert: ein Maximum an Entscheidungsgewalt in einem Minimum von Händen. Als Abbild der Autoritätsstruktur hat sich das Netz der intellektuellen Macht wie ein Spinnwebnetz gleich den Kommunikationswegen (Straßen und Eisenbahnen) und der Telekommunikation (vom optischen Telegrafen der Gebrüder Chappe bis hin zum Telefon und der drahtlosen Nachrichtenübermittlung) ausgebreitet. Mit der Eisenbahn von Nantes nach Besançon oder von Grenoble nach Bayonne zu fahren ist genauso schwierig, wie für einen Studienreferendar, mit dem Leiter eines Forschungslaboratoriums oder, umgekehrt, für einen Komponisten, mit einem Kleinbauern eine Verbindung herzustellen. Die Querverbindungen sind in Frankreich äußerst schwierig. In Frankreich geht alles nur vertikal und zentrifugal. Die einzige Öffnung einer anderen Richtung: eine Re-

[1] »Lettres russes«, veröffentlicht in der *Revue parisienne*, Balzac, tome 40, *Œuvres diverses* III, Seite 344. Ed. Conard.

volution (zwei Monate in einem Jahrhundert) und zwischenzeitlich das Mediensystem, das vom Zentrum gesteuert wird. Der Musiker hat, um seine Botschaft dem Bauern übermitteln zu können, nur die eine Möglichkeit, zum Fernsehen, rue Cognacq-Jay, zu gehen; und der Studienrefendar wird *Le Monde* die Türen einrennen müssen, um die Aufmerksamkeit des Forschungsleiters auf sich zu ziehen. Ein Drehkreuz ohne Ausgang: *Le Monde* steht nur dem Direktor offen, und der Bauer kann dem Musiker nicht antworten, weil er keinen Zugang zum Fernsehschirm hat. Die Richtung der Kommunikation ist von oben nach unten ausgeschildert. Ein Poet in Marseille kann seinen Glaubensgenossen in der Region nicht durch die Regionalstudios von FR 3 präsentiert werden, ohne daß vorher von der Pariser Programmdirektion die Erlaubnis erteilt wurde, und das Netz von Hersant überträgt jeden Tag in alle vier Ecken Frankreichs die genialen Kommentare der großen Namen der Hauptstadt.

Frankreich ist also ein Land der *strategischen Optima:* deshalb kann hier die geringste Anzahl von Akteuren das maximale Output bei einem Minimum an Input erreichen, wenn dieses an den neuralgischen Punkten eingebracht wird. Diese Ökonomie in den Einsätzen gilt gleicherweise für die Hegemonie. Die »Machtergreifungen« der Intellektuellen profitieren von den gleichen Multiplikatoren der Einsätze wie die Aufstände, die Erstürmung der Waffenkammer und Staatsstreiche in unserer Geschichte, die alle von einem Zentrum aus wirkten (14. Juli, 18. Brumaire, Februar 48, 2. Dezember, Volksfront, Aufstand von 44, Mai 68 usw.). Je größer die technische Komplexität, um so leichter die Übernahme. Je höher die festen Kosten der Meinungsproduktion, um so leichter die Annektierung. Es gibt nicht dreißig »neuralgische« Zeitungen, sondern nur zwei oder drei. Auch nicht fünfhundert »Opinionleaders«, sondern fünfzig, wovon höchstens die Hälfte »das Talent hat, gefährlich zu werden«. Wer ein Funkhaus, ein Fernsehstudio, zwei oder drei Redaktionen und, um es ganz gut zu machen, noch drei oder vier beliebige Verlagshäuser in einem Umkreis von drei oder vier Hektar unter seine Kontrolle bringt, hat die Quelle des Betriebs und des Umlaufs der grundlegenden sozialen Ideen für das ganze Staatsgebiet unter Kontrolle (und für die DOM-TOM, die unabhängigen afrikanischen Neo-Kolonien, sowie für den ganzen französischen Sprachraum). Die hohe Intelligentsia hat heute, obwohl es nicht den Anschein hat (denn ihr Wesen ist es gerade, sich zu verflüchtigen, und ihre Macht liegt in ihrer weiten Streuung), mehr soziale Macht, als sie je hatte: sie sendet rundum. Eine monarchistische Konzentration der symbolischen Reserven, eine Verteilung der Ströme über konzentrische Wellen. Der Angelpunkt des Systems: ein Stecknadelkopf[2].

Solche hegemonialen Gewaltakte, die den politischen Körper tetanisieren, indem sie ihn am Kopf treffen[3], wären, welcher Konsens und welche günstige Konjunktur sie auch immer rechtfertigen möchten, in einem föderativen Staat wie Deutschland, Amerika oder der Schweiz oder in einem Staat mit starken regionalen Komponenten wie Italien oder Großbritannien materiell nicht möglich. Genauso wie eine Machtübernahme oder die Machtausübung in Washington oder Rom nicht die gleiche Tragweite hat wie die Machtübernahme oder Machtausübung in Paris, da in jedem Fall Wisconsin oder die Emilia Romagna fortfahren werden, sich zu verwalten, wie sie es für richtig finden. Die weite Streuung der Universitäten, der Radio- und Fernsehstationen, der Zeitungen und Periodika, der Vereinigungen und Klubs über das gesamte amerikanische oder italienische Territorium verteilen die Risiken und die Grundlagen des Symbolischen im Vergleich zu Frankreich auf eine unvergleichbar gerechtere Weise. Folklore, Schaum, Theaterszene? Die sehr strengen Leute, Vertreter einer militanten »Wissenschaft«, täten unrecht, dies mit Ironie abzutun. Und wenn es eine Komödie ist, dann hat sie nichts Geringeres zum Gegenstand als die »Produktion der Gesellschaft« durch einige Wenige mittels der *Selektion* von Ideen, die zu Ideologien, und von Tatsachen, die zu Ereignissen werden. Die Mediokraten nehmen nicht mehr nur die Mitte in der Welt der Szene ein – morgen werden sie die Mitte der Szene einer Welt einnehmen, in der die intellektuelle Frivolität der Politiker den Intellektuellen die politische Frivolität nachsieht und sie darin sogar ermutigt. Nur wenn man die materielle, historisch bedingte Konfiguration der Träger der Ideologie vergißt oder nicht kennt, ist man berechtigt, die Parisianität, ihren Rauch und ihre Strohfeuer, spöttisch abzutun. Es ist schon eine Ewigkeit her, daß die Herren Havas, Belin, Bell, Marconi, Hertz und einige andere das Pariser »Tralala« auf das ganze Hexagon (= Frankreich – d.Ü.) ausgeweitet haben; und Paris, vielleicht mehr noch als New York, bleibt auf dem Planeten der Ort mit der besten Akustik. Die großen Männer von Timbuktu, Bangkok oder Bogota geben den Ton in

[2] Hier bedient sich Debray eines boshaften, nicht übersetzbaren Wortspiels: Pivot heißt Angelpunkt, ist aber gleichzeitig der Name eines von Debray oft kritisch zitierten Mediengewaltigen. (A.d.Ü.)

[3] Im Originaltext ein in deutscher Sprache nicht nachzuahmendes Wortspiel mit »tétanisent« (»tetanisieren«) und »tête« (»Kopf«). (A.d.Ü.).

Timbuktu, Bangkok oder Bogota an. Aber wem es gelingt, daß die Rive gauche der Seine über ihn redet, hat manche Chance, das Echo seiner Stimme vielfach aus allen Ecken des Okzidents, einschließlich der Dritten Welt, zurückhallen zu hören. Was Baudelot-Establet für das französische Kleinbürgertum festgestellt haben – »daß es in der Gesellschaft einen Platz einnimmt, der in keinem Verhältnis zu seinem zahlenmäßigen Gewicht steht« – gilt umso mehr und in anderem Maßstab für sein glorreichstes Prunkstück. Die frivolste soziale Kategorie der französischen Gesellschaft ist zu ihrer bedeutendsten geworden. Jene, die mit den Füßen am weitesten vom Boden entfernt sind, sind in den Köpfen am gegenwärtigsten. Vor fünfzig Jahren waren für die Bourgeoisie die obdachlosen Proletarier der Großstädte die Inkarnation »der gefährlichen Klasse«. Von allen Fraktionen der Bourgeoisie ist die der Intelligentsia zur »gefährlichen Klasse« für das Volk schlechthin geworden. Dieser Kreis von Narzissen, diese wahrlich öffentliche »Gesellschaft des Denkens«, ohne die das Publikum nicht mehr denken könnte, hat fortan die Möglichkeit, einer ganzen Nation die Welt auf den Kopf zu stellen, indem sie dem Volk den Kopf nach unten und die linke Seite auf die rechte Seite bringt. Denn die Außenwelt kann nicht mehr direkt gesehen werden, es sei denn durch die Brechung im großen Zentralspiegel. Morgen gibt es diese kleine Anzeige: »Tausche phrygische Mütze gegen Trichter – Marianne.«

B) Das Leistungsvermögen

Die Macht eines politischen Herrschaftssystems besteht darin, daß es seine Macht nicht zeigt, und man gehorcht dem Staat um so besser, als man ihn lieben kann, ohne ihn als Staat zu erkennen. Unter unserem Himmel wird die aktive Zustimmung zu einer herrschenden Klasse über das organisiert, was seit Althusser »die ideologischen Staatsapparate« genannt wird – die die am wenigsten schmerzliche Reproduktion der schon bestehenden sozialen Beziehungen ermöglichen. Die Verwalter unseres Staates, die selbst rastlos aus der freien Wirtschaft in den öffentlichen Bereich wechseln (wie unsere hohen Beamten zwischen der Geschäftswelt und der Welt der Politik hin- und herpendeln) sind von Berufs wegen darin geübt, die Kosten zu drücken; durch die business-schools, das Management und ihre Praxis. Es ist richtig, daß sie den Hilfstruppen der Vermtittlungsfirmen die spezialisierten Ausgaben der Informationsapparate vorziehen und das Sensationelle den starken Sensationen. Der Schulapparat benötigt fast eine Million Funktionäre

(850000), um fünfzehn Millionen Auszubildende in die verschiedenen Zweige der Produktion zu integrieren, sie dafür zu qualifizieren und sie zu verteilen. Sicherlich geht der Informationsapparat nicht so weit in der Spezialisierung und Betreuung seiner Benutzer. Aber daß fünfzig »Opinion-leaders«, die nach unten mit fünfhundert untergeordneten Mentoren verbunden sind, ausreichen, um diese Welt annehmbar, wenn nicht sogar wünschenswert zu machen, und zwar für dreißig Millionen Erwachsene – das stellt keine schlechte Leistung dar. Umso mehr als der Staat die Profite einsteckt und die Kosten sozialisiert, indem er das Privatkapital sich beteiligen läßt (Presseunternehmen und Produktionsgesellschaften), das natürlich gebührend subventioniert wird. Den Weg der Information beschreiten heißt, in jedem Sinne des Wortes, den Weg der Ökonomie gehen – und umgekehrt. Ein guter intellektueller Organisator, der in einer Kommandozentrale postiert ist, bleibt auch bei 70000 Francs im Monat, plus Prämien und Dienstkosten, rentabel. Und je besser die Leistung, um so besser der Eindruck. Das Radiomikrophon im »Regionalprogramm« (in Wirklichkeit in der Zentrale), das zwischen sechs und neun Uhr morgens gut eingesetzt wird, wiegt hundert Kirchenkanzeln und tausend Dingsbums auf. Die Landpfarrer hatten ihre Schäfchen, die Ranghöheren der Polizei haben ihre Untergebenen, die Stars der Audiovision haben ihre Fans. Die hohen Polizisten des Symbolischen sind die einzigen, mit deren Funktion sich der Götzendienst des Publikums verbindet.

Was eher einer sagenhaften Verschwendung von Ressourcen ähnelt (Radio, Fernsehen, Plakate, Faltprospekte, Filme, Spots, Magazine usw.), kann man auch als eine wertvolle Einsparung für das System im ganzen sehen. Besteht denn in den sozialistischen Ländern nicht eine Beziehung zwischen der Überkapazität an Überwachungsapparaten und der Unterentwicklung im Informations- und Phantasiebereich – wie auch in den kapitalistischen Ländern zwischen dem gigantischen symbolischen Arsenal und der Diskretion ihrer Zwangsapparate in Friedenszeiten? Allgegenwart der Partei – Allgegenwart der Medien. Unsere Handlungsgehilfen der schönen Bilder haben dieselbe Betreuungs-/Kontrollfunktion und denselben Status von Führungskräften wie die Erfüllungsgehilfen der Parteilinie. Aber da sie eine höhere Produktivität realisieren, sind sie auch rentabler. Sie gewährleisten diese präventive und permanente Konterrevolution; so sichtbar und schmerzlos wie das normale Funktionieren des Systems (Erpressung/Eintrichtern), mit dem sie eine Einheit bilden. Mit anderen Worten, da das Fernsehjournal,

L'Express, *Marie-Claire* und *France-Soir*, jeder für sich allein, die Feuerkraft eines gepanzerten Gendarmerieregiments haben, können das Innenministerium und das Verteidigungsministerium ihre Ausgaben für Personal und Ausrüstung um so mehr reduzieren. Wenn durch ein Unglück alle diese Medien morgen außer Funktion wären, sähe sich vielleicht die Staatsgewalt gezwungen, kurzfristig ihre zweite Verteidigungslinie vorzuverlegen, um der »republikanischen Ordnung Achtung zu verschaffen«. Wir haben es ja 68 gesehen: eine längere Ruhepause des Fernsehens führt schnell zu einer Überbelastung der CRS.

Glücklicherweise ist das Herrschaftsregime außerhalb der kapitalistischen Metropolen im ökonomischen Jagdrevier ein ganz anderes. Dort erbringt die Technologie des Eintrichterns die geringsten Ergebnisse, die nackte Gewalt muß sich offen zeigen. Deshalb kann das System außerhalb seiner Mauern, dort wo es am verwundbarsten ist, nur von vorn angreifen; so wie es in Kriegszeiten im Inneren ins Rutschen und Schleudern gerät. Die Friedhöfe des Zentrums liegen an der Peripherie: eine alte Lektion der Geschichte, das Verhängnis der Imperien, die Unabwendbarkeit ihres Todes und die Zwangsläufigkeit ihrer Zyklen.

2. Zwei Klassen und ein Kampf

Das Gefühl, das die niedere Intelligentsia der hohen Intelligentsia einflößt, ähnelt sehr stark dem, das der zweite Rang des Klerus gegenüber dem ersten vor zweihundert Jahren hegte: eine Mischung aus Verachtung und Furcht. Die hohe Intelligentsia verachtet die niedere Intelligentsia als *rückständig* und hält sie für *gefährlich.* Rückständig deshalb, weil sie noch nostalgischen »Vulgata«-Illusionen nachhängt (Marxismus und Fortschrittsglaube) und überholten Mythologien (Trennung von Kirche und Staat, Arbeiterklasse, öffentlicher Versorgungsdienst, Nationalisierungen)[1,2]. Gefährlich, weil sie sich hauptsächlich aus Sozialisierungsfunktionären zusammensetzt und ihre eigene Inthronisation als herrschende Klasse gleichsetzen würde mit der Herrschaft eines bürokratischen Staates über die bürgerliche Gesellschaft. Man findet diese diffuse Gefühlslage als Thema in einem kürzlich erschienenen kleinen polemischen Werk wieder. Ich schlage vor, schreibt der Autor, diese Fraktion der Intelligentsia als die Staatsklasse anzusehen, und zwar von ihrem Ursprung und ihrer Bestimmung her. Staatsklasse soll heißen: gefährliche Klasse – der Staat ist etwas Böses, das sich der bürgerlichen Gesellschaft, die für Regenerationen sorgt, entgegenstellt. »Jetzt, wo die hohe Intelligentsia, wie wir oben ausgeführt haben, sich von den marxistischen Vulgata und auch von der Berufspolitik abwendet und, wenn auch mit Verspätung, dafür aber um so schärfer dem Problem des Totalitarismus in den modernen Staaten zuwendet, stellt sich die niede-

[1] Die Einordnung und die Funktion des Begriffes »Vulgata« in der Wertskala der hohen Intelligentsia als polemisches Mittel zur Herabwürdigung der anderen und zur eigenen Aufwertung bedürften einer eigenen Untersuchung. *»Vulgata«* ist beleidigend, da das Wort seine Wurzel in *»vulgus«* oder »die gewöhnlichen Sterblichen« hat (also in dem Gegenteil von dem, was wir sind: wir, die wissende Elite). Das Unglück will es, daß »Vulgata« auch mit *»vulgare«* = »verbreiten« zusammenhängt und daß die Aus- und Verbreitung einer Idee, einer Theorie, eines Bildes die zentralste Black-box der kulturellen Kybernetik ist. Was wird verbreitet und warum? Und was wäre im Abendland aus dem Wort Christi geworden ohne die lateinische Bibelübersetzung des heiligen Hieronymus, die *Vulgata* heißt? So verdeckt die soziale Einordnung der Ideologen ihnen selbst das strategischste Problem der Geschichte: *Die Entstehung einer eigenen Welt aus dem Gedanken.*

[2] Mit »Vulgata« bezeichnet Raymond Aron z.B. marxistische Gemeinplätze oder auch einen Vorrat marxistischer Argumentationsfiguren, mit denen man »alles« erklären kann. Vgl. Raymond Aron, *Plädoyer für das dekadente Europa,* Berlin 1978 (Paris 1977). (A.d.H.)

re und mittlere Intelligentsia, die zahlenmäßig viel größer und im Hinblick auf Wahlen viel einflußreicher ist, vor allem das Problem der Macht und ihrer Eroberung zum Thema. Sie setzt alle Mittel ein, um zu erreichen, daß der eventuelle Sieg der Linken ihren Regierungsantritt bedeutet.« (Jacques Julliard, *Contre la politique professionelle,* S. 112). Diese Fraktion, die nur von Nationalisierungen und autoritärer Planwirtschaft träumt, die ihre »Kommandogelüste« hinter einer sozialistischen Phraseologie versteckt, würde damit nur beweisen, wie wenig moralische Tugend und wie viel Unverstand gegenüber den modernen Realitäten sie besitzt. Diese exemplarischen Seiten der Ideologie der herrschenden Ideologen und der großen Tradition der aktuellen Anmaßungen muß man sehr genau lesen[3]. Diese *topoi* haben in der Tat ihre Adelsbriefe. 1898, als der Gegner noch nicht die »marxistischen Vulgata« waren, sondern »die naturalistischen und positivistischen Vulgaritäten«, wandte Barrès dasselbe reduktionistische Bild auf das Antimodell der *Entwurzelten* an: Bouteiller, der »den Ehrgeiz eines Stipendiaten und armen Professors« mit der Republik identifizierte. (Auf gleiche Weise setzten die Anhänger des Legitimitätsprinzips die konstitutionelle Monarchie herab, indem sie die Nichtadligen damit verspotteten, daß sie ja nur selbst schnell an die Macht wollten).

Die Gefühle, die umgekehrt die hohe Inelligentsia der niederen einflößt, wären eine Mischung aus Faszination und Mißtrauen. *Faszination* gegenüber einer Pléiade von Sternen, die, welchen Platz man auch darin einnimmt, die Träume von einem zugleich sozialen wie persönlichen Erfolg verkörpern (der Aufstieg in der Öffentlichkeit bestimmt den Grad der persönlichen Selbstverwirklichung). Ein abwechselnd ironisches und gehässiges *Mißtrauen* gegenüber den Arrivierten, die leicht

---

[3] »Sehr genau lesen«: das »Überfliegen«, das man bei der Lektüre von unzähligen Zeitungen und Magazinen notwendigerweise üben muß, begünstigt natürlich auch die »Überflugideen«. Immer zahlreicher werden die Produktionen, die eine doppelte Wirkung auslösen – die bei der ersten Lektüre unsere Zustimmung wecken durch die Gewandtheit des Stils sowie hier und da gesammelte überraschende Informationen; die ihre Leere aber dann preisgeben, wenn der Leser *sich Zeit nimmt.* Für dieses Phänomen ist das Werk von Jacques Julliard exemplarisch. Diese Ansammlung von statistischen, semantischen, theoretischen Ungenauigkeiten über die Intelligentsia liefert dem Liebhaber einen der genauesten Überblicke über den Code der augenblicklich gängigen intellektuellen *Doxa,* dank derer das Wahrscheinliche sich als die Evidenz schlechthin ausgeben kann. Wenn der nicht wahrnehmbare Hintergrund einer Epoche den Kern ihrer *Stereotypen* abgibt (von dem aus sie später als *diese* Epoche erkannt werden kann), dann besteht vielleicht eine Beziehung zwischen der Verknappung der Lesezeit und dem Wuchern der Stereotype. Das Unsichtbare gewinnt, wenn man Zeit gewinnt. Je schneller etwas läuft, um so hohler ist es. Die Geschwindigkeitsbegrenzung auf allen Gebieten und bei allen Tätigkeiten wird zu einer absoluten Notwendigkeit, wenn der Mensch eine gewisse Kontrolle über seinen Bezug zum Sinn, zur Natur und zur Geschichte behalten will. Nicht zufällig ist die Eloge auf die Geschwindigkeit das häufigste Thema der bürgerlichen Avantgarde (vom faschistischen Futurismus haben die französischen forschen Draufgänger den »Rennwagen« übernommen).

ihr Ziel erreichen und es unangemessen spektakulär aufbauschen: ein Sozialwissenschaftler zum Beispiel, der sich in seinem Beruf auskennt, aber nur seine *Arbeit* machen muß, wird sehr häufig einen Anlaß haben, über die Art zu lächeln und zu spötteln, wie die *Titelinhaber* ihr öffentliches Ansehen mit etwas gewinnen, was sie in ihrem Privatleben so schlecht praktizieren. Zwischen diesen beiden entgegengesetzten Richtungen der Verbitterung besteht weder eine Symmetrie noch eine Gegenseitigkeit, und vielleicht nur deswegen, weil die Empfindungen sich offensichtlich oben zusammenhängend und systematisch öffentlich artikulieren können, während die unten sich meistens nur hinter den Kulissen, tuschelnd, oder im vertraulichen, persönlichen Gespräch anbringen lassen. Eine statutarische Ungleichheit, da die hohe Intelligentsia ja die Mittel hat, von ihrem Recht auf Privatbesitz an der Intelligenz und der Kultur Gebrauch zu machen: sie hat das Monopol des Zuganges zu den zentralen Massenverbreitungsmitteln. Eingeschlossen in den Disziplinen, in Kategorien zergliedert, auf die Provinzen verstreut, ohne verbindende Organe, kann die niedere Intelligentsia nur in der Ecke schmollen und *empfangen*, was von den Legitimationszentren her gesendet wird: den großen Verlegern, Pariser Magazinen, Pilotsendungen, dem Modejournal.

Daher diese Schlacht mit umgekehrten Fronten, deren sich unendlich wiederholender Wechselfälle man nicht müde wird, während die Akteure selbst sich in ihr verbrauchen. Die Beherrschung der Netze, die die maximale Verbreitung ermöglichen, optimiert die Macht der neuen Herren über das Denken, indem sie ihnen gestattet, im Namen des Plebs und in Tuchfühlung zu ihm zu herrschen. Er wählt die Elite aus und gibt sie gleichzeitig als anti-elitär aus. Der *Appell an die Basis* gegen und über die intermediären Apparate hinweg ist zugleich die politische *Linie* und das allen Stammeshäuptlingen der hohen Intelligentsia gemeinsame *Programm*, denn hier erbringt sie ihre höchste Leistung: diese Position macht die mediologische Position der hohen Intelligentsia zur »Ideologie«, denn sie überragt und überspringt tatsächlich die der »intermediären« Apparate, und zwar indem sie eine Wirklichkeit vorgaukelt. Dieses Thema läßt sich beliebig in allen Tonarten und Lautstärken variieren. Da gibt es dann den Appell an das »kleine Volk Gottes« gegen den »Kirchenapparat« (Clavel), an den Plebs gegen die Korruption auf der ganzen Welt (Glucksmann), an die »Proletarier aus Fleisch und Blut« gegen die Sganarelle des Proletariats (Jacques Julliard), an die einfachen und klarsichtigen Menschen gegen die Meister-Zensoren der

Institution (B. H. Lévy) usw. Kein Denker, der nicht sein eigenes Haus mit dem Spruch in goldenen Lettern verzieren würde: »Ich bin hier nur ein einfacher und volkstümlicher Denker«. »Los, drauf auf die Notablen!« ist der Sammlungsruf aller Notablen geworden. Es gibt einen intellektuellen Bonapartismus, wie es einen in der Religion und Politik gibt, meistens ist es derselbe[4]. So haben die materiellen Verfahren, um in die Öffentlichkeit zu gelangen, sich mit dem neuen Kräftespiel der sozialen Abneigungen und Bedürfnisse verbunden und lediglich die Vorzeichen der alten Gleichungen vertauscht, ohne damit ihre Lösung zu verändern. Und so hat sich also auf der Grundlage eines Komplexes von untereinander zusammenhängenden Diskursen und Praktiken ein Paria-Etablishement bzw. eine Kurie von Bilderstürmern installiert, die dem Kult der Gottlosigkeit noch eine Erotik des Abscheus hinzufügt. Einen Zug haben alle Aristokratien zu allen Zeiten gemein; sie fühlen sich dem Volke näher als der gewöhnliche Bürger. Die neue hohe Intelligentsia – eine plebiszitäre Oligarchie, die durch die *öffentliche Meinung* in ihr Amt eingesetzt und ratifiziert wird, eben durch die Öffentlichkeit, die sie das Vorrecht hat zu betreuen und zu informieren, – kann sich im Augenblick den Luxus leisten, und sie verzichtet auch nicht darauf, den niederen Klerus von seinen »einfachen Leuten und Enterbten« zu trennen, da sie ja die Kontaktschicht zwischen der spezialisierten Forschung und dem großen Publikum (»dem ehrenhaften Manne«) ist. Die Verbindung mit der Basis wird von oben hergestellt, wie sie unter den Provinzen von der Hauptstadt hergestellt wird. Der Spezialist oder das wirkliche Subjekt übersetzen nicht selbst ihre Forschungsergebnisse in die Sprache des »Durchschnittsmenschen«, sie werden von den Generalisten der hohen Intelligentsia übersetzt, die selbst deren Verdienste und häufig auch die Exklusivität für sich in Anspruch nehmen. In diesem Sinne, und auch noch in vielen anderen, wird die Universalisierung der Medien am Ende dieses Jahrhunderts dieselbe Rolle spielen wie die Ausbreitung des allgemeinen Wahlrechtes am Ende des vergangenen Jahrhunderts; sie wird die letzte Rettung der herrschenden Schichten sein, genau das Gegenteil von dem, was man sich von ihr erwartet hatte. Die wirkliche Funktion hat den ideologi-

[4] Es ist normal, daß Maurice Clavel, der konsequenteste unter den Intellektuellen der Modernen und daher der traditionsbewußteste (neu gleich alt), sich zu allen drei Bonapartismen bekennt. Sein Ordnungsruf ist immer von der höchsten Stelle an die Basis gerichtet. Vom General de Gaulle an das französische Volk, vom Papst an die Gläubigen, vom Heiligen Geist an die Geschöpfe, vom Genie an die Leserbriefspalten. Ein Muster der pledizitären Parusie: »Ich gestehe, daß ich von ganzem Herzen nach einer Art Kulturrevolution an der Basis der katholischen Kirche rufe, die die der Welt zur Folge haben könnte. Ich weiß auch, daß der Begriff des kleinen Volkes Verbitterung hervorruft.«

schen Diskurs ins Leere laufen lassen, und dies gelang um so leichter, als der Diskurs die Funktion vor den Augen der Opfer vernebelte, der vermeintlichen Nutznießer eines Beteiligungsmodus an der Macht, der allem Anschein nach sie begünstigen sollte. Später werden wir sehen, wie dieser Köder auf der heutigen politischen Szene wirkt, wo der enthusiastische Ansturm der Parteien auf die Medien, die sie töten, perfekt den Stier nachahmt, der sich auf die Muleta stürzt: dieselben »pikanten« Wirkungen in der symbolischen Arena. Nach dem Muster der Großbourgeoise, die von 1848 bis 1968 (und 1978) nie aufgehört hat, die Volksmassen im Namen ihres eigenen demokratischen Diskurses und des Mehrheitsrechts zu unterdrücken, ist die herrschende hohe Intelligentsia objektiv dazu berechtigt, kraft des neuen Medienregimes die Untertanen in deren eigenem Auftrag zu zensieren: ist sie nicht die einzige, die sich das Gehör der Masse verschaffen kann? Hier wie da sind die Monopolisten des öffentlichen Wortes und die Wortführer des Volkes ein und dieselben.

Um zu erklären, warum die Kräfteverhältnisse zwischen der hohen Intelligentsia und der niederen Intelligentsia im umgekehrten Verhältnis zu ihrer Zahl stehen, muß man zuvor die wirklichen Determinanten beider feststellen und herausfinden, worin sie sich unterscheiden. Wie jedermann weiß, sind die relevanten Unterschiede nicht die des Métiers oder Berufes: die Kluft durchzieht jede Disziplin, jeden intellektuellen Beruf. Sie beruhen nicht auf der *Qualifikation* oder der beruflichen Kompetenz, und deswegen kann die Unterscheidung in Facharbeiter und angelernte Arbeiter in keiner Weise abgewandelt werden in eine Unterscheidung Fachintellektuelle/angelernte Intellektuelle oder Generalisten/Techniker, wie dies Julliard tut. Die Beziehung ist hier umgekehrt. Offiziell werden als »Facharbeiter« (Kategorie 61 im Schlüssel des INSEE) die bezeichnet, die »einen Beruf ausüben, der eine Lehre voraussetzt«, und als »angelernte Arbeiter« (Kategorie 63) jene, »die einen Arbeitsplatz einnehmen, der lediglich eine Einweisung erfordert, aber keine wirkliche Lehre«. Wenn die Worte noch einen Sinn haben sollen, müssen wir uns darauf einigen, daß die hohe Intelligentsia von angelernten Arbeitern und die niedere Intelligentsia von Facharbeitern bevölkert wird. Jeder kann dies für seinen Bereich bezeugen. Zahlreich sind die Intellektuellen, die ihre Karriere in wenigen Jahren von der niederen Intelligentsia in die hohe Intelligentsia führt. In den meisten Fällen kommt dieser Aufstieg in der Hierarchie dem Verlust der beruflichen Qualifikation gleich, und sobald sie »Generalisten« werden (befähigt, über alles zu reden), geben sie die Forschung auf und verpassen den Anschluß an die Entwicklung ihrer eigenen Disziplin. Da sie auf Kosten ihrer Jugendarbeiten leben, kommt einmal der Augenblick, wo sie ohne Deckung sind und dieses Defizit mit öffentlichen Anleihen decken müssen. Was sie an Produktivität gewinnen, verlieren sie an Kreativität, und ihre soziale Sichtbarkeit wächst im selben Maße, wie ihre berufliche Glaubwürdigkeit abnimmt. Die Vermehrung der Stellungnahmen, Artikel, Symposien, Interviews, die persönliche Verzettelung, die Hast der Arbeit, der Pfusch, der durch Werbezwänge zustande kommt, haben genau dies zur Folge, daß die »wirkliche Lehre« durch die »einfache Einarbeitung« ersetzt wird. Es handelt sich also um die Regression vom Facharbeiter zum angelernten Arbeiter. Der Unterschied muß demnach woanders gesucht werden: im Status und in der Funktion. Die hohe Intelligentsia und die niedere Intelligentsia repräsentieren zwei Lebensformen, zwei soziale Positionen, zwei ökonomische Gliederungen, die sich wesentlich unterscheiden, auch wenn sie sich manchmal ergänzen.

Zwei Lebensweisen. In der niederen Intelligentsia stiftet die Berufsgemeinschaft eine Interessengemeinschaft, in der hohen Intelligentsia erzeugt die Gleichheit der Voraussetzungen keine interne Solidarität, sondern steigert den Willen, sich abzuheben. Die Vielfalt der für die Kategorien spezifischen Interessen, der Stellungen und Merkmale, die der niederen Intelligentsia eigen sind, die im wesentlichen höhere und mittlere Führungskräfte umfaßt, steht einem gewissen Selbstbewußtsein als Berufsgruppe nicht entgegen. Wie auch ihre Ausbreitung über das ganze Territorium nicht ihrer Kohäsien entgegensteht. Daher der hohe Grad gewerkschaftlicher Organisiertheit, der von unten nach oben abnimmt: die Lehrer sind am zahlreichsten gewerkschaftlich organisiert unter allen Berufszweigen des Staatsdienstes. Den Korpsgeist haben alle niederen Ränge gemein: Versicherungen, Verbände, Vereine. Je mehr man in der Hierarchie nach oben steigt, um so weniger Teilnehmer findet man in den Versammlungen (auch in den Unternehmen sind die Arbeiter eifriger in der Gewerkschaftsarbeit als die Führungskräfte). Die Mitglieder der hohen Intelligentsia zeigen nach außen hin eine viel geringere Kohäsion, obwohl sie miteinander verschachtelt und im geographischen, im sozialen und im institutionellen Raum weit mehr konzentriert sind und über eine bis aufs äußerste integrierte Apparatur verfügen. Molekül mit weit gestreuten Atomen; die höhere Gattung unterscheidet sich von der niedrigeren durch folgendes Paradox: eine hohe organische Dichte, die sich mit einem niedrigen Organisationsgrad verbindet. Die Einsamkeiten stehen auf diesem Niveau eher nebeneinander, als daß sie sich verbündeten. Die Berufspraxis selbst strebt oben nach einer Personalisierung der Rollen und einer Vertiefung der Gräben. Je höher man steigt, umso mehr kann man physisch die Kameraden beiseite lassen, die zu Mitbrüdern, also gleichgültig geworden sind. In einem Gymnasium ist es unmöglich zu unterrichten, ohne mit den Kollegen zu reden und den Umgang mit ihnen zu pflegen. Ein Professor kann in die Fakultät kommen und gehen, seine Vorlesung halten, ohne jemanden treffen zu müssen. Der Herausgeber einer Reihe arbeitet zu Hause, und ein großer Leitartikler diktiert durchs Telefon, ohne sich weiter stören zu lssen. Die Macht schafft Leere – beweinen wir ihre Einsamkeit!

Deshalb finden wir ganz andere menschliche Beziehungen im Innern jeder Gattung. Der *Solidarität* in der niederen Intelligentsia steht in der hohen Intelligentsia die *Komplizenschaft* gegenüber, wie den *kollektiven* Ansprüchen der einen die *individuellen* Strategien der anderen. Im öffentlichen Dienst decken sich die Interessen des einzelnen mit denen der Kollegen, denn die Gehaltstabelle ist für alle die gleiche. Im allgemeinen bilden die Interessen des Individuums eine Einheit mit denen der Institution. Die Beziehung zu dem Vorgesetzten ist nicht wie die des Kunden zum Geschäftsinhaber, des Höflings zum Monarchen oder des Nachläufers zum Clan-Boß, denn der Vorgesetzte kann gegen den Untergebenen nichts ausrichten. Er kann eine Beförderung verzögern oder eine Versetzung durch eine schlechte Beurteilung beeinträchtigen. Aber auch er kann durch einen Vorgesetzten benotet werden: wir haben hier eine tatsächliche Zweiseitigkeit von Zwängen. Dazu kommt, daß die »individuelle Benotung« an den Universitäten abgeschafft wurde. Die Karriere eines Lehrers unterscheidet sich von der eines Verlagsangestellten oder eines Journalisten nicht nur durch die Unkündbarkeit des Beamten, sondern auch durch die Art der Beförderung: seine Karriere ergibt sich aus seinen Qualifikationen, die regelmäßig durch Prüfungen bescheinigt werden; und sie ist weniger von einem Chef oder einer Clique abhängig als von einem Kommissionskollektiv, das selbst wiederum, zumindest im Bereich der Universität, von den Gewerkschaften kontrolliert wird. Die niedere Intelligentsia unterliegt weder der demütigenden Pflicht, sich beliebt zu machen, noch der, sich abheben oder einen »Dienst erweisen« zu müssen. Ihre Abhängigkeit vom Staat ist kollegialer Natur, anonym und programmiert – ohne Folgen für das Ansehen, die Herzkranzgefäße oder den Magen. Der Dienstgrad ist an die Person des Lehrers gebunden (und nicht an die Institution wie bis 1887), aber die Person ist an den Dienstgrad gebunden. Gehaltsaufbesserungen oder Verkürzungen werden kollektiv vorgenommen, und der einzelne muß seine Aufbesserung nicht auf Kosten des Nachbarn betreiben oder mit Katzbuckeln beim Chef. Langsamer vertikaler Aufstieg und dafür horizontale Gleichheit in der Besoldung. Die bei der Befreiung erreichte Vereinheitlichung hat gravierende Unterschiede in der Besoldung, die früher den Pariser Agrégé gegenüber seinem Kollegen in der Provinz bevorzugte, beseitigt. Der Gegensatz Paris – Provinz, der bei der hohen Intelligentsia zum sozialen Mehrwert gehört, spielt bei der niederen Intelligentsia keine Rolle. Zusammenfassend läßt sich sagen, daß die wohldurchdachten Abstände unter dem Personal der niederen Intelligentsia, das sich bescheiden auf den Sprossen der Zahlenleiter des Staates und nach den Rahmenbedingungen stufenförmig anordnet, sich durchaus, auch in der Verteidigung des Besitzstandes einer Gehaltsgruppe, mit einem mental wie beruflich egalitären Bezugsrahmen vertragen. Die Mitglieder der hohen Intelligentsia, die sich mehr oder weniger auf derselben Stufe, ganz oben, befinden (Einkommen, Rechte, Funktionen), stellen immerzu die Ungleichheit her, in ihrem Kopf und um sich herum. Man muß gesehen werden, ohne sich zu kennen. Undurchsichtige Gehälter, Abschirmung der Quellen. Alle Beamten der niederen Intelligentsia erhalten jährliche Gratifikationen, die mit den Gehaltsstufen im öffentlichen Dienst zunehmen: sie gehören zum Gehalt und werden versteuert. Die Tariftabellen sind veröffentlicht, und jeder weiß, was sein Nachbar verdient, vom Gerichtsdiener (Index 200) bis zum Lehrstuhlinhaber (Gruppe C, in der Skala der Geisteswissenschaften, Index 1125). Das ist durch die Bank bescheiden und oft Anlaß zu scherzen. Die Autorenrechte, Honorare, Zeilenhonorare und Gehälter sind unter der hohen Intelligentsia kaum Anlaß zu scherzen, wo man über diese kleinen Details eine Achtung gebietende Diskretion übt.

Es bleibt ein »Aber«: die Unsicherheit des Arbeitsplatzes. In der Regel lebt die hohe Intelligentsia in ständiger Angst und die niedere Intelligentsia in Sicherheit. Diese kümmert unter dem Dach des Beamtenstatus und im Schutze der Gehaltssstufe dahin. Aber erstere ist den Launen des Marktes, den sozialen Beziehungen, den Fluktuationen in ihrem Ansehen ausgesetzt. Der Erfolg des Autors ist (relativ) unvorhersehbar, und der Erfolg einer Karriere wird durch eine plötzliche Wende in den

Allianzen, durch den Konkurs eines Presseunternehmens, durch ein Wahlergebnis unterbrochen. Von Natur aus lebt die hohe Intelligentsia auf Kredit – vom persönlichen Kredit, der ständig der Beurteilung durch andere ausgesetzt ist. Wird mein Artikel angenommen? Und wann wird er erscheinen? An welcher Stelle und in welcher Aufmachung? Wird sich mein Buch verkaufen? Nichts im Argus heut morgen? Vielleicht morgen eine Kritik. Tragisches Lauern! Schwester Anne, siehst du nichts kommen? Alle Pressesekretärinnen kennen dieses verkrampfte Tuscheln des Autors, der »nur gerade einmal so vorbeikommt«, die Gänge entlangschleicht, beunruhigt durch das Schweigen, mit dem man sein Meisterwerk empfängt (und es sind Tausende); und der Artikel von X, der nicht kommt; und Y, der zu Z gesagt hat, daß er nicht schlecht sei; und die Sendung in der nächsten Woche, aber ja, aber ja, warten Sie doch! Fiebrige Betriebsamkeit, Geschäftigkeit, Zweifel. »Die glorreiche Ungewißheit des Schicksals«. Die niedere Intelligentsia hat Ferien, die hohe Intelligentsia nie. In den Höhen lebt man intensiver, also auch gefährlicher: schon amerikanisch. Die niedere Intelligentsia ist »kleinbürgerlich« – dies ausdrücklich und schämt sich dessen nicht. Sie kompensiert die materielle Mittelmäßigkeit ihres Einkommens mit der behaglichen Sicherheit, die zum Kleinbürgertum und seinem Kompromiß mit dem Staat gehört, und deren Oberschicht sie ist[5]. Von ihrer Ideologie und Mentalität her würde sich die hohe Intelligentsia eher mit den leitenden Angestellten der Wirtschaft verwandt fühlen: Ablehnung der Vergangenheit und der politischen »Archaismen« (kein kollektives Gedächtnis); manchmal schreckliche Zukunftsvisionen. Amnesie und Angst gehören oft zusammen. Auf alle Fälle scherzt man in der hohen Intelligentsia lieber über alte nationale Antinomien (Frankreich/Europa, Rechte/Linke, Kapital/Arbeit, Kapitalismus/Sozialismus usw.) als in der niederen Intelligentsia, die sich noch schwer tut, sich »der Zeit anzupassen« und ihre Uhr auf die technologische Modernität, den internationalen Wettbewerb und die Gebote des Marktes umzustellen.

---

[5] Siehe Baudelot-Establet, *La petite bourgeoisie en France*, Maspero, 1976.

7. Kapitel

Die Konkurrenzgesellschaft

1. Prinzipien

2. Anwendungen

3. Korollarium

1. Prinzipien

Die Konkurrenz zwischen »großen« und »mittleren« Intellektuellen ist ein Schicksal. Wenn man sich auch drein schicken muß, ist es doch nicht verboten, erst einmal zu begreifen, warum. Durch seine Loslösung vom materiellen Produktionsprozeß ist der Intellektuelle dafür empfänglich, sich mit Wesenheiten zu befriedigen, die häufig nur Hypostasen oder Tautologien einer sozialen Position sind, die ihm seine eigenen philosophischen Metaphern noch undurchschaubarer machen. Zur Voraussetzung des Intellektuellen gehört in unseren Augen eine authentische metaphysische Dimension, die keine Wolke ist, sondern Lebensform; ein Phantom, das einen Körper angenommen hat. Wenn die materialistische Position darin besteht, schlicht und einfach diese Dimension zu ignorieren, sind wir keine Materialisten. Wenn sie aber darin besteht, sie für *begreifbar* zu halten, sind wir offensichtlich Materialisten. Die ökonomische Basis eines *Fatums* markieren heißt nicht, die Fatalität auszusparen. Sondern es heißt eher, dieses Fatum in der Wirklichkeit, das heißt, in der Vernunft zu begründen.

Im Unterschied zur niederen Intelligentsia, die im wesentlichen von Professoren, Forschern, Wissenschaftlern, Repetitoren bevölkert wird, setzt sich die hohe Intelligentsia aus *Schöpfern* von Originalwerken zusammen: Romanen, Artikeln, Essays, Gedichten – aber auch Filmen, Gemälden, Schallplatten. Kein Werk des Geistes gleicht einem anderen – diese Einzigartigkeit ist seine Definition. Aber dennoch ähneln sich alle diese Werke des Geistes wie zwei Wassertropfen durch zwei Merkmale: sie existieren materiell, sie sind *Objekte.* Und diese Objekte werden auf dem Markt gehandelt, sie sind *Produkte.* Doch welche Mißgeschicke widerfahren ihnen bei diesen Metamorphosen: ich bin allein, wenn ich ein Buch schreibe, ich bin der einzige, der es schreiben kann, es ist eine Angelegenheit zwischen mir und mir. Aber nicht ich drucke, reproduziere und verkaufe. Ein Ereignis läßt mich hochfahren, ich jubele oder entrüste mich, ich allein habe dazu etwas zu sagen, es ist sogar meine Pflicht: ich schreibe einen Artikel, schicke ihn an meine bevorzugte Zeitung. Aber nicht ich werde entscheiden, ob er veröffentlicht wird oder nicht, nicht ich werde ihn korrigieren, gewichten, mit Untertiteln versehen und ihm seine Stelle im Blatt zuweisen. Arrogante Einsamkeit des Schöpfers, eigenartige Abhängigkeit des Produzenten. Und wie praktisch die Antinomien in derlei Mißgeschicken: das Werk, das sich vom *Produkt* unterschied wie das Original von der Serie und der Schöpfer vom Produzenten, verwandelt sich vor meinen Augen in sein Gegenteil. Diese Umwandlung ist eine Entfremdung im wahrsten Sinne des Wortes; sie zerreißt dem Autor das Herz, denn sein Ureigenstes, sein Geist, sein Talent, sein Gedächtnis, kehrt fremd zu ihm zurück als etwas Äußeres, in dem er sich wiedererkennen soll: diese Sache da ist sein Geist. Aber dieser Riß bringt ihm auch eine Befriedigung: alle Autoren wollen ihr Manuskript gedruckt, gebunden sehen, und eine Nichtveröffentlichung macht sie noch unglücklicher als ein Verkaufsmißerfolg. Glück des Erscheinens, Unglück des Verschwindens. Begnadetes Schaffen, undankbares Sein. Halten wir inne in der Aufzählung der Antinomien. Sie soll uns nur auf eine Spur bringen: jeder Schriftsteller ist ein leibhaftiges Unbehagen. Doch dafür gibt es eine Logik.

Welche Art Produzent ist ein Schriftsteller?

Jeder, der einen Originaltext produziert, welcher eine Verbreitung findet (gleichgültig auf welchem Weg und über welchen Träger). Dieser Text ist mit einer bestimmten *Arbeit* hergestellt worden, aber der Schriftsteller bleibt der *Eigentümer* der Früchte seiner Arbeit. Er ist also in gewisser Hinsicht ein *Handwerker-Eigentümer.* Er hat diesen Status seit und dank der französischen Revolution, die mit der Sanktionierung des Privateigentums an Grund und Boden und an Sachen im allgemeinen auch das literarische und künstlerische Urheberrecht gesetzlich verankert hat. Dieses wurde mit dem Gesetz vom 11. März 1957 wie folgt präzisiert (die Juristen müssen ja zwangsläufig eindeutig und klar formulieren): »Der Autor eines geistigen Werkes besitzt an diesem Werke aufgrund seines schöpferischen Aktes ein ausschließliches und gegenüber jedermann geltendes unstoffliches Eigentumsrecht.« 1936 war der Versuch unternommen worden (das Projekt Jean Zay), das Urheberrecht »unter dem Arbeits- statt unter dem Eigentumsbegriff« einzuordnen. Doch das Gewicht der erworbenen Privilegien obsiegte: der moderne Schriftsteller ist als historisches Produkt des bürgerlichen Rechtes ein Eigentümer und kein Proletarier. Genauer: ein Rentier, denn das Urheberrecht kann mit einer Rente gleichgesetzt werden (im Sinne einer Gratifikation, die sich aus einer Monopolstellung ergibt). Unser

Autor ist demnach auch ein Erblasser. Da die Autorenrechte juristisch als ein temporäres *Besitzgut* definiert werden, können sie auch durch die Rechtsinhaber ererbt sein. Eigentum, Rente, Erbe: Fast alle großen wie kleinen Schriftsteller des 19. Jahrhunderts haben daher nicht zufällig die Partei der Bourgeoisie gegen die Arbeiter ergriffen, und zwar jedes Mal, wenn diese drohten, sich auch als Partei oder Bewegung zu formen. Das sind nach wie vor die offenkundigen und sich ständig erneuernden Tatsachen (siehe die Gazette und den Bildschirm).

Dieses unstoffliche Eigentum bliebe steril, wenn das Werk des Geistes selbst unstofflich bliebe. Die Verdinglichung verlangt, seitdem die intellektuellen Produzenten wie andere von ihren Produktionsmitteln getrennt wurden (18. bis 19. Jahrhundert), die Intervention eines Dritten: des *Verlegers,* denn sie setzt voraus, daß sich ein industrielles (Druckerei) und ein kommerzielles Kapital (Vertrieb, Reklame) zusammenfinden. Das eine, um aus dem einmaligen Original ein reproduzierbares, umsetzbares Gut zu machen, das andere, um dieses Gut in klingende Münze zu verwandeln. Der Schriftsteller *verpachtet* also seinen Besitz an den Verleger. Ohne dessen Vermittlung würde sein Gut nicht zu einer Ware. Diesem speziellen Vermittler obliegt es als Konzessionär der Verwertungsrechte eines Werkes, den produzierten Gebrauchswert in einen Handelswert zu verwandeln. Diese Vermittlung kann heute weder der imposanteste Künstler noch der stolzeste Metaphysiker umgehen: der Genuß eines Kunstwerkes wie die Verbreitung einer Theorie sind heute ohne Handel nicht mehr möglich. Und dies immer weniger angesichts des Niedergangs der Universität und der politischen Parteien, des Verschwindens der Mäzene und des Stillstands in den Forschungsinstituten. Es sei darauf hingewiesen, daß, trotz aller herrschenden Ungerechtigkeit, den *Autor* seine juristische Eigenschaft gegenüber dem angestellten *Journalisten* privilegiert, der im allgemeinen aufgrund seiner rechtlichen Stellung jedes literarische und künstlerische Urheberrecht seinem Arbeitgeber übertragen muß (lediglich die gelegentlichen Honorarschreiber können ein Copyright haben). Der Schriftsteller ist gegenüber dem Journalisten, der Gehalt bezieht, dasselbe, was der Filmregisseur gegenüber dem Fernsehregisseur ist: letzterer wird im Unterschied zu ersterem nicht als echter Urheber angesehen. Er hat nicht das volle Urheberrecht an seinen Werken, denn sie gehören seiner Fernsehanstalt, und die Rechte daran können von ihr abgetreten werden. Eine Anomalie, exemplarisch für das Zurückbleiben der Rechtsgegenüber der faktischen Entwicklung. Die neue Suprematie der Journalisten als Fernsehautoren läßt ihre juristische Benachteiligung als skandalös erscheinen. Hier eilen die Posten den Rechtstiteln voraus; die rechtliche Verankerung muß wohl folgen.

Die Bedingungen, denen gegenwärtig die Lizenzen und die Auswertung der Texte durch die Verleger unterliegen, erfordern so manche Korrektur, und es ist nur gerecht, wenn eine Handvoll Autoren (siehe weiter unten) sich für eine Verbesserung unserer Rechtslage einsetzen und somit den Kampf von Balzac und Mallarmé fortführen. Ein typischer nationaler Anachronismus ist das *droit de passe* (die 10 %, die der Verleger vom Verkaufserlös bei der Abrechnung der Autorengebühren abziehen kann); ein Erbe des 19. Jahrhunderts, als die Autoren noch nach der Auflage und nicht nach den verkauften Exemplaren bezahlt wurden. Da ist auch die absurde Behinderung, die von alten »Vorrechtsklauseln« ausgeht. Der Prozentsatz bei den »Nebenrechten« (Buchklubs, Taschenbücher, Film-, Funk- und Fernsehbearbeitung usw.) ist völlig unangemessen. Die Mehrheit der Autoren scheut sich, die Nase in diese Details zu stecken, denn sie kämen sich erniedrigt vor, wenn sie ihren Roman, ihr Gedicht oder ihr philosophisches Werk als das ansähen, was es ist: eine Ware. Und die Verleger weigern sich, den Begriff »Arbeitgeber« statt »Verteiler« anzuerkennen, denn auch sie scheuen sich, den Zauber des Tête-à-tête mit den großen Kindern zu brechen, die eines nach dem anderen in ihr Büro kommen und ihnen ihre Seele in der Gestalt eines Manuskripts anvertrauen. Der Autor wäre ein schändliches Genie, würde er eine solche Gnade zu Geld machen, wo doch der Verleger ein Apostel ist, zu jedem Opfer bereit: was kann man dieser Idylle entgegensetzen, ohne sich zu sehr zu schmeicheln?

Sicher nicht die Idylle des »Angestellten«, noch weniger die des »Arbeiters«. Das Schreiben ist eine Arbeit, aber der Schriftsteller ist kein Arbeiter wie die anderen. Sein Paradox besteht darin, daß er ein Herr oder eine Dame ist, die sich in ihrer Muße verbrauchen. Der Schriftsteller ist ein produktiver Genießer. Im engsten Sinne des Wortes: »der Mehrwertschaffende«. Der Beweis dafür ist, daß man ihm das qualvolle Produkt seines Vergnügens abkauft (oder daß er sein Vergnügen rediskontieren kann, das als Frucht seiner Qualen anderen Freude bereitet). Wer, man? Le Seuil oder Polydor oder Maeght oder Artmedia – diesbezüglich besteht kein Unterschied zwischen einem Romancier, einem Sänger, einem Maler oder einem Schauspieler. Etwas ernster Auguren: schauen wir uns in die Augen und lachen aus vollem Herzen! Der

Schriftsteller hat ein unvergleichliches Verhältnis zum Schreiben. Wenn er ein »Arbeiter« ist, im wörtlichen Sinne, ist er der einzige, der den Kommunismus nach dem hl. Marx und dem hl. Fourier schon heute lebt: für ihn ist die Arbeit keine Knechtschaft, sondern ein Bedürfnis, eine Leidenschaft. Er ist süchtig nach ihr, er greift sie immer wieder auf, und wenn er sich bei der »Erfüllung seiner Aufgabe« umbringt, unser Zwangsarbeiter der Literatur, dann ist das wie bei anderen mit Haschisch. Arbeit, Schlaf: wie es ihm beliebt; und keine Metro. Kein Stundenplan, kein Nachsitzen, keine Vorschriften. Wenn er die Stechuhr drückt, dann im Verborgenen, aus reinem Masochismus. Der Privilegierteste unter den Menschen, niemand verpflichtet ihn zu dem, was er tut. »Klöpplerin bei der Heimarbeit«, er hat keinen Nachbarn zu ertragen, er muß keinem Vorarbeiter in den Arsch kriechen oder einen Boß übers Ohr hauen. Es kommt sogar vor, daß er Geld verdient. Und dieses Vergnügen, das er seinen Kunden bereitet, hat er vorher selbst über dem weißen Blatt Papier gehabt, und wenn es auch nicht dasselbe sein mag, so war es doch sicher intensiver. Es gibt nicht viele, die ihren Lebensunterhalt mit ihrem Laster bestreiten; wieviele gibt es unter den Menschenkindern – abgesehen von den Künstlern und Sängern und den sehr seltenen nymphomanen Prostituierten –, die die Gesellschaft dafür bezahlt, daß sie sich ihrem bevorzugten Vergnügen hingeben? Eine gewisse Scham sollte den proletarischen Enthusiasmus der Autoren bremsen, die sich vorgaukeln, so etwas wie Fabrikarbeiter zu sein. Es sind dieselben, die glauben, mit der Abschaffung der Kommasetzung die Revolution voranzutreiben. Die Tintenkleckser gehen manchmal großzügig mit dem Blut der Menschen um.

Die Verwaltung betrachtet uns nicht mehr als Angehörige der freien Berufe. Wir verdanken der Hingabe einiger unter uns, daß wir insgesamt zu den Arbeitnehmern gerechnet werden und damit Zugang zu den Leistungen der Sozialversicherung haben. Unsere Dankbarkeit kann uns nicht unsere Halbluxusarbeitnehmerschaft verhüllen, deren Besonderheit sich nur schwierig in die klassischen Schemata einordnen läßt. Obwohl der Schriftseller nicht die ganze Ware zu Hause herstellt – wie es der klassische Handwerker tut –, ist er nicht zu einer parzellierten Arbeit wie der Arbeiter gezwungen. Dieser wird nach Arbeitsstunden bezahlt, der Literaturarbeiter erhält Stücklohn (in den USA bezahlt der Verleger den Bestseller-Autor nach der Anzahl der Seiten, ohne sie gelesen zu haben). Das Besondere im Produktionsverhältnis zwischen Autor und Verleger liegt in seiner Zweideutigkeit: es ist ein archaisches Verhältnis (handwerklich: das Arbeitnehmerverhältnis ist bei

Schriftstellern und Künstlern die Ausnahme), doch das Produkt unterliegt den kapitalistischen Produktionsweisen (durchschnittliche Gewinnraten, Kostenausgleich usw.) und den ultramodernen des Warenumlaufs. Eine andere Besonderheit der Branche: der »Angestellte« wird hinterher bezahlt (daher das schöne Wort »*Vor*schuß«), und zwar abhängig vom Gewinn, den er seinem Verteiler bringt. Die Bezahlung nach Verkauf mindert die Risiken des Verlegers und verstärkt zugleich die Solidarität mit ihm: jeder hat ein Interesse daran, die Marktposition des anderen zu verbessern. Es gibt kaum einen anderen Produktionszweig, in dem der Produzent mit dem Arbeitgeber bei der Vermarktung des Produktes direkt zusammenarbeitet.

Welche Art Produkt ist ein Buch?

Das Untypische des Produkts erklärt die Eigenart seiner Vermarktung. Das Buch ist keine Ware wie eine andere: wenn ich etwas *Charmierendes* genießen will, dann wird mich *Die Caine war ihr Schicksal* nicht befriedigen. Jedes Buch ist einzigartig. Zweifach: zuerst als unersetzliches Produkt eines unersetzlichen Arbeiters; und dann, weil es sich nur für einen einmaligen Konsum eignet (selbst dann, wenn es sich um einen Massenkonsum handelt). Eine Besonderheit, die jeder Planung die Stirn bietet, die Industrialisierung in Grenzen hält und den Autor wie den Verleger zu allen Hoffnungen berechtigt: jedes Buch ist eine Glückssache, »alles kann passieren«. Keine Marktstudien, keine Rezepte für den Bestseller: man kann eine Marktlücke empfehlen, auf ein gewisses Profil setzen, eine gewisse Kategorie von Werken bevorzugen, von einem gewissen »veralteten« Stil oder ideologischen Inhalt abraten, der zu sehr überholt ist, aber beim Ratespiel – was wird den Erfolg bestimmen? – wird immer ein Unwägbares durch die Maschen schlüpfen. Deshalb unterliegt der Verleger dem Zwang, sein Angebot so weit wie möglich zu fächern, um die Mißerfolgs- sowie Erfolgschancen zu verteilen. Die Fabrikation der Bücher läßt sich standardisieren, nur gibt es noch keine Definition für das Standardbuch. Die Individualität des Gegenstandes ist die des Autors. Und genau diese Einzigartigkeit kauft der Verleger dem Autor mit seinem Produkt ab. Einerseits ist der Autor im Vorteil: wäre seine Arbeitskraft austauschbar wie die des Arbeiters (bei gleicher Qualifikation), wäre er damit ein Proletarier. Weil sie dies nicht ist, genießt er gegenüber dem Verleger oder dem Unternehmer eine relative Autonomie. Andererseits bindet der Vertrag, den er mit dem Verleger schließt, die zwei Männer anders, als ein Verkäufer von Arbeitskraft an den Inhaber der Produktionsmittel gebunden wird. Die Beziehung wird persönlich valorisiert, weil das Gesetz des Wertes hier nicht in seiner Unpersönlichkeit zum Zuge kommen kann. Nach welchen Bemessungsgrundlagen soll der Kauf getätigt werden? Wie den Wert eines Manuskriptes, eines Bildes, eines Chansons, eines Theaterstücks bestimmen? Es ist keine »sozial notwendige abstrakte Arbeit«; es gibt»keine durchschnittlichen Produktionsvoraussetzungen« usw. Was im vorliegenden Fall gekauft wird, ist weniger ein Produkt als die Person des Produzenten. Das Produktionskapital ist der Mensch: kauft man den Menschen, um sein Werk zu verkaufen? Nein, man kauft das Werk, um den Menschen zu verkaufen. Das ist das Geheimnis des Marketings.

Was verkauft sich an einem Buch, das gekauft wird?

Die Verlagerung des Schwerpunktes von der Produktion hin zur Vermarktung, die heute allen Bereichen des Geschäftslebens eigen ist, findet im Verlagswesen ihren Ausdruck in der ganz neuen Bedeutung, die die *»Vertreter«* gewonnen haben – die jetzt die erste Jury des künftigen Autors darstellen – des Autors, der aufgerufen ist, sein Vorhaben vor denen zu »verteidigen«, die es selbst beim Handel zu »verteidigen« haben. Es kommt vor, daß die Vertreter in ihrer Eigenschaft als Sprachrohr des angeblichen Publikums, seines Geschmacks und seiner Wünsche einen Autor dazu bringen, den Titel, die Aufmachung oder den Buchschluß zu ändern. Diese Verschiebung kommt vor allem in der Aufblähung der Werbebudgets zum Ausdruck. Warum sieht man denn in den Straßen keine Reklame für Brot oder Plakate, Werbetafeln oder Anzeigen dieser oder jener Molkerei? Weil die Nachfrage nach Brot und Milch dem Angebot *vorausgeht.* Das Bedürfnis nach Romanen oder Essays, das zumindest viel diffuser ist, muß ständig neu geschaffen werden; daher das nachdrückliche Bemühen um Bekanntmachung und die Notwendigkeit einer intensiven Verkaufsförderung für das Produkt Buch, das Produkt Film usw. Das Bedürfnis wecken, es stimulieren, es reproduzieren: Diskussionen, »Treffen mit dem Autor«, Signierstunden in den Kaufhäusern, Interviews, Cocktails, Veranstaltungen ... Wenn der Gebrauchswert eines Produktes ungewiß ist, muß man sich an alles klammern, was es zu einem Tauschwert umwandeln kann; in dieser Hinsicht stellt der philosophische Essay oder die Romanschöpfung die gleichen Probleme wie ein automatischer Einbauherd oder ein großes Sportcoupé. Im Bereich der »Kulturgüter« ist das Marketing kein Luxus, sondern eine Notwendigkeit. Die Propheten, die schon beim Gedanken, daß sie *auch* nur einfache Produzenten von Waren sind, zu spotten anfangen, sind nicht die letzten, die sich daran beteiligen. Noch einmal Madame de Cambremer: jene, die die Marktmechanismen am meisten minimalisieren, sind nicht am wenigsten darauf versessen, ihre Nettomarge zu maximieren.

Bleustein-Blanchet: »Verkaufen, was ist das? Jemand spricht mit jemandem«.[1] Eine Idee verkaufen heißt einen Denker verkaufen, der Aug in Aug mit einem Käufer spricht. Die Glaubwürdigkeit des Produktes wird an der Vertrautheit des Produzenten, seiner persönlichen Sympathie, seiner Erscheinung, seinem »Glamour« gemessen. Die Bewertung eines Kulturproduktes verschmilzt mit dem »Image« seines Autors. Bei der Umwandlung alles Menschlichen in eine Gewinnquelle vergißt die Logik des Profits den Körper der Diener des Geistes nicht. Die kapitalistische Barbarei mit menschlichem Gesicht schlägt aus dem Gesicht der Menschen Kapital. Deswegen ist der Auftritt im Fernsehen, sind die Fotoreportagen für den Schriftsteller so wichtig, und nicht nur wegen ihrer unmittelbaren Auswirkung auf den Verkauf, sondern als ein unverzichtbares Sprungbrett für eine anhaltende Werbekampagne in den verschiedensten Medien. Ein Werbegrafiker, der den Auftrag hat, einBuch zu vermarkten, rauft sich die Haare, wenn er auf seinem Prospekt kein Bild des Autors bringen kann – das heißt, wenn der Schriftsteller noch nicht oft genug im Fernsehen aufgetreten ist und somit seine Abbildung noch nicht als Information an sich funktioniert. Eine Information: weder wahr noch falsch – ein Signal. Daß das ewige Bedürfnis, sich zu zeigen, zu einer funktionalen Notwendigkeit des Marktes geworden ist, hat eine neue Grundlage des Einverständnisses zwischen Autor und Verleger geschaffen. Der Verleger wird seinen Autor zu Pivot oder Paugam eskortieren, ihn herausputzen und hätscheln, bevor er in den Ring steigt, an dessen Bande er selbst, halb Trainer, halb Schlachtenbummler, die Augen rollend, dem Ende des Kampfes entgegenfiebert. Diese Eintracht mit dem Verleger muß er mit einer zusätzlichen Zwietracht zu allen anderen Autoren bezahlen, denn Bildträger und Förderer der Bekanntheit sind in Raum und Zeit begrenzt. Wir haben schon diese unerfreuliche Knappheit gestreift. Halten wir hier fest, daß die Konkurrenz auf dem Kulturmarkt sich von der anderswo insofern unterscheidet, als sie nicht Markenbilder einander entgegensetzt, sondern persönliche Bilder; also keine Produkte, sondern Produzenten, die di-

[1] *La rage de convaincre,* Laffont

rekt einander gegenübergestellt werden. Nicht alle Produkte, die den gleichen Wert haben, werden zu gleichen Bedingungen auf dem Markt angeboten; das wußten wir schon. Das Neue besteht hier in dem naiv und zwingend außerkulturellen Charakter der Orientierungskriterien für die Nachfrage nach Kulturgütern. Das Vergnügen, das einem das Bild und die Stimme eines Autors verschafft, bestimmt den Wert eines Textes weit mehr als das Vergnügen, das der Text selbst verschafft. Das Sichtbare verleiht dem Lesbaren seinen Wert. Man würde es sicher als etwas bemerkenswert Neues ansehen, wenn die Nachfrage nach Mokkasins und Stiefeln sich mehr an der Sympathie, die der Schuhfabrikant ausstrahlt, orientieren würde als am Preis und der Qualität der produzierten Schuhe. Wahrscheinlich ist man aber der Meinung, daß ein Text den Stempel einer Seele trägt, die selbst wiederum in einem Körper mit einem Heiligenschein, seinen Äußerungen und seinen Ticks untergebracht ist – dann ist es schon ganz natürlich, wenn wir um uns herum hören: »Hast du den gestern abend gesehen? Was für ein phantastischer Schriftsteller! – Hast du sein Buch gelesen? – Nein, aber wenn der eine Geschichte erzählt, ist er zwerchfellerschütternd.« Oder auch: »Das ist ein Philosoph! – Haben dich seine Argumente überzeugt? – Nein, sein Blick ...« Anekdoten, die weit mehr als nur einen Orientierungswandel auf dem Kulturmarkt zu einem bestimmten Zeitpunkt seiner Entwicklung (die »Moden«) wiedergeben, nämlich die *Veränderung einer Kultur unter dem Einfluß ihres eigenen Marktes.* Genauer: die Inhalte der Kultur werden durch die neuen Formen der Realisierung kultureller Werte auf dem Markt geformt. Die Produktion eines neuen Produktionstyps durch eine radikal neue Konsumform. Es wird nichts nützen, den Fernsehkonsumenten damit zu kommen, daß, wenn der Schriftsteller das Bedürfnis verspürt, Geschichten zu *schreiben*, dies deshalb so ist, weil er mündlich keine erzählen kann; sonst wäre er ja ein Sänger, Gaukler, Anwalt oder ein wunderbarer Zechkumpan. Auch ein Philosoph wird weniger nach seiner Philosophie beurteilt als nach seiner Diktion und seiner Augenfarbe. Denn in unserem Fall hat der Markt – unter dem Diktat des Fernsehens – einen Walzer, nicht der Etiketten, sondern der Warenabteilungen und Produkte in Gang gebracht. Am »Bücher«-Stand bietet man uns einen »Kopf« an (und gegebenenfalls in der Abteilung schöner Köpfe sehr böse Bücher). Wenn die Großanzeigen, die der Verleger in den gedruckten Werbeträgern gekauft hat, heute um das *Foto des Autors* herum aufgebaut werden, so wie es das Fernsehen fixiert hat oder wie unser gewohntes Magazin es in der darauffolgenden Woche abgedruckt hat, dann deshalb, weil die

»Präsenz« im Bilde, das Timbre der Stimme oder die Poren der Haut jetzt und in Zukunft mehr zählen für die literarischen Bilanzen als die Qualität eines Textes oder die Dichte eines Stils. Dieser ständig lächelnde Kulturfaschismus hat keinen Stacheldraht. Die Entwicklung von der Religion des Lächelns zur Jagd auf die Gesichter ist nur folgerichtig, denn letztere ist immer nur das negative Abbild der ersteren. Der Kult mit dem menschlichen Gesicht teilt mit dem politischen Faschismus eine materialistische Reduktion: er reduziert den Intellektuellen auf das Physische, die Person auf ihre Kontingenz, ein Bewußtsein auf einen Körper. Das ist die Umkehrung der Reduktion auf das Spirituelle und Engelhafte, die mehr als zwei Jahrhunderte hindurch das Adjektiv »intellektuell« zu einem Synonym von »körperlos« gemacht hatte. Im *Dictionnaire* von Furetière von 1690 lautet der Artikel zum Wort *intellektuell:* »Das, was rein spirituell ist, keinen Körper hat. Die Engel, die Glückseligen sind intellektuelle Substanzen. Man nennt auch die urteilende Seele eine intellektuelle Kraft«. Die Arbeit für die Neuauflage 1990 ist also schon fast getan: »Das, was nur sichtbar ist, kein Inneres hat. Die Stars, die Moderatoren sind intellektuelle Substanzen. Die intellektuelle Kraft wird den Körpern zuteil, die sich zur Schau stellen«. Folgt dem einen Akademismus der andere?

Welches Wesen kann nicht leben, ohne sich zu verkaufen?

Es handelt sich dabei selten um einen Freiwilligen der Prostitution, und mag der Kundenfang auch seine Stärke sein, so ist er doch nicht sein Ideal. Aber eine Notwendigkeit. Würde man den Bücherproduzenten darauf ansprechen, so würde man den zeitgenössischen Strichgänger zu einer ökonomischen Abstraktion machen, denn er ist ja zugleich in seinem irdischen Leben auch Mitglied einer Redaktion, Lehrbeauftragter oder in einem Verlag an leitender Stelle tätig. Und auf dem Pflaster ginge es nicht so hektisch zu, wäre der Schriftsteller nicht gegenwärtig, mehr oder weniger, all das zugleich: Subjekt und Objekt des Ruhms, Romankritiker und als Romancier Leidtragender der Kritik, aktueller Interviewer und potentieller Interviewter. Denn seine Position eines Star-Interviewers wird er nur erlangen oder erhalten können, wenn es ihm gelingt, ab und zu den Interview-Star für einen anderen Interviewer abzugeben. Auch der Herausgeber einer Reihe wird seine Stellung nicht lange halten oder ausbauen können, wenn es ihm nicht gelingt, selbst ein Erfolgsautor zu werden. Die Autorität eines Leitartiklers wird durch die Bücher aufgebaut, die er veröffentlicht, und der Erfolg seiner

Bücher wiederum ist dem Prestige seiner Artikel zuzuschreiben. Kurz, in diesen individuellen Echoräumen spielt jedes Mitglied der hohen Intelligentsia mit sich selbst gegen vier Wände, und hört es auch nur einen Augenblick auf zu rennen, fallen alle vier Wände zugleich zusammen. Dieser existentielle Maelström wird unseren Mann schnell als Kreisel drehen, bis er sein eigenes »Inkompetenz-Niveau« erreicht hat, das den Erfolg auslösen wird. Eine schwindelerregende Spirale: um die errungene Position zu stabilisieren, muß er den Erfolg seines nächsten Buches vorbereiten, darf nicht aussetzen im Dinieren, Cocktailieren, Kolloquieren; kurz, er muß seine persönliche Position im Pool der Produzenten und Verbreiter ausbauen. So bleibt ihm schließlich immer weniger Zeit zum Schreiben und sich seiner wirklichen Arbeit zu widmen. Doch je schludriger sein Buch zu werden droht, desto mehr muß der Autor die Diners, Cocktails und Kolloquien forcieren. Mit jedem Durchgang verarmt der Schriftsteller (oder Theoretiker oder Essayist usw.) ein wenig mehr. Aber der Mann der Öffentlichkeit wird reicher, und sein Ansehen mehrt sich. Mit anderen Worten: »Man verteidigt sich«. Man muß sein Brot verdienen. Früher hatten die Schriftsteller Renten. Wenn Mauriac oder Gide einen Mißerfolg einstecken mußten, sorgten Malagar oder Cuverville (ihre Landgüter, d.Ü.) für ihren Unterhalt. Damals waren das öffentliche Leben und die kreative Arbeit noch getrennt. Die Autoren von gestern, die im allgemeinen Lehrer waren, hatten einen doppelten Beruf: Julien Gracq kann das Schweigen, das seine Person umgibt, überleben. Das Gehalt oder die Karriere eines Gymnasialprofessors, der Bücher schreibt, wird nicht nach der Verkaufszahl seiner Bücher oder dem Umfang seiner Pressemappe berechnet. Heute ist diese stoische und provinzielle »Mittelklasse« nicht mehr wettbewerbsfähig: sie muß sich den Gesetzen der Werbung unterwerfen oder protestlos aufgeben. Der Platz, oder genauer der Kulturmarkt (der, sollte er einmal »offen« gewesen sein, jetzt auf alle Fälle durch die Medien »geschlossen« ist), ist gesättigt von jenen Leuten, die drei oder vier Berufe ausüben, die dazu verurteilt sind, eine Masche zu zerreißen, um schnell die nächste wieder aufzunehmen, und die sich in diesem Hin und Her so erschöpfen, daß sie sich schließlich in ihrem eigenen Netz verfangen. »Leben so die Menschen ...?« Nein, so werden jene da gezwungen zu leben; gezwungen, sich zu zerstören, um zu überleben.

2. Anwendungen

Die neue Ökonomie der Literaturproduktion wird uns wahrscheinlich eines Tages eine Ökonomie des Produktes ermöglichen; diese Möglichkeit, an der »Sache selbst« zu sparen, die sich folgerichtig aus dem Ersatz der Praxis durch das Signet abzeichnet, das alle Bereiche des sozialen Handelns beeinflußt, wird einmal die noch recht lästigen Risiken der »Kreation« durch simulierbare Modelle für das Kulturleben ersetzen[1]. Das alte Prinzip lautete: Arbeit + Natur = Reichtum; in unserem Fall: ein Mensch setzt seinen *potentiellen Reichtum* (seine persönlichen Fähigkeiten) mittels eines gewissen Arbeitsaufwandes (*die Schreibarbeit*) in einen *Wert* (Text) um. So produziert er ein Gut (Buch), dessen eigentlicher Gebrauchswert später die Grundlage für den kommerziellen Tauschwert liefert. Die Erfahrung kehrt diese klassischen Lehrsätze um. Der Tauschwert wird sich fortan weniger vom produzierten Gebrauchswert als von der Person des Produzenten, genauer, von seinem »sozialen Kredit« herleiten. Wenn ein Autor dem Verleger einen Text bringt, hat die Transaktion nichts mehr mit dem Text zu tun, sondern mit dem Adressenverzeichnis; letzteres ist für die Medientechnologie das, was das Diplom für das *Know-how* in der industriellen Technologie ist: vom Inhaber des Diploms wird angenommen, daß er auch seine Umsetzung in ein Produkt beherrscht. Wenn der Verleger dem Autor einen Vorschuß bezahlt, bezahlt er nicht das Produkt, sondern in erster Linie seine Vertriebsmöglichkeiten, die er durch den Vertrag zusammen mit dem Text erwirbt, nämlich das *soziale Kapital* des Autors. Und so wie das Kapital akkumulierte Arbeit ist, ist das soziale Kapital, das im Vorschuß berücksichtigt wird, die akkumulierte Summe der Dejeuners und Diners des Autors, der erwiesenen Gefälligkeiten und der in der hohen Intelligentsia geknüpften Verbindungen. Im Eintrag im Adressenverzeichnis hat sich dieses industrielle Produktionskapital her-

[1] X veröffentlicht ein Buch, Y antwortet mit einem Artikel, Z greift in die Debatte ein. Wenn Sie die augenblicklich gefragten Produkte, die ideologische Marktlage und die Profile von X, Y, Z kennen, können Sie das Drehbuch verfassen und in Szene setzen.

auskristallisiert (vergleichbar dem Wert von Zeitungs-, Parteien-, Verbandskarteien usw. für ein Marketing-Unternehmen); es ist der materielle Beweis für das immaterielle Beziehungsnetz, das dem Besitzer im allgemeinen Konkurrenzkampf eine unterschiedliche Position gegenüber allen anderen Autoren sichert. Die Monopolsituation, für das die Autorenrechte bislang kennzeichnend waren, hat derart eine andere Grundlage bekommen: Sie hat mehr mit sozialen Verknüpfungen zu tun als mit literarischer Produktivität. Diese relationale Rente wird so jeden Tag mehr zu dem unterscheidenden Merkmal in der Gesellschaft der Kulturproduzenten und vor allem für die Höhe ihrer Entlohnung werden. Dies kann man an den Spannen erkennen, die es bei den Vorschüssen für Manuskripte gibt, die heute (1978) zwischen 1000 und 500000 Francs liegen. Bei gleichem Arbeitsaufwand und einem potentiell gleichen Reichtum kann also eine Eminenz der hohen Intelligentsia zehn, hundert oder fünfhundertmal mehr Wert produzieren als ein obskures Mitglied der niederen Intelligentsia.

Demnach verkauft ein Autor seine Notorietät (deren Produktions- und Reproduktionsmittel die Massenmedien sind) an den Verleger, denn dieser wird sie seinerseits dem Publikum verkaufen müssen. Deshalb gibt es auch heute keine berühmte Person, aus der man nicht versuchen wird, ein Buch herauszuholen; allein wichtig für den Markt ist, daß man einen Star in Aussicht hat, wobei es gleichgültig ist, ob es sich um einen Star des Verbrechens, des Fußballs, des Klerus, des Krieges, des Bildschirms, der Pornographie, der Leinwand, der Politik oder des Chansons handelt. Wenn er ein allseits bekannter Analphabet ist, wird man seine »Eindrücke sammeln«. Ein Drittel seines Ruhms geht in die Tasche seines »Bearbeiters«, ein weiteres in seine eigene und der Rest in die des Verlegers. Die Abwertung der Arbeit des Schreibers, die nicht im geringsten eine Baisse im Handelswert der Textproduktion zur Folge hatte (oder sich im Umsatz des Verlegers niederschlug), der anhaltend nach oben tendiert, ist nur der Ausdruck für den Transfer des Wertes von der Sache selbst auf die Persönlichkeit des Schreibers. Diese Abwertung läuft parallel zum (ideologischen) Niedergang der Werte der Wahrheit (»Nieder mit der Ideologie!«) zugunsten der (im wahrsten Sinne des Wortes ideologischen) Werte des Erlebten, der Zeugenschaft und des Unmittelbaren. Das Magnetophon mindert nicht den (geschäftlichen und ideologischen) Wert des Produktes, ganz im Gegenteil es vermehrt ihn: es unterstreicht die Authentizität und beschleunigt zugleich die Marktreife neuer Produkte, indem es die alten schnell überholt erscheinen läßt. Was ein Verleger durch die hohen Kosten der Lagerhaltung verliert, bringt ihm diese Rotation des Kapitals vielfach wieder. In den Augen der Investoren wurde die Bewirtungsindustrie durch die »fast food« genauso aufgewertet wie die Verlagsindustrie durch das moderne »fast-writing«. Das Geschäft mit den Stars rentiert sich nicht nur für die Stars selbst, sondern es ist zum einzigen Mittel geworden, eine Investition in kürzesten Fristen rentabel zu machen. Würden die Nicht-Stars ihre Unbekanntheit nicht so teuer bezahlen, wäre das Rennen um den Spot, zum Fernsehen und zum Mikrophon auch nicht das, was es geworden ist: die Existenzberechtigung der Diener der Vernunft.

Daher gibt es bei den fortschrittlichen Intellektuellen auch eine neue Konzeption der Arbeit: das Handeln geht der Idee voraus. Die produktive Arbeit des Intellektuellen ist nicht mehr die »intellektuelle Arbeit« – diese Naivität gehört der Vergangenheit an –, sondern sie besteht in der Auswertung und dem Ausbau sozialer Beziehungen (vorrangig mit der großen Presse), denn je nachdem wie groß oder klein diese Sphäre ist, bemißt sich das *Volumen* der Gratifikation (Geld und Prestige sind darin untrennbar miteinander verbunden: wie die Revolution von 1789 den Block der Linken konstituierte, ist 1979 die Gratifikation ein Block). Nichts geht verloren, alles entsteht Tag für Tag neu. Der Tauschwert, der nicht jahrelang wartet, führt doch über alle diese Jahre Buch. So erhellt sich dank eines ganz exoterischen Lichtstrahls ein Geheimnis, dessen Esoterik schon so manchen Neophyten zur Verzweiflung trieb: die Zeiteinteilung der ersten Geiger. Das Privileg des Talents: weniger üben und besser spielen. Oder das Vorrecht einer Position: zehnmal weniger arbeiten als das gemeine Volk und doch zehnmal mehr verkaufen? Am meisten verblüfft den Zuschauer bei den Denkern des Kulturspektakels, wie wenig Zeit ihnen zum *Denken* bleibt, wenn man die Zeit für ihre Arbeitsessen oder ihre Frühschoppen im Radio, Déjeuners, Interviews, Erklärungen, Reisen, Telefonate, Pressekonferenzen, Fernsehdebatten usw. abrechnet. Man muß kaum ein Rilke sein oder gar seine *Briefe an einen jungen Dichter* lesen, um zu wissen, wieviel Einsamkeit oder Zweifel, wenn nicht gar affektives oder soziales Leid das geringste Loch im umgebenden Grundgeräusch hervorruft. Der bescheidenste intellektuelle Arbeiter macht täglich die Erfahrung dieser universellen Regel, die einzige Ausnahme davon machen die großen zeitgenössischen französischen Ideologen; ihr Terminkalender ist nur mit dem eines bedeutenden Geschäftsmannes oder eines Verantwortlichen in einer politischen Partei vergleichbar. Daher arbeitet auch jeder von ihnen wie letztere mit einer Mannschaft, mit einem Sekretariat, mit PR-Fachleuten und den modernsten technologischen Hilfsmitteln (Reprographie, Video, Karteien usw.) und mit einem schwierigen Familienleben. Will man von einer dieser Persönlichkeiten die Einladung zu einem »Déjeuner« erreichen, muß man – es sei denn, man vertritt selbst ein großes französisches oder ausländisches Medium, – mindestens einen Monat veranschlagen – wenn man zu den Freunden gehört –, und unbedeutende Bittsteller müssen das amüsierte Lächeln im Sekretariat hinnehmen: »Wir brechen unter den Verpflichtungen zusammen, wir bedauern, rufen Sie doch noch mal Ende des Monats an«. Ein konstruktiver Zusammenbruch – eines sozialen Kapitals, das sich beim Erscheinen des nächsten Buches unversehrt wieder einstellen wird (dies läßt sich in einem Monat schreiben; nach elf Monaten, die randvoll mit »Kontakten« und »Vermittlungen« waren). Was aus der Perspektive des traditionellen *otium* aussieht wie systematische Zeitvergeudung, ist in Wirklichkeit die systematische Nutzung einer Zeit, die zu kostbar ist, um in der Isolierung verschwendet zu werden. »Der Dichter arbeitet« – dieses Schild heftete Victor Hugo an die Türe, bevor er schlafen ging. Die Kreativen von heute arbeiten, wenn sie telefonieren, denn wer weiß, ob über ein zufälliges Telefongespräch nicht ein Kontakt entsteht, die Möglichkeit eines Interviews, der Plan eines Werbeplanes? Es ist auch eine produktive Arbeit, einen großen Mediokraten einzuladen, damit er sich auf meinem Landsitz ergehen oder das klare blaue Wasser meines Swimmingpools genießen kann. Wie ein Präsident der Republik oder ein einfacher Abgeordneter bei der Amtsübernahme schon damit beginnen, ihre Wiederwahl vorzubereiten, die ja vier oder sieben Jahre später lediglich eine Öffentlichkeitsarbeit bestätigen soll, die Tag für Tag programmiert wurde, so muß auch der moderne Wahl-Intellektuelle, ob er wählbar ist oder nicht, sich jeden Tag und vor allem während der Ferien auf einem Werbefeldzug wähnen. So, als ob am nächsten Morgen sein Buch erscheinen würde, denn wenn es auch erst ein oder zwei Jahre später erscheint, wird er doch mit einem Schlag die wöchentlichen Dividenden für all seine Auftritte kassieren (Presseechos, Pressenotizen, Artikel, Kritiken usw.) und die monatlichen (Kontroversen, das »Ereignis«, der Fernsehauftritt). Aus dieser Perspektive kommt es auf jede Geste an, und das flüchtigste Telefongespräch mit einem Freund ist schon eine langfristige Investition. Im Grenzfall werden die Redaktion und die Publikation irgendeines Werkes verstohlen dem Konto der Nebenkosten zugewiesen; oder genauer: das Werk ist das

Mittel, in festen Zeitabständen ein soziales Kapital zu amortisieren, dessen Akkumulierung zum wirklichen *Ziel* des Individuums geworden ist. Man berichtet, René Char habe am Tag nach dem Krieg zu Camus gesagt – oder dieser zu jenem: »Ein Autor schuldet dem Publikum sein Werk und nicht seine Person«. Dies ist die am wenigsten nährende aller Maximen: die Ethik des Schreibens hat vielleicht saubere Hände, doch die neue Ökonomie hat ihr die Hände abgeschnitten.

Wenn die Kaufentscheidungen nicht planbar sind, und dies noch weniger in einer Marktwirtschaft, heißt das noch lange nicht, daß man das Feld der Entscheidung nicht *vorbereiten* muß. Der Vorlauf um die Notorietät ist schon ein Ausscheidungslauf, denn auf dem Feld des persönlichen »image« fällt die endgültige Entscheidung. Doch nicht alle Konkurrenten können zugleich gewinnen: wenn ich mit Macht auf dem Markt ankommen will, wird sie auf der Schwäche der anderen beruhen. Die persönlichen Strategien heben sich gegeneinander auf – jeder muß seine Notorietät durch möglichst effektive Interventionen bei den Medien maximieren. Ein jeder weiß dies, nur spricht es niemand aus; dieses Schweigen gehört zum Spiel, das aller Wahrscheinlichkeit nach ein Nullsummenspiel ist. Als vorletzte Analyse – die letzte ist metaphysischer Natur –: alle Schriftsteller sind untereinander Konkurrenten, denn wenn auch jedes Buch einen unvertauschbaren Gebrauchswert hat, so gibt es doch zu einem bestimmten Zeitpunkt für einen bestimmten Typus von Gebrauchswert nur eine begrenzte Nachfrage. Eine unerbittliche Konsequenz aus der kaufmännischen Logik: jeder, der nicht in einem bestimmten produktiven Sektor verkauft, schafft Marktwert für seinen Nachbarn. Gehen wir davon aus, daß zehn Produzenten sich einen Markt teilen müßten, auf dem das Kaufkraftvolumen tausend Arbeitsstunden entspräche. Wenn zwei von ihnen dann für einen Geldwert von achthundert Stunden verkaufen, müssen die verbleibenden acht sich das restliche Äquivalent von zweihundert Stunden teilen. Letztere haben also für die ersten zwei Wert produziert – sicher unfreiwillig. Und wenn sie denselben »Verteiler« haben, hat dieser auch keinen Grund zu klagen: die »Schüreisen« leisten ihren Beitrag zur Rentabilität der Stars. Hierauf wird man erwidern, der Literaturmarkt sei nicht homogen, er sei in spezifische Kundengruppen aufgeteilt, die ungleich, aber treu seien. Ein Roman mache einer Gedichtsammlung keine Konkurrenz, ein Essay zur Sozialanthropologie bedrohe kein Theaterstück. »Das« Publikum ist ein Amalgam aus potentiellen Publiken, von denen keins übrigens einem bestimmten Genre zuzuordnen ist (Françoise Dorin beeinträchtigt nicht das Territorium von Beckett und Henri Troyat nicht das von Alain Jouffroy). Aber die Uniformierung des Kulturmarktes durch die Massenmedien und die zunehmende Vereinheitlichung der Träger sind genau auf dem Weg, die Trennwände zu sprengen, indem sie den Protektionismus der Nebenmärkte eliminieren: etwa so, wie die EWG die kleinen und mittleren Unternehmen in der Provinz liquidiert hat, indem sie die Preise zerschlug und die industriellen Produktionsprogramme standardisierte. Man kann hinzufügen, daß es keine vorweg festgelegte Grenze für die Nachfrage nach Kulturgütern gibt; und dennoch ist sie nicht absolut elastisch. Die Aufnahmekapazität des Kulturmarktes mag steigerungsfähig sein, unterschiedlich je nach dem Produkt, sie hat dennoch eine unübersteigbare Höchstgrenze, die ihr von außen auferlegt ist, von den sozialen Bedingungen und den Einkommen der Konsumenten. Die Statistiken weisen im Bereich von *Kultur und Freizeit* einen starken Anstieg des »Kulturkonsums« aus, der nur noch von den Ausgaben für *Hygiene und Gesundheit* übertroffen wird. Ein Grund mehr dafür, daß die Ungleichheiten und Rivalitäten unter den Produzenten weiter ansteigen werden.

Der absolute Individualismus der Kreativen macht sie für das Spiel der Verbundsysteme, welches ihre Karrierre regelt, ungeeignet, da die Logik des individuellen Schicksals nur auf der Ebene der Kategorie in ihrer Gesamtheit zu erfassen ist. Aber die Totalität ist für den königlichen Individualisten in gleichem Maße wunderlich, wie ihre soziologische und historische Wirklichkeit ihn anwidert. Nehmen wir das Beispiel des Romans. Jeder Romancier hat die Tendenz, sich von seiner Karriere und seinen »Kollegen« ein Bild zu machen, das die Wirklichkeit des Romanmarktes wiedergibt, allerdings *umgekehrt*, ein wenig so wie der Fernsehschirm die Wirklichkeit der Welt wiedergibt. Kleiner Schirm, großer Einsatz: heute weiß ein jeder, daß der kommerzielle Erfolg eines Romans oder eines Buches sich um einen Pivot und einige andere dreht[2]. Man kann die Nachfrage nach Romanen für je ein Jahr als relativ stabil einschätzen. Auf welche Werke wird sie sich 1979 richten? Auf jene, deren Autoren in diesem bestimmten Jahr die höchste soziale Sichtbarkeit erreicht haben. Von zweitausend publizierten Romanautoren, und bei einem Markt der schätzungsweise für hundert Einheiten solvent ist, werden fünf einen Preis bekommen und zwanzig werden in die Sendung »Apostrophes« eingeladen werden. Die fünf ersten werden

[2] Wortspiel: ... le succès ... pivote ... sur un Pivot ... – vgl. S. 9 u. S. 221 (A.d.Ü.)

an erster Stelle sein, denn wenn es auch ein Literaturpreis ist, so ist dieser doch in erster Linie für den Preisgekrönten die Garantie, mehrfach im Fernsehen zu erscheinen, und dafür, daß die anderen Medien seinen Kopf, sein Haus, seine kleine Tochter und seine Senfgläsersammlung ins Visier nehmen. Die Literaturpreise, die Instrumente zur Steuerung der Nachfrage geworden sind, steckten früher ein Feld ab, das in seiner Beschaffenheit den Produkten entsprach, die damit gefördert wurden (von einer Jury nimmt man an, daß sie über einen Text entscheidet und nicht über ein Spektakel, nach der Qualität des Textes und nicht nach der »Hexis« eines Redakteurs). Diese Literaturpreise haben sich jetzt den neuen Wertschöpfungsverfahren für die literarischen Güter untergeordnet, die der Natur des Produktes völlig widersprechen und deren Unzugänglichkeit keinen Widerspruch mehr zuläßt. Es ist ganz folgerichtig, daß diese Unterordnung der schöngeistigen Literatur unter die Audiovision der Prozedur der »Preise« eine neue Jugend beschert hat, deren kommerzielle Wirksamkeit seit zwanzig Jahren beträchtlich zugenommen hat; und zwar so, daß sie keine eigene Wirksamkeit mehr haben, sondern daß diese ihnen von der »Medienherrschaft« verliehen wird.

Das Fernsehen ist in sich selbst nicht wertschöpfend. Es interveniert auf dem Markt (der Romane, Haushaltsgeräte oder Parfüms) nur, um zu bestimmen, welcher Wert einen Preis bekommt oder nicht und sich als Tauschwert realisieren läßt. Es schafft auch nicht das soziale Bedürfnis, dem jeder geschaffene Wert notwendigerweise zu entsprechen hat. Sicher würde die Verteilung der sozialen Nachfrage auch ohne Fernsehen stattfinden, nur dann ganz anders. Es ist ein ganz ausgezeichnetes – heute das perfekteste – Instrument zum Ausgleich der Profitrate, aber seine wirtschaftliche Funktion unterscheidet sich nicht grundlegend von der der Auktionen im Hafen von Pyräus oder der Ausrufer auf dem Markt im Mittelalter oder der Anzeigen in den Gazetten von 1860. Das Fernsehen, dem wahrhaft alles Romaneske abgeht, hat dennoch einen ganz neuen romantischen Schnitzer bei den Romanautoren selbst bewirkt. Einem Jacques-Alphonse Dubout hat sein Auftritt im Fernsehen letzten Freitag zur Rechten von Pivot ganz offensichtlich einen Zuwachs des Handelswertes seines Romans eingebracht. Konnte er nicht in der Woche nach seiner Vorstellung, in der er sich doch so geistreich, bezaubernd, frech, pathetisch, umwerfend, mit einem Wort so heroisch, darbot, feststellen, daß sein Verkauf von fünfzehnhundert auf fünfzehntausend Exemplare angestiegen war und daß sein Name in der

Bestsellerliste des *Express* gleich um sieben Stellen nach oben geklettert war? Was der einzelne Produzent für den greifbarsten Beweis hält, ist von der gesamten Produktion her gesehen nur eine Illusion. Denn dieser Mehrwert für den Roman von Jacques-Alphonse Dubout wird dem Roman des Alphonse-Jacques Boudu abgezogen. Dubout ist über dieses »herrliche Demokratisierungsinstrument« (sic), welches das Fernsehen darstellt, zu Recht glücklich. Er vergißt ganz einfach die *Grenzen der Elastizität der Käufernachfrage.* Er vergißt auch, daß im selben Moment Boudu, der Autor eines ungewöhnlichen Meisterwerkes (zum Überfluß auch noch von den Editeurs français réunis verlegt), der aber Gymnasialprofessor in Carpentras ist, keinen großen Journalisten zu seinen Freunden zählt und zu allem Unglück auch noch den Nachteil hat zu lispeln und zu schielen, ohne es zu ahnen und ohne einen Schritt aus Carpentras heraus getan zu haben, ein sehr schlechtes Geschäft gemacht hat. Boudu weiß nur, daß er nicht gerade gut ankommt. Und manchmal ahnt er, daß da im Lehrbuch ein Zusammenhang zwischen dem Telegenen und der Eugenik besteht; er hat aber freundlicherweise auf die Audiovision verzichtet. Nicht im geringsten war er auf Dubout eifersüchtig, denn zwischen dessen und seiner Welt gibt es keine Verbindung. Doch beide leben in der gleichen Welt des Umsatzes und der Marktfähigkeit, in der jeder *Bestseller* sich über der Leiche einer Menge von Remittenden (oder *worst-sellers*) erhebt. Boudu begrüßt ohne jeden Hintergedanken den Triumph von Dubout, ohne dabei zu bedenken, daß der Triumph dieses Buches einer von denen ist, die seinen Erfolg verhindert haben. Und Dubout, der weder Politik betreibt noch ökonomisch denkt, denkt laut, ohne an Boudu zu denken: »So ist das mal. Man muß halt Talent und ein wenig Glück haben, um von Pivot eingeladen zu werden.« Ein ganz falscher Gedanke, wie alle »natürlichen« Gedanken falsch sind. Aber das ganz »natürliche« Auftreten von Jacques-Alphonse Dubout im Fernsehen hat vor den Augen der Hauptinteressenten, nämlich der Zuschauer und Pivots selbst, das sozial bedingte Fehlen des literarischen Wettbewerbs durch Boudu Alphonse-Jacques verhüllt.

3. Korollarium

Alles in allem stehen sich in der intellektuellen Gesellschaft durch die Kluft zwischen den Verhaltensweisen und Positionen zwei Universen gegenüber. Die niedere Intelligentsia lebt und denkt so, wie sie es tut, weil sich das Problem einer Vermarktung ihr einfach nicht stellt. Sie produziert keine Ware, sondern einen nicht käuflichen Gebrauchswert, das heißt eine Dienstleistung, die keinem Wettbewerb unterliegt, denn das Lehren ist (im wesentlichen) ein Monopol des Staates. Dieser Gegensatz erklärt noch nicht alles, doch ohne ihn läßt sich nichts erklären. In einer materialistischen Zusammenfassung wird man also nicht vor dem Sakrileg zurückschrecken, die Tatsache zu beleuchten, daß die niedere Intelligentsia Staat will, weil sie von ihm lebt, während die hohe Intelligentsia »Freiheit« will, weil sie vom freien Markt lebt. Man bedenkt nicht automatisch seine Einkünfte, aber die Erfahrung lehrt langfristig, daß eine Einstellung unhaltbar wird, wenn sie nicht mit den Produktionsbedingungen der Eigenexistenz übereinstimmt. Es ist nie bequem, anders zu denken, als man lebt. Ein Intellektueller, der rechts lebt und links denkt, ist in prekärer Weise gespalten. Daher verwundert es nicht, daß es von diesen immer weniger gibt. Das heißt, die Männer und Frauen werden immer mehr, die ehrlich davon überzeugt sind, daß die Worte »links« und »rechts« keinen Sinn hergeben: Es ist ökonomischer, seine Art zu denken umzustellen, als seine Art zu leben.

Wenn Thibaudet 1927 der Meinung zustimmte, daß das Gefälle in der Literatur genauso wie in der Wirtschaft nach rechts tendiere, unterschied er das erste vom zweiten insofern noch, als er der Meinung war, daß für die Schriftsteller, im Gegensatz zu den Wirtschaftsexperten, dies eine Rückkehr bedeute. Tatsächlich waren die Talente damals recht gut verteilt. Sartre, der 1947 wohl erkannte, daß der Schriftsteller von den Privilegierten ausgehalten wird, sah in ihm einen Verräter an seiner Klasse, der in funktionellem Widerspruch zu denen steht, die ihn am Leben halten: »Demnach ist der Schriftsteller ein Parasit der herrschenden ›Elite‹, aber funktional widersetzt er sich den Interessen derer, die ihn am Leben halten. Dies ist der ursprüngliche, seine Lage bestimmende Konflikt«[1]. Sartres Konzeption der Literatur als Negativität des Aktes, als Forderung einer neuen Freiheit durch die Offenlegung und Überwindung der dem Schöpfer wie dem Leser auferlegten künstlichen Zwänge, scheint uns eher die Philosophie Sartres des begründenden »Cogito« zu erklären als die Tätigkeit des Literaten an sich. Sicher befanden sich die Talente 1947 infolge der Änderungen nach dem Kriege eher »links«: die Kollaborateure hatten kein Rederecht. Eigenartigerweise bemerkte Sartre einmal, daß eine Ausweitung des Publikums die Schriftsteller aus dem Griff der Besitzenden befreien könnte, derer, die fünfzig Francs in einen Band investieren können. Man muß hier unwillkürlich an die Theoretiker des Sozialismus im 19. Jahrhundert denken, die ihre Hoffnung auf die allgemeinen Wahlen setzten und glaubten, daß der Staat und seine Organe durch die Wahlen dem Griff der herrschenden Bourgeoisie entzogen werden könnten. In Wirklichkeit führte die Ausweitung des virtuellen Publikums zu einer phantastischen Konzentration der Zugangsmöglichkeiten zu diesem Publikum in den Händen und unter der Vorherrschaft der »dirigierenden Elite«; zu einer Verengung der Kanäle, die weniger bedeutsam war als die Natur des Verfahrens der Wertschöfung selbst, da es seinem Wesen nach auf dem bourgeoisen Triptychon der Kurzfristigkeit, der Individualität und der Sichtbarkeit, dem dreibeinigen Stativ des großen Köders der Unterdrückung beruht. Fünfzig Jahre nach Thibaudet, dreißig Jahre nach Sartre, muß man sich fragen, ob die neuen ökonomischen Voraussetzungen der Literatur nicht bewirken, daß der Rückweg den Hang hinauf immer riskanter und gefährlicher wird. Was bleibt noch in dem Augenblick, wo die Käufer, ohne es zu wissen, zu Kommandantisten der Werke werden, die sie kaufen; was bleibt von dem Konflikt zwischen Essenz und Existenz, zwischen Funktion und Position des Schriftstellers, die vor nicht allzu langer Zeit Sartre noch beschwor? Die Übernahme der Schaltstelle der Macht durch die Ökonomie ist auf dem Gebiet der Kultur (Buch, Theater, Film, Unterrichtswesen, Fernsehen usw.), wie auf allen anderen Gebieten, politisch nicht neutral: sie ist selbst Ausdruck einer politischen Herrschaft und einer Klassenposition. Ist es denn ein Zufall, wenn die *Vox Populi* 1978 wiederholt, daß das Talent von links nach rechts abgewandert ist, was heißen würde, daß es weder Linke noch Rechte mehr gibt? Jene, die man nicht mehr wagt Kollaborateure zu nennen – die Geschlagenen von 1947 –, sind wieder in großer Zahl da, unter anderem Namen, mit anderen Spruchbändern.

[1] *Qu'est-ce que la littérature?* Gallimard, Situations II, S. 129.

Ohne Zweifel ist Frankreich in eine der reaktionärsten Perioden seiner Geschichte eingetreten, und seine hohe Intelligentsia, die das Barometer und mehr als je zuvor »Avantgarde« ist, hat die Entwicklung mit einer Beherztheit vorweggenommen, die ihr alle Ehre macht. Es ist an der Zeit, sich zu fragen, ob die stereotype Bezeichnung »bürgerlicher Intellektueller« nicht zu einer Tautologie geworden ist. Durch welches Wunder soll fortan der einzelne Intellektuelle sich der historisch bedingten Natur seiner Gesellschaft, der geographischen Lage seines Landes, dem Platz, den es in der internationalen Arbeitsteilung einnimmt, und seinem eigenen materiellen Produktions- Verteilungs- und Vermarktungssystem entziehen können? Nur durch einen Zufall, einen Willen oder eine Moral! Abenteurer, Frontkämpfer oder Apostel sind immer nur für sich selbst repräsentiv, zumindest *hier* und *jetzt*: und sie werden genug damit zu schaffen haben, mit der Lächerlichkeit fertigzuwerden, der sie durch die Verhängung des Bannes ausgesetzt sind. Wenn es jedenfalls wahr sein sollte, daß nur eine Analyse der Kommunikationsströme auf unserem Planeten, welche die Wertzuteilungen und -entzüge zugunsten der westlichen industrialisierten Welt regeln, über die Entwicklung in Europa Aufschluß geben kann, dann scheint die Entwicklung jener, die sich in Frankreich, wo sie sich auch gerade aufhalten mögen, Tag für Tag berufen fühlen, über den Lauf der Welt zu delirieren, mit der Veränderung ihrer eigenen Unterhaltsbasis übereinzustimmen. Es gibt an dieser Basis nicht nur Unterhalt, sondern auch Stütze.

Und auf die Frage: »Von wem ist hier eigentlich die Rede?« lautet die Antwort: »Von denen, die heute von sich reden machen«. Von denen, die unsere Gegenwart prägen. Was soll's, wird man da sagen: da ja die, deren Diskurs morgen das Interesse auf sich ziehen wird, sich heute, wie eh und je, *woanders*, hinter den Kulissen oder auf dem dritten Platz befinden: präzisieren wir also ein für allemal unsere Ansicht. Wenn man sich auf einen Abriß der Zeitgeschichte einläßt, setzt man sich dabei notgedrungen Irrtümern aus, die morgen Ungerechtigkeiten sein werden. In der Tat muß man, will man den Versuch machen, sie zu verstehen, die »Irrtümer« dieser Gegenwart übernehmen, das heißt, die Vorstellung, die sie von sich selbst hat; die Bilder, die sie auf Lager hält; die Gestalten, die sie in den Vordergrund rückt, übernehmen. Will man ein für allemal zur Kenntnis nehmen, daß »markant« kein Synonym für »bemerkenswert« ist, sondern das treffendste Antonym zu »denkwürdig«, dann genügt es, die Alben und Verzeichnisse mit den Laureaten des imaginären französischen Pantheons durchzublättern. Über die Namen, die eine Epoche markierten, lacht die darauffolgende: die Ehrerbietung, die den Vätern entgegengebracht wurde, stimuliert die Respektlosigkeit der Söhne. Nur haben auch sie keine Garantie dafür, daß die Enkel ein halbes Jahrhundert später nicht über ihr damaliges Lachen ihrerseits lachen werden. Deswegen hat der, der seiner Zeit ins Gesicht schauen will, ein Interesse daran, ihren Statuen nicht zu tief in die Augen zu schauen. Überzeugt davon, daß nichts leichter auszutauschen ist als ein Piedestal, aber auch von der Notwendigkeit jeder Gesellschaft, Statuen zu errichten, wird es für ihn ein sehr großer Gewinn sein, die Statuen, die ihn umgeben, zu beobachten, um zu erfahren, was sie über die Gesellschaft, in der er lebt, aussagen. Ist es für eine Epoche so schwer, sich »direkt« zu erleben? Genau das. Wenn ihre Vermittler ihre Intellektuellen schlechthin sind, dann geht der beste Weg über sie, will man zu der Epoche selbst vorstoßen, indem man sozusagen die Vermittlung gegen sie selbst richtet.

Die historische Wirklichkeit hat selten zuvor so wie heute den nationalen »Idealtypus« angeekelt: insofern bleibt er der intellektuellen französischen Geschichte treu, die eine Abfolge von Nulljahren und von absoluten Neubeginnen ist. Er hat beschlossen, mit dem historischen Materialismus tabula rasa zu machen: sein Verhalten könnte in der Grundschule einem Kurs in Dialektik zur Illustration dienen, so sehr erinnert der augenblickliche Antimarxismus an eine marxistische Lektion über die Dinge. Er hat sich entschieden, auch das geringste Symptom intellektueller Strenge Dogmatismus zu nennen: dies ist das beste Mittel, die Dogmatismen zu erneuern, aus denen allein eine methodische Strenge herausführen könnte. Das alte Spiel von Sein und Nichtsein, das ewige Drehkreuz der Unaufrichtigkeit, das die großen Bosse und kleinen Herren zwingt, das zu sein, was sie nicht sind, um nicht das zu sein, was sie sind. Der »Intellektuelle von 1979« drückt seinen Haß auf das Volk in einer Liebeserklärung an den Plebs aus; seine Verachtung der Vernunft in der Ablehnung des Staates unter dem Namen Staatsräson. Und seinen Anschluß an die Mehrheit durch leidenschaftliche Begeisterung für die Minderheiten. Sein Verlangen nach Ordnung durch Gelüste auf Unordnungen. Je mehr er versucht, sich zu entkommen, umso mehr trifft er auf sich selbst. Sein Diskurs muß verkehrt herum gehört werden, denn sein Bewußtsein verkehrt die eigene Wirklichkeit. Kurz, sein soziales und politisches Bewußtsein resümiert sich in einer spitzfindigen Leugnung seines sozialen Wesens. Aber gerade sein soziales Wesen bestimmt diese Verleugnung.

Um es klar zu sagen: dieses Spiel ist getürkt. Unsere Champions haben kein großes Verdienst. Denn dieses soziale Wesen kann nur dann ganz sich selbst sein, wenn es sich als soziales Wesen verleugnet. Das kollektive Schicksal des Ordens ist die überschwengliche Suche nach Besonderheit; sie wird von einem ökonomischen System ratifiziert und verstärkt, das den Handelswert des Produktes nach der Marginalexistenz des Produzenten festsetzt und den Wettlauf um die Meinungsunterschiede mit dem Rennen nach den Vorteilen vermischt. Die maximale Individualisierung ist die Garantie für eine maximale Sozialisierung. Die Loslösung von den anderen ist also die Voraussetzung für die Gruppenzugehörigkeit. Die mangelnde Kohäsion unter den Individuen – die die Intelligentsia von anderen gesellschaftlichen Kategorien unterscheidet – ist ein kollektiver Seins-Modus. Diese negative Kohäsion erscheint auf jeder Etage, kennzeichnet unseren Beruf, unsere Seele, unsere Wähler- und Wahlverwandtschaften und auch, noch einfacher ausgedrückt, unser alltägliches Unglück.

Die hohe Intelligentsia scheut nicht nur jede Organisation, indem sie sich aus Parteien und Gewerkschaften heraushält, sondern auch, indem sie alle autonomen Versuche zu einem beruflichen Zusammenschluß verwirft. Damit hat sie, von ihrer Warte aus, gar nicht unrecht: es liegt nicht im geringsten in ihrem Interesse, fundamental antagonistische Interessen gemeinsam zu verteidigen. *Escritor escritori lupus.* Die Wölfe gründen keine Gewerkschaften, es sei denn, sie sähen sich Tigern gegenüber. Die Verleger, die zwar keine Lämmer sind, haben trotzdem etwas zu kurze Krallen, um die Rolle der Tiger wahrzunehmen. Wären sie doch offene und loyale Raubtiere, damit das Problem des Zusammenschlusses der Wölfe sich wirklich stellte! Dort, wo die Konkurrenz der größte gemeinsame Divisor ist, können die Versuche einer Organisierung und einer korporativen Verhandlungsführung mit den anderen Berufskorporationen keinen glücklichen Ausgang nehmen. Wie soll man sonst das wiederholte Scheitern der französischen Schriftsteller-Vereinigungen und -Gewerkschaften erklären? Ein Verband kann nur aufgrund definierter gemeinsamer Interessen überleben, die es seinen Mitgliedern gestatten, sich im Hinblick auf ein gemeinsames Ziel zu verbinden. Organisationen der Schriftsteller sind also in sich anormal, und solche, die bei uns auftauchten, sind schöne schaumgeborene Aphroditen. Sie tauchen auf dem Scheitelpunkt der Wellen des Enthusiasmus oder berufsfremder Hoffnungen (1936, 1944, 1948 und 1978) auf und werden von diesen Wogen auch wieder fortgespült. Wenn die

Berufsgruppe wieder in die ihr eigene Trägheit zurückfällt, tritt auch ihr ursprünglicher Zustand des Zerfalls wieder ein. Eine Schwerkraft, an der die Klarsicht, die Hingabe und Besessenheit der Besten zerbricht (denn jede Vereinigung, die nur von Beiträgen lebt, lebt armselig). Die *Union des écrivains*, die am 21. Mai 1968 (von Bernard Pingaud, Roger Bordier, Guy de Bosschère, Guillevic) gegründet wurde, hat sich später mit einem gewählten *Arbeitsausschuß* mit zwei Kommissionen (für den beruflichen und ideologischen Bereich), einem Mitteilungsorgan, einer Grundsatzerklärung und einer Zieldefinition versehen (»das Ziel der Union besteht darin, daß sie sich selbst durch die Definition des Schriftstellers definiert«) – die Schriftsteller selbst sind ihr kaum über die ersten Jahre hinaus gefolgt. *Das Syndicat des écrivains de langue française* (S.E.L.F.), das am 20. Dezember 1976 von Marie Cardinal, Yves Navarre, Pierre-Jean Rémy und anderen gegründet wurde, hat sich zwar ein Exekutivkomitee, Statuten, ein Verbandsblatt zugelegt – aber wie sollte die Zukunft anders als ungewiß sein, wo doch die französischen Schriftsteller selbst die größten Schwierigkeiten haben, ihre Interessen bei den Behörden zu vertreten? Die *Sociéte des gens de lettres*, die über ein faktisches Monopol der offiziellen Vertretung innerhalb und außerhalb der Grenzen verfügt, hat nicht einmal zweitausend Gesellschafter, und sie ist in erster Linie eine Kasse für Honorar-, Pensions- und Unterstützungszahlungen. Was das *Centre national des lettres* betrifft, so handelt es sich hier um einen Organismus, der vom Kultusministerium abhängig ist und dessen sich die Professionellen schon lange nur als Mittel zum Zweck bedienen; es verdankt sein Überleben und seine Nützlichkeit ausschließlich dieser heilsamen Distanz. Was die *Union des écrivains* am Ende erreicht hat (Sozialversicherung, Einheitlichkeit in der Berufsbestimmung usw.), was das *SELF* angeregt hat (Abstimmung der Zuschußzahlungen, Modellvertrag usw.), was die *SGDL* konkretisiert hat: davon profitieren alle Autoren, aber die Arbeit, die dahinter steckt, hat man im günstigsten Falle vergessen, im ungünstigsten wird sie verachtet.

Unsere Gattung zieht die Selbstverwaltung der individuellen Notorietäten der kollektiven Selbstorganisation vor. Selten wird diese Option offen ausgesprochen, meistens verbirgt sie sich hinter einem höflichen Desinteresse, und gar manche sublimieren sie in eine Metaphysik der Ungleichheit. Philippe Sollers zum Beispiel präzisierte seine Ansichten in voller Übereinstimmung mit seiner eigenen übergeordneten Position im internen Kräftespiel (und auch mit seiner Stellung im Verlagswesen), nachdem er dem SELF vorgeworfen hatte, »das französische Verlagswesen nur unter dem Aspekt der Machtbeziehung darzustellen«, wie folgt: »Nichts eignet sich weniger für eine arithmetische Gleichung, die vom Gleichheitszeichen beherrscht wird, als das Schreiben. Es mag vielleicht eine Gleichheit bei der Verteilung der materiellen Güter geben; es gibt sie aber nicht zum Beispiel im Bereich der Sexualität oder in der Sprache. Deshalb bin ich sicher, daß eine Schriftstellergewerkschaft nur eine normative und repressive Ideologie zeitigen kann. Und da diese Gewerkschaft nur links stehen kann, wird dies ihr normatives und repressives Gewicht noch vermehren[2]...« Allein schon das Wort Gewerkschaft oder Union dient hier als Stimulus für einen bis ins Mark reichenden Reflex, der die ganze Verachtung des Freiberuflers für den kleinen »eingegliederten« Angestellten auslöst, der in unserem Fall noch verstärkt wird, wegen der »Gefahren des Augenblicks«, durch die Phantasmen einer möglichen staatlichen Kasernierung. *Die Alternative ist nicht: Lieber Hitler als die Volksfront. Sondern: lieber das Marketing als das Funktionärstum.* Der Intellektuelle, der eine Koalition einginge, würde seiner wahren öffentlichen Aufgabe, die darin besteht, sich hetzen, schlagen und knebeln zu lassen, zuwider handeln, und dann könnte er nicht mehr an den Tisch der Fürsten geladen werden und auf öffentlichen Stätten thronen. Wenn er sich nicht von der Horde absetzt, mit welchem Anspruch sollte er sich dann Gehör verschaffen? Seine Würde besteht in seiner Würdelosigkeit, und der Vorschlag an den Schriftsteller, einer Vereinigung beizutreten, deren Direktor er nicht ist, hieße dasselbe, wie einer verhätschelten Schönheitskönigin vorzuschlagen, sich wieder in trübes Mittelmaß zurückzuverwandeln. Das Mediokre ist das, was sich gleicht; das Gewöhnliche das, was vereinigt. Wenn die französische hohe Intelligentsia sich ein Komitee schafft, rehabilitiert sie sich mit der Titulierung CIEL (Comité des Intellectuels pour l'Europe des Libertés)[3]. Störenfriede kennen weder Verbindung noch Ausgleich, sind aus Gehorsam Separatisten und aus Pflicht widerspenstig, halten sich im Vordergrund der Szene auf, nur um sich davon zu überzeugen, daß man erst Ruhe gibt, wenn sie von dort verjagt sind. Die Hinweise auf die Legitimation haben sich seit zehn Jahren so verdreht, daß kein Präsident seine Rede nicht mit dem Hinweis beginnen würde: »Der Aufrührer, der hier zu Ihnen spricht«, oder kein Mitglied der *Académie:* »Ich bin ein Paria«, oder kein General mit einer Eloge

[2] Eine Antwort auf Pierre-Jean Rémy im *Magazine-Littéraire* (März 1976) unter dem Titel: »Ist der Schriftsteller mit einem Kieferchirurgen vergleichbar?«
[3] Die Karte des Himmels (la carte du Ciel) und seiner Konstellationen wird an anderem Ort erstellt. (Siehe *Medienlehre*).

auf die Gehorsamsverweigerung. Sie können alle sicher sein, damit auf Anhieb die Aufmerksamkeit des Publikums eingeschläfert zu haben.[4] Die Tatsache, daß es im Ausland, besonders in den nordischen Ländern, aktive, solide und geschlossene Schriftstellergewerkschaften gibt, läßt sich vor allem damit erklären, daß die Intelligentsia in diesen Ländern über keine politische Schwerkraft verfügt. Ein deutscher Intellektueller kann kaum damit rechnen, gezählt zu werden oder ernsthaft zu stören, und deshalb tritt er einer Gewerkschaft bei und läßt sich in der Gleichung addieren und subtrahieren. Wenn das in Frankreich unmöglich ist, dann ist dies nicht Mangel, sondern eine Folge des Überflusses. Eine Stimme, die wiegt, zählt nicht. Eine Stimme, die tönen will, wird aus der Tiefe eines strahlenden, panoptischen Ghettos besser ertönen als im Stimmengewirr einer anonymen berufsständischen Versammlung.

So läßt sich zum Ende das im Anfang angestimmte Lied erklären: falsch ist die Behauptung, es gäbe keine Intelligentsia, wahr ist, daß die Gruppe der »Anti« die Antigruppe schlechthin ist. In dem Satz »wir existieren nicht« ist nur das erste Wort Gewißheit: das gibt es bestimmt nicht als *wir*, sondern lediglich als eine Ansammlung von »Ichs«. Damit täuschen uns diese »Ichs« nicht, sie sind nämlich die ersten, die von ihrer glorreichen Anormalität und von ihrer unverkürzbaren Chance überzeugt sind. Für jedes Individuum ist der Zugang zur hohen Intelligentsia ein Abenteuer, und dies verhüllt ihm den Blick dafür, was in ihr institutionalisiert ist. Ein *Titel* wird durch Ernennung erworben, eine *soziale Position* aber wird unter Gegenfeuer erobert, und eine *Funktion* wird Tag für Tag ausgeübt. Die individuelle *Schlacht* um den Aufstieg verdunkelt den strategischen Generalplan, dem alle Beförderten unterworfen sind. Waterloo: Fabrice sucht immer noch das Dorf auf der Karte. Napoleon ist mit dem Zweifel gestorben, es jemals gefunden zu haben.

Diese Klasse der Überlegenen, die sich als Unterlegene träumen, hat aus der Not eine Tugend und aus ihrem Atomismus eine Ideologie gemacht. Diesbezüglich nichts Neues: schon Hegel machte das intellektuelle Wesen zum Wahrzeichen des absoluten Individualismus. Diese spe-

---

[4] Hier kann man sich fragen, ob es wirklich eine gute Taktik ist, den »großen Intellektuellen«, die man mobilisieren will, ständig zu sagen, sie seien von der Gesellschaft geächtet (vgl. den Artikel von Roger Bordier, *Le Monde* 12/2/70: »Der französische Schriftsteller in der Acht der Gesellschaft«). Diese Schmeichelei kann sie nur mit Freude erfüllen, da ja gerade aus der tiefsten Niederung der ersehnte Gipfel hervorragt.

zifische Latenz, die *die wahrscheinlichste* Ideologie unserer Gattung ist, wird jeweils nach Raum und Epoche variieren. Die Konfiguration, die wir »liberal/libertär« genannt haben – und die kein zusammenhängendes Gebilde aus Positionen ist, sondern eine in sich widersprüchliche Summe aus Negationen – findet ihren natürlichen Ausdruck im Frankreich der siebziger Jahre[5]. Von dieser Klasse, die Ideen produzieren soll, dürfte man doch am allerwenigsten erwarten, daß sie sich erst einmal selbst bedient. Die hohe Intelligentsia, der es passiert, daß sie Konfektion verkauft, hat sich hier einen maßgeschneiderten Anzug zugelegt, denn dieser ideologische Tweed, dessen wechselnde Farbtöne die Weichheit des Gewebes unterstreichen, hatte durchaus etwas an sich, um eine Negativgruppe zu verführen, deren innere Einheit die eines Archipels ist. Dieser nach Wunsch dehnbare, unbefleckbare und weiche Stoff verbindet und versöhnt die Notwendigkeiten des materiellen Lebens (den liberalen Faden) mit den Ehrensachen der Tugend (dem libertären Faden), die Wirklichkeit der Ökonomie der Produkte mit der Politik der Markenbilder und gewährleistet zugleich den bestmöglichen Verkehr der Individuen im amorphen und vielstimmigen Raum der Medien. Der Schußfaden ist hier weniger wichtig als die Weberschiffchen, deren Hin und Her er rechtfertigt. Denn der entscheidendste Zug im augenblicklichen Syntagma liberal-libertär ist der Bindestrich: er gewährleistet die Umkehrbarkeit der Durchgänge, indem er die Homogenität im Heterogenen aufrechterhält. Das heißt zum Beispiel die Möglichkeit, zwischen dem *Idiot International* und dem *Figaro-Magazine*, dem *Express* und der *Libération*, dem *Observateur* und der *Nouvelle Action Française* hin und her zu wechseln. Es ist jedermanns Sache, seinen Weg zwischen der Casa-Aron und der Casa-Huly herauszufinden: eine Aufgabe für die Phantasie, die überraschende Sprünge verspricht und schwindelerregende Möglichkeiten, das Glück zu beeinflussen. Das Panaschieren und die Möglichkeit der Wiederholung garantieren jedem Mitspieler ein Gewinnlos.

Die Gemeinschaft jener, die nur ihre Unterschiede gemeinsam haben, wird täglich mit einem Problem konfrontiert, für das es keine feste Lösung gibt: wie werde ich als ein Wesen ohnegleichen von meinesgleichen anerkannt? Wie kann ich mich als außergewöhnlich in einer Welt durchsetzen, wo die Ausnahme die allgemeine Regel ist? Es ist nicht

[5] Siehe die kurze Beschreibung dieses Bildes: *Contribution aux discours et cérémonies du dixième anniversaire* (Maspero, 1978).

einfach, kollektiv einzigartig zu sein. Die Mitglieder der Familie lösen diese undankbare Aporie, sich schonen zu müssen, ohne aufzuhören, sich gegenseitig aufzufressen, von einem Tag zum anderen. Man muß sich schonen, weil jeder vom anderen, was die eigene Anerkennung betrifft, abhängig ist. Man muß sich auffressen, weil diese Anerkennung voraussetzt, daß ein anderer sich vor mir demütigt, sich vor meiner Überlegenheit beugt. Das »Tierreich des Geistes« hat eine besondere Art von Zivilisation entwickelt, die man die Höflichkeit der Boshaftigkeit nennen könnte. Alle Gesellschaften, die auf der Knappheit gründen, sind große Reservoire der Grausamkeit, denn die Armut zeugt die gegenseitige Abhängigkeit: jeder braucht den anderen zur Befriedigung seiner elementaren Bedürfnisse. Diese latente Demütigung bringt von selbst ihre Kompensation hervor: die Gehässigkeit. Die Kulturmenschen leben alltäglich von dieser »Kultur der Armut«. Wenn sie im Zustand des Mangels und der Angst durch Paris irren, tragen sie diese versteckten Ressentiments, diese schlecht verhüllte Bitterkeit mit sich herum. Sie sind ständig auf der Lauer, in der Defensive, riskieren gegenüber dem erstbesten Kollegen, den sie treffen ein flüchtiges Lächeln, sind immer gespalten zwischen der Kralle und dem Samtpfötchen, zwischen dem Satz nach vorn und dem Rückzug. Und dabei bewahren sie immer Haltung. Hat ihn denn sein Presseberater nicht kürzlich ermahnt, daß er sein Buch »verteidigen« solle«? Ein schöner Ausdruck, der als selbstverständlich voraussetzt, daß ein Werk, kaum erschienen, allein durch seine Existenz von Haß bedroht, mit Neid überschüttet wird. Unser Mann hat also recht, daß man zum Gegenangriff übergehen muß. Selbst die, die noch am zufriedensten sind, lassen unbegründete Frustrationen erkennen, als ob sie nie genug gelobt, bewundert und verstanden würden; so als vermuteten sie im geringsten Jemand, sogar in ihren allernächsten Freunden, arglistige Schuldner, die immer dazu bereit sind, in dem Augenblick, wo sie ihre Schulden begleichen sollen, sich aus dem Staub zu machen. Dieses ewige Ressentiment ist ermüdend; daher kommt auch dieses kathartische Gallespucken, diese Natternspasmen; dieses präventive Fertigmachen des Anderen, womit die eigene Identität wieder hergestellt werden soll. Man kann sich selbst nur schätzen, wenn man den Nachbarn abwertet. Ein Intellektueller, der diesen Namen zu Recht tragen will, zeichnet sich dadurch aus, daß er nur Schlechtes über seine Kollegen sagt, und ganz besonders über seine besten Freunde. Diese kleinen symbolischen Tötungen sind seine Prämien für die Lebensversicherung. Bei uns wird man geadelt, indem man herabwürdigt. La Bruyère hat hier nichts zu suchen, sondern Gurwitch oder Mauss: hier handelt es sich in der Tat um ein »gesamtsoziales Phänomen«, und nicht um eine moralische Verkehrtheit.

Wir wollen nicht dramatisieren. Dort, wo der Individualismus herrscht, ist das Übel selbst das Heilmittel. Der Erhaltungstrieb ist wachsam: man tötet sich nicht gegenseitig im Ernst. Man greift nicht gern von vorne an und auch nicht mit voller Wucht. Man stichelt in Bemerkungen, Anspielungen oder auf Umwegen. Wenn man Böses sagt, soll es nicht böse klingen und keiner erwartet von uns, daß wir ein Werk wirklich für so gut halten, wie wir es in unserer letzten Würdigung geäußert haben. Diese Gefälligkeiten und Verpflichtungen haben keine Konsequenzen. Man kann bei einem Antagonismus mit List nichts ausrichten, doch man kann mit den Unterschieden spielen. Die Föderation der Einsamkeiten wäre unmöglich, würde die Gesellschaft der Intellektuellen diese Zwieträchtigkeiten und Schikanen allzu ernst nehmen. Die Theatralisierung der Meinungsverschiedenheiten, die Emphase und Übertreibung, in denen sich die persönlichen Beziehungen baden; diese Hysterie in der Gestik und im Wort – wir müssen darin ein Mittel sehen, sich dem *Handeln* durch *Worte* zu entziehen, indem ein Spielraum abgesteckt wird, der jedem seine Immunität dadurch garantiert, daß er die geheime Komplizenschaft der Akteure schützt. In der Geschäftswelt fühlt man sich durch Freundschaftsbekundungen nicht verpflichtet. In der Welt der Politik praktiziert man die Kumpanei, manchmal erlebt man aber auch Kollegenschaft oder Kameradschaft. In der großen Welt der Intellektuellen kennt man nur Freundschaft, aber was sich so nennt, ist nur Diskont. Je mehr Freunde, um so mehr fließt in die Kasse und umgekehrt. Und wie sich bei einem Politiker, je nachdem wie sein Wahlergebnis war oder welchen Platz er im Staatsapparat einnimmt, der Kreis seiner intimsten Freunde vergrößert oder verringert, nehmen die persönlichen Beziehungen eines Mitglieds der hohen Intelligentsia je nach seiner »Bedeutung« zu oder ab (diese Bedeutung hat mit dem Auge und dem Ohr überprüfbare Maßstäbe), das heißt mit seiner sozialen Nützlichkeit. Das Telefon von Maurice Clavel hört nicht auf zu läuten, das von Althusser ist viel diskreter. Während ersterer mir Zutritt zu einer Reihe von Heiligtümern verschaffen kann, ist letzterer, was die Medien betrifft, eine Sackgasse: er hat keinen Zugang zum Fernsehen, keine Seite in einem Wochenblatt, keine Parklücke beim Radio; von ihm stammen lediglich eine Reihe theoretischer Werke, deren Untergrunddasein die Medien schützen, und in den dreißig Jahren philosophischer Arbeit gab es von ihm kein einziges Interview in der französischen Presse. Wozu kann mir Althusser also nützlich sein? Mein Freund ist Clavel. Die Männer an der Spitze der Macht, die ja nur der Ort ist, wo die relationale Dichte am stärksten ist, haben nur Freunde – der Macht. Solange sie ihre »Beziehungen« »Freundschaften« nennen, können sie sich glücklich wähnen. Der Streit im Milieu ist sprichwörtlich: Spaltungen, Zerwürfnisse, Brüche füllen die Chronik. Die Mehrzahl von ihnen laufen auf die Forderung hinaus, über die bestehenden Kompromisse neu zu verhandeln, und sie bedienen sich diplomatischen Drucks oder der stufenweisen Eskalation, wenn ein Partner seinen Zugriff verstärken will. Doch *wo es nur um Individuen geht und nicht um Werte, ist alles verhandelbar,* die Partie ist nie zu Ende. Welch wohltuendes Verhaltensprinzip, diese Nichtentsprechung zwischen den Prinzipien und dem Verhalten, dem Sagen und dem Tun. Und wie reich an glücklichen Überraschungen: seinen Hörer abzunehmen und die fast zärtliche Stimme eines »Freundes« zu hören, der dich zu einem Essen einlädt, nachdem er dich tags zuvor in der Presse in den Schmutz gezogen hatte: – es versteht sich von selbst, daß dies ja nur geschah, »um sich etwas zu amüsieren«. Oder auf der Straße zwei Kollegen Arm in Arm zu treffen, von denen der eine einem noch am selben Morgen das Schlimmste über den anderen anvertraut hatte. Oder den Namen eines anderen an erster Stelle genau in der Zeitung zu finden, von der er einem noch in der vorausgegangenen Woche erklärt hatte, wie infam er sie fände, woraus wiederum nur ein ganz Naiver geschlossen hätte, daß er darauf verzichte, weiterhin dort mitzuarbeiten. Ein Milieu voller Gerüchte und Skandale, wo der Feuerwehrmann mit dem Brandstifter unter einer Decke steckt und in dem die Polemiken für die Zeit nach der Sommerpause von den Gegnern schon ganz bedächtig im Sommer vorbereitet werden. Es ist nun mal wahr, daß eine schlechte Polemik zehnmal mehr wert ist als eine gute Publicity. In diesem Milieu ist niemand zu nichts verpflichtet, weil jeder allen verpflichtet ist. In ihm wird niemand daran gehindert, wenn er sich »links« nennt, Umgang mit der Rechten zu pflegen, denn so kann er das Redliche mit dem Nützlichen verbinden. Hier hindert sie niemand, sich gegenseitig die Hände über den Leichnamen der Einfaltspinsel von früher zu waschen, die noch an die Redlichkeit glaubten. Der Ethnograph hätte Lust, sich zu kneifen, wäre er nicht schon längst unmerklich Vollmitglied dieser eigenartigen Ethnie geworden – deren Strukturen und Zwänge uns allen an den Knochen nagen.

Schlußfolgerungen

1. Die Zyklen des Unglücks

2. Neun Pforten zur Hölle

1. Die Zyklen des Unglücks

Ein neues *Ethos* – wirklich? Oder eine spezifische Bewußtseinsstruktur? »Diese an sich reale Individualität ist zuerst wieder eine *einzelne* und *bestimmte*; die absolute Realität, als welche sie sich weiß, ist daher, wie sie derselben sich bewußt wird, die *abstrakte allgemeine*, welche, ohne Erfüllung und Inhalt, nur der leere Gedanke dieser Kategorie ist ...« So führte Hegel schon bei der ersten Position seines tierischen Archetypus den Schlüssel zu dessen Veränderungen ein. Das Individuum setzt sich selbst absolut, indem es jede andere konstitutive Beziehung leugnet außer jener, die es mit sich selbst verbindet.
»Diese Beschränkung des Seyns kann jedoch das *Thun* des Bewußtseyns *nicht beschränken*, denn dieses ist hier ein vollendetes *Sichaufsichtselbst*beziehen; die Beziehung auf Anderes ist aufgehoben, welche die Beschränkung desselben wäre«.
Wo aufgehoben? In dieser Gestalt des Bewußtsein, die wie alle anderen, die in der Phänomenologie beschrieben werden, keine »Geschichte in der Geschichte, sondern eine Geschichte, die die Intelligibität der Geschichte ermöglicht«, ist? Oder aber hier in Frankreich am Ende des 20. Jahrhunderts, im Bewußtsein der intellektuellen Gestalten des Augenblicks, – in dem großen kollektiven Schädel, in dem jeder von uns denkt und lebt? Alles, was über die Intelligentsia von heute gesagt wurde, hat den zwanzig Seiten, auf denen Hegel nicht von einem Scheitern, sondern von einem *»Betrug«*[1] »erzählt«, nur einen geschwätzigen und marginalen Kommentar hinzugefügt. Am Ende bleibt also nicht mehr als am Anfang; aber um es zu wissen, mußte man zum Ende kommen. Die Mythen sind dazu da, daß sie wiederholt werden, und es ist nicht unsere Schuld, wenn der Hegelsche Mythos von den intellektuellen Tieren der der Ursprünge war, die man, wie jeder weiß, immer erst am Ende der Geschichte entdeckt, wenn das Unwiderrufliche vollendet ist.

[1] *Das geistige Thierreich und der Betrug, oder die Sache selbst* – dies ist ein Untertitel der hier zur Debatte stehenden Passage. (*Phänomenologie des Geistes*, Stuttgart 1927, ed. Glockner, S. 303f.). Wir können Roger Establet nicht genug für seinen Kommentar danken, der unseres Wissens dieses Werk am besten erhellt.

Die Odyssee des Intellektuellen, diese Schraube ohne Ende, ist eine Dialektik, die schließlich gar nicht stattfindet: sie ist voller Umkehrungen, aber wie eine Kugel, die sich um sich selbst dreht. Seine Widersprüche, die sein Antrieb sind und darin also auch gegeneinander wirken, hindern ihn zugleich, sich selbst zu finden, so wie er eigentlich sein möchte, und sich ein und für allemal zu verlieren, um anderswo wiederzuerstehen. »Die Individualität, die sich in sich selbst und für sich selbst wirklich weiß«, hat zu Beginn ihr Konzept bei sich. Doch diese Singularität ist weiter noch nichts als eine leere Allgemeinheit, denn sie findet keine objektive Bestätigung. Da unaussprechlich, wäre die Ursprünglichkeit nur formal. Die Singularität muß sich als *Differenz* und als Gegensatz ausdrücken; auf dem Umweg über ein bestimmtes Werk. Deshalb kann der Intellektuelle die Maxime von Montaigne nicht in Frieden umsetzen (»Sein Wesen loyal genießen zu können ist eine absolute, fast göttliche Vollkommenheit«), denn er will die Anerkennung, die nicht Versöhnung sondern Gegenseitigkeit bedeutet. Als in sich geschlossene Zelle erwartet das Bewußtsein von seinem Werk den Sinn der eigenen Bestimmung, aber das Werk selbst hat nur einen Sinn im Wirken der Bestimmungen, die andere ihm geben. Und da entgleitet die Autarkie, und die Zelle öffnet sich. Der Intellektuelle schreibt zugleich für seinesgleichen und gegen sie. Einerseits hat er die Quelle nur in sich selbst. Sein Bewußtsein verweigert die äußeren Bestimmungen (die seine Unabhängigkeit verhöhnen und seinen Geist in Ketten legen), die Prinzipien (denn das Individuum ist sich selbst Ursprung und Ziel, das Universale nur Schein und Mystifizierung), die Systeme (die seine Singularität ins abstrakte Unpersönliche auflösen). Andererseits ist das Andere seine Wurzel; wird er abgeschnitten davon, so vertrocknet er auf der Stelle, da er nur für und durch das Publikum lebt. Kurz, er würde sich definieren als ein »Wesen-für-den-Anderen« und als ein »Wesen-gegen-den-Anderen«. Das heißt, daß die Anderen abwechselnd für ihn Hölle und Paradies sind und sein soziales Leben ein Fegefeuer, ein ständiges Hin und Her zwischen beiden. An dem einen Tag schließt er sich ein, vertieft sich in sich selbst oder geht inkognito aus; doch derselbe Mensch drängt sich am nächsten Tag nach einem Interview und nimmt seine dunkle Brille ab. An einem Tag überfliegt er amüsiert den Verriß seines letzten Werkes in einer Fachzeitschrift: dieses Unverständnis erscheint ihm als der treffendste Beweis für sein Genie. Eine Woche später trifft ihn ein freches Wort eines Unbekannten mitten ins Herz. Diese Gespaltenheit verweist auf eine doppelte und unmögliche Forderung.

Die künstlerische Produktion (und die intellektuelle im allgemeinen) ist nicht *normalisierbar*, aber man kann sich fragen, ob nicht jedes schöpferische Unterfangen als solches und ganz unbewußt *normativ* ist. Ihre Besonderheit würde einen universalen Satz, der von ihr zugleich aktualisiert und verdeckt wird, in sich bergen; den Satz eines Komplexes von Bezügen und Werten, die implizit für jeden Menschen als Mensch gelten und die jedem Leser oder Zuschauer oder Hörer zur unmittelbaren, kommentarlosen Übernahme vorgelegt werden. Dieses Angebot erfolgt höflich, kann auch ungeniert oder humoristisch sein, ist aber jedenfalls unaufdringlich gebieterisch, und dies vielleicht sogar weit mehr, als der Autor selbst es meinte. Das geschriebene Werk trägt in sich eine Vision der Welt, das Plastische eine Idee von der Welt; und jede Vision oder Idee von der »Welt«, die sich spontan oder definitionsgemäß als Totalität ausgibt, enthält eine stumme Forderung nach Exklusivität. Da es nur eine und nicht zwei Welten gibt, müßte es im Prinzip nur eine richtige und eine »wirkliche« Vision von der Welt, »wie sie wirklich ist«, das heißt, »wie sie für mich ist«, geben. In diesem Sinne wäre die Egozentrik der schöpferischen Intellektuellen ein Imperialismus, der sich dessen nicht bewußt ist, oder es zumindest so weit erahnt, daß er die Risiken einer Konfrontation mit dem anderen oder eines Souveränitätsverlustes reduziert. Er würde der ökonomischen Konkurrenz ihre letzte und quasi transzendentale Begründung liefern. Da dies einerseits weder ausgesprochen noch gedacht noch dargestellt werden kann, andererseits aber sonst keine Aussage-, Denk- oder Gestaltungsvorhaben möglich wären, würde diese apriorische Form der Auffassung des Intellektuellen den schöpferischen Menschen zu einem Skandal für den schöpferischen Menschen machen und jeden Produzenten des Symbolischen zu einer unerträglichen Herausforderung für seinen Kollegen. Jeder von uns konnte die hohe Zahl jener im Milieu feststellen, die das Andere als persönliche Beleidigung empfinden. Das ist die in das Herz einer Gesellschaft ohne Herz eingravierte Quote des Scheiterns, in der sich der Geist eines Korps ausdrückt, das keinen Korpsgeist mehr hat.

Diese Gesellschaft kann in der Tat keine wirkliche Gemeinschaft bilden, denn diese ist für den Intellektuellen nur ein Mittel zur Selbstverwirklichung und zur Durchsetzung seines Konzeptes. Das wesentliche Ich verweist sich, indem es seine Unwesentlichkeit entdeckt, an ein Wir, das, seinerseits unwesentlich, es wieder auf sich selbst zurückverweist. Es ist wie in einer Nährlösung, in der jeder Mikroorganismus sich durch die Zerstörung des benachbarten Mikroorganismus ernährt: es gibt keine organische Totalität, sondern einen endlosen Prozeß der Detotalisierung des Ganzen durch das Individuum, das von einem anderen retotalisiert wird usw. Jedes Buch verweist auf andere Bücher, die die ersten zerstören und ihrerseits von anderen zerstört werden. Ein Individualismus ohne Werke und Werte zeugt einen Organismus ohne Organisation. Eine »Handelsgesellschaft«, die den Anblick eines charmanten Familienkreises bieten kann. Aber diese Familie der Familienlosen ist eine Kopie der bourgeoisen Familie selbst. »Das Werk hat im *Thierreich des Geistes* dieselbe Bedeutung wie die Ware in der freien Wirtschaft. Hier die Ware als konkretes Produkt einer konkreten Arbeit in ihr monetäres Äquivalent verwandelt, und dort sind die individuellen Werke zugleich Ware und Münze«[2]. Ihr Wert liegt weniger in dem, was sie sind – als Kunstwerk, Material wissenschaftlicher Thesen oder als Texte mit sonstiger Substanz –, als in dem, was sie dem Autor an sozialer Äquivalenz einbringen (Sichtbarkeit, Bekanntheitsgrad, Kredit usw.): sie sind die Zahlungsmittel im allgemeinen Kreislauf der individuellen Werte; das heißt, in letzter Instanz sind sie Instrumente zur gegenseitigen Abwertung. Die Werke selbst zerstören sich durch ihre innere Notwendigkeit, ihrer relativen Position dienen zu müssen. Die Mediengesellschaft entwertet die Worte und überbewertet die Indikatoren der Plazierung und des Augenblicks – die Inflation des Signalisierenden steht für die Deflation des Semantischen. Was gesagt wird, ist bedeutungslos, wichtig ist, wer sagt und wann und wo er es sagt. Das einzige Werk, das die intellektuellen Tiere gemeinsam betreiben, ist die Auflösung aller Werke und eines jeden Werkes durch alle anderen.

Kann man diese Kreise des Unglücks von innen her sprengen? Deren letzte Ironie rührt vielleicht daher, daß man sie nicht beschreiben kann, ohne sie zu erneuern, denn wer ihre Spielregeln ausspricht, wird sofort verdächtigt, ein neues Spielchen zu treiben oder bösartige Vorwürfe als berechtigte Motive auszugeben. Die reichliche Verärgerung, die diese Seiten bei einem eventuellen Leser hervorgerufen haben mögen, wird zweifellos dazu geführt haben, daß er es bedauert, hier nur einen Diskurs der Verhüllung vorzufinden. Die besten Feinde sind die Intimfeinde, und warum sollte man ein Selbstportrait als Karikatur darbieten?

»Wenn ein Intellektueller über einen Intellektuellen spricht«, schreibt Maurice Duverger, »spricht er von sich selbst. Er bringt im Plural und

---

[2] Roger Establet, a.a.o., S. 112

in der dritten Person, was in der ersten Person Singular geschrieben werden sollte. Wie soll man das machen, wenn eine Aneinanderreihung von Ichs unerträglich erscheinen würde? In Wirklichkeit wäre sie viel bescheidener, denn es zeugt von einem großen Stolz und einer gewissen Feigheit, wenn man die Verantwortung für die eigenen Ideen auf einen allgemeinen und abstrakten Anderen abwälzt«. Wir hatten schon Gelegenheit, Stolz und Feigheit abzuwägen, die beide uns überzeugt haben, nicht auf die erste Person Singular zurückzugreifen (denn wir haben ja unterschieden zwischen dem unpersönlichen »Ich« einer Darstellung der Gründe und dem bekennenden »Ich« der Darstellung der Originalität. Nach den Regeln der Rede ist der Bezug auf das Ich und seine Betonung nicht nur ein Attentat auf die Schamhaftigkeit, sondern vor allem auf die Vernunft. Dem haben wir alle anderen Risiken vorgezogen – vor allem das offenkundigste: daß man uns nämlich vorwirft, wir hätten zu viele Rechnungen mit den Intellektuellen zu begleichen – mit uns selbst – und könnten uns daher in den Additionen sehr leicht verrechnen. Wenn in den Augen der Leser die Begleichung und Aufstellung der Rechnung dasselbe sind werden wir diesen Verdacht gerne einstecken. Es ist keine leichte Aufgabe, verschiedene Bewußtheiten ohne Minderung ihrer Unabhängigkeit zu vereinen, und die weltliche Geschichte macht kaum Anstalten, freiwillig den alten Gesellschaftsvertrag in Ehren zu halten, der von den Philosophen verfaßt wurde. Trotz allem gibt es in dieser weiten Welt noch hinreichend Inbrunst, Zusammenhalt und Schwung, so daß jene, die sich darauf eingelassen hatten, ihre Hoffnung auf die intellektuelle Gesellschaft zu setzen, um in ihr ein *Ich*, das ein *Wir* war, und ein *Wir*, das ein *Ich* war, zu finden, leichten Herzens ihre Koffer packen können.

Eines Tages, meinte Nietzsche, würden wir den Ansturm dessen, was die anderen über uns denken, erleben und das werde der stärkste sein.

Was vermag ein Angreifer gegen einen leeren Platz?

2. Neun Pforten zur Hölle

Bislang wurde der Fortschritt immer als ein Versprechen des Besseren verstanden. Heute wissen wir, daß er auch der Träger einer Botschaft vom Ende ist.
Milan Kundera

1. Technologie und Ideologie wirken nicht entgegengesetzt, sondern stehen in einem direkten Verhältnis zueinander: je komplexer die Technologie, um so einfacher die Ideologie: daher um so mächtiger. Die neue Informationstechnologie steigert die praktische Macht der Ideologie. Der Aufschwung der Massenmedien bewirkt zum erstenmal in der Geschichte, daß der Medienmensch zum Massenmenschen wird. Die Ablösung der Produktion durch die Kommunikation gibt den Funktionären der Verbreitung die Vorherrschaft über die Operatoren der Gegenstände. Die Übernahme der Kontrolle über die Arbeiter durch die Kontrolleure ist im Gange. Die Ära der Intelligentsia beginnt.

2. Die Ära der Intelligentsia wird die der höchsten Unintelligenz sein. Es besteht tatsächlich ein umgekehrtes Verhältnis zwischen dem Informationswert einer Botschaft und ihrer Mitteilbarkeit. Je demonstrativer ein Gedanke, um so kostspieliger seine Übermittlung und um so unsicherer seine Rezeption. Die Ökonomie der Vernunft macht die Vernunft antiökonomisch. Die Selektion, die die Massenmedien innerhalb der intellektuellen Gesellschaft von unten her betreiben, ist unerbittlich und unwiderruflich, denn sie gehorcht einem unerbittlichen und unwiderruflichen Gesetz. Die Massenmedien gewährleisten die maximale Sozialisierung der privaten Dummheit. An diese soziale Dummheit könnte man mathematisch herangehen. Ansonsten ist sie unangreifbar.

3. Die Information kostet. In der Informationstheorie nennt man die jeder Informationssendung oder jedem Informationsempfang innewohnende Energie »Negentropie«. So wurde festgestellt, »daß der Informationsgehalt wie der Logarithmus der Zahl gleichermaßen wahrscheinlicher Zustände wächst«. Man kann sich fragen, ob dieses Gesetz, das eine Mathematisierung des physikalischen Informationsbegriffes ermöglicht hat, nicht auch, als unmittelbare Folge, ein *Gesetz der abnehmenden Leistungen* zuläßt, dem die technologischen Entwicklungen der sozialen Informationen unterlägen. Dann könnte man sagen, daß die En-

tropie oder der Energieverlust in einem geometrischen Verhältnis zur Erweiterung der Kreisläufe und der Ausweitung des Übertragungsvolumens zunimmt. Mit anderen Worten, die Genauigkeit einer Information würde in dem Maße immer unwahrscheinlicher, wie sich die Informationssphäre erweitert. Die schlechte Information vertreibt die gute, *weil die Wahrheit immer teurer wird.*

4. Die Verringerung der redaktionellen Seiten; die regelmäßig erfolgende Ausweitung der Sportteile und Wetterberichte in den Tagesschauen des Fernsehens; die immer mehr zunehmende Ungenauigkeit der Agenturmeldungen; der ständig schrumpfende Platz für die Literaturkritik; das Verschwinden der theoretischen Kontroversen zugunsten der ideologischen Signalisierung: alle diese Phänomene einer Rückbildung werden nach Angabe der Profis durch Platzmangel, Zeitmangel, Geldmangel, mangelndes Interesse (seitens der Konsumenten) erzwungen. Diese »Mängel« erscheinen eher als die Markierungszeichen einer tieferreichenden Tendenz, die die Tarife der Wahrheit unerschwinglich macht. Die Wahrheit ist ein Luxus, den sich die reichen Gesellschaften immer weniger leisten können.

5. Die methodische Förderung der Debilsten wäre nur ein soziologisch höchst amüsantes Experiment, würde sie nicht ein ideologisch viel tiefer reichendes Phänomen zum Ausdruck bringen: den unwiderstehlichen Aufstieg des Irrationalen inmitten einer Zivilisation, die auf der praktischen Umsetzung der Ergebnisse einer rationalen Arbeit gründet. Die Entwicklung der Menschheit legt vielleicht in jedem ihrer Stadien Zeugnis ab für eine konstante Beziehung zwischen ihren überschäumenden Produktionsmitteln und ihren technischen Kapazitäten, ihrem Illusionsvolumen und ihrem Machtvolumen. Das Aufkommen des Irrationalen (Sekten, Magier, Gurus und Propheten sind nur der Schaum) widerlegt nicht dieses Gesetz. Die Stufen des Anstiegs des Irrationalen laufen parallell zu dem Anstieg der angewandten Wissenschaft, dessen kompensatorischer Effekt sie damit wären. Je mehr die objektive Welt »rationalisiert«, um so mehr investiert das Individuum in das Irrationale. Die Wissenschaft kann nur in dem Maße ihre Leistung steigern, wie sie die der Nicht- und Antiwissenschaft vervollkommnet; genauso bestärken die immer dichteren und festeren Maschen des sozialen Umfeldes die Individuen in ihrem individuellen Willen, ihnen zu entkommen. »Ideologisch« ist demnach kein Gegensatz zu »wissenschaftlich«, sondern die Ideologie begleitet die Wissenschaft wie ihr Schatten.

6. Wenn es diesbezüglich nichts Neues zum gegenwärtigen Zeitpunkt gibt, unterläge man dann dem gefälligen Angebot des Millenarismus, wenn man sich fragt, ob sich der technische und wissenschaftliche Fortschritt nicht einer quantitativen Stufe nähert, die zum Auslöser für einen entscheidenden Sprung *rückwärts* in der Verlaufsgeschichte der Zivilisation wird? Die Nachfrage nach dem Irrationalen erreicht einen kritischen Umfang unter dem Druck einer beschleunigten Rationalisierung der materiellen und sozialen Umwelt, und dies gerade in dem Augenblick, in dem die intellektuelle Tätigkeit dem Gesetz von Angebot und Nachfrage unterworfen wird. Auch wenn es bislang nie eine soziale Nachfrage nach logischer Abstraktion gegeben hat, haben doch die westlichen Gesellschaften bislang ihre Besessenen des *Logos* in Reservaten verwahrt. Die Sprengung der alten Wissensreservate einerseits und die fernsehbedingte und informatorische Entwicklung andererseits werden zusammenwirken, um eine Massenkundschaft für den Spiritualismus und Idealismus zu bedienen, und als Zugabe wird es einen schönen Klerus von »Verrätern« geben. Je mehr die Welt beherrscht und modelliert wird, um so mehr zerfließt ihre objektive Wirklichkeit und entfernt sie von ihren Benutzern. Ganz am Ende der Modernität treffen wieder Gott und der Teufel aufeinander. Und die Priester.

7. Der Fortschritt der Wissenschaften verlängert und kompliziert die Prozeduren der Wahrheitsfindung; die Entwicklung der Medien verdichtet deren Verwaltungsprozeduren und schiebt ihnen den Primat zu. Aus diesem Kontrast entsteht ein großer Teil der heutigen Enttäuschung. Das wird dann morgen Panik und Selbstmord sein.

8. Sollte sich die Menschheit eines Tages – oder Tag für Tag – selbst vernichten, auf einmal oder in kleinen Portionen, wird das mit Musik passieren; ob es einen Atomkrieg gibt oder nicht. »Mit kleinster Chiffrierung erzielt man den größten Empfang« (Serres). Die Musik ist ein universales Kommunikationsmittel, weil sie nichts mitzuteilen hat. Die Übertragung eines tönenden Bildes ist rentabler als der eines Zeichens, denn es kostet den Neuronenapparat weniger, ein Signal zu empfangen als ein Zeichen zu entschlüsseln. Die allgegenwärtige Nonstop-Unterhaltungsmusik ist also unsere wahrscheinliche Zukunft, und der gleiche Rhythmus, der die Discos füllt, leert die Vortragssäle. Dieser Transfer, der neurophysiologischen Kommandos gehorcht und der Teil einer universalen Physik ist, unterstreicht die dringende Notwendigkeit einer Umkehr. In der Tat kann Michel Serres, der die Musik liebt, erklären, warum Jonny Halliday die Szene der sozialen Ideen beherrscht. Jonny

Halliday kann nicht erklärt werden, er kann nur seine Fans davon abbringen, Michel Serres zuzuhören. Eine klassische Asymmetrie, aber voll von Gefahren, wenn sie einen bestimmten Grad überschritten hat.

9. Die besten Informationen für die Medien sind die, die am wenigsten mitteilen; das will aber noch nichts sagen darüber, welche Informationen am besten gehört werden. Die immer bemerkenswertere Bedeutungslosigkeit unserer offiziellen Programme illustriert auf ihre Weise die ökonomische Regel, nach der das Optimum an Information (im Sinne der Medien) ein Minimum an Kommunikation (im mathematischen Sinne) ist. Die Blütezeit der Musikherrschaft schafft das reine Geräusch. Die Informationskurve fällt in sich zurück und beißt sich in den Schwanz: das Meerungeheuer ist die letzte Wahrheit des Medienkreises. Am Ende die Ursprünge.

***

Von der Praxis her erscheinen uns zwei Auswege aus der Barbarei möglich.

Wenn man der Meinung ist, daß der Fortschritt der Menschheit anheimgibt, so schnell wie möglich zum Ausgangspunkt zurückzukehren, um mit »etwas anderem« neu zu beginnen, wird man sich dafür entscheiden, den Teufelskreis eher noch zu verstärken, den Umschlag der falschen Geräusche noch bis zum Taumel zu beschleunigen, und zwar dadurch, daß man die alten Kriterien für die Wahrheit und Wirklichkeit bis zum letzten I-Tüpfelchen eliminiert. Man wird aktiv zum Delirium beitragen, immer mehr Verblüffendes fordern, die Magier zum Dakapo zwingen, jeden Abend die Neuigkeiten des Morgens mit einer neuen Neuigkeit übertrumpfen. Kurz: draufsatteln. Dies wäre der Weg, den man einen *revolutionären Dekadentismus* nennen könnte; die typische Replik in Friedenszeiten auf den revolutionären Defätismus des Ersten Weltkrieges. Um so schnell wie möglich aus dem tiefsten Mittelalter herauszukommen, in das uns der Mediengalopp zurückfallen läßt, muß man erreichen, daß die Juke-box durchdreht, die Trommelfelle und Gehirne platzen – und somit die Menschen zu ihrem Inneren zurückführen, an den Fuß der Mauer und des Schweigens. Das wäre wieder das Zeitalter der Wirklichkeit. Und wenn es dem Steinzeitalter gleichen würde?

Der Politik des Schlimmsten steht die des Guten entgegen, die am Ort der alles umgebenden Mediokratie die Waffen der Kritik gegen die Kritik der Waffen austauschen würde. Ein respektabler moralischer Reflex. Er wäre aber nur punktuell und privat. Die direkte Aktion läßt sich zweifellos von der Aporie her rechtfertigen, in der jede diskursive Kritik der Medien befangen ist: der Gegenstand der Kritik (deren Boykott in ihrer Satzung selbst festgeschrieben ist) hat die materielle Macht, den Urheber der Kritik zu vernichten, indem er aus dem Verkehr gezogen wird. Doch eine historische und kollektive Frage läßt nur eine historische und kollektive Antwort zu. Die Moral ist die letzte Zuflucht der Verzweifelten.

Was unseren Gegenstand betrifft, wäre es unvernünftig zu verzweifeln, denn so oder so: wenn dies der letzte Ausweg ist, wird der erste sich bald wieder zeigen. Sollte er unauffindbar sein, wird man das bald herausbekommen. In beiden Fällen werden die Strangulierer nicht das letzte Wort haben.

Personenverzeichnis

Régis Debray erwähnt zahlreiche, teilweise im deutschen Sprachgebiet weniger bekannte Personen. Die folgenden biographischen und bibliographischen Hinweise erheben keinen Anspruch auf Vollständigkeit.

ALAIN, Pseudonym für Emile Auguste Chartier (1868–1951)
Philosoph und Journalist. Arbeitete besonders für die radikalsozialistische Zeitung *Depêche de Rouen*, für die er mehrere tausend kleinere Betrachtungen (»Propos«) schrieb, die später in Büchern gesammelt wurden. In dt. Übersetzung erschienen: *Die Pflicht, glücklich zu sein.*

ALTHUSSER, Louis
Marxistischer Philosoph, Lehrer Debrays. Schriften in dt. Übersetzung: *Für Marx* (1968); *Das ›Kapital‹ lesen* (1968); *Ideologie und ideologische Staatsapparate* (1977).

BACHELARD, Gaston (1884–1962)
Philosoph. Werke in dt. Übersetzung u. a.: *Die Philosophie des Nein* (1978).

BAINVILLE, Jacques (1879–1936)
Monarchistischer Historiker. Seine 1915 erschienene *Histoire de deux peuples* (dt.: *Geschichte zweier Völker;* 1939/1940) beruht auf der These, daß Frankreichs politisches Interesse immer eine Verhinderung der deutschen Einheit gebot.

BENDA, Julien (1867–1956)
Philosoph und Schriftsteller. Kritik an der Rechtfertigung von Emotion und Intuition; Verteidiger des reinen und ›leidenschaftslos‹ konzipierten Intellekts. Bekämpfte besonders Henri Bergson und Georges Sorel.

BERL, Emmanuel (geb. 1892)
Essayist. Hauptproblem die ethische und intellektuelle Dekadenz der Gesellschaft. 1927 zusammen mit Drieu Herausgeber der Zeitschrift *Les dernières jours.* Schriften u. a.: *Mort de la pensée bourgeoise* (1929); *Le virage* (1972).

BERTH, Edouard
Schüler Georges Sorels, dessen Kritik am Intellektuellen er übernimmt und radikalisiert. (Der Intellektuelle als Prostituierter der Politik). Wie Sorel hoffte B. auf eine Wiederkehr des Heroismus, und wie dieser steht er zwischen Faschismus, Syndikalismus und Nationalismus. Werke: *Les méfaits des Intellectuels* (1913); *Guerre des états ou guerre des classes* (1924); *La fin d'une culture* (1927); *Du ›Capital‹ aux ›Reflexions sur la violence‹* (1932).

BLEUSTEIN-BLANCHET, Marcel
Besitzer der größten französischen PR-Agentur (»Publicis«). Ihm wurde großer Einfluß auf die Informationsminister während der Fünften Republik unter De Gaulle nachgesagt.

BLOCH, Jean-Richard (1884–1947)
Publizist und Schriftsteller. Gründete 1925 mit Romain Rolland die Zeitschrift *Europe*, 1937 mit Aragon *Ce soir.* Ab 1921 KP-Mitglied. Romane über das Judentum. Forderung nach einer revolutionären Kunst. Schriften u. a.: *Sibylla* (Roman; 1932); *Espagne! Espagne!* (1938); *L'homme du communisme, portrait de Staline* (1949).

BONALD, Louis-Gabriel-Ambroise Vicomte de (1754–1840)
Philosoph und Staatsmann, mit Joseph de Maistre Verteidiger des Legitimismus (für Monarchie und kirchliche Autorität).

BOSSUET, Jacques-Bénigne (1627–1704)
Berühmter, einflußreicher Prediger; verteidigte die Rechte der französischen Kirche gegen die päpstliche Autorität.

BOURDALOUE, Louis (1632–1704)
Jesuit, Kanzelredner, Kritiker Ludwigs XIV.

BOURGET, Paul (1852–1935)
Psychologisch subtiler Romancier; Hauptgegner Zolas. Beeinflußt von Taine und Stendhal. In dt. Übersetzung erschienen u. a.: *Der Schüler* (Roman; 1892).

BRASILLACH, Robert (1909–1945)
Schriftsteller und Journalist. Besuch der Ecole Normale. Mitglied der Action Française. 1937–1943 Chefredakteur der faschistischen Wochenzeitung *Je suis partout.* Als Kollaborateur 1945 hingerichtet. Werke in dt. Übersetzung: *Grüße für Marie-Ange* (Roman; 1954); *Ein Leben lang* (Roman; 1938).

BRUNETIÈRE, Ferdinand (1849–1906)
Katholischer Kritiker, Literaturhistoriker. Verfasser einer Evolutionstheorie der literarischen Gattungen. 1894 Mitglied der Académie und Herausgeber der *Revue des Deux Mondes.*

BUISSON, Ferdinand-Edouard (1841–1932)
Pädagoge und Reorganisator des französischen Grundschulwesens. Bekam 1927 zusammen mit dem dt. Pazifisten Ludwig Quidde den Friedens-Nobel-Preis. Früher Befürworter eines Vereinigten Europas. Mitbegründer der Liga für Menschenrechte.

CANGUILHEM, Georges
Psychologe und Anthropologe. In dt. Übersetzung erschienen: *Das Normale und das Pathologische* (1974).

CAUCHON, Pierre (1371–1442)
Führte als Bischof von Beauvais den Prozeß gegen Jeanne d'Arc.

CENDRARS, Blaise (1887–1961)
Schriftsteller. Abenteuerliches Leben (Weltreise als Fünfzehnjähriger, später Fremdenlegionär). Enge Freundschaft mit Apollinaire und Henry Miller. Stark vitalistische Akzente. Werke in dt. Übersetzung u.a.: *Dan Yack* (1963); *Gold* (1960); *Madame Thérèse* (1962).

CESBRON, Gilbert (geb. 1913)
Romancier. Reportagehafte Romane über Arbeiterpriester, soziale Themen. Werke in dt. Übersetzung u.a.: *Der Spiegel der Heiligkeit* (Roman; 1961).

CHAMFORT, Sébastien-Roch Nicolas (1740?–1794)
Autor von Komödien, u.a. *La jeune Indienne.* Zunächst Mitglied der Académie, die er später angriff. Wandte sich mit *Pensées, maximes et anecdotes* gegen die Gesellschaft, die ihn zunächst verwöhnt hatte. Gab mit Mirabeau die Zeitung *Mercure de France* heraus und wurde Sekretär des Jakobinerklubs. Er prägte den Satz: »Krieg den Palästen, Friede den Hütten.« Und später: »Sois mon frère, ou je te tue.«

CHAMSON, André (geb. 1900)
Schriftsteller, Geograph, Archäologe. 1934 Minister in der Regierung Daladier. 1935–38 Chef der Wochenzeitung *Vendredi,* die die Politik der Volksfront unterstützte. Seit 1945 Direktor des Petit Palais des Louvre, 1956 Mitglied der Académie. In dt. Übersetzung erschienen: *Bergwasser* (Erzählungen; 1961).

CHAR, René (geb. 1907)
Dichter, zunächst Surrealist. Nach Erfahrungen in der Résistance wandte er sich moralischen Themen zu. Werke: *Le marteau sans maître,* von Boulez vertont; *Feuillets d'Hypnos,* poetisches Tagebuch der Résistance-Zeit.

COPEAU, Jacques (1879–1949)
Schauspieler, Kritiker und Regisseur, schuf eine Gegenbewegung gegen den Realismus des Theaters zu Anfang des 20. Jahrhunderts. Mit André Gide und Jean Schlumberger gründete er 1909 *La Nouvelle Revue Française.*

COUSIN, Victor (1792–1867)
Eklektizistischer Philosoph und Erziehungsreformer. Von Locke beeinflußt. Traf auf einer Deutschlandreise Hegel und Schelling. Von Katholiken wegen seiner Leugnung der göttlichen Offenbarung angegriffen.

CUVIER, Georges (1769–1832)
Zoologe und Staatsmann. Begründete die vergleichende Zoologie und Paläontologie als Wissenschaft. (Werke u.a.: *Le Règne animal distribué d'après son organisation*).

DAUDET, Léon (1867–1942)
Schriftsteller, Journalist und Politiker. Sohn von Alphonse Daudet. Neben Maurras Gründer und Führer der zuerst monarchistischen, später sich dem Faschismus nähernden Action Française. Bedeutender Redner und sarkastisch-bösartiger Polemiker.

DELEUZE, Gilles
Philosoph. Werke in dt. Übersetzung: *Anti-Ödipus. Kapitalismus und Schizophrenie* (1974, zusammen mit Felix Guattari); *Nietzsche und die Philosophie* (1976); *Nietzsche-Lesebuch* (1978).

DÉON, Michel (geb. 1919)
Schriftsteller und Journalist. 1939 Redakteur der Action Française. Reisebücher und Romane aus pittoresken Milieus. In dt. Übersetzung erschienen: *Die wilden Ponys* (1973).

DESJARDINS, Paul
Philosoph, der 1892, »im Streben nach antimaterialistischer Erneuerung des geistigen Lebens«, die *Union pour l'Action morale*, seit 1906 *Union pour la Vérité*, gründete. In der ihm gehörenden Abtei von Pontigny versammelte er ab 1910 zahlreiche Schriftsteller und Intellektuelle zu jährlich stattfindenden Tagungen und Diskussionen.

DRIEU LA ROCHELLE, Pierre (1893–1945; Selbstmord)
Romancier und Essayist. Trat für eine europäische Einigung ein gegen Rußland und Amerika; zunächst unter technokratischen, später unter faschistischen Gesichtspunkten. Kollaborateur, 1940–44 Herausgeber der NRF. Werke in dt. Übersetzung u.a.: *Die Unzulänglichen* (1966); *Der bolivianische Traum* (Roman; 1981).

DROUIN, Pierre
Leitartikler von *Le Monde.*

DRUON, Maurice (geb. 1918)
Romancier und Journalist. 1966 Mitglied der Académie. 1973 Kultusminister. Konservative Grundhaltung. Romane über die Dekadenz der französischen Oberschicht zwischen den Kriegen. Schriften in dt. Übersetzung u. a.: *Die unseligen Könige* (Roman; 1958); *Die Wölfin von Frankreich* (1960); *Alexander der Große* (1962).

DU BOS, Charles (1882–1939)
Literaturwissenschaftler, schrieb u. a. Studien über Goethe, Flaubert, Mauriac, englische Romantiker, Shakespeare. In seinem sechsbändigen *Journal Intime* beschreibt er nach Art der *Confessiones* des Augustinus seinen Weg zur katholischen Kirche.

DUBY, Georges
Historiker, Professor am Collège de France. Spezialist für mittelalterliche Geschichte. In dt. Übersetzung erschienen: *Krieger und Bauern. Die Entwicklung von Wirtschaft und Gesellschaft im frühen Mittelalter; Die Zeit der Kathedralen. Kunst und Gesellschaft 980–1420.*

DUVERGER, Maurice (geb. 1917)
Politologe. Befaßt sich vor allem mit Parteienforschung und Entscheidungsprozessen in der Politik. Liberaler Kritiker des Kommunismus. *Institutions politiques et Droit constitutionnel* (1970). Werke in dt. Übersetzung: *Die politischen Parteien* (1959); *Die politischen Regime* (1960).

ELLEINSTEIN, Jean
Ehemaliges Mitglied des ZK der KPF. Heute Kritiker der Politik von Georges Marchais. Schrieb eine vierbändige Geschichte der UdSSR (dt. *Geschichte des »Stalinismus«*, 1977).

ESTERHAZY, Ferdinand (1847–1923)
Zuerst österreichischer, später französischer Offizier. Die Dreyfus zugeschriebenen Dokumente, mit denen dieser der Spionage für Deutschland überführt werden sollte, waren - wie 1894 aufgedeckt wurde – in E.'s Handschrift verfaßt. E. erklärte später, er sei deutscher Spion und hätte die Dreyfus belastenden Dokumente vergessen.

FAYE, Jean-Pierre
Linguist. Befaßt sich vor allem mit der Sprache des Nationalsozialismus und der seiner ideologischen Vorläufer. Werke in dt. Übersetzung: *Einführung in die totalitären Sprachen* (1976); *Totalitäre Sprachen*, 2 Bände (1977).

FOCILLON, Henri-Joseph (1881–1943)
Kunsthistoriker und Kritiker. In dt. Übersetzung erschienen: *Das Leben der Formen.*

FONTAINES, André
Mitarbeiter von *Le Monde.*

FONTANES, Louis Marquis de (1757–1821)
Literat und konservativer Katholik während des ersten Kaiserreiches. Von Napoleon zum Großmeister der Universität Paris ernannt. Entgegen den Plänen des Kaisers, sie nach säkularen und militaristischen Prinzipien zu reorganisieren, versuchte er ihre Tradition und religiöse Identität aufrechtzuerhalten.

FOUCAULT, Michel (geb. 1926)
Philosoph. Professor für Geschichte der Ideensysteme am Collège de France. Arbeiten zur Geschichte des Wahnsinns, der Medizin, des Gefängnisses, in denen die bisher geltenden Maßstäbe wahnsinnig/vernünftig, anormal/normal bezweifelt werden. Untersuchte besonders die Beziehungen zwischen ideologischen Prämissen, Herrschaftsinteresse und sich ›objektiv‹ gebender Wissenschaft. Werke in dt. Übersetzung u.a.: *Wahnsinn und Gesellschaft* (1969); *Die Geburt der Klinik. Eine Archäologie des ärztlichen Blicks* (1973); *Archäologie des Wissens* (1973); *Überwachen und Strafen. Die Geburt des Gefängnisses* (1976); *Dispositive der Macht* (1978).

GAUTIER, Théophile (1811–1872)
Dichter. Freund von Hugo, Flaubert, Renan und Zola. Führender Romantiker, der aber bald die Romantik verspottete. Gegner jeder moralischen und politischen Zielsetzung in der Dichtkunst. In dt. Übersetzung erschienen: *Gesammelte Werke*, 15 Bände, (1925 ff).

GAXOTTE, Pierre (geb. 1885)
Monarchistischer Historiker. In dt. Übersetzung erschienen: *Die französische Revolution* (1949); *Geschichte Deutschlands und der Deutschen* (1965). Verfas-

ser größerer Biographien über Ludwig XIV., Ludwig XV. und Friedrich den Großen.

GIONO, Jean (1895–1970)
Schriftsteller. Lebte meist auf seinem Gut in Manosques/Basses Alpes. Neigte zur Kollaboration; jedoch aus pazifistischen Motiven. Gegner der modernen, technischen Zivilisation; Nähe zu heidnisch-kosmischer Haltung und zur Naturmagie. Werke in dt. Übersetzung u. a.: *Der Berg der Stummen* (1933); *Der Träumer* (1934); *Vom wahren Reichtum* (1937); *Ein König allein* (1951); *Bergschlacht* (1939); *Der Schotte* (1963).

GIRARDIN, Émile de (1806–1881)
Wurde wegen seines journalistischen Erfolges der Napoleon der Presse genannt. Gründete 1836 die konservative Massenzeitung *La Presse*, die weit unter dem Preis der Konkurrenzblätter verkauft wurde. Er paßte seine politische Haltung der jeweils herrschenden öffentlichen Meinung an (konservativ-liberal-republikanisch).

GLUCKSMANN, André (geb. 1937)
Einer der Wortführer der »Nouveaux Philosophes«. In dt. Übersetzung erschienen: *Köchin und Menschenfresser* (1976); *Die Meisterdenker* (1978).

GRACQU, Julien (geb. 1910)
Schriftsteller. Schüler der Ecole Normale. Geographielehrer. Lehnte 1951 den Prix Goncourt ab und wandte sich scharf gegen den Literaturbetrieb und staatliche Förderung der Literatur. Vom Surrealismus beeinflußt. Werke in dt. Übersetzung: *Die konsumierte Literatur* (Essay; 1965); *Das Ufer der Syrten* (Roman; 1952); *Entdeckungen* (Essays; 1965).

GRAMSCI, Antonio (1891–1937)
Einer der Gründer der KPI. Von 1926 bis kurz vor seinem Tod von den Faschisten inhaftiert. Seine Briefe aus dem Gefängnis (*Lettere dal carcere*) 1947 posthum veröffentlicht.

GROETHUYSEN, Bernhard (1880–1946)
Deutscher Soziologe und Philosoph. Dilthey-Schüler. Emigrierte 1933 nach Paris. Zeitweise Lektor bei Gallimard. Schriften u. a.: *Die Entstehung der bürgerlichen Welt- und Lebensanschauung in Frankreich*, 2 Bände, (1927/1930).

GUÉHENNO, Jean (geb. 1890)
Schriftsteller. Besuch der Ecole Normale. 1945 Generalinspekteur des Unterrichtswesens. Leiter der Zeitschriften *Europe* und *Vendredi*. Stark autobiographisches Werk. Schriften u. a.: *Caliban parle* (Essays; 1927); In dt. Übersetzung erschienen: *Ein Mann von 40 Jahren* (Tagebuch; 1936).

GUESDE, Jules (1845–1922)
Führer des marxistischen Flügels der französischen Sozialisten vor dem Ersten Weltkrieg.

GUILLOUX, Louis (1899–1980)
Romancier. Wuchs in großer Armut auf. Sozialist. Schildert besonders das Leben der Unterschichten. Hauptwerk in dt. Übersetzung: *Schwarzes Blut* (Roman; 1978).

GUIZOT, Guillaume (1787–1874)
Staatsmann und Historiker. Nach 1830 mehrere Ministerposten. 1847–1848 Ministerpräsident. Vertreter des doktrinären Liberalismus und Verteidiger der Wahlrechtsbeschränkung. Hauptwerk: *De la Démocratie* (1849).

GURVITCH, Georges (1894–1965)
Aus Rußland stammender Soziologe, der ab 1934 in Frankreich lehrte. Geht davon aus, daß die wissenschaftliche wie die Alltagserfahrung sozial vermittelt sei und daß die soziologische Theorie die sozialen Bezugsgrundlagen durch ihre Arbeit der Bewußtmachung immer neu verändert. Sogenannter »Dialektischer Hyper-Empirismus«. In dt. Übersetzung erschienen: *Grundlagen der Soziologie des Rechts* (1960); *Dialektik und Soziologie* (1965).

HALBWACHS, Maurice (1877–1945 KZ Buchenwald)
Philosoph und Soziologe. Forschungen über das Bedürfnisverhalten der verschiedenen sozialen Klassen. Untersuchungen über das Gedächtnis, das, nach H., ganz von sozialen Bezügen abhängig ist. In dt. Übersetzung erschienen: *Das Gedächtnis und seine sozialen Bedingungen* (1966).

HERSANT, Robert
Besitzer von *Le Figaro.*

HYPPOLITE, Jean
Existentialistischer Marx- und Hegel-Interpret der Nachkriegszeit.

JULY, Serge
Direktor der linksgerichteten Zeitschrift *Libération* (Lib).

KESSEL, Joseph (1898–1980)
Erzähler und Journalist. Praktischer Arzt. Im Ersten Weltkrieg Flieger. Zahlreiche, oft abenteuerliche Reisen. In dt. Übersetzung u. a.: *Brunnen der Parzen* (Roman; 1961); *Die Steppenreiter* (Roman; 1971).

LAGNEAU, Jules
Publizist und Essayist. Gründete 1892 zusammen mit Paul Desjardins die *Union pour l'action morale.*

LANGEVIN, André (geb. 1927)
Französisch-kanadischer Romancier, vom französischen Existentialismus beeinflußt; stark pessimistische Tendenz. In *Evadé de la nuit* (1951): die gescheiterte Suche eines Kindes nach einem Ersatz-Vater. In *Le Temps des Hommes* (1956) mit deutlich marxistischen Zügen: Die Suche eines ehemaligen Priesters nach einem Sinn des Lebens.

LARBAUD, Valéry (1881–1957)
Lyriker und Prosaist. Ausgedehnte Reisen. Elegant-ironische Haltung. Großer Einfluß auf die Gruppe der NRF. Werke in dt. Übersetzung: *Tagebuch eines Milliardärs* (1926); *Fermina Marquez* (Roman; 1957).

LEIRIS, Michel (geb. 1901)
Lyriker, Essayist und Ethnologe. Vom Surrealismus geprägt. Forschungsreisen ins Niltal. Stark autobiographische Prosa. Werke in dt. Übersetzung: *Mannesalter* (Autobiographie; 1963); *Ethnologische Schriften* in 2 Bänden

(1977 ff.); *Aurora* (Roman; 1978); *Lichte Nächte und mancher dunkle Tag* (Traumbuch; 1981).

LEMAÎTRE, Jules (1853–1915)
Kritiker, Erzähler und Dramatiker; schrieb im *Journal des Débats.* Wandte sich gegen Dogmatismus in der Literaturkritik.

LÉVI-STRAUSS, Claude (geb. 1908)
Anthropologe und führender Vertreter des Strukturalismus. Gehörte zum Kreis um Sartre. Versucht hinter unterschiedlichen sozialen Phänomenen allgemeine und unveränderliche Strukturen aufzudecken. Werke in dt. Übersetzung u. a.: *Traurige Tropen* (1960); *Strukturale Anthropologie* (1967); *Das wilde Denken* (1968).

LEVY, Bernard-Henri (geb. 1948)
Einer der Wortführer der Nouveaux Philosophes. Schriften: *La Barbarie à visage humain* (1977); in dt. Übersetzung: *Das Testament Gottes* (1980).

LITTRÉ, Paul-Émile (1801–1881)
Sprachwissenschaftler, Lexikograph und Philosoph. Enger Freund des Philosophen Auguste Comte; tat viel zur Verbreitung von dessen Ideen. Herausgeber des *Dictionnaire de la langue française* (1863–73).

LOTI, Pierre (1850–1923)
Romancier. Darsteller exotischer Kulturen und Völker. In dt. Übersetzung u. a.: *Islandfischer.*

MAUSS, Marcel (1872–1950)
Soziologe und Anthropologe. Studien über den Zusammenhang von Wirtschaftsformen und sozialer Struktur. Setzte sich mit Jean Jaurès aktiv für Dreyfus ein und beteiligte sich 1904 an der Gründung der sozialistischen Tageszeitung *L'humanité.* In dt. Übersetzung erschienen: *Soziologie und Anthropologie,* 2 Bände, München 1974.

DE MAISTRE, Joseph Graf (1754–1821)
Restaurativ-klerikaler Staatstheoretiker. 1803–1807 sardinischer Gesandter in St. Petersburg. Radikaler Feind der französischen Revolution. Hauptwerke: *Considérations sur la France* (1796); *Du Pape* (1819).

MALEBRANCHE, Nicole (1638–1715)
Philosoph. Sinneserkenntnis hat nur biologische Bedeutung, der Geist aber dringt durch deutliche Ideen zur Wahrheit. Gott als Alleinursache. Nähe zu Descartes. Hauptwerk: *De la recherche de la vérité.*

MALÉVY, Élie (1870–1937)
Verfasser der dreibändigen *Histoire du peuple anglais au XIXe siècle* (1913–23).

MARTIN DU GARD, Roger (1881–1958)
Romancier, Freund André Gides. Spielte eine führende Rolle beim Aufbau der NRF. 1937 Nobelpreis für den großen Romanzyklus *Les Thibaults,* der ab 1928 in deutscher Übersetzung erschien (9 Bände). Realistische, traditio-

nelle Erzähltechnik mit avancierter Psychologie. In seinem Roman *Jean Barois* (1913; dt. 1930) geht er detailliert auf die Dreyfusaffäre ein.

MAULNIER, Thierry (geb. 1909)
Dramatiker und Kritiker. Schüler der Ecole Normale. Freund Brasillachs. Mitglied der Action Française. Seit 1964 Mitglied der Académie. Gehobene Boulevardstücke; als Essayist scharfer Kritiker des Kommunismus.

MAURIAC, François (1885–1970)
Katholischer Romancier und Journalist. Ab 1945 Mitarbeiter des *Figaro*, ab 1954 des *Express*. Neben Bernanos führender Vertreter des Renouveau catholique. Als politischer Polemiker nach dem Kriege Vertreter eines sich sozial verantwortlich sehenden Gaullismus. Nobelpreis 1952. Zahlreiche deutsche Übersetzungen seiner Romane; u. a.: *Natterngezücht*, *Die Einöde der Liebe*, *Die Sünde*, *Schicksale*, *Die Pharisäerin*.

MAUROIS, André (1885–1967)
Schriftsteller, vor allem Biograph. Bücher über Byron, Balzac, Disraeli, Proust.

MAURRAS, Charles (1868–1952)
Schriftsteller und politischer Theoretiker. Trat während der Dreyfusaffäre in die Action Française ein und wurde ihr Haupt. Monarchistisch-rechtskonservativ – später mit Übergängen zum Faschismus hin – bekämpfte diese Bewegung mit aller Kraft die laizistisch-liberale Republik und forderte Monarchie, Ständeordnung und Auflösung der Zentralisation. Maurras selbst, der klassisch-lateinischen Kultur verpflichtet, bekämpfte alle »Romantik«, zu der er auch die Demokratie zählte. Sein »integraler Nationalismus«, sowohl antisemitisch als auch antideutsch geprägt, hat auf die gesamte französische Rechte in diesem Jahrhundert gewirkt. Vgl. Waldemar Gurian, *Der integrale Nationalismus in Frankreich* (1931).

MEERSCH, Maxence van der, Pseudonym für Josef Cardijn (1907–1951)
Erzähler flämischer Herkunft. Rechtsanwalt. Anfänglich dem Marxismus nahestehend, später Christ. Realistische Romane über Zivilsationsschäden in der Industriegesellschaft und über proletarisches Leben. Werke in dt. Übersetzung: *Leib und Seele* (Roman; 1949); *Die kleine Heilige* (Roman; 1954).

MERLEAU-PONTY, Maurice (1908–1961)
Phänomenologischer Philosoph, zeitweise Freund Sartres, eine Zeitlang dem Marxismus nahestehend. Bedeutendere Schriften in deutscher Übersetzung: *Humanismus und Terror* (1966); *Die Abenteuer der Dialektik* (1968); *Phänomenologie der Wahrnehmung* (1966); *Die Struktur des Verhaltens* (1976).

MICHAUX, Henri (geb. 1899)
Lyriker und Maler. Zahlreiche Reisen nach Asien und Lateinamerika. Nähe zum Surrealismus. Experimente mit Drogen.

MICHELET, Jules (1798–1874)
Historiker. Feiert in seiner *Geschichte der französischen Revolution* das Volk als heroischen Verwirklicher der Freiheit, Frankreich als Menschheitsnation. Als Politiker Feind der Jesuiten, der Restauration und der Julimonarchie. Da

Volk bei Michelet eine Art Gegenbegriff zu »Bourgeoisie« ist (die nur egoistische Interessen vertritt), ist sein Einfluß auf die unabhängige Linke in Frankreich heute noch groß.

MIRBEAU, Octave (1850–1917)
Dramatiker und Romancier. Zunächst konservativer, später radikaler Journalist. Dreyfusard. Heftig-zynischer Polemiker. Am bekanntesten sein Drama *»Les affaires sont les affaires«* über die Macht des Geldes.

MORAND, Paul (geb. 1888)
Erzähler. Ab 1913 in diplomatischen Diensten. Anhänger der Vichy-Regierung. 1945 im Exil. 1968 Mitglied der Académie. Reisebücher und Untersuchungen über exotische Völker. Als Romancier eleganter Schilderer des mondänen Großstadtlebens. In dt. Übersetzung u. a.: *Nachtbetrieb* (Erz.; 1926); *Der lebende Buddha* (Roman; 1928).

MURGER, Henri (1822–1861)
Schilderer des Pariser Künstlerlebens, vor allem in den von Puccini vertonten *Scènes de la vie de Bohème.*

NEMO, Philippe
Einer der Wortführer der »Nouveaux Philosophes«.

NIZAN, Paul (1905–1940)
Schriftsteller. Nach einer kurzen faschistischen Phase ging er zur kommunistischen Partei über, die er später, wegen des Hitler-Stalin-Paktes, wieder verließ. Freund Sartres. Wegen seines Bruchs mit der KPF wurde er lange Zeit, auch von Aragon, als »Spitzel« diffamiert. In dem Pamphlet *Die Wachhunde* (1969) greift er die bürgerlichen Universitätsphilosophen als »Wachhunde« der Bourgeoisie an. Weitere Schriften in dt. Übersetzung: *Für eine neue Kultur* (1973); *Das Leben des Antoine B.* (1974); *Die Verschwörung* (1975).

OLLÉ-LAPRUNE, Léon (1839-1898)
Theologe. Sah die Religion in der inneren Erfahrung begründet, nicht in der äußeren Offenbarung. Stand dem »Modernismus« nahe, der die Religion mit der moderenen Wissenschaft versöhnen wollte und von Pius X. scharf angegriffen wurde.

D'ORMESSON, Jean
Direktoriumsmitglied und Leitartikler des *Figaro.* Als Schriftsteller Verfasser von historischen Bestseller-Romanen.

PARNASSIENS
Französische Dichtergruppe, zweite Hälfte des 19. Jahrhunderts. Klassizistischer Stil, gegen die Romantik wie gegen die Hochschätzung subjektiven Fühlens gerichtet.

PAULHAN, Jean (1884–1968)
1925–40 und ab 1953 wieder Chefredakteur der NRF. Hauptfigur des französischen literarischen Widerstands gegen dt. Besatzung. Essayist und Erzähler. In dt. Übersetzung u. a.: *Unterhaltungen über vermischte Nachrichten* (Essays; 1962).

PAUWELS, Louis (geb. 1920)
Schriftsteller und Journalist belgischer Herkunft. 1950 Chefredakteur des *Combat*. Heute Chef des *Figaro magazine*. Politisch nach rechts gerückt. Kritik der bloßen Rationalität, tritt ein für das Übernatürliche und Esoterische. Beschäftigung mit »Grenzwissenschaften«. In dt. Übersetzung u.a.: *Aufbruch ins dritte Jahrtausend* (1962; zusammen mit J. Bergier).

PÉGUY, Charles (1873–1914)
Französischer Schriftsteller und Publizist, Herausgeber der Zeitschrift *Cahiers de Quinzaine*, die für Dreyfus eintrat. Die Rehabilitation von Dreyfus wurde von Péguy mit der Hoffnung auf eine Erneuerung Frankreichs verknüpft. Als es dazu nicht kam, wandte Péguy sich immer mehr einem katholischen Nationalismus zu. Einfluß auf den *Renouveau catholique*. Tod in der Marne-Schlacht.

PIVOT
Prominenter Literaturkritiker, der die literarische Sendung »Apostrophes« im französischen Fernsehen leitet.

POIROT-DELPECH, Bertrand (geb. 1929)
Romancier und Essayist. Ab 1972 Literaturkritiker von *Le Monde*. Existentialistische Thematik bei traditioneller Erzähltechnik. Scharfer Kritiker der französichen linken Intelligentsia. Schriften u.a.: *Finie la comédie* (Essays; 1969).

POLITZER, Georges (1903–1942)
Marxistischer Psychologe. Arbeitete an der Pariser Arbeiter-Universität. Wurde 1942 von der deutschen Besatzung als Mitglied einer kommunistischen Widerstandsgruppe hingerichtet. Symbolfigur der Résistance. In dt. Übersetzung erschienen: *Kritik der klassischen Psychologie* (1974).

PRUDHOMME, René-François-Armand (1839–1907)
Pseudonym: SULLY PRUDHOMME.
Führendes Mitglied des Parnasse. Erhielt 1901 als erster den Literatur-Nobel-Preis.

QUENEAU, Raymond (1903–1976)
Führender französischer Avantgardist der Nachkriegszeit. Ab 1936 Generalsekretär des Verlages Gallimard. Werke in dt. Übersetzung u.a.: *Die Haut der Träume* (Roman; 1964); *Heiliger Bimbam* (Roman; 1965); *Zazie in der Metro* (Roman; 1960); *Intimes Tagebuch der Sally Mara* (Roman; 1963); *Sonntage des Lebens* (Roman; 1968).

RADIGUET, Raymond (1903–1923)
Romancier. Hauptwerk: *Le Diable au corps* (1923).

RAMUZ, Charles Ferdinand (1878–1947)
Schweizer Schriftsteller. Hauptthema das Leben waadtländischer Bauern. Ähnlichkeit mit Giono und Hamsun. In dt. Übersetzung erschienen: *Gesammelte Werke*, 6 Bände, (1972).

RENAN, Ernest (1823–1892)
Aus religiösen Zweifeln bricht er seine theologische Ausbildung ab. 1862 Professor für Hebräisch am Collège de France. Sein Buch *Vie de Jésus*, in dem

Christus seines göttlichen Charakters entkleidet wird, führt zur Entlassung. Pantheistisch-humanistisches Denken. Betonung der moralischen und sozialen Werte des Christentums – unter Hintanstellung der eigentlich religiösen Probleme.

RIVAROL, Antoine de (1753–1801)
Einer der französischen Moralisten. Vertreter des Ancien Régime. Emigrierte nach Berlin.

RIVIÈRE, Jacques (1886–1925)
Schriftsteller. Freund André Gides. Mitherausgeber der NRF. Erkannte früh die Bedeutung Prousts. Durch Gespräche und Briefwechsel mit Claudel Katholik geworden. Schriften in dt. Übersetzung u. a.: *Freud und Proust* (1927); *Briefwechsel mit Claudel* (1928); *Rimbaud* (1968).

ROBBE-GRILLET, Alain (geb. 1922)
Autor und Theoretiker des *nouveau roman.* Machte auch Filme *(Letztes Jahr in Marienbad).*

ROCHEFORT, Victor-Henri de (1830–1913)
Journalist, Feind Napoleons III.; nach seiner Unterstützung der Kommune zur Strafe in Neu-Kaledonien verurteilt. Floh und ging später zur Rechten über. Später wieder Sozialist, doch am Ende seines Lebens wieder auf Seiten der radikalen Rechten. Anti-Dreyfusard.

ROSTAND, Edmond (1868–1918)
Dramatiker. 1901 Mitglied der Académie. Romantische Versdramen, deren Thematik besonders ritterliche Liebe und heroischer Verzicht sind. In dt. Übersetzung erschienen u. a.: *Cyrano de Bergerac* (1898); *Die Prinzessin im Morgenland* (1905); *Der junge Aar* (1925).

ROUSSIN, André (geb. 1911)
Dramatiker. Vor allem leichte, routiniert geschriebene Boulevardkomödien. 1973 Mitglied der Académie.

SAINT-SIMON, Claude Henri de (1760–1825)
Frühsozialist. Betonte den Wert der arbeitenden Klassen, zu denen er besonders die Ingenieure und Großunternehmer zählte. Einfluß auf technokratische Theorien. Vision einer brüderlichen Gesellschaft der Produzenten. Ein Teil seiner Schüler stellte sich Napoleon III. als Bank- und Eisenbahnmanager zur Verfügung.

SCHLUMBERGER, Jean (1877–1968)
Elsässisch-französischer Schriftsteller. Zusammen mit Gide und Ribière Gründer der NRF. Psychologische Romane, in denen die Bedeutung von Askese und Willen betont wird. Seine große Wohlhabenheit ermöglichte S. eine bedeutende Rolle als Mäzen von Autoren und als Förderer von Publikationsprojekten. In dt. Übersetzung erschienen: *Der ungetreue Kamerad* (1948); *Saint-Saturnin* (1946).

SCRIBE, Eugène (1791–1861)
Dramatiker. Meist Lustspiele und Boulevardstücke. Operntexte *(Fra Diavola, Die weiße Dame).*